KB036284

위대한 도서관 사상가들

이병목 기획 · 감수

고인철 · 김미향 · 김태경 · 문정순
박명규 · 박용부 · 이성숙 · 이지원
이치주 · 장선화 · 정희정 지음

한울
아카데미

여는 글

이 책은 '도서관 사상사' 과목을 수강한 박사과정 학생들이 학기 과제로 다룬 도서관 사상가에 관한 논고들을 모아 학기 논고집으로 엮었던『도서 관 사상사 논고집』을 일부 보완하고 수정하여,『위대한 도서관 사상가들』 이란 이름으로 펴내는 것입니다.

학기 논고집은 원래 학생들이 한 학기 동안 수강했던 과목의 수업을 총 정리한 성과물로 나누어 갖기 위해서, 혹은 후배들에게 해당 과목을 공부 하는 데 참고할 자료로 제공하기 위해서 계획했던 것입니다. 그러한 관계 로 논고집의 간행은 그 부수가 기십 부에도 못 미치는 극히 제한된 수였고, 배포 또한 소수의 기증용을 제외하고는 내부용으로 국한되었습니다.

『도서관 사상사 논고집』은 이처럼 학내용(學內用)으로 간행되었지만 알 음알음으로 그 간행 소식을 전해 듣거나 책의 내용을 살펴본 일부 외부 인 사들이 논고집의 자료적 가치를 높이 사서 이 책의 출판을 제의해왔습니 다. 또한 논고집은 미정고판(未定稿版)임에도 불구하고 한국문헌정보학회 가 펴낸『문헌정보학의 이해』와 같은 저서에서 인용되기도 하고, 심지어 는 논고집을 기증받은 저명한 한 중국 학자는 이 책의 중국어 번역을 제안 하기도 했습니다.

학기 논고집인『도서관 사상사 논고집』이 비록 제한된 독자이기는 하나 독자들로부터 이처럼 좋은 반응을 얻게 됨에 따라 '도서관 사상사' 과목의 강의를 담당했던 필자는 이를 더없는 기쁨으로 생각하고, 이 책의 출판을 기획하기에 이르렀습니다.

이제 논고집의 정식 발간을 맞이하여 한 가지 강조하고 싶은 것은 이 책이 기성 학자나 연구자의 연구서가 아니라 배우는 과정에 있는 학생들의 학습 보고서 또는 학습 자료집이라는 사실입니다. 즉, 이 책은 그러한 보고서나 자료집의 성격이 으레 그렇듯이 독창적인 사고와 과학적인 방법으로 이루어진 연구서라기보다는 선학(先學)들의 연구에 크게 의존하여 그들의 연구를 학습하고 이해한 다음 이를 다시 종합하고 정리한 자료집이라는 점입니다.

기실 집필자들인 학생들도 논고집을 출판하기로 결정하자 이를 다시 수정하고 보완하는 과정에서 자신들의 논고가 여러모로 미흡함을 새삼 인지하고는 일반 독자들과의 대면을 머뭇거렸습니다. 이 책을 기획한 필자 역시 이 책이 학생들의 논고집이라는 생래적인 한계 때문에 한때는 출판을 망설이기도 했습니다.

그러나 그러한 머뭇거림과 망설임을 분연히 떨쳐버리고『위대한 도서관 사상가들』이란 이름으로 책을 꾸며 독자 여러분을 찾아가게 된 데는 이 책이 다음과 같은 세 가지 중요한 목적을 지니고 있기 때문입니다.

첫째는 도서관 사상에 대한 인식을 제고(提高)하기 위해서입니다. 모든 도서관 사업이나 활동의 바탕과 뿌리는 도서관 정신, 도서관 철학, 도서관 사상이라고 할 수 있습니다. 그럼에도 불구하고 오늘날 이를 도외시하거나 등한시한 정보기술 제일주의가 우리 주위에 팽배해 있어서 이로 말미암은 문제가 적지 않게 표출되고 있습니다. 이러한 문제를 조금이라도 해소하기 위해서는 도서관 사상에 대한 인식을 고양시켜 올바른 도서관관(圖書館觀)을 확립하는 것이 매우 중요합니다.

둘째는 도서관 사상사 분야에 필요한 자료를 제공하기 위해서입니다. 도서관 사상에 대한 학습과 연구에 관심을 가지고 있는 학생들, 연구자들, 그리고 일반 독자들이 이용할 수 있는 도서관 사상 관련 자료는 현재 턱없이 부족한 형편입니다. 이 책이 비록 학생들의 자료집이기는 하나 이만한 수준의 책도 현재 구하기가 쉽지 않음을 감안한다면 이 책을 도서관 사상사 및 도서관 사상 관련 강의와 학습을 위한 교재로, 혹은 참고자료로 활용하는 데 무리가 없을 것입니다.

셋째는 박사생들의 지면 발표를 고무하기 위해서입니다. 우리나라에서는 문헌정보학 분야의 경우에 박사학위 논문 제출 자격으로 일정한 편수(篇數)의 논문을 지상에 발표하도록 하는 제도가 일반화되어 있지 않습니다. 사정이 그렇다 보니 제대로 된 논문이라고는 겨우 석사학위 논문 한 편 써본 경험만을 가지고 박사학위 논문을 쓰는 경우도 적지 않은 실정입니다. 이런 경우, 박사학위 논문을 작성하는 학생은 물론, 이를 지도하는 교수가 겪는 고충은 이만저만이 아닙니다. 필자는 이러한 어려움을 덜어보려고 오래전부터 박사과정 학생들에게 논문쓰기 훈련으로서 지면 발표를 적극 권장해왔습니다.

바라건대, 이 책이 이러한 세 가지 목적을 훌륭히 달성할 수 있기를 기원하며, 앞으로 이 책의 중국어판이 순조롭게 출간되어 중국 독자들도 만날 수 있기를 기대합니다.

끝으로, 중국의 도서관 사상가 선정을 도와준 중국과학원문헌정보중심(中國科學院文獻情報中心)의 얀리종(閻立中) 교수, 쉬인츠(徐引篪) 교수, 신시멍(辛希盟) 교수, 멍광쥔(孟廣均) 교수와 일본의 도서관 사상가 선정을 도와준 수루가다이대학(駿河台大學)의 김용원(金容媛) 교수, 게이오대학(慶應義塾大學)의 다까야마 마사오(高山正也) 교수에게 감사를 드립니다. 또한, 자신의 박사학위 논문을 혜증(惠贈)해 준 중국 무한대학(武漢大學)의 왕즈조(王子舟) 교수, 류궈쿼(劉國鈞)과 두딩요(杜定友)의 희귀한 사진들을 찾아내어 보내준 중국 북경대학(北京大學)의 듀안밍리안(段明蓮) 교수에게 진심으로 감사를 드립니다.

아울러, 이 책의 출판을 소개해 준 한국도서관협회의 이용훈 기획부장과 논고집의 형태로 넘겨졌던 원고를 문헌정보학도는 물론, 일반 독자들도 가까이 할 수 있는 훌륭한 체제의 책으로 엮어준 도서출판 한울에도 감사의 뜻을 표합니다.

2005년 5월 20일
이병목

머리말

이 책은 본래 연세대학교 대학원 문헌정보학과에서 2001년 제2학기에 박사과정 교과목으로 개설한 '도서관 사상사(이병목 교수 담당)' 수업의 논고집으로 엮었던 것입니다.

도서관 사상사 수업은 교수님께서 선정하신 세계 주요 도서관 사상가 12명의 생애, 사상 및 업적, 그 영향 등에 대한 조사 발표로 한두 명의 인원이 한 조가 되어 진행되었습니다. 모든 조에서는 국내외 문헌조사, 인터넷 자료검색, 전화 및 전자우편 이용 등의 조사방법을 통해 논고를 작성하여 수업시간에 발표했습니다. 각자 맡은 부분의 연구를 진행하는 동안 일부 집필자들은 자료 수집에 상당한 어려움을 겪기도 했습니다. 특히 중국이나 일본의 사상가는 생소할 뿐만 아니라 입수한 원문자료의 해석에서조차 어려움을 겪었습니다. 이러한 어려운 여건에서도 하나하나 자료를 탐색하고 읽어나가는 과정에서 진정으로 학문하는 기쁨을 깨닫기도 했습니다. 발표한 내용은 질의응답 및 토론을 통해 내용에 대한 재검토를 이끌어냈으며, 이를 보완하여 최종 논고를 완성했습니다.

집필자들은 도서관 사상사 수업 과정을 통하여 도서관, 사서, 문헌정보학의 역할과 사명에 대해서 많은 것을 깨닫고 느낄 수 있었습니다. 그동안 막연히 알고 있었던 여러 도서관 사상가들의 도서관 사상을 깊이 있고 폭넓게 살펴보는 과정에서 문헌정보학의 정체성을 새롭게 인식하는 계기가 되었으며 실무에서 부딪히는 많은 의문들이 해소되기도 했습니다.

아직 여러 가지로 부족하지만 문헌정보학을 공부하는 사람들에게 도서관 사상과 사상가들을 이해하는 데 조금이라도 도움이 되었으면 하는 간절한 마음에서 이 책을 감히 공간(公刊)키로 용기를 내었습니다. 독자 여러분들은 이를 너그러이 보아주시기 바랍니다.

2005년 5월 10일
집필자 일동

차례

제1부 근대의 도서관 사상가

박봉석, 류귀쥔, 두딩요,
와다 만키치, 랑가나단, 듀이,
버틀러, 세라, 맥콜빈

한 국 도 서 관 의 아 버 지

박봉석

박용부*

   우리나라에서 가장 위대한 도서관 사상가를 꼽으라면 유일하게 생각나는 사람은 박봉석이다. 우리나라의 사서 중 업적이 가장 두드러진 한 사람을 선정하라고 하여도 박봉석 이외에는 별로 생각나는 사람이 없다. 현재 도서관 업무 수행에도 내·외적으로 많은 제한과 어려움이 있는 것을 생각하면, 박봉석이 도서관 요직을 수행하면서 남긴 업적이 얼마나 엄청나고 천재적인가에 놀라게 된다.

   국토연구원의 이학건은 도메리[1]를 통하여 우리나라 도서관계와 문화계에서 박봉석의 업적을 재평가할 것을 제시했고, 한국도서관협회의 특별상으로 용재(박봉석)상 제정, 국립중앙도서관 내에 박봉석 동상 건립, 국립중앙도서관 부설로 박봉석 기념사업회 설립 등 박봉석의 업적과 사상을 국내

---

* ㈜딤스 사장, 연세대학교 박사과정.
1)   도메리는 동의대학교 문헌정보학과가 개설한 우리나라 사서들의 사이버 커뮤니티이다
     (http://delias.dongeui.ac.kr/mailing).

외에 널리 알리기 위한 제반 활동의 촉진을 간접적으로 제시하기도 했다.

박봉석은 세계 누구와 비교하여도 손색없는 도서관계의 탁월한 실천 사상가이다. 그러나 6·25동란 중 납북되었다는 이유로 지금까지 그의 업적과 사상이 객관적으로 충분히 평가받지 못하고 있다. 박봉석에 대해 우리나라에서 일반 인지도가 거의 전무한 실정이고 도서관계에서조차도 인지도가 높지 않아 그의 업적과 사상을 재조명하는 일은 상당한 시간을 두고 도서관계 및 문헌정보학계가 관심을 가지고 추진해야 할 과제이다. 그의 업적과 사상은 새롭게 재조명되어 후대에 우리나라의 위대한 도서관 선각자 또는 사상가로 세워지고 알려져야 할 것이다.

못다 꽃피운 반쪽 생의 편린

호적에 의하면 박봉석(朴奉石)은 1905년 8월 22일 경남 밀양군 삼문리(三門里) 342번지에서 밀성이 본관인 아버지 박근실(朴根實)과 어머니 김분이(金分伊) 사이에서 태어났다(이철교, 2001: 103). 호는 용재(榕齋)이며 필명으로는 재약산인(載藥山人)을 즐겨 사용했으나, 때로는 박화(朴華), 박생(朴生), 영남생(嶺南生) 등을 쓰기도 했다고 한다. 일제하 일본식 성명은 와야마 히로시게(和山博重)였다.

원종린에 의하면 국립중앙도서관에서 입수한 그의 이력서는 동국대학에서 강사 위촉을 받고 제출한 것으로 "1921년 3월 밀양공립보통학교 졸업, 1922년 4월 경성부 중앙고등보통학교 입학"으로 기재되어 있다고 한다. 그러나 밀양공립보통학교에는 졸업한 근거를 찾을 수 없고, 박봉석의 중앙고등보통학교 학적부에는 입학 전의 학력이 "대정 10년(1921) 3월 22일 통도사학림 제4학년 졸업, 대정 11년 4월 1일 중앙고등보통학교 제1학년 입학"으로 기재되어 있다고 기술하고 있다. 이를 통해 박봉석의 초등교육 수학과정은 통도사학림의 사집과(四集科)에서 이루어졌다는 것을 알 수 있다. 사집과는 학림에서는 중학과정으로 되어 있었으나 일반 학교에서는 중학과정으로 인정하지 않았고, 대개는 보통학교 6학년 졸업 정도밖에 인정하지 않는 경우가 많았다. 박봉석은 1922년 4월 중앙고등보통학교에 입학했으며 성적은 수학과 도서, 국사 과목이 우수하고 일어와 영어 성적이 좋지 않았다. 그는 1927년 3월 중앙고등보통학교를 졸업하고, 다음 달인 4월부터 1년간 밀양군 표충공립보통학교에서 교원으로 재직했다. 1928년 교원을 사임하고 이듬해인 1929년 5월에 중앙불교전수학교에 입학했다. 중앙불교전수학교는 1928년 4월에 개교했는데 2년 후인 1930년 중앙불교전문학교로 승격이 되면서 박봉석은 중앙불교전수학교 2년 수료의 자격으로 중앙불교전문학교(동국대학교 전신) 본과 3학년에 편입학을 했다. 재학 중의 성적은 우수한 편이였으며, 특히 체조와 철학에 뛰어난 면모를 보였다.

박봉석은 1931년 3월 중앙불교전문학교를 졸업하고 동년 4월 현재의 국립중앙도서관의 전신인 조선총독부도서관에 취직했다. 처음 직위는 고용원(雇傭員)으로 추측되며, 도서관에 들어간 후 8년 만인 1939년 3월 일본문부성 공공도서관 사서검정시험에 합격하여 1년 뒤에는 관내 서열 10위에 오르고, 다시 2년 뒤인 1942년에는 관장, 부관장에 이어 80여 명의 직원 중 서열 3위에 오르게 되었다.

그는 8·15광복 전 조선총독부도서관 기관지 ≪문헌보국(文獻報國)≫과 조선도서관연구회 기관지인 ≪조선지도서관(朝鮮之圖書館)≫ 등에 수다한 연구논문, 도서해제를 기고했다.

8·15광복 후 그는 국립도서관 부관장, 국립도서관학교 교수, 조선도서관협회 위원장, 전무이사, 조선서지학회 상무위원, 국화여자전문학관장(菊花女子專門學館長), 동국대학 강사 등 실로 과중한 업무를 수행했다. 이렇게 눈코 뜰 새 없는 가운데 당시 베스트셀러인 『국사정해』를 저술하여 주위 사람들을 놀라게 했다. 박봉석은 1950년 7월 납북될 때까지 20년을 도서관

사서로서 공직생활을 수행했다.

국립도서관을 개관시키다

박봉석의 사서로서의 진면목이 더욱 부각되고 잘 나타나는 것은 8·15광복 후부터 그가 납북되던 1950년 7월까지의 5년이 채 안 되는 짧은 기간이다. 8·15광복 다음 날 박봉석을 비롯하여 조선총독부도서관에 남아 있던 우리나라 직원들은 도서관을 접수할 것을 결의하여 도서관수호문헌수집위원회를 조직하고 박봉석이 위원장이 되었다. 박봉석은 일본인 손에서 서고의 열쇠를 넘겨받은 후 전 장서를 접수했고, 일본인들이 귀중본을 빼가는 등 혹시 있을지도 모를 도난이나 훼손으로부터 장서를 보호하기 위하여 남아 있던 한국인 직원들과 함께 불침번을 서가며 소장 장서를 수호할 것을 결의했다.

미 군정청은 10월 3일 이재욱을 국립도서관장, 박봉석을 부관장으로 각각 임명했다. 박봉석은 1942년 이래 관내 서열이 3위로 올라있어 본인의 각오 여하에 따라서는 관장을 맡아 훌륭하게 업무를 수행할 수 있는 능력이 있었음에도 불구하고, 굳이 사양하는 이재욱을 설득하여 관장으로 추대하고 본인은 부관장의 자리에 머물렀던 것이다.

해방되던 해 10월 15일 상오 9시 정각 국립도서관은 역사적인 개관을 했다. 당시 박봉석이 부관장의 직책과 함께 총무부장, 사서부장, 열람부장을 겸임했던 것을 보면 국립도서관의 개관에 그가 주도적인 역할을 했음을 알 수 있다.

박봉석은 해방 이후 총독부도서관을 접수하는 한편 도서관수호문헌수집위원장의 직분으로 시내 각 도서관을 순방하며 각각 그 도서관을 접수하는 일에 관하여 한국인 직원들과 협의했다. 그 결과 도서관을 접수하기 위해서는 개개의 도서관이 개별적으로 활동하는 것보다 한국인 도서관 직원들이 단결하여 조직적으로 활동하는 것이 더 효과적이라는 의견의 일치를 보아 조속히 '도서관협회'를 결성할 것을 합의했다.

박봉석은 8·15광복 직후 혼란의 와중에서 도서관협회 결성을 위하여 직접 안내장을 초안하고 급한 대로 서울 시내 18개 도서관에 개최 안내장을 발송했다. 8월 19일 개최 예정이던 결성준비위원회는 8월 30일로 연기되어 실현을 보았고 결성준비위원회를 '결성대회'로 변경하여 규약을 통과시킨 후 박봉석이 위원장으로 추대되었다. 박봉석은 계속 도서관협회의 위원장을 맡고 있다가 1947년 4월 21일 개최된 제1회 조선도서관협회 총회의 임원개선으로 국립도서관장 이재욱이 협회장을 맡고 박봉석은 전무이사로서 협회가 주관하는 제반사업을 관장했다.

박봉석은 이재욱과 국내의 서지학 연구가들과 협의하여 '조선서지학회'를 창설했다. 1947년 8월 25일 박봉석, 이재욱, 이병기, 송석하, 홍순혁, 김구경 6명의 발기인으로 조선서지학회가 조직되었다. 조선서지학회는 연구발표회 외에도 서지학에 관한 전시회를 개최했으나 6·25동란으로 학회 활동은 중단되었다. 그러나 박봉석 등이 주창하여 창립한 '조선서지학회'는 지금의 '한국서지학회'의 기초를 만든 의미 있는 일이었다.

우리나라 최초의 사서 양성

8·15광복을 맞이한 우리나라의 도서관계는 수많은 문제에 당면했는데, 도서관에서 근무할 실무자의 양성도 긴급한 일 중의 하나였다. 이에 국립도서관 부관장이었던 박봉석은 이재욱 관장과 협의하여 '도서관학교'의 설립을 추진했다.

1946년 2월 19일 미군정 당국과 도서관학교 설립에 대한 합의를 보았고 정식인가를 얻지 못한 채로 같은 달 25일 서둘러서 1기생 모집에 관한 공고를 했다. 동년 3월 19일자로 정식인가를 얻어 4월 1일 '조선도서관학교'라는 교명으로 우리나라에서는 최초로 사서를 양성하는 전문직 교육기관의 역사적인 개교식을 거행했다.

이후 조선도서관학교를 통하여 1946년 8월에 1기생 20명, 1947년 8월에 2기생 10명, 1948년 8월에 3기생 19명, 1949년 8월에 4기생 14명과 마지막으로 1950년 5월에 5기생 14명 등 총 77명의 훈련된 사서를 배출했다. 이 중에는 도서관계에 많은 공헌을 남긴 박희영, 이재철, 천혜봉, 이철규 등도 포함되어 있다(국립중앙도서관, 1946~1950).

박봉석은 도서관학교의 교수를 겸직하면서 교과과정의 핵심과목인 분류법, 목록법 등을 강의했다. 그는 당시 일본이 도서관 전문직의 양성기관으로 '문부성 도서관원양성소'2)라는 명칭을 사용하는 데 비하여 우리는 '조선도서관학교'라는 당당한 명칭을 사용하고 있는 것을 흡족하게 생각하고 있었다.

도서관학교와는 별도로 전국 도서관의 지도적 입장에 있었던 국립도서관은 1950년 6·25동란이 나기까지 세 번의 강습회를 개최했고 박봉석은 매 강습회마다 주도적인 일을 담당했다.

박봉석은 도서관 이용교육은 초등학교 재학 시부터 실시하는 것이 효과적이라는 생각을 굳히고 있었던 것으로 추정된다. 1947년 10월 14일 문교부 편수국과 합의하여 초등학교 교과서에 '도서관'에 관한 내용을 넣기로 했다. 박봉석이 국립도서관 부관장으로 초등학교 교과서에까지 도서관에 관한 내용을 꼭 넣어야 할 책임이 있는 것은 아니었다. 그것은 오로지 도서

---

2) 문부성 도서관원양성소는 후에 2년제 도서관단기대학, 4년제 도서관정보대학으로 변했다가 지금은 쓰쿠바대학(筑波大學)과 통합하여 동 대학의 도서관정보전문학부와 대학원 도서관정보미디어 연구과가 되었다.

관 이용교육은 어릴 때부터 시작해야 올바르게 도서관을 이해하고 활용할 수 있다는 그의 신념에서 우러나온 일이었을 것이다. 그것은 도서관에 대한 그의 애착이고 집념이었다. 당시 박봉석은 국립도서관 동서과장인 박희영에게, "도서관에 대한 이해는 국민(초등)학교에서부터 해야 하는 것이다. 그래야만 그들이 커서 도서관을 올바르게 이용할 수 있고, 성인이 되면 도서관을 올바르게 이해할 수 있기 때문에 도서관 발전에도 크게 도움이 되는 것이다. 박과장은 장차 우리나라 도서관계를 짊어지고 나갈 사람이니 교과서에 넣을 도서관에 관한 좋은 글을 쓰라"라는 내용의 지시를 했다. 박희영은 도서관의 현황, 기능, 대출 절차 및 도서관 도덕 등을 간추려서 글을 썼고, 1947년 발행된 국민학교 국어 교과서 6-2 제17과 '도서관'이 바로 그것이다(박희영, 1958).

우리나라 사람을 위한 도서관으로

박봉석이 총독부도서관 시절에 수행한 연구 중에 특기할 만한 것으로 '조선공공도서관도서분류표「사안」'을 들 수 있다. 1940년을 전후하여 개성에 중경문고라는 새 도서관이 설립되었다. 고서가 1만 책이 넘는 도서관이었는데, 박봉석은 이 도서관의 개관 준비를 의뢰받았다. 그는 당시 일본인이 편찬한 분류표는 일본을 중심으로 한 분류표였기 때문에 우리나라 안에 있는 우리나라 사람을 위한 도서관에는 그 분류표가 합당하지 않다고 생각했다. 그는 당시의 여건으로는 신분상 위험이 따르는 모험적인 일이었음에도 불구하고 우리나라를 중심으로 한 분류표를 새로 편찬하여 이것으로 중경문고의 장서를 완전히 정리하여 개관했다.

이 분류표를 바탕으로 하고 연구를 계속하여 발표한 것이 '조선공공도서관도서분류표「사안」'이다. 당시 조선총독부도서관에서는 관원이 누구나 순번대로 연구한 것을 발표하게 되어 있었는데, 박봉석이 98회째로 1940년 5월 29일 중앙열람실에서 이 「사안」을 발표하게 된 것이다. 박봉석은 8·15 광복 이후 국립도서관 개관과 여타 공공도서관과 관련된 많은 업무를 수행하면서도 『조선십진분류표』와 『조선동서편목규칙』을 편찬했다.

민족주의적 도서관 사상가

박봉석은 일제치하에서 조선총독부도서관에 재직하면서 일본인이 편찬한 분류표에 맞서서 우리나라에 적합한 분류표를 발표했다. 그는 서문에서 '우리 조선'을 강조하여 당시 억압당하고 있던 우리 민족을 강하게 의식했다. 요목 전개에서도 일본과 대등하게 우리나라를 표출시켰다. 그 당시 여건으로는 신분적인 불이익을 감수할 각오 없이 쉽게 행동으로 옮길 수 없는 일이었다.

도서와 도서관을 사랑한 도서관 사상가

8·15광복이 되었을 때 그와 같이 고등교육을 이수한 지식인에게는 화려한 활동무대도 많이 있었을 것이나 그는 해방된 조국을 건설하기 위해서는 도서관을 지키고 손실 없이 인수하는 것이 나라를 사랑하는 것임을 인식했다. 그리하여 일본으로부터 도서관을 인수하고 분산되어 있던 소장도서 및 개국 초기자료를 수집하는 데 온 힘을 기울였다.

8·15광복 전부터 박봉석의 부하직원으로 근무하던 중 일본군에 징집되었던 박희영은 박봉석의 권유로 1945년 8월 25일부터 수서과장의 직책을 맡고 복직했다. 박봉석 부관장은 '문헌수집대'라는 명칭의 조직을 결성하여 박희영 수서과장에게 "만주가 건국했을 때 당시 만주국립도서관은 건국 초부터 모든 출판물은 물론, 포스터나 삐라 등에 이르기까지 인쇄물, 유인물은 모조리 수집했던 바 이것이 건국사의 귀중한 자료가 되었으니, 수서과장의 임무는 모든 인쇄물, 유인물을 빠짐없이 모으는 것이다"라고 명

했다.

문헌수집대는 완장을 두르고 거리로 나가서 등사판 또는 활판으로 인쇄되어 거리에 마구 뿌려지고 판매되는 도서류를 비롯하여 모든 인쇄물을 수집하는 데 전력을 다했다. 이렇게 해서 모은 자료들은 해방 1주년 전시회에 전시되었다. 많은 사람들이 감투싸움으로 어지러운 가운데 박봉석은 버려지는 포스터와 삐라 수집에 여념이 없었던 것이다. 도서관인으로서 투철한 사명감이 엿보이는 일면이라 하겠다.

도서관 업무의 표준화 및 협력을 중시한 사상가

박봉석은 도서관인(圖書館人) 간의 단결과 도서관 간의 협력의 필요성을 절감하여 혼란의 와중에서도 도서관협회의 발족을 서둘렀다. 그리고 도서관협회가 발족된 후에는 강습회, 발간사업 등을 도서관협회 이름으로 실시하여 도서관의 체계적이고 공식적인 협력망을 구성하여 실질적인 협력을 활성화해 나갔다.

서지학회의 발족에 앞장섰던 것도 서지연구가들의 협력과 단합을 위한 노력의 일면이었다. 한편 장기적으로 도서관의 협력이 이루어지려면 표준화된 분류표와 목록법의 사용이 필수적이라는 판단에서 3년이라는 단기간[3]에 '조선십진분류표'와 '조선동서편목규칙'을 연구·편찬했다.

미래지향적 도서관 사상가

박봉석은 도서관 이용교육은 초등학교 때부터 해야 그들이 커서 도서관

---

3) 여기서 단기간이라 표현한 것은 단지 필요에 의해서 자료를 모으고 종합하고 수정하여 가다듬은 기간을 의미하는 것이다. 3년의 단기간에 이러한 큰 작업이 만들어 질 수 없었을 것이다. 박봉석은 이미 조선총독부도서관 시절부터 '조선공공도서관도서분류표'를 만드는 등 사전 자료조사와 장기간에 걸친 연구를 해왔다. 이것은 그 노력의 산물로 보는 것이 타당하다.

을 올바르게 이해하고 미래 도서관 이용자로서의 소양과 인격을 기를 수 있다고 생각하고 있었다. 그래서 그는 건국 초기 문교부 당무자를 설득하여 초등학교 교과서에 '도서관'이라는 제목의 교과 내용을 통하여 자연스럽게 도서관 이용교육을 도모했다. 그가 납북되고 난 후 슬며시 그 내용이 교과서에서 사라진 것을 보면 도서관 내용의 교과서 게재는 그의 설득의 결과였음을 짐작할 수 있다.

그는 도서관계 지도자가 될 인재를 양성하는 문제에 깊은 관심을 기울였다. 그래서 앞장서서 미 군정청 당국과 협의하여 조선도서관학교 설립에 관한 합의를 보았던 것이다. 5회에 걸쳐 배출한 조선도서관학교 졸업생의 수는 총 77명이며, 이들은 후에 우리나라 도서관 발전에 크게 기여하게 된다.

6·25동란 전까지 국립도서관이 주최 또는 주관하여 개최한 도서관 실무자와 현직 도서관원을 위한 강습회가 3회에 걸쳐서 시행되었는데 박봉석은 강습회의 핵심과목인 분류법과 목록법 등 대부분의 주요과목을 직접 맡아 강의했다.

박봉석은 분류표 편찬 시마다 '아동도서분류표'를 따로 만들어서 권말에 첨부했다. 이는 그가 미래를 이끌어갈 어린이에게 지대한 관심을 가지고 있었다는 것을 말해준다.

과학적이고 치밀한 분류법 및 편목법의 대가

박봉석은 『조선십진분류표』와 『조선동서편목규칙』을 편찬할 때 다양하고 치밀한 첨부자료들을 제시하여 현재 우리가 사용하고 있는 한국십진분류표와 한국목록규칙 제정의 기초가 되게 했다. 또 당시 도서관 선진국에서 사용하는 것과 유사한 수준으로 분류와 목록 실무의 수행이 즉시 가

능하도록 예시까지 수록하고 있다.

박봉석은『조선십진분류표』의 주류배열의 사상적 배경을 '과학과 생활의 관계'로 설명하면서 "여러 가지 과학적 이론보다는 도서 수량과 그 이용 가치를 더 중요시하여 배열했다"라고 하여 도서관의 장서 구성이 균형적 조화를 이루어야 한다는 그의 탁월한 도서관 사상을 표현했다.

분류표에 담겨 있는 아름다운 조화를 이루려는 그의 사상은 도서관을 아름답게 만들어가려는 그의 의지요, 이상이었다. 박봉석은 주류배열에 관하여 다음과 같이 설명하고 있다.

주류배열은 각국의 중요 분류표를 참작하여 정신과학으로부터 물질과학으로, 즉 정신과학, 역사과학, 사회과학, 자연과학, 응용과학 등의 순위로 배열한데 대해서 분류학자 간 논의가 많으나, 본 표는 과학적 이론보다는 도서 수량과그 이용가치를 더 중요시하여 배열했다. 즉, 동양에 있어서는 고래부터 경사자집이라 하여 경·사를 중요시했으므로 본 표에서도 그것을 제1류, 제2류에 배치했고, 어학·문학을 제3류에 둔 것은 도서 수량과 그 이용도수를 보아 될 수 있

〈표 1-2〉 조선동서편목규칙(KCR)

```
I 序
II 例言
III 用語解義
IV 編目規則
    1 범위 및 효용              2 총칙
    3 서명                     4 저자
    5 출판사항                 6 대조사항
    7 부주사항                 8 사무사항
    9 서표기입법              10 서표배열법
부표 제1 서표 기입례
     제2 약어표
     제3 국명표
     제4 한자표기법
     제5 일본문자표기법
붙임: 동서역대간지년표(고려에서 현대까지)
     중국년호색인
```

는 대로 상위에 올린 것이다. 예술을 문학 다음에 배치한 것은 그 밀접한 관계
가 있는 까닭이고 사회과학, 응용과학을 각각 2부문으로 분리한 것은 오로지
도서의 출판량에 기인한 것이다. 그리고 공업을 산업에서 분리하여 공학과 같
이 한 것은 공학은 공업의 기초학문으로서 양자가 밀접한 관계가 있으므로 편
의상 이합한 것이다(박봉석, 1947: 1).

조선십진분류표는 한때 전국 공공도서관에서 채용한 분류표의 71%, 대
학도서관에서 채용한 분류표의 35%까지 차지했으나 저자의 납북으로 인
하여 개정작업이 이루어지지 않았을 뿐만 아니라 서구 도서관학의 도입에
따른 듀이십진분류법(DDC)의 보급 확대, 그리고 한국도서관협회의 한국십
진분류표 제정 등의 이유로 그 과도기적 사명을 다한 채 지금은 몇 곳에서
만 부분적으로 사용되고 있다.
다음으로 『조선동서편목규칙(KCR)』은 박봉석이 오랫동안의 풍부한 실

무 경험을 살리고, 선진 제국의 확실한 이론과 방법을 연구하여 개발했다고 저자 자신이 서문에서 밝히고 있다. 조선동서편목규칙의 내용(〈표 1-2〉 참조)은 오늘날 한국목록규칙의 내용 전개와 거의 유사한 예시까지 제시하는 등 풍부한 내용을 담고 있어 박봉석의 연구가 대가 수준이었음을 짐작케 한다.

한국 도서관계의 선구자 박봉석

박봉석의 도서관 사상은 상기의 여러 요소들의 결합된 종합 철학이며, 그는 실무적인 경험과 이론적인 학문을 배경으로 실질적으로 도서관 현장에서 애국을 실천한 사람이다. 멜빌 듀이를 '미국 도서관의 아버지'라고 한다면, 박봉석은 '한국 도서관의 아버지'라고 할 수 있다. 그의 헌신과 노력은 지금도 공공도서관 현장 곳곳에서 살아 움직이고 있다. 한국에 존재하는 모든 도서관에 그의 업적이 미치지 않는 곳이 없을 것이다.

그는 위대한 도서관 사서로, 도서관 교육자로, 도서관 실천 사상가로서 존경받을 만한 인물이며 그의 도서관을 통한 나라 사랑과 우리나라 도서관의 미래에 대한 꿈과 이상은 도서관계뿐만 아니라 우리나라 국민들 가슴에 남아 면면히 이어져 내려가야 할 것이다. 그러기에 우리는 그를 '한국 도서관의 아버지'라고 부르지 않을 수 없다.

도서관은 이용자 중심의 정책적인 배려가 있어야 한다는 것은 지금에 와서는 상식이 되어 '무휴관 도서관'을 선언하는 도서관까지 등장하고 있는 실정이지만, 1946년 당시만 해도 도서관은 일반 관공서와 마찬가지로 일요일과 공휴일은 휴관을 하고 있었다. 그러나 박봉석은 1946년 3월 1일 창간된 《국립도서관보》의 창간사에서 "직장에서 근무하는 일반 독서인을 위하여 2월 1일부터 일요일 및 경축일도 개관하여 연중무휴주의로 매

진 중이다"라고 기술하고 있어, 그가 이용자 중심의 정책을 수립·실천한 도
서관 경영자임을 알 수 있다. 그러한 그의 도서관 사상은 오늘날에 와서 생
각해도 참신하게 느껴진다.

박봉석은 당시 부족한 인력의 확보 방법에 있어서도 군정청 문교부 교
화국 사회교육과 미국인 고문의 권고를 받아들여 당시 부족한 도서관 인
력을 충원하려 일시에 십여 명의 여직원을 공개 채용한 일도 있었다. 당시
의 상황에서 보면 매우 파격적인 결정이 아닐 수 없었을 것이다. 여성의 취
업이 일반화되기 전이었으나 도서관 서비스의 향상과 도서관 업무의 특성
을 고려한 결정으로 추정되며, 그가 남녀 차별을 타파하고 도서관의 치밀
한 업무와 대(對)이용자 서비스 업무에 여성이 가지고 있는 특성을 활용하
는 데 열린 마음을 가지고 있었음을 알 수 있다.

그가 이룩한 성과는 그가 도서관에 입문한 초기부터 실무적인 경험을 통
해서 얻어진 경험지식을 정리하고 도서관학(문헌정보학)의 이론서 및 실무
서적을 정독하고 연구·개발하는 등 끊임없는 연구의 결과였다. 당시 국립
도서관 관장인 이재욱은 박봉석의 편저서인 『조선십진분류표』를 "암야의
태양, 사막의 녹지"라고 비유했으며, 『조선동서편목규칙』 서문에서는 "편
자가 반 40년이라는 장구한 세월을 통한 풍부한 실무경험과 끊임없는 연구
를 통하여 얻은 확실한 이론을 기초로 해서 저술한 것인 만큼 사계에서 공
헌하는 바가 지대할 것임을 보증하여 마지않는다"라고 기술하고 있다.

박봉석은 이러한 일을 수행함에 있어서 자관(국립도서관)만을 의식하지
않고 항상 우리나라 도서관 전체에 미치는 영향을 고려하여 표준화된 방안
을 구상하여 전국 도서관에서 공통으로 사용할 수 있도록 개발하려고 노력
했다. 아울러 분류표 등은 영구적으로 사용할 수 있는 것이 아니고 시대의 변
화에 따라 개정·보완하여 사용하여야 함을 역설했으니 『조선십진분류표』
서문에서 "본래 분류표의 생명은 결코 영구적이 아니다. 시대의 추이에 따라
항상 수정·보완이 될 수 있어야 하므로……"라고 기술하고 있다.

그의 미래를 내다보는 연구의 결과가 없었던들 일본으로부터 해방되었다고 하여도 우리는 일본 분류표, 일본 동서편목규칙을 도구로 사용할 수밖에 없는 상황이 되었을 것이다. 그러나 박봉석의 연구결과로 말미암아 해방되자마자 국립도서관은 우리의 도구로 정리업무를 수행했을 뿐만 아니라 다른 공공도서관에서도 이를 공동으로 사용할 수 있었던 것이다.

　박봉석은 국립도서관 부관장으로 재직하는 5년 동안 끊임없이 1군 1관의 실현과 분류표의 통일, 그리고 도서관을 통한 평생교육을 주장하고 이를 위하여 최선을 다했다. 오늘날 이러한 개념이나 사상은 보편적인 것이 되었으나 당시로서는 도서관의 역할과 사명에 대한 분명한 인식을 갖기가 매우 어려웠다. 우리나라는 지금도 1군 1관이 실현되지 못하고 있음을 볼 때 그의 선각자적인 모습을 확인할 수 있다. 만약 그가 살아 있었다면 오랫동안 국립도서관장 등 도서관계 및 정계의 주요 요직을 맡아 역임하면서 1군 1관을 중단 없이 추진했을 것이고 아마도 우리나라 도서관계는 지금보다 30년 정도는 앞선 도서관 선진국으로 발전이 가능했으리라.

　서울의 성북정보도서관 개관을 준비할 때 주 열람실 명칭을 '박봉석열람실'로 명명할 것을 추진한 적이 있었으나 관계 기관장의 반대에 부딪혀 실현하지 못한 적이 있었다. 당시의 반대 논리는 박봉석이라는 인물의 개인 인지도가 없기에 일반 이용자들의 입장에서 허용할 수 없다는 것이었다. 너무 늦은 감이 있지만 2003년도에 한국도서관협회의 노력과 문화부의 추천으로 그에게 은관문화훈장을 수여한 것은 그의 업적을 정부가 공식적으로 인정했다는 측면에서 다행스러운 일로 평가할 수 있다. 그러나 아직도 그에 대한 평가가 완성된 것은 아니다. 박봉석에 대한 일반 인지도를 지속적으로 높여서 언젠가는 전 국민이 우리나라에도 존경할 만한 도서관인이 있었음을 알도록 해야 할 것이다.

새로운 평가를 기다리며

앞에서도 이미 언급했지만 만약 박봉석이 납북되지 않고 살아 있어 평생을 우리 도서관계를 위하여 헌신했다면 우리 도서관계의 현실은 어떠했을까. 그가 단기간에 남긴 업적으로 미루어 볼 때 이러한 상상은 우리의 마음에 안타까움을 주기도 한다. 그가 만들어나갔을 공공도서관은 지금 우리가 꿈꾸고 있는 이상적인 모습으로 이미 현실화되어 있을 것이고, 오늘 우리의 공공도서관은 세계적인 수준으로 발전되어 있을 것이다.

그러나 우리 후학들은 우리나라의 위대한 도서관 사상가, 실천가, 교육자를 동시에 잃었기에 도서관계로서는 너무도 큰 손실을 보았다고 한탄만 하고 있어서는 안 된다. 박봉석의 실천적 도서관 사상을 재평가하여 널리 알리고 우러르고 가르쳐서 후배들에게 그 정신과 사상을 계승시켜 나가야 할 것이다. 그러나 무엇보다도 우리를 안타깝게 하는 것은 이러한 위대한 인물을 단지 납북되었다는 사실 하나만으로 제대로 평가하지 못하고 있었다는 점이다. 너무도 부끄럽고 한심한 노릇이다.

국립중앙도서관연표를 꼼꼼히 살펴보면 해방 이후 박봉석의 생전에 활동하는 모습이 그려진다. 당시 국립도서관의 모든 활동에는 항상 박봉석이 있었다고 해도 과언이 아니다. 연표만 보고 있어도 박봉석의 얼과 열정이 느껴지는 내역이다.

6·25동란이 터지자 박봉석은 국립도서관을 지키기 위해 피난도 가지 않고 당시 국립도서관 이재욱 관장과 함께 도서관을 지키고 있다가 1950년 7월 18일 인민군에 의해 납북되고 만다(국립중앙도서관, 1995). 추측건대, 박봉석은 국립도서관의 중요성과 국립도서관 소장 자료는 우리 민족이 목숨을 걸고 지켜야 하는 민족적 문화자산이며, 이를 일제로부터 지켜냈던 일들을 인민군들에게 상세히 설명했으리라. 납북 후 박봉석의 북한에서의 활동이 전혀 포착되지 않는 것으로 볼 때 납북 시 인민군에 항거하다가 전

쟁터에서 목숨을 잃은 것으로 추측된다. 지금 우리에게는 박봉석의 도서관 사상의 위대성과 업적을 재발견하고 기리는 일만이 후배로서, 후학으로서 그 숭고한 뜻을 조금이라도 보답하는 것이 될 것으로 믿는다.

박봉석을 가장 가까이 상사로 모시고 있었던 박희영 전 국립도서관 동서과장은, 박봉석에 대해 "공로 이상의 일을 남겨놓았다"라고 회고하고 있다. 우리는 역사 속에서 오늘을 사는 지혜를 배워야 할 것이다. 과거 선배들의 땀과 피가 있었기에 오늘 우리가 존재하며 발전하고 있는 것이다. 오늘도 우리는 인물을 찾아내어 조명하는 풍토의 도서관계를 스스로 만들어가야 한다.

미래지향적 도서관 사상을 가진 박봉석은 우리나라에서 도서관 전문직의 본이 되기에 충분한 조건을 갖추고 있다. 우리 후학들은 앞으로 그에 대해 새로운 평가와 조명을 계속 펼쳐나가야 하며, 박봉석이 꿈꾸고 이루고자 했던 도서관 선진국을 하루빨리 이룰 수 있도록 부단히 노력해야 할 것이다.

2 중국 근현대
도서관학의 태산북두

류궈쥔

정희정*

    각 학술 영역에는 이정표라고 불릴 만한 인물이 있어 태산북두(泰山北斗)처럼 사람들이 우러러 본다. 중국 근현대 도서관학 분야에서 류궈쥔(劉國鈞)이 바로 이러한 이정표와 같은 학자다. 20세기 중국 도서관계에서 중국 도서관과 도서관학 연구에 대해 그보다 뛰어난 사람이 없다고 할 수 있다. 류궈쥔 탄신 100주년(1998)을 지나면서 류궈쥔을 대표로 하는 20세기 중국 도서관학 연구의 어렵고도 눈부신 여정을 총결산하여 정보화 시대에 중국 도서관 사업과 도서관학 연구의 발전을 되돌아보는 것은 매우 중요한 역사적 의의와 현실적 의의를 가진다.

    류궈쥔은 중국 근현대 도서관 사업, 도서관학 연구와 도서관학 교육발전의 개척자이자 참여자이고, 산증인이다. 그는 이 사업을 힘들게 개척하고 부지런히 추구하여 도서관에 대한 작업과 연구의 거의 모든 전문적인 영역에서 탁월한 성과를 거두었다.[1]

* 국회도서관 부이사관, 연세대학교 박사과정.

심원하고 광활한 지식세계

류궈쥔은 자(字)가 형여(衡如)로, 1899년 11월 15일에 강소성 남경에서 태어나, 1980년 6월 27일 북경에서 서거했다. 그는 중국의 저명한 도서관학자·교육가·93학사의 사원이었고, 생전에 중국도서관학회 명예이사, 중국도서관학회편역위원회·분류법편역위원회 고문, 북경대학 도서관학과 주임, 북경대학학술위원회 위원, 국가과위도서소그룹 회원, 북경도서관 고문, 연구원 등을 역임했다. 류궈쥔은 20세기, 1920년대에서 1980년대 별세하기까지 60여 년간 연구하여, 도서관학·서사 등 많은 분야의 전문적인 논문과 저·역서를 출판하여 도서관 업무의 이론과 기술방법의 발전에 커다란 공헌을 했다. 그의 지식은 깊고 넓어 철학·종교학 영역에서도 공적이 지대하다.

류궈쥔은 1915년 금릉대학 문학원에 들어가 공부하고, 1920년 졸업한 후에 금릉대학 도서관에 남아 일을 했다. 당시 중국은 시끄럽고 불안한 가운데 변혁하던 시기였다. 1917년에 일어난 신문화운동은 중국 지식계·사상계에 새로운 활력을 불어넣고, 민주와 과학은 그들이 추구하던 목표가 되었다. 서양의 많은 학자들은 중국에 와서 강의하고 서양의 선진 학술사상을 중국 지식인에게 소개했다. 이러한 학술 배경 아래, 중국 도서관계에서는 '신도서관운동'이 일어났으며 이에 따라 서양 도서관 사상·방법과 기술이 중국에 유입되기 시작했다. 이전에는 중국 도서관학이 아직 독립적인 학과가 되지 못하여 목록학·교감학·판본학 등 전통적인 학과에 융합되어 있었고, 도서관은 책을 보관하는 건물의 의미로 남아 있었다. 그러나 이

---

1) 이 글은 중국 북경대학신식관리계(北京大學信息管理系), 남경대학신식관리계(南京大學信息管理系), 감숙성도서관(甘肅省圖書館)이 합편(合編)한 『일대종사 ― 류궈쥔선생탄신백년학술논문집(一代宗師 ― 紀念劉國鈞先生百年誕辰學術論文集)』(1999)을 참고했다.

시기는 근대 도서관뿐만 아니라 근대 도서관학이 모두 도입기에 있었다고 할 수 있다. '신도서관운동'은 신문화운동의 사상을 도서관 작업과 연구에 응용하는 가운데 중국 도서관의 근대화 과정을 촉진시켰다. 이 시기의 사조는 류궈쥔에게 강렬한 충격을 주어 그의 사고에 민주와 과학이라는 깊은 의식을 심어주었다. 이러한 의식은 그의 몇십 년에 걸친 연구작업 속에 나타났으며 그가 학술연구에 집중하는 시점과 계기가 되었다.

금릉대학 도서관에서 짧은 기간을 일한 뒤에 류궈쥔은 미국으로 유학을 떠나 위스콘신대학 철학과, 도서관 전문학교와 대학원에서 공부하고 철학박사 학위를 취득했다. 유학생활 동안에 그는 미국의 선진 도서관 사상 이론을 직접 접하게 되었다.

당시 듀이의 실용주의 철학은 도서관 건설에 깊이 나타나서 미국 도서관사업에 활발한 생기를 불어넣었다. 중국과 미국 도서관의 커다란 차이를 본 류궈쥔은 미국의 선진 경험을 낙후한 국내 도서관에 본보기로 소개하고픈 소망을 안고 근대 도서관을 소개하는 일련의 문장을 썼다. 「근대도서관의 성질과 기능(近代圖書館之性質及功用)」(1921), 「아동도서관과 아동문학(兒童圖書館和兒童文學)」(1921), 「미국공공도서관 개황(美國公共圖書館槪況)」(1923), 「대형도서관의 도서편목작업에 관하여(關於大型圖書館的編目工作組織)」(1957) 등이 그 예이다.

1925년 류궈쥔은 학업을 마치고 귀국한 뒤에 금릉대학 도서관 주임과 문학원 교수를 겸했다. 도서관의 실제 작업 중에 그는 분류법 연구에 정력을 집중했는데, 이 문제가 바로 20세기 초 중국 도서관의 급선무였다. 이 시기에 많은 서양의 과학기술 서적이 중국에 유입되었는데, 이른바 이러한 '신서'들에 대해 도서관에서 예로부터 가지고 있던 사부분류법은 새로운 형세의 수요에 부응할 수가 없었다. 이 문제를 해결하기 위해서 많은 도서관에서는 신구의 방법을 병행하여 실행했는데, 즉 사부분류법을 사용하여 중국 책을 분류하고 신법을 사용하여 서양 책을 처리했지만 이러한 방법은 완전성과 과학성이 부족했기 때문에 임시변통하는 계책에 불과했다. 1909년에 듀이의 십진분류법이 중국에 전래되어, 많은 사람들이 이 책을 기초로 하여 중국과 서양의 도서를 계통적으로 나누는 분류법을 제정했다. 그예로는 선쭈룽(沈祖榮)·후칭성(胡慶生)의 『듀이의 십진분류법을 모방하여』, 두딩요의 『세계도서분류법』, 왕윈우(王雲五)의 『중외도서통일분류법』 등이 있다. 그러나 이 분류법들은 모두 듀이법의 체계를 벗어나지 못하여 모방하거나 보충하여 중국 도서의 구체적인 상황에는 적합하지 못한 점이 있었다. 류궈쥔의 목표는 듀이의 십분체계를 버리고 실용적인 분류법을 편성하는 것이었다. 연구를 하는 동시에 그는 학술회의에 적극적으로 참가하고 활동했다. 1925년 9월 중화도서관협회는 도서관학 교육·편목분류·색인·출판 등 5개의 위원회를 조직했는데, 류궈쥔과 두딩요가 출판위원회의 정부주임으로 각각 임명되었다. 1928년 가을, 금릉대학 문학원에 도서관과를 개설하고 류궈쥔과 리샤오위엔, 완쿼떵이 함께 교수직을 맡았다.

1929년 류궈쥔의 '중국도서분류법'의 편성이 완성되었는데 이 방법은 듀이법의 체계를 버렸지만 그 편성원리와 기술을 채용했다. 류궈쥔은 금릉대학 도서관에서 실제 작업하는 가운데 새로운 분류법을 총결하고 연구하는 동시에 분류법을 도서관 장서에 검증하여 비교적 강한 실용성을 갖추게 되었고 신구도서의 계통적인 분류문제를 비교적 잘 해결했다. 이 분류법은 이론적인 것(學科作)으로 분류표준으로 삼고, 아라비아 숫자를 겹쳐번호를 만들어 간략하고 실용적이어서 금릉도서관·북경도서관에서 채택한 것을 시작으로 전국적으로 보급되어 영향력이 커졌으며, 최근에는 홍콩과 대만의 많은 도서관에서 이러한 방법을 택하고 있다.

1929년에서 1930년까지 류궈쥔은 북경도서관 편찬부주임을 역임하고 ≪도서관학계간(圖書館學季刊)≫의 편집을 책임졌으며, 동시에 북경사대에서 강의를 했다. 1929년 1월에 중화도서관협회는 남경의 금릉대학에서 제1차 연례회의를 개최하여 류궈쥔·두딩요·왕원우 등 15명을 대회집행위원으로 삼았다. 1930년 그는 금릉대학으로 다시 돌아가 1943년까지 줄곧 도서관 관장, 문학원 원장과 교수를 역임했다. 1929년 그는 중요한 논문 「중문도서편목조례초안(中文圖書編目條例草案)」(1929)을 ≪도서관학계간≫에 발표했는데, 당시 중국의 도서관계는 저록 문제가 비교적 혼란하여 본받을 만한 규칙도 없어 자전식의 목록을 편성하거나, 혹은 주제목록은 있으나 분류목록은 없기도 하고, 또한 외국저록규칙을 직접 갖다 썼지만 완전히 적용할 수 없었다.

류궈쥔의 편목규칙은 서방의 현대적인 편목사상과 방법을 본보기로 삼고 동시에 중국 전통 목록학을 결합하여 비교적 적용성을 갖추었기 때문에 북경도서관·중앙도서관·금릉대학 도서관·하남성도서관 등에서 모두 이러한 조례를 채용했다. 1934년에 출판된 『도서관학 요지(圖書館學要旨)』(1934)는 류궈쥔의 초기 도서관 사상이론의 결집으로 저명한 '요소설[五要說]'을 제기했는데, 즉 도서관의 건립은 도서·직원·설비·방법 등 네가지 요소가 필수적이라는 것이다. '요소설'은 중국 도서관 이론체계의 한 부분이고, 1957년의 「무엇이 도서관학인가?(甚麼是圖書館學)」라는 글에서 또 '요소설'를 진일보시켜 더욱 체계적이고 전면적인 다섯 가지 요소설, 즉 도서·이용자·지도자와 간부·건축설비·작업방법 등을 제기했다.

항일전쟁 기간에 금릉대학은 사천으로 옮겼는데, 이 시기에 류궈쥔은 주로 철학 영역에 심혈을 기울여 그의 대부분의 철학 논저는 모두 이 기간에 이루어졌다. 그는 위진시기의 정치 사상사에 대해 중점적으로 연구했는데, 예를 들면 「조조와 그 시대의 사상(曹操與其時代之思想)」(1940), 「역사철학의 수요(歷史哲學之需要)」(1941), 「건안시대의 인생관 ― 위진사상에 대한 수필(建安時代之人生觀 ― 魏晉思想散記)」(1941), 「건안시대의 정치사상(建安時代之政治思想)」(1941), 「중국문화의 발전(中國文化之發展)」(1942), 「노자신화에 대한 개략적인 고찰(老子神話考略)」(1935) 등이다. 또한 「도서관과 민중동원(圖書館與民衆動員)」(1938), 「문과교육의 정신(文科敎育之精神)」(1942), 「고등

교육을 개량시키기 위한 좁은 소견(改進高等敎育管見)」(1942), 「사적지교육과
국방정신(史地敎育與精神國防)」(1942) 등의 시사평론적인 문장도 있다. 류궈쥔
의 정치사상에 대한 연구는 시정에 대한 그의 관심을 나타낸 것으로 이
시사평론은 구국에 대한 교육적 관점을 반영한 것이다.

　　1943년 3월, 국립서북도서관 준비위원회가 성립되고, 류궈쥔이 준비위
원의 주임을 맡아 도서관 운영방침을 제정했다.

　　문헌을 보존하고 문화를 제고하며 학술을 촉진시켜 인민의 지식을 증진시키
　　고 정책의 추진을 돕는다. 발전 방향은 '서북문화의 연구센터·서북건설의 참고
　　센터, 서북 도서교육의 지도센터'이다.

　　이것은 류궈쥔이 이미 도서관을 문화교육과 과학연구의 두 가지의 중요
한 센터로 정립했음을 설명하고 있다. 1944년 6월, 국립서북도서관이 성립
되자 그는 초대 관장에 취임하는 동시에 란주대학 철학과 교수를 겸임했
고, 이듬해 란주시도서관협회가 성립되자 류궈쥔은 이사로 선임되었다.

　　1951년부터 류궈쥔은 북경대학 도서관학과에 교수로 부임하여 교수와
도서관학연구실(圖書館敎硏室)의 주임을 맡았고, 북경도서관 고문을 겸임했
다. 1958년 과 주임, 북대학술위원회 위원, 북경도서관 연구원, 전국제일중
심도서관위원회 위원 등의 관직을 역임했다. 도서관학 교육작업 중에서 그
는 과정개설에 힘써 '도서관목록', '중국서사', '서방도서분류법소개' 등의 교
과과정을 주로 강의했고, 이것에 따라 『도서관목록(圖書館目錄)』(1957), 『중
국서사간편(中國書史簡編)』(1958), 『현대서방주요도서분류법평술(現代西方主
要圖書分類法評述)』(1978) 등의 교재를 만들었다. 류궈쥔은 1950년대에 중국
서사를 중점적으로 연구했다. 미국에 대항하고 조선을 구원하던 시기의 애
국 선전물 『사랑스런 중국책(可愛的中國書)』(1952)을 수정·보완한 『중국책의
고사(中國書的故事)』(1955)를 거쳐 1958년의 『중국서사간편』에 이르러 그의

서사연구는 점점 완전하게 체계를 갖추었으며, 이는 중국 서사연구의 이정표라고 칭찬받았다. 1950년대 그는 편목·분류 방면에서도 큰 성과를 거두었는데, 예를 들면 『도서관목록(圖書館目錄)』 등이 있다. 이 책 가운데에서 기술한 편목·분류의 이론과 방법은 이전에 그가 이 방면에서 수행한 연구성과의 총결산이다. 말하자면 1950년대는 도서관학 연구에 있어 류귀쥔의 황금시대로 그의 연구는 전면적이고 체계적이었고 그 성과도 탁월했다.

류귀쥔은 도서관계의 많은 직무를 담당했고 각종 학술회의와 연구활동에 적극적으로 참여했다. 1956년 4월, 그와 두딩요·피카오핀 등이 문화부 사회문화사업 관리국과 북경도서관이 북경에서 공동으로 개최한 중소형 도서관의 통일분류법좌담회에 함께 참가했다. 같은 해 12월 중국도서관학회 준비위원회가 결성되자 류귀쥔은 준비위원회 11명의 상임위원 중 한 명이 되었다. 1957년 3월 문화부 사회문화사업 관리국과 북경대학·무한대학이 연합하여 주관하는 제1회 전국도시도서관 작업인원 진수반을 남경도서관에서 열어, 류귀쥔은 왕종민·두딩요 등과 함께 강의를 맡았다. 같은 해 9월, 그는 국무원 과학규획위원회 도서조 상무위원에 선임되었다.

한편, 1950년대 말에서 1960년대 초까지 류귀쥔은 잘못된 비판을 받았다. 1958년 10월 30일 ≪도서관학통신(圖書館學通訊)≫에는 류귀쥔의 『중국도서분류법(中國圖書分類法)』(1929)을 비판하는 글이 게재되었는데, 문화대혁명 중에 류귀쥔은 자산계급 반동 학술권위자로 낙인찍혀 오랜 기간 박해를 받았다. 그러나 그는 나쁜 환경 아래서도 학술연구를 포기하지 않고 1959년에서 1964년까지 일련의 중요한 논저를 발표했다.

류귀쥔의 오랜 연구는 주로 서양 도서관학의 선진 이론과 방법에 관심을 집중시켰는데, 그는 기계가독형 목록 기술을 중국에 소개한 최초의 인물이었다. 그는 기계가독형 목록법(MAchine Readable Cataloging, 약칭 MARC)에 관한 자료를 중국어로 번역하여, 1975년에 소개한 글 「MARC'의 계획에 대한 간략한 소개 — 도서관에 컴퓨터를 도입하는 문제를 겸하여 논함('馬

爾克'計劃簡介 — 兼論圖書館引講電子計算器問題)」을 발표하여 중국 도서관의 자동화를 위한 기초를 다졌다. 이후 서양 도서관학을 소개하는 일련의 글을 발표했는데, 예를 들면 「전자계산기를 이용하여 편성한 도서목록의 몇 가지 문제(用電子計算器編制圖書目錄的幾個問題)」(1977), 『현대서방주요도서분류법평술(現代西方主要圖書分類法評述)』(1978) 등이다.

류귀쿼이 도서관학계에 미친 공헌으로, 1979년에 그는 중국도서관학회 명예이사로 피선되었으며, 중국도서관학회 편역위원회 고문과 분류법편역위원회 고문을 역임했다. 1980년 6월 27일 류귀쿼은 북경에서 서거했다.

50여 년간 류귀쿼의 교학과 연구는 훌륭한 성적을 거뒀으며, 중국도서관학계의 커다란 스승이 되었다.

사서의 책임은 곧 봉사

중화인민공화국 도서관학 교육사업의 개척자 중의 한 사람인 류귀쿼은 1951년 북경대학 도서관학과에 교수로 왔다. 그는 도서관학과의 과정 개설에 두드러진 공헌을 했고, 도서관학의 여러 강의와 교재를 저술했다. 동시에 류귀쿼은 도서관계에서 개설한 업무 외에 도서관원 학습반을 적극적으로 지지하고 자신이 스스로 강의하고 이끌어나갔으며, 도서관에 재직하는 간부의 업무소질을 높이고 도서관 작업의 발전을 촉진시키는 데 매우 커다란 공헌을 했다.

류귀쿼의 도서관학 교육사상은 사서의 소양·기능과 그들의 배양에 대한 논술 가운데에서 주로 나타났다. 1930년대에 류귀쿼은 사서의 책임은 곧 봉사로, "…… 마땅히 많은 사람을 위해 봉사하려는 마음을 가진다면 도서를 출납하는 일뿐만 아니라 관장의 지휘도 따르게 된다. 대개 서비스 정신은 처음에는 고통스럽고 번거로울 수 있지만 독서하는 사람을 위해 여러

가지로 방법을 강구한다면 원성을 듣지 않게 된다"라고 지적했다. 또 사서
는 최소한 "마땅히 그 일의 성질과 목적인 관리방법을 익혀둬야 한다"라고
했다. 이 외에 "도서관 본관의 내용을 이해해야 한다, 도서관이 있는 지역
의 사회상황을 조사해야 한다, 스스로 장단점을 알아야 한다, 열람자에게
는 마땅히 상냥한 태도를 유지해야 한다, 풍부한 상식을 갖춰야 한다, 사서
는 더욱이 고통을 감내하려는 마음을 가져야 한다, 도서관학의 기본지식을
연구해야 한다" 등을 사서가 주의해야 할 점으로 들었다(劉國鈞, 1932).

　1960년대 류궈쥔은 또 도서관 작업자가 마땅히 갖추어야 하는 기본적인
기능에 대해 "마땅히 봉사를 기쁜 마음으로 하고 봉사를 잘할 수 있는 기능
을 갖춰야 한다, 업무를 개괄하는 뛰어난 기능을 가져야 한다, 사무를 철저
히 처리하는 능력이 있어야 한다, 응당 모국어로 자기의 사상을 표현해 내
고 작업을 완료할 수 있는 능력이 있어야 한다"라고 논술했다.

　이러한 기초 위에 도서관 작업자는 마땅히 도서관학의 기본지식, 본국
역사에 대한 기본지식, 본국 문학사에 대한 기본지식, 사용하는 기본공구
서·참고서에 대한 기본지식이 필요하다고 했다. 또 도서관학의 과학적인
연구에 종사하는 사람에게는 상술한 기본적인 기능 외에 한두 가지의 외
국어, 현대과학기술개론, 세계역사와 지리에 대한 기본지식, 목록학 등 한
종류의 전문지식이 더 있어야 한다고 주장했다(劉國鈞, 1962).

　류궈쥔의 사상은 중국 도서관학 교육에 지극히 깊은 영향을 주었다. 이
는 류궈쥔이 북경대학에서 십여 년 동안 도서관학 교육의 교육방향, 교과
과정 개설을 담당하고 1980년대 새롭게 흥성한 도서관학과 관련된 전문적
인 직업에 대한 학교 운영을 두루 경험한 것의 결과라고 할 수 있다. 이러
한 류궈쥔의 사상에 의해 길러진 많은 본과 학생과 각 종류의 훈련반 수강
생은 중국 도서관과 중국 도서관 사업을 발전시키는 큰 힘이 되었다. 21세
기 초의 오늘에 이르러, 도서관 직원이 가져야 하는 지식기능과 지식구조
는 크게 변화되었지만 중국 도서관학 교육연구 논저에서 제기한 도서관 직

원이 가져야 하는 지식구조는 류귀쥔이 제기한 방법과 대체로 유사하다.

요소설의 발전

도서관학 이론에 대한 류귀쥔의 공헌 중 하나는 도서관 요소설(要素說)을 제기한 것이다. 1934년 류귀쥔은 『도서관학요지』에서 다음과 같은 이론을 제기했다.

> 도서관이 성립하는 요소를 분석한다면, ① 도서, ② 직원, ③ 설비, ④ 방법의 네 가지가 있다고 말할 수 있다. 도서는 1차 자료다. 직원은 이들 1차 자료를 정리하고 보존하는 사람들이다. 설비는 건물 내부를 모두 포괄하는데, 즉 1차 자료·직원·작업과 사용도서를 포괄하는 장소다. 그리고 방법은 곧 도서가 사람과의 관계를 일으키는 매개가 될 수 있기 때문에 도서·직원·설비를 하나의 연결고리로 고정시킬 수가 있다. 이 네 가지 요소를 나누어 연구하면 각각 전문적인 학문이 된다(劉國鈞, 1934).

1957년에 류귀쥔은 '네 가지 요소'를 '다섯 가지 요소'로 발전시켰다.

> 도서관 사업은, ① 도서, ② 이용자, ③ 지도자와 간부, ④ 건축과 설비, ⑤ 작업방법의 다섯 항목을 구성요소로 가지고 있다. 매우 분명히 다섯 가지 중에서 한 가지라도 부족하게 되면 도서관의 존재는 유지될 수가 없다. 그러므로 도서관학은 반드시 이러한 요소들을 따로 나누어 심도 있는 연구를 진행하여야 한다(劉國鈞, 1957).

이것에 근거하여 류귀쥔은 도서관학은 바로 도서관과 관련한 과학이며 도서관 사업의 성질·규율과 각 구성요소의 성질·규율을 연구하는 과학인 셈이라는 주장을 제기했다. 또 도서관의 다른 요소에 대한 연구로 말미암아 결정된 도서관학의 주요 구성부분은 ① 모든 도서관 사업에 관련된 연구 ─ 도서관 사업사·도서관 건설원리·각유형도서관의 전문연구 등, ② 도서와 관련된 연구 ─ 목록학·판본학·교감학·도서사·도서생산기술 등, ③ 이용자에 관련된 연구, ④ 지도자와 간부에 관련된 연구, ⑤ 건축과 설비에 관련된 연구, ⑥ 작업방법과 관련된 연구 ─ 도서관방법학(도서관관리학)이라고 했다(劉國鈞, 1957).

요소설은 근대 과학적이고 분석적인 사유방법의 영향 아래에 나타난 것으로, 도서관 사업 전체를 구성하는 각 구성요소에 대해 구체적인 분석을 하고, 도서관 작업의 기본적인 규율을 관리하기 위한 것이었다. 또 류궈쥔은 계통적인 관점으로 요소연구를 지도했지만 각 요소를 독립적으로 연구하지는 않았다. 무엇보다 요소설은 현대 중국 도서관학 이론정립의 초기에 거둔 중요한 성과다.

류궈쥔은 "도서관학과 도서관리학 등을 동일하게 여기는 것은 일종의 간략화하는 견해이고, 도서관 사업내용을 이해하지 못한 견해다. 겨우 도서관리 차원의 지식만을 가지고 전반적인 도서관학자가 될 수가 없다"라고 인식했다. 동시에 그는 "도서관학은 독특한 연구대상으로 과학적인 연구방법을 운용해야 하고, 아울러 모든 과학처럼 현실을 개조하려는 임무를 가진다. 그러므로 도서관학은 독립적인 한 종목의 과학이다. 도서관학의 발전상황은 이전엔 균형을 이루지 못했지만 나날이 완전해지는 과정에 있다"라고 했다. 이 제기방식은 중국 도서관학계에 중대한 영향을 가지고, 많은 도서관학 연구자들에게 도서관학의 체계적인 건설과 전문 분야 문제의 연구에 힘쓰도록 독려하고, 중국 도서관학 연구의 발전을 촉진시켰다.

중국도서분류법을 제정하다

1929년 류궈쥔은 '중국도서분류법'을 제정했는데, 당시 듀이(Dewey, 杜威)를 모방하거나 보충한 중국의 많은 분류법과는 다르다. 류궈쥔이 제정한 분류법은 듀이분류법의 기본원칙을 습득했지만 한 걸음 더 나가 듀이법의 체계와 구성에 구속되지 않았다. 또 중국 도서의 구체적인 특징을 적절하게 지적하여 중국 도서관의 중국과 외국 도서를 종류별로 분류하는데 적합하고, 아울러 신구서적을 고려한 독특한 분류법체계를 연구하여 제정한 것이었다. 이 분류법과 1936년, 1957년의 수정본은 중국 내에 지대한 영향을 끼쳐 널리 채용되었는데, 대륙의 몇몇 도서관은 1970년대 말까지 여전히 이 분류법을 사용했다. 그리고 아시아의 몇몇 국가와 홍콩과 대만 지역에서 편성한 분류법은 체계나 유목(類目)의 배치에 있어서 류궈쥔의 분류법의 영향을 깊이 받았으니, 류궈쥔의 분류법이 가지고 있는 강한 적응성과 오랜 생명력을 보여준다.

1949년 이전의 관련된 논술은 분류법 편성과 분류이론 연구 중에서 류궈쥔의 공헌이 컸음을 보여준다. 1949년 이후로 류궈쥔은 '중소형도서관도서분류법', '중국도서관분류법'의 편성작업에 참여했고, 동시에 분류법 이론 방면에서 광범위하고 심도 있는 연구를 진행하여「콜론분류법에 대한 간술(冒號分類法簡述)」(1957),「중국도서분류법의 발전상황(我國圖書分類法發展的情況)」(1959),「분류표제와 목록(分類標題和目錄)」(1962),「검색작업 중의 분류법과 표제법의 작용(分類法與標題法在檢索工作中的作用)」(1963),「현대서방주요도서분류법평술」(1978),「서방의 도서분류법이 당면한 발전적인 추세를 논하며(論西方圖書分類法當前發展的趨勢)」(1980),「도서분류법의 발전(圖書分類法的發展)」(1981) 등의 논문을 발표했다.

중국 도서분류법의 발전과정에서 류궈쥔이 이처럼 커다란 공헌과 영향력을 가지게 된 이유는, 그가 세계분류법의 가장 새로운 성과와 발전 추세에 대해 정확하게 파악했고, 중국 분류작업의 구체적인 실천에 깊은 사고와 이론으로 무장하고 있었기 때문이다.

이 외에 그는 또한 도서분류의 교육에 전심전력을 다했고, 아울러 「도서분류초급(圖書分類的初步)」(1928), 「도서분류를 어떻게 시작해야 하나?(怎樣開始分類圖書)」(1931), 『도서는 어떻게 분류하나?(圖書怎樣分類)』(1953) 등의 논고를 발표했다.

자동화 실현의 예측

일찍이 1970년대 중반에 미국국회도서관이 막 진행한 도서편목공작자동화계획(MARC)과 컴퓨터를 도서관에 적용하려는 노력이 도서관 업무에 혁명적인 변화를 가져올 것이라는 것을 류궈쥔은 예리하게 인식하고 있었다. 그러므로 당시 중미문헌의 교류 경로가 순조롭지 못하고 자료가 부족한 상황 아래에서 그는 국내에서 먼저 MARC 양식을 중국어로 번역하고 글을 지어 소개했다. 예를들어 「'MARC' 계획의 간단한 소개 ― 도서관에 컴퓨터를 도입하는 문제를 겸하여 논함('馬爾克'計劃簡介 ― 兼論圖書館引講電子計算器問題)」(1975), 「MARC식 설명서 자료모음 번역('馬爾克款式說明書資匯譯'引言, 등사본)」(1980) 등이다.

당시 컴퓨터 기술·자동편목 기술은 오히려 완전하지 못하여 중국의 컴퓨터 작업은 막 걸음마 단계였지만 류궈쥔은 여전히 컴퓨터와 도서관 자동화에 관건이 되는 기술을 명확히 번역소개하고 당시 도서관 편목 자동화 발전의 어려운 문제를 분석했는데, 예를 들면 계산기로 로마자 계통이 아닌 문자의 저장, 자유응답자문 문제, 대체인력이 곧 서적의 편목이라는 문제였다. 그는 계산기의 문자입력 방면에서 한자입력의 부호화(코딩화) 문제와 자동화 작업 중에 기계가 목록(機讀目錄)을 읽는 통일된 편성규칙을 연구했다.

류궈쥔은 또한 "도서관 작업의 자동화는 목록편성 작업으로 시작된 후에 점진적으로 기타 각 작업으로 넓혀질 수 있다. 장서목록의 자동화는 도서관 전반의 자동화에 선결조건이다"라고 지적했다. 이 논점은 이미 국내외 도서관 업무 자동화의 실행에 의해 증명되었다.

류궈쥔은 "향후 몇 년 안에 몇몇 도서관이 경비·인력·물력·시간을 절약하고 편목 효율을 제고하자는 외침 아래에서 편목의 규칙을 간소화하고 이른바 번잡하고 불합리한 규율을 없애 간소화된 저록규칙이 출현할 것"이라고 지적했다. 그렇지만 "계산기는 다만 이미 저장된 자료에 대해서는 답안을 내줄 수 있지만, 저장되지 않았다면 계산기가 스스로 만들어낼 수가 없다. 저장된 자료가 적을수록 계산기의 대답 능력도 더욱 적어진다 ─ 받아들이는 자료의 제한을 받는다. 이와는 반대로 저장하는 자료가 많으면 많을수록 계산기의 대답 능력도 더욱 커진다 ─ 스스로 규율에 의해 조합하고 요구에 의해 답안을 준다. …… 기계가 읽는 목록의 저록사항은 크게 간편하지가 못하다"라고 지적하고, 아울러 주제목록과 주제에 의한 검색문헌의 가치를 지적했다(劉國鈞, 1972). 이러한 관점들은 지금 시점에서 볼 때 거의 모든 사람들이 아는 상식이지만 당시의 상황을 고려한다면 문제를 연구하고 파악하는 류궈쥔의 정확성과 예견성에 탄복하지 않을 수 없다.

류궈쥔은 "도서관 업무의 전반적인 자동화가 곧 현재 과학기술로 실현될 날이 멀지 않다"라고 예측했다. 놀라운 것은 역사가 겨우 20년 정도 지나지 않았지만 류궈쥔의 예견이 현실로 이뤄지고 있다는 것이다.

중국서사 편찬과 도서관 사업

류궈쥔이 생애 후반기에 중점적으로 연구한 것은 중국서사(中國書史)다.

그는 『좋아할 만한 중국책(可愛的中國書)』(1952), 『중국책의 고사(中國書的故事)』(1955, 1963, 1979), 『중국서사간편(中國書史簡編)』(1958), 『중국의 인쇄(中國的印刷)』(1960), 『중국고대서적사화(中國古代書籍史話)』(1962) 등의 저작을 편찬했다. 그중 『중국책의 고사』는 영문판으로 번역되었고, 『중국서사간편』은 일본어로 번역되어 일본에서 출판되었다. 류궈쥔은 또한 「책은 어떻게 태어나고 자랄까?(書是怎樣生長起來的)」(1953) 등의 논문을 저술했다. 이 논저들은 중국 고대 서적 발전사·서적제도 연변사·인쇄사 등을 연구했고, 아울러 중국 서사연구의 주요 과제와 학술의 틀을 확립하여 후대 중국 서사 연구에 직접적인 영향을 끼쳤다. 이 논저들은 동시에 청소년에게 애국주의 교육을 진행하는 좋은 교재가 되었다.

류궈쥔은 도서관계와 각종 사회활동에 적극적으로 동참했다. 1925년 중화도서관협회가 성립되자 그는 초대 출판위원회주임이 되어 《도서관학계간》의 편집을 책임졌다. 중화인민공화국이 성립한 후에는 《도서관공작(圖書館工作)》, 《도서관학통신》 등의 잡지와 『도서관학역총(圖書館學飜譯叢書)』의 편찬위원을 맡았다. 서거하기 전에는 북경도서관 고문·국가과위도서조직의 위원, 중국도서관학회 명예이사, 중국도서관학회 편역위원회 고문 등의 직책을 맡았다.

류궈쥔은 도서관 업무 , 도서관학 연구와 도서관학 교육에 평생 동안 종사하여 중국도서관 사업의 발전에 탁월한 공헌을 했다.

류궈쥔은 도서관의 실제 업무에 있어서 세계 도서관 사업의 선진적인 관리 이념과 관리 방법을 받아들이는 것을 중시하고, 중국 도서관 사업과 작업의 구체적인 상황과 결합시키는 것을 중시하여 중국 도서관 사업의 개혁을 추진하는 데 온 힘을 쏟았다.

1949년 이전까지 중국 도서관 사업에 대한 그의 공헌은 편목작업과 분류작업 기술을 연구·확충하고, 서방 도서관의 운영방침과 관리이념을 적극적으로 소개하고, 신식의 도서관 운용방침과 방법을 제창한 것이었다.

1949년 이후, 류궈쥔의 주요 공헌은 다음과 같다. 첫째, '중소형 도서관 도서분류법', '중국도서관분류법'의 제정에 종사하는 실제적인 작업을 했다. 둘째, 서방의 주요 분류법을 번역·소개하고 분류법 이론을 연구했다. 류궈쥔은 분류법 중의 기본적인 상위분류의 배열순서, 국가적인 사회성질의 문제, 번호부여 문제, 통일분류법 문제를 어떻게 표시하는지 등에 관해 심층적이고 과학적으로 연구하여 중국 분류법의 제정작업 속에서 충분히 구현했다. 셋째, 편목작업의 표준화를 적극적으로 추진했다. 넷째, 국외 도서관 간의 합작과 협조작업과 합작편목작업을 비교적 일찍 소개하여 중국 도서관계에 '자원을 공유'한다는 공감대를 형성하여 사람을 이끄는 작용을 했다. 다섯째, 국외 도서관 현대화 방면과 관련된 자료를 읽고 번역하여, 중국 도서관계에 현대화 기술을 받아들여 길을 개척하는 선봉적인 역할을 했다.

도서관학계의 큰 스승이 되어

류궈쥔의 생애와 학술활동에 대한 회고와 결산은 중국 도서관 사업건설과 도서관학 연구를 크게 계몽시켰다는 데 의의가 있다.

류궈쥔의 일생에서 우리들은 한 중국의 우수한 지식인이 자신의 학식과 열정을 조국에 보답하려는 충성스럽고 깨끗한 마음을 깊이 느낄 수 있다. 또한 전쟁이 빈번하게 발생하고 나라가 평안한 날이 없었던 20세기 상반기와 자신의 몸과 마음이 심하게 박해받은 10년 동안의 어지러운 시기에도 그는 시종 도서관학 이론연구를 견지했고, 도서관학의 여러 연구 영역에 중대한 공헌을 했음을 알 수 있다. 류궈쥔의 노력과 성취는 많은 도서관 직원에게 일을 사랑하고, 중국 도서관 사업과 도서관학 연구에 자신의 역량을 공헌하기를 격려했다.

류궈쥔은 세계 도서관학 이론과 도서관에서 실천한 새로운 성과를 받아들이고, 아울러 선진적인 기술방법들을 운용하여 중국 도서관 업무의 구체적인 문제를 해결했다. 그가 많은 성취를 이룰 수 있었던 것은 이런 세계 도서관 사업과 현대화 기술 발전동향을 곧바로 파악하는 능력에 있었다.

류궈쥔은 학술활동을 하면서 정직하고 과학적인 작업자로서 엄격하게 사실을 추구하는 태도를 취했다. 설령 문화혁명 중에 있었을지라도 그는 비판하는 문장으로 과학적인 연구를 대신하지도 않았고, 자기와 학술관점이 다른 연구자를 공격하지도 않았다.

류궈쥔은 도서관 직원의 교육을 매우 중요시했는데, 그는 저서와 논문에서 도서관 직원이 마땅히 지녀야 하는 기본 소양과 기능을 지적했을 뿐 아니라 이런 사상을 도서관학 교육 속에 관철시켰다. 그는 도서관학의 정규교육을 위해 공헌했을 뿐 아니라 도서관계의 각종 훈련원의 교과강의·지도에 적극적으로 참여했다. 특히 편목·분류작업의 지도와 인원 배양에 있어 심혈을 기울이고, 각지 각 계통의 도서관 작업을 정규화·과학화해 나가는 작업을 촉진시켰다. 그의 이러한 방법들은, 도서관 종사자의 사상적인 소질과 업무기능을 전면적으로 제고해야 도서관이 사회에 봉사하는 직능을 효과적으로 발휘할 수 있다는 것을 우리에게 알려준다.

이러한 중국 도서관 사업·도서관학 연구와 도서관학 교육을 위한 류궈쥔의 거대한 공헌과 귀중한 정신적인 재산은 역사책에 영원히 남아 후세에 큰 영향을 미칠 것이다.

3 중국 근현대 도서관 사업의 창시자
두딩요

장선화*

중국의 도서관학계에서 한 세대를 거쳐 평가할 만한 인물이 있다면 중국 북부지역의 류궈쥔(劉國均)과 남부 광둥 성(廣東省) 지역을 중심으로 활동한 두딩요(杜定友)일 것이다. 그는 세계의 저명한 도서관학자들인 미국이 듀이나 인도의 랑가나단과 같은 사상가들처럼 일생을 도서관 사업을 위해 활동했다. 도서관 사업에 헌신하고, 자국의 도서관 사업에 중요한 역할을 하며 탁월한 선견지명으로 세대를 넘어 도서관학에 영향을 준 그의 위치는 1988년 1월 광둥도서관학회에서 열린 두딩요의 탄생 90주년 기념 토론회를 보아도 알 수 있다. 당시 500명이 넘는 중국의 도서관학계 관련자들이 모여 그의 사상과 업적에 대한 논문발표와 열띤 토론을 벌였다. 중국의 도서관과 도서관 사업 발전에 평생을 바친 두딩요의 사상과 철학은 후대에 많은 영향을 주었다.1)

* 서울경제신문사 문화부 취재기자, 연세대학교 문학박사.
1) 이 글은 중국 무한대학의 왕즈조(王子舟) 교수의 박사학위 논문인 「두딩요와 중국도서관

도서관학을 향한 열정의 삶

두딩요(杜定友)의 본적은 광둥 성(廣東省) 남해현이며, 필명은 정석(丁石)이다. 그는 1898년 상해(上海)에서 개인 사진관을 경영하는 집안에서 태어났다. 9세 때 그는 사숙(私熟)에 다니면서 글을 깨우쳤고, 11세 되던 1907년 학당에 진학했으나 가정 형편이 어려워 세 번이나 학업을 포기해야 했다. 하지만 14세에 상해 전문공업학교2) 부속 초등학교에 입학하여 1918년 우수한 성적으로 졸업했다. 당시 상해 전문공업학교 부속중고등학교는 새로운 도서관 설립을 계획하고 인재를 양성할 계획이었다.

두딩요는 학교의 추천으로 필리핀대학으로 유학을 떠났다. 그는 필리핀대학에서 도서관학을 전공해 중국 도서관 발전의 주춧돌이 되기 위한 실력을 쌓는다.

두딩요는 1918년에서 1921년까지 도서관학에 대한 교육을 받으며 미국 도서관학을 배웠다. 그가 필리핀대학에서 유학할 당시 필리핀은 미국의 식민지로 미국 도서관학의 영향 아래 있었다. 그는 전공지식과 기초지식, 이론과 실습을 모두 중요시하여 도서관학 이론 시스템에 대해 완전히 파악하고 도서관의 실무에 대해서도 익히게 되었다. 그는 필리핀대학 유학 시절 학과 공부는 물론 당시 필리핀에 있던 화교들과 함께 각종 애국활동에도 참가했다.

두딩요는 도서관학에 대한 남다른 애정과 열정으로 공부한 결과 2년 만에 필리핀대학의 문학사 학위를 취득했다. 1921년 졸업할 당시에는 교육학 학사, 도서관학 학사 등의 전공과정을 마쳐 학사를 동시에 세 개를 얻을 만큼 학문에 남다른 노력을 기울였다.

학(杜定友和中國圖書館學)」(1999)을 참조했다.
2) 남양공학의 전신으로 후에 상해 교통대학으로 개명했다.

두딩요는 당시 필리핀대학의 도서관학 주임 교수였던 메리 포크(Mary Polk) 여사의 영향을 많이 받았다. 그녀는 필리핀 도서관 사업3)에 40여 년간을 종사했으며, 마지막까지 필리핀의 도서관 교육사업에 혼신의 힘을 기울였던 개척자였다.

그녀는 두딩요를 매우 신임하여 그를 학자로 키우기 위해 엄하게 가르쳤다. 후에 두딩요의 왕성한 집필 활동은 필리핀대학 시절 포크 여사의 엄격한 교육에 영향을 받았기 때문으로 여겨진다. 두딩요는 포크 여사를 존경하여 그녀의 기대에 어긋나지 않기 위해 최선을 다했다. 그가 중국으로 돌아온 뒤 후진 양성을 위해 힘쓸 때 학생들과 동료들에게 포크 여사에 대해 자주 이야기를 했다고 전해지고 있다. 그는 항상 도서관에 대한 남다른 애정을 가진 포크 여사의 열정을 전하면서 그들을 격려했다.

두딩요는 일생을 중국의 도서관 발전에 힘썼다. 유학을 마치고 귀국한 후 당시 필리핀대학에서 배웠던 모든 것들을 중국의 도서관 사업과 도서관학의 교육에 쏟아 부었다.

두딩요는 상해 복단대학의 도서관 주임사서로 근무했으며 교통대학 도서관 관장, 광저우 중산대학 도서관의 주임사서를 거쳐 광둥 성 중산도서관 관장과 광저우 시(廣州市) 도서관 관장으로 재직했다. 그는 도서관의 관리 및 봉사, 독자관리 등에 관한 업무에 심혈을 기울였다. 당시 중국은 근대 도서관의 초보 단계에 머물러있던 때였다. 도서관에 근무한 사람들은 대부분 이론적인 지식이나 실무경험이 없었고, 일반 국민들은 도서관을 이용하는 데 많은 제약이 따랐다. 심지어는 도서관의 입관을 거절당하기도 했으며 책을 대출하는 것도 불가능했던 시절이었다. 이 시기에 두딩요는 도서관을 알리기 위한 새로운 활동을 시작했다. 강연을 하는가 하면 양성

---

3) 여기서 사업이란 생산이나 수입이 없이 국가의 경비 지출로 운영되는 비영리적인 사회 활동을 말한다.

소를 세우고, 도서관학과를 만들고, 도서관협회 기금을 모았으며, 도서관 잡지를 창간하는 등 활발한 활동을 했다.

오늘날의 중국 도서관이 중국인들에게 제공할 풍부한 도서들을 갖출 수 있게 된 배경에는 이러한 그의 도서관에 대한 애정과 열정이 밑거름이 되어 있었다. 또한 그의 업적은 필리핀대학 유학 당시에 쌓아둔 튼실한 이론적 기초 위에서 이루어져 이론과 실천을 겸비한 중국에서 몇 안 되는 사상가로 평가받고 있다.

청일전쟁 당시 중산대학 도서관의 주임사서로 근무했던 두딩요는 피난을 마다하고 도서관을 지키며 중요 도서를 옮기는 등 도서관과 대학교육의 중요성을 몸소 보여준 실천가이기도 했다. 청일전쟁의 화염이 화남지역까지 확산되었고 급기야는 광저우 시까지 일본군의 공습을 받기에 이르자 중산대학의 교수들은 전쟁을 피해 뿔뿔이 흩어졌다. 그러나 두딩요는 자신의 안위는 돌보지 않은 채 도서관에 소장된 귀중한 자료를 옮기는 데만 전념하여, 도서관의 직원들을 인솔해 중요한 책과 간행물들을 모아 그의 집으로 옮겼다. 이러한 두딩요의 노력에 힘입어 중산대학은 전쟁을 피해 광둥 성 평석으로 학교를 옮길 때에도 교수들이 아무런 불편 없이 예전과 같이 수업을 진행할 수 있었다. 수업에 필요한 모든 자료와 참고서가 두딩요의 집에 고스란히 보관되어 있었기 때문이다.

전쟁은 끝났고 중산대학이 광저우로 다시 이전하면서 두딩요도 함께 돌아왔다. 그는 중산대학의 도서관에 소장된 서적들을 운반하고 수집·정리하는 등 도서관을 정상화시키기 위해 일손을 늦추지 않았다. 또한 지방관청인 성관(城官)과 시관(市官) 두 곳의 도서관의 관장을 겸직했다.

그는 학교 기숙사에서 숙식을 해결하며 일에만 전념했는데 이러한 그의 헌신적인 정신은 실로 다른 이들을 감복시키기에 충분했다. 그는 중국의 혼란스러운 근대사의 한가운데에 있었지만, 그의 중국 도서관 사업에 대한 사랑과 열정은 한 번도 동요된 적이 없었다.

1938년 청일전쟁으로 중국 전체가 혼란스러울 당시, 그는 모교인 필리핀대학에서 교수 초빙 제의를 받고 약 9년간 필리핀대학에서 도서관학과의 야간강의를 맡았다.

1949년 중국이 해방되던 해 두딩요는 장제스(蔣介石)가 이끌던 국민정부의 요청에 따라 학술적인 가치가 있는 귀중본들을 대만으로 옮기는 작업을 하게 되었다. 당시 홍콩에 있었던 그의 연로한 모친과 여동생은 두딩요가 홍콩으로 와서 잠시 피해 있기를 권했지만, 그는 이러한 모든 주위의 권유를 일언지하에 거절했다. 그는 오직 조국인 중국의 도서관 사업에만 몰두해 있었다. 평생 그는 사서로서의 본분만을 지켰다.

두딩요는 사서의 업무에 충실했을 뿐 아니라 교육자로서 인재 양성에도 대단한 열정을 가지고 있었다. 그는 1922년 광동 성에 사서교육을 위한 도서관 관리원 양성소를 건립하고 이듬해인 1923년 상해 복단대학의 도서관 주임으로 근무했다. 전국 각지에 도서관협회가 결성되기 시작한 1924년 그는 상해도서관협회의 위원장으로 선출되었다. 그는 또 전국 규모의 협회인 중화도서관협회의 창설에 주도적인 역할을 했으며, 협회의 집행부 부부장으로 선출되었다.

1925년에는 상해의 국민대학(國民大學) 도서관학과를 설립해 중국의 도서관학 분야 교육자로서 그의 역할을 다했다. 그는 광동에서 60여 명의 학교 도서관 관리원을 배출했고, 후에 그는 학과의 주임 교수로 재직하며 도서관학 개론을 강의했다. 유감스러운 것은 이렇게 조기에 성립된 도서관학계가 당시의 혼란스러웠던 정국으로 말미암아 지속적인 발전을 하지 못했다는 것이다.

이 밖에도 그는 공공도서관과 초등학교 도서관의 중요성을 역설했다. 그는 광저우 시민대학에서 도서관과 시민교육이라는 과목을 맡아 강의했고, 하남초등학교의 교원 강습회에서는 초등학교 도서관 관리법을 강의했다. 또, 1925년 중화도서관협회, 동남대학, 중화직원교육반, 강소성교육회가 합동으로 설치한 하계학교에서 학교도서관, 도서분류법 등의 과목을 지도했다.

1949년 신중국 설립이 시작된 후 중국에는 도서관학계의 연합이 단행되었다. 정부의 중앙문화부 산하 사회문화사업 관리국과 북경대학 도서관학계, 무한대학 도서관학계 등의 기관들이 남경도서관에서 연합해 '전국성시 도서관 근로자 진수반'을 개최했으며 두딩요도 여기에 참가해 자신의 주장을 역설했다. 당시 그는 '원리분류와 문제분류', '지방문헌의 수집 및 정리와 이용' 등을 강의했다. 그의 강의를 받은 학생들과 학계 교육자들은 도서분류상의 몇 가지 문제점을 명백히 해석해 내기도 했다. 그는 또한 각 지방 관청(城官)들이 지방문헌의 전문적인 보존과 관리의 중요성에 대해 깨달아야 한다고 일깨워 주기도 했다.

두딩요의 저술활동은 그의 생애에서 가장 두드러진 활동 가운데 하나이다. 그가 일생 동안 매년 저술한 분량이 평균 약 14만 자, 1925년에는 48만 자, 1926년에는 28만 자에 이른다.

이때 그는 도서관학 기본이론, 즉 통론에 관한 도서들 중 『도서관통론(圖書館通論)』(1925), 『도서관학개론(圖書館學槪論)』(1927), 『학교도서관학(學校圖書館學)』(1928) 등 중요한 저서를 출판했다. 이러한 저술활동은 그가 구미 도서관학과 중국의 당시 상황을 비교하여 중국 도서관학의 기본 틀을 잡았다고 평가받고 있다.

그는 도서관이란 인간의 공공 두뇌에 해당하는 기능을 한다고 생각하고 반드시 이 공공 두뇌의 잠재 능력을 발휘해야 한다고 생각했다. 두딩요는 이 시기에 도서관학의 원리에 대한 깊이를 더하고, 고대 장서의 학술을 정리했다.

1929년부터 1949년까지 두딩요는 전문적인 영역에 대한 학술 연구에 집중했다. 분류법 이론, 분류법 통일 문제, 도서관 목록, 지방문헌 등에서 진일보한 연구를 통해 상당한 경지에 이르게 되었다. 중국 도서관학에서 두딩요만큼 30~40대에 학술적으로 독특하고 성숙한 학자는 드물다.

당시 두딩요는 이론연구에서 전문적이고 실용적인 분야로 그의 연구 분야를 확대했다. 이는 당시 그가 도서관의 실무에 임하면서, 도서관학에서 이론이나 원리보다는 응용이 더 중요하다고 판단해 이에 대한 연구에 좀 더 치중하는 계기가 되었다고 후학들은 분석하기도 한다(王子舟, 1999: 9).

1950년대부터 중국에는 정치적으로 사람들의 의식이 새롭게 변화되었다. 1950년대 말이 되자 도서관학도 점점 분화되어 도서관학, 지방문헌 및 지방사, 문자학 등 세 갈래로 나누어졌다. 그는 도서관학에서도 분류법 연구에 가장 중점을 두었다. 두딩요는 학술계에서 인정받는 분류법 이론 기초에 십진법의 객관성과 분류표 편제에 대한 상관도를 입증했고, 분류 주제의 통일화된 발전 방향을 제시해 중국 도서관학계를 지금의 수준으로 끌어올리는 역할을 했다.

도서분류에도 국경은 없다

1920년 두딩요는 필리핀대학에서 도서관학을 전공하면서 중국과 서양의 분류법 간에 차이가 있음을 주목하고 새로운 분류법을 만들고자 했다. 그의 지도교수는 두딩요에게 미국국회도서관분류법(LCC)을 기초로 할 것을 권유했으나 두딩요는 듀이(Dewey)의 십진분류법을 근거로 하여 새로운 분류법을 만들기 시작했다.

1921년 두딩요는 도서관학 학사학위를 취득한 후 귀국하여, 상해 등지에서 강연을 하던 중 처음으로 '세계도서분류법(世界圖書分類法)'이라는 자신의 새로운 분류법 체계를 소개했다.

두딩요는 1922년에 『세계도서분류법(世界圖書分類法)』, 1925년에는 『도서분류법(圖書分類法)』, 1935년에는 『두씨도서분류법(杜氏圖書分類法)』을 출판했다. 그는 이 저서를 통해 중국 도서와 외국 도서를 통합해 분류할 수 있는 세계화를 주장했다.

1920년대 초기 외국 서적이 증가함에 따라 많은 도서관들은 중국 서적과 외국 서적을 나누어서 관리했다. 두딩요는 중국 서적과 외국 서적이 비록 성격이 다르다고는 하나 통합 분류가 가능하다고 판단했다. 그는 도서관의 장서관리를 위해 두 가지 이상의 분류법을 사용하는 것은 과학적인 도서관리가 될 수 없다고 판단했다. 학문에 국경이 없듯이 도서분류에도 국경이 없다고 본 것이다.

두딩요는 듀이의 학술체계를 벗어나, 종교라는 대분류를 삭제하고 이를 철학의 대분류에 통합시켰으며, 그 자리를 교육으로 대체했다. 그는 중국과 서구지역의 상황이 달라 중국에는 종교에 속하는 서적이 많지 않다고 보고 이를 열 가지 큰 분류에 포함시키기 힘들다고 보았다. 근대의 과학적 분류법이 만들어진 이래로 교육 분야는 두딩요에 의해 처음으로 독립적인 분류 분야가 된 것이다.

1930년대 후기부터 1940년대 초기까지 두딩요는 어떻게 하면 중국 전 지역의 도서분류법을 통일할 수 있는가에 대해 연구했다. 그는 오랜 기간 중국에서 생활했으나 국외 도서관 사업의 발전에 대해 관심을 두고 있었다.

1940년대 초 중국의 도서관은 일본의 침략으로 인해 큰 피해를 입었고 장서도 소실되었다. 두딩요는 당시를 도서관 분류법 통일을 위한 좋은 기회라고 생각했다. 그러나 중국 전역의 도서분류법 통일은 그가 생각했던 것처럼 간단한 일이 아니었다. 도서의 종류가 복잡하고, 일부 전문 분야는 해당 분야의 전문가와 도서관학자가 공동으로 작업해야만 완성할 수 있기 때문이었다. 그래서 그는 1925년에 다음과 같이 건의했다.

분류법은 한 사람의 힘으로 완성하기는 힘들다. 국내의 도서관학자들이 공동으로 작업해야만 한다. 그 후에 만약 불합리한 것이 생긴다면 점차 고쳐나갈 수도 있고, 부족한 면이 생기면 보충할 수도 있는 것이다. 몇 년만 지나면 틀이 잡힐 것이다(王子舟, 1999: 34).

신중국이 성립된 후 두딩요는 공산주의 사상인 마르크스 레닌주의와 마오쩌둥(毛澤東) 사상에 대해 학습했다. 그는 마르크스주의를 근거로 한 경제기초와 상부구조 학설을 근거로 자연과학 발전의 관점 및 마오쩌둥의 지식분류 이론을 연구했다.

1950년 두딩요는 《문물참고자료(文物參考資料)》 제1권 제8호에서 「신도서분류법에 대한 의견(新圖書分類法芻議)」이라는 글을 발표했다. 이 글에서 그는 과거의 도서분류법은 모두 개인의 주관적인 것이어서 혼란스러웠다고 주장했다. 이는 중심사상을 확실히 갖지 못했으며, 객관적인 결정도 하지 못했기 때문이라고 말했다.

도서분류법은 도서를 지도하는 열쇠다. 분류법을 통일하게 되면 이 열쇠가 생기는 것이고 그렇게 되면 곧 전국의 보물창고인 도서관을 열 수 있게 되는 것이다. 똑같은 한 권의 책이 전국의 모든 도서관에서 동일한 일련번호를 가지고 있고, 같은 위치에 놓여있다면 얼마나 편리해지겠는가? 통일된 분류법이 없다면 전국적인 도서분류 통계와 총서지목록의 편성이 불가능해진다. 과거에는 통일되지 않아서 얼마나 많은 독자들이 시간과 힘을 낭비했는가?

우리는 이제 대중의 입장에 서서 전국의 이용자들에게 편리함을 주는 것으로 사죄해야 한다. 통일된 분류법은 한 사람의 힘에 의해 만들어질 수 없다. 수많은 전문가들이 공동으로 연구하고, 하나의 고정된 기구를 조직하여, 일정한 목표를 지정한 후에 공동으로 작업해야 한다. 정부의 심의를 거친 후에 계획성 있게 각 도서관의 개편작업을 진행해야 한다(王子舟, 1999: 53).

이 문장에서 두딩요는 마오쩌둥의 지식분류에 대한 논술과 유물사관에 근거하여 새로운 분류법의 지도사상을 편성했다.

1951년 두딩요는 ≪문물참고자료≫ 제2권 제2호에 「도서분류법에 대한 의견(圖書分類法意見)」이라는 글을 싣고서 다음과 같이 주장했다.

새로운 도서분류법을 편성하는 것은 반드시 작은 규모의 도서관을 대상으로 삼아야 한다. 왜냐하면 대부분의 대형 도서관들은 모두 소규모에서 발전된 것이기 때문이다. 그러므로 소규모 도서관의 분류기초를 확실히 하는 것이 장래의 도서관 발전에 유리하다. 그와 동시에 소규모 도서관에서 사용하는 분류법을 단순화시켜 향후에 대형 도서관의 분류법 편성의 기초를 확실히 다져야 한다(王子舟, 1999: 67).

1962년 전후, 그는 국가별 신도서분류법의 동향을 연구하여 ≪광명일보(光明日報)≫에 「과학분류와 도서분류(科學分類与圖書分類)」, 「도서분류법의 방향(圖書分類的路向)」, 「도서분류에 대한 주요질문과 목록의 건의(圖書分類主河目錄的建議)」 등의 논문을 발표했다. 이러한 글들은 발표되자마자 도서관학계의 논쟁을 불러일으켰다.

두딩요는 「새로운 도서분류법의 전망(新圖書分類法的遠景)」이라는 논문을 무한대학 도서관학과가 주편(主篇)한 『도서관학목록학논문집(圖書館學目錄學論文集)』(1964)에 발표했다. 두딩요의 이러한 글들은 모두 명확한 사상을 담고 있는데, 정리하면 다음과 같다.

첫째, 전통적인 체계와 등급을 가진 도서분류법은 이미 현대사회 발전에 도움이 되지 못한다. 둘째, 분류법은 반드시 과학적 분류를 기초로 하여야 하고, 이용자의 편리성을 배려해야 한다. 셋째, 분류법이 전통적인 등급 열거식의 폐단을 극복하려면 반드시 간소화시켜 일정 범위 안에서는 획순배열법을 이용하면서 새로운 분류주제를 하나로 만드는 방향으로 나아가야 한다. 넷째, 분류법의 분류번호는 반드시 '조합배분'의 형식을 사용해야 한다. 이것은 국제적인 추세이다.

안타깝게도 두딩요의 이러한 견해는 당시 도서관 학자들의 반대에 부딪혔다. 그중 일부 글에 대해서는 가능성에 대한 토론이 이루어졌지만, 어떤 글에 대해서는 강압적인 반대 결정이 내려졌다. 논쟁의 대부분은 진리를 추구하는 장(場)이었다기보다는 서로를 비방하고 자신을 높이 세우려는 싸움터에 그치고 말았다. 그러나 1980년대 이후 두딩요의 분류법 발전에 대한 견해는 학술계에서 끊임없이 인용되었으며, 그 정확한 예견은 역사에 의해 증명되었다.

그 후에 그는 「도서자료분류법(圖書資料分類法)」을 편성하여 그의 사상을 재현했으나 안타깝게도 당시에 발표되지 못했다. 하지만 중국의 도서관학계에서는 이에 대해 심도 있는 토론이 진행되었다.

쯔껀(字根)설의 창시

두딩요의 학문적인 기틀은 필리핀대학에서 형성되었다고 해도 과언이 아니다. 1919년 두딩요가 필리핀대학에서 도서관학을 전공으로 공부하던 시기, 영문의 ABCD와 같은 알파벳 순서는 편리하지만 한자배열법은 불편하다고 생각했다. 그는 '永' 자의 팔법에서 따라서 한자배열 순서로 삼고, 초고를 완성해서 광저우 영남대학(嶺南大學) 도서관의 천더윈(陳德芸) 교수에게 검토해 줄 것을 요청했다. 천더윈은 회신에서 "방법은 좋지만, 사람들은 이미 수필법(數筆法)에 익숙해져 있어 실행하기 어려울 것"이라고 말했다. 천더윈은 당시 한자배열법에 대한 연구를 하고 있었다. 그가 발명한 칠필(七筆)배열법은 이미 영남대학 도서관의 도서색인 목록배열에 쓰고 있었다.

1921년, 두딩요는 귀국 후 광저우시립사법대학에 재직하면서 십 년 전의 경험을 되살려 학생들의 이름 배열법을 고쳐 성적순으로 배열하던 관례를 없앴다. 이는 중국 내에서는 파격적인 일이었다.

같은 해, 그는 시민대학에서 도서관학을 강연할 때 운필법의 배열법은 한자의 배열을 필획의 많고 적음으로 순서를 매기며, 같은 획의 글자라면, 다시 '永' 자 팔법 등에 의거하여 순서를 매겨야 한다고 제안했다. 예를 들어, 운필과 필법이 같다면 다시 획이 짧은 자를 앞으로 하고 긴 자를 뒤로 하는 것(刀力, 八入 등)과 곧은 것은 앞으로, 굽은 것은 뒤로 가는 등의 순서와 같은 것이었다.

이듬해 두딩요는 광저우에 광둥 도서관 관리원 양성소를 창립할 때, 학습지도에 필요한『한자배열법(漢子排字法)』을 출판했다. 1925년,『한자배열법』은 상해도서관협회 출판물 중 하나로 상해에서 출판되었고 광주·상해 도서관에서는 그 방법을 사용하는 자가 적지 않아 보편적으로 실행되었다.

두딩요가 1920년대 초에 발명한 '한자배열법'은, 부수를 포기한 운필법이다. 그러나 오래되지 않아 그는 운필법에 문제가 있다고 보았다.

비록 수십 종의 새로운 운필법이 있으나 모두가 대동소이하고 근본적으로 차이가 없어서 사용하자면 불편했던 것이다. 그는 한자의 배열은 필법과 운필 이외에 반드시 다른 수단을 거쳐야 하며, 그렇지 않다면 획기적일 수 없다고 생각했다. 두딩요의 배열법을 정리하면 다음과 같다.

① 배열법의 연구대상: 한자 배열법은 두 과정으로 조성되는데, 하나는 글자 배열이고 하나는 검자이다. 배열은 검자의 기초이자 수단이며, 검자는 배열을 실현하는 목적이다. 양자는 상호 의존하고, 상호 영향을 미친다.
② 배열법의 과학기초: 어떤 배열법의 발명에 있어서든 반드시 일정한 과학방법으로 기초를 삼아야 한다. 배열법에 대한 수학적인 방법의 중요성은 이미 근대 배열법 연구에서 증명되었다. 그러나 그는 한자

배열법의 기초과학은 수학이 아니라 심리학이라고 보았다. 두딩요는 심리학 중의 많은 원리와 일정한 규칙이 배열법에 있어서 의의를 가지고 있다고 보았다.

③ 배열법의 편제원칙: 두딩요는 「한자배열법편찬원칙안」에서 한자배열법의 원칙을 첫째, 간이(簡易), 즉 간단하고 자연스럽고 보급하기가 용이하고, 둘째, 준확(准確), 즉 일관되고 정해진 순서를 가지고 예외가 없고, 셋째, 편첩(便捷), 즉 편리하고 직접적이고 신속해야 한다고 했다.

이 배열법의 편제원칙 항목은 두딩요가 다년간 연구 검토한 끝에 체득한 것이었다.

컴퓨터가 널리 보급된 현대에 쯔껀(字根)이라는 것은 중국 사람에게는 익숙한 단어이다. 쯔껀 연구는 한자부호기술과 관련된 문제이기 때문이다. 그러나 쯔껀설의 창시자가 두딩요라는 것을 아는 사람은 드물다. 두딩요는 한자배열법을 연구하는 데 객관적인 태도를 견지했다. 그는 좋은 배열법은 반드시 한자의 본연의 조직과 자연스러운 순서를 반영한다고 보았다. 그는 1920년대 후기에 형위법을 연구할 때 한자의 형태에 대해서 탐구를 거친 끝에 점차적으로 다음과 같은 두 가지 확고한 신념을 형성했다.

첫째, 한자의 순서는 반드시 한자 본신에서부터 생각되어야 한다. 숫자나 기타 부호에 의지해서는 안 된다. 둘째, 한자는 그 본연의 조직과 구조를 가지고 있다. 한 획, 한 획의 개성은 임의로 나누거나 합쳐서는 안 된다.

그러나 그가 형위배열법을 발명할 때 거시적으로 한자를 8종의 형태로 나눌 때 한 가지 난제에 부딪혔다. 비록 한자의 십중팔구는 나눌 수 있지만 예를 들어서 昌, 思, 音과 같은 자는 글자 간 거리가 있어서 상하 양 부분으로 나눌 수 있지만, 男, 卓 등은 서로 연계되어 있고, 主, 方 같은 것은 점과 본체가 떨어진 듯 붙은 듯 하니 어떻게 판별할 것인가? 이런 이유로 인해서 실제로 배열 과정에서 두 가지 문제가 발견되었는데, 첫째는 많은 동형의 글자는 필순의 관계 때문에 같이 두어서는 안 되는 것이고, 둘째는 많은 글자가 6~7획까지는 그 선후 순서를 알 수 있다는 것이다.

이런 필법구조는 한자를 조성하는 기본 단위로서 그 이름이 없었기 때문에 두딩요는 이름을 붙이기를 '쯔껀'이라 했다. 두딩요는 "쯔껀은 각 글자를 조직하는 근본이다. 한자라면 모두 몇 획으로 조성된 쯔껀을 사용하고 있고, 한 개 혹은 몇 개의 쯔껀은 글자를 형성한다"라고 보았다. 그는 수십여 개의 쯔껀을 분석 대조한 후, 그중에 300~400개의 쯔껀을 얻어내었다. 그는 쯔껀 시스템을 분명히 한다면 한자의 판별이나 배열에 있어서도 방법이 있다고 보았다.

근대적 지방문헌 이론을 개척하다

광둥 성 출신인 두딩요는 광둥 지역 문화에 대한 애정이 남달랐다. 그런 까닭에 1946년 한 전국 규모의 회의에서 어떤 사람이 "광둥에 문화가 없다"라고 했을 때, 두딩요는 이에 반대해 「광둥문화는 어디있나?(廣東文化在耶里?)」(1946), 「광둥은 문화가 없나(廣東没有文化?)」(1946), 「광둥문화중심의 어제와 오늘(廣東文化中心之今昔)」(1947)이라는 3편의 글을 발표하면서 광둥문화에 대해 연구하기 시작했다.

두딩요는 이를 계기로 문화에 접근하는 방법을 인간과 책에서부터 출발해야 한다고 강조했다. 그 이유는 "사람은 문화의 창조자이며 추진자이고, 서적은 문화의 전달자이기 때문"이라고 말했다. 또 두딩요는 "문화는 인류의 사상활동이 오랜 시간 성장하면서 생성된 결과물이다. 문화의 범위는 나날이 풍부해진다. 우리는 선현의 정서를 받들어 당연히 남겨진 뜻을 어떻게 계승하고 찬란히 발휘하여 더 위대한 신문화를 만들어낼 것인가? 이것은 우리 모두의 책임이다. 다만 우리는 어떻게 받아들일 것인가? 어떻게 발휘할 것인가? 우리가 만약 선현들의 저술에 대해서 그 상세한 내용을 통찰하지 않고 선현의 사람됨과 학문에 대해서 심도 있는 체험이 없다면 어찌 찬란히 발전시키겠는가?"라고 말했다.

문헌은 문화의 주요한 운반도구(carrier)이다. 지방문헌은 지방문화의 보물창고와 같다. 한 지방의 문화를 이해하려면 지방문헌에서부터 시작해야 하고 이것이 가장 간단명료한 효과적인 방법이다. 두딩요는 이때부터 지방문헌의 보존과 정리가 중요하다고 강조했다.

지방문헌의 보존과 정리가 지방문화 건설에 중요한 촉진작용을 가지고 있다. 지방문헌과 지방도서관의 관계는 어떠한가? 도서관은 문헌을 보존하고 문헌을 이용하는 문화학술의 기구이며, 따라서 지방문헌에 대해서 중요시하고 연구해야 한다.

두딩요는 도서관에서 추진되는 지방문헌 작업 현황에 대해 "도서관은 하나의 문화적인 기관이다. 도서관은 문화를 보존하고 전달할 수 있다"라고 설명했다. 그러나 두딩요가 제시한 이러한 관점은 당시 중국의 시대적 상황으로 미루어 볼 때 보편타당하게 인식되지 못했다.

당시 1920년대 대부분의 도서관에는 두 가지 문제점이 있었다. 첫째는 도서관 내부적인 문제로, 많은 도서관들이 도서관을 운영하는 데 보수적이었다. 그래서 공자의 학설과 고문만을 취급하려 했던 것이다. 둘째는 외부적 요인으로, 많은 지방정부는 지방도서관 건립을 중요시하지 않았고 지방도서관을 단지 도시의 장식품으로 여겨, 도서관의 주된 취지와는 거리가 멀었다. 두딩요는 "고문서와 공자의 학문만을 숭배하는 전통 관념은 지극히 잘못된 것이며 남에게 해를 끼칠 수 있다. 도서관의 장서는 당연히 인류의 기록을 그 범위로 삼아 서적 외에도 음반, 영화, 슬라이드필름 등을 소장해야 한다. 도서관의 설립은 민중과 정부를 위한 것이다"라고 말했다.

중일전쟁이 끝난 후 광둥성도서관은 평화를 되찾았다. 비록 시국이 불안정하고 경비조달이 어려웠지만 광둥성도서관은 두딩요의 지도 아래 지방문헌 작업에 있어서 오히려 많은 성과를 얻었다. 1948년에 광둥성도서관의 장서는 16만 5,000여 권에 달했고 지방문헌은 2만 1,000권이었으며, 대략 전체 소장도서의 13%를 차지했다.

두딩요는 지방문헌 관리의 중요성에 대해 두 가지 관점을 제시했다. 첫째는 지방문헌의 기본 개념에 관한 것으로, 지방도서관에서 지방문헌을 관리하기 전에 먼저 지방문헌의 정의와 범위에 관해 명확하게 정해야 한다는 것이다. 이는 지방문헌 관리의 논리적인 출발점이며 두딩요는 "지방문헌은 본 지방과 관련 있는 여러 가지 표현 형식을 가진 모든 자료이다. 예를 들면 도서, 잡지, 신문, 도표, 사진, 영화, 그림, 음반, 서식, 전단, 어음, 공문서, 원고 등이다. 이 모든 것은 역사적 가치가 있다"라고 말했다. 둘째는 지방문헌의 수집, 정리(분류, 항목 나누기) 등 밀접한 관련부문을 조직적으로 운영해야 한다는 것이다.

근대적 지방문헌 이론의 개척자로 여겨지는 두딩요의 사상학술은 지방문헌 이론의 건설과 지방문헌 작업의 전개에 지극히 큰 영향을 미쳤다. 지방문헌 이론 방면에서의 영향으로 두딩요가 1950년대에 제기한 관점은 오랜 기간의 실천과 이론연구의 결정이다. 1940년대에 두딩요는 지방문헌의 범위는 서적은 물론, 그림도 포함하는 것으로, 모두 가치 있는 지방자료이며 단문일지라도 모두 수집할 필요가 있다고 했다. 그는 지방문헌 관리의 실천방면에도 큰 영향을 미쳤다. 광둥성도서관의 지방문헌 연구는 두딩요의 개척을 시작으로 현재까지 60년의 역사가 흘렀다. 이제는 지방문헌 연구 발전사에서 가장 길고 효과적인 성립도서관으로 중국은 물론, 해외에서

도 인정을 받게 되었다.

도서관은 모든 사람의 기억이다

많은 도서관학 관련 사상가들과 마찬가지로 두딩요도 후학 양성에 매진했다. 또한 두딩요는 도서관학이 중국의 대학에서 정식 학문으로 자리잡는 데 공헌했다.

그는 도서관학은 과학적인 학문으로 철학이나 사회학, 경제학 등과 같이 세계적으로 공인된 학문임을 강조했다. 그는 도서관학과가 이미 서구의 대학교에는 일찍부터 전문적인 과학으로써 학사, 석사, 박사 등으로 이루어진 학위 과정을 운영하고 있다고 주장하면서 중국에서도 이처럼 과학적인 도서관학이 뿌리내려야 한다고 그의 의견을 역설했다.

두딩요는 과학적인 학문의 요건은 원리와 응용이라고 역설했다. 그는 "응용이란 원리에서부터 나오는 것인데, 만약 도서관학이 서적 배열이나 목록정리법 등에 국한된 것이라면, 이는 기계적인 일이지 결코 연구할 만한 가치가 있는 것은 아니다. 현재 도서관학이 과학적인 학문으로 평가받아야 하는 이유는 도서관이 살아 있는 기관이요, 시민들의 교육기관으로 중요한 역할을 하기 때문이라는 것을 알아야 한다. 우리는 여러 가지 원칙에 근거하여 각종 법칙을 연구하고, 이를 도서관에 소장된 서적과 모든 건축설비를 이용해 사람들을 교육시킨다. 이런 사업이야말로 연구할 만한 가치와 당위성이 있는 것이다. 이 때문에 도서관학은 전문적이고 과학적이라는 것이다"라고 말했다.

두딩요는 1926년 「도서관학의 내용과 방법(圖書館學的內容和方法)」에서 도서관학은 목록편찬, 분류방법, 정리방법 등과 같은 기술적인 측면뿐만 아니라 이론과 철학이 있다고 강조했다. 그는 또 이 책에서 "도서관학은 과학이다. 왜냐하면 학교나 사회가 학습의 장(場)이라면 도서관은 또 다른 살아 있는 교육기관이기 때문이다. 교육에 대해 연구하는 학자들은 교수방법과 학습 관리방법을 제외한 모든 것이 교육적인 이론과 철학에서 시작되었다고 말하고 있다. 따라서 도서관학과에서는 목록과 분류방법이 바로 교수법과 학습 관리법이다. 이는 도서관학 과목 중에서도 응용 분야에 해당한다. 또한 도서관학은 이것이 전부가 아니다. 왜냐하면 우리는 각종 원리를 근거로 연구를 해 그 결과를 바탕으로 도서관 내의 모든 서적과 설비를 도입하고 배치하는 데 이용할 수 있다"라고 언급했다.

그는 도서관은 바로 사람의 대뇌와 같다고 생각했다. 이것은 바로 사회에서 일어난 모든 사람의 기억이 도서관에 해당하며, 따라서 도서관은 사회의 모든 사람이 공동으로 이용하는 뇌라고 주장했다. 그는 도서관학이란 전문적인 학문으로 인류의 역사와 함께하면서 학문과 도서를 기록·생성·보존하는 것이라는 주장을 유감없이 펼쳤다.

1926년 두딩요는 도서관학에 대한 정의를 내릴 때, 당시 미국 도서관학자였던 메이어(H. B. Meyer)의 말을 인용해 다음과 같이 말했다.

도서관학 관련 직종은 전문직이다. 마치 의료계 내에 의약학, 화학 식물학, 병리학, 진단학 등이 있듯이 그 내용에 있어 과학적인 것을 포함하고 있기 때문이다. 과연 도서관학이 과학이 될 수 있을까? 이에 대한 문제를 연구한 바에 의하면 우리는 그렇다고 결론을 내렸다. 도서관학은 인류의 학문을 보존· 저장해주는 인류의 학문에서 중요한 부분을 차지하고 있기 때문이다(王子舟, 1999: 26~27).

두딩요는 1925년 도서관학의 범주와 체계를 정립했다. 당시 그의 사상은 도서관학이 되기 위한 학문의 두 가지 주요 조건은 '원리'와 '실용' 이라는 두 가지 기본 틀에서 시작한다고 했다. 그는 『도서관통론』(1925)에서 도

〈표 1-3〉 도서관학의 학문적인 범위

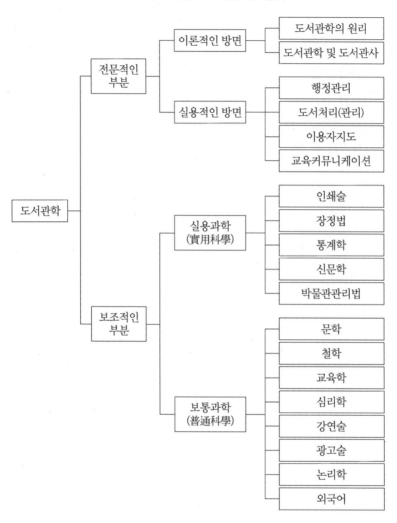

서관학의 범위를 〈표 1-3〉과 같이 나타내었다.

두딩요는 오랫동안 인재를 양성하면서 도서관학의 교육에 자신만의 독창적인 이론을 형성하게 된다. 그의 이론을 정리하면 다음과 같다.

① 도서관학 교육은 다단계로 나누어 진행되어야 한다.

두딩요는 도서관학교를 설립하고 도서관학을 가르치고 인재를 양성하는 것을 첫째 목표로 삼았다. 학교 내에서 도서관학 관련 과목을 추가해 일반학생들이 도서관 이용법과 각종 중요한 참고서의 내용을 습득해 지식을 넓히는 것을 둘째 목표로, 도서관 학자들을 초빙하여 도서관 교육의 다양한 문제점을 강연하는 것을 그 셋째 목표로 삼았다.

② 도서관학 교육을 사회에 보급시켜야 한다.

두딩요는 도서관학은 의학처럼 사람들이 상식적으로도 알아야 할 학문이라고 여겼다. 비록 의학을 전문적으로 배우지는 않아도 사람들은 의학에 대한 상식을 익히 알고 있듯이, 도서관학도 사람들에게 상식으로 자리 잡아야 자신의 교육과 학문 분야를 계속할 수 있다는 것이다.

③ 도서관학의 전공 교육은 전문적인 인재 양성을 가장 중요하게 고려해야 한다.

앞에서도 언급했듯이 두딩요는 인재를 중요시 여겼다. 그는 도서관학의 전문 교육이란 도서관 전문 인재를 양성하는 데에 그 목적이 있다고 생각한다. 그렇다면 어떻게 인재를 양성할 것인가? 교육의 정도에 따라서 이들을 양성하는 방법도 달라야 한다는 것이 그의 생각이었다. 즉, 초등·중고등·대학 등 교육 과정별로 구분해 단계에 맞는 도서관 관리요원을 기르는 강습소가 있어야 하며 이들이 배우는 과정과 학과목도 달라야 한다고 주장했다.

④ 도서관학 교육은 실무중심의 훈련을 중시해야 한다.

두딩요는 도서관학은 교실에서 얻어지는 것이 아니라 현장 학습에서 이루어진다고 생각했다. 일반 학교에서 하는 참관 교육을 말하는 것이 아니라 도서관에서 직접 책임을 갖고 실제 업무경험을 해야 졸업할 때쯤 마음속에 나름대로의 계획이 서게 되고 장래에 대한 목표도 세울 수 있다는 것이다. 또 그는 "중국에는 중국의 도서관학교가 있고 중국 도서관을 통해 학자를 양성해야 한다. 중국 도서관은 중국의 특별한 상황하에 있기 때문에 외국의 것을 그대로 가져와서는 안 된다"라고 말했다.

이에 그는 중국 도서관학교의 특수한 이념과 목적에 대해 다음과 같이 여섯 가지로 정리했다.

① 도서관 전문 학술을 제창: 도서관학은 전문적인 학문이다. 비록 이미 학계의 인정을 받았으나 일반인들은 전문적으로 연구할 가치가 없다고 생각한다. 따라서 도서관학교는 외부에 도서관학의 어떤 부분이 전문적인가를 알려야 한다.

② 도서관 전문 인재 양성: 도서관은 전문적인 사업이므로 당연히 전문 인재가 일을 맡아야 한다. 현재 중국은 이러한 인재가 매우 부족하다. 그러므로 도서관학교는 이러한 인재를 양성해야 한다. 일반 도서관의 관리요원부터 전문적인 도서관 학자를 양성하여 중국 도서관학을 세워야 한다.

③ 구미 도서관 관리방법 연구 중국은 장구한 역사를 가지고 있으나 도서관학의 발전은 미비하다. 구미의 도서관학계 연구 방법은 경제적이고 효율적이므로 그들의 장점을 배워 와 중국의 것으로 만들어야 한다.

④ 중국 도서관학술 발휘: 도서관 학자들은 마땅히 그 학문적인 성과를 널리 알려야 한다. 도서관학은 특별한 국경이나 시차가 없기 때문이다.

⑤ 도서관 봉사 정신을 배양: 도서관은 자선사업이자 교육사업이며 사회사업이자 문화사업이다. 그러므로 특별한 봉사 정신이 있어야 한다.

⑥ 도서관 사업 발전의 도모: 중국 도서관 사업은 초보 단계이므로 발전

의 속도가 느리다. 그러므로 도서관학교의 학생들은 사력을 다해 공
부하고 연구해야 한다.

법(法), 서(書), 인(人)의 삼위일체

그의 초기 도서관에 대한 사상은 공공과 개방이라는 두 가지 큰 기본적
인 틀에 근거하고 있다. 이는 시대적인 상황에서 볼 때 의미 있는 것으로
평가된다. 당시 근대 도서관학이 중국에서 이미 상당한 발전을 보이고 있
던 터라 그는 과학적 도서관학, 도서관 관리법 등 현실적인 문제에 눈을 돌
렸다.

그는 도서관 관리는 문헌의 수집, 보존, 과학적 방법에 의한 정리의 세
가지 조건이 있어야 비로소 완전하다고 보았다. 수집된 도서를 과학적으
로 정리하고 독자들에게 편리하게 제공하기 위한 것이 그의 도서관 사업
을 발전시키게 된 배경이었다. 도서관에 대한 이러한 본질적 인식에서 도
서관의 기능을 명확히 하려면 도서관과 사회의 각종 관계를 연구해야 한
다는 것이 그의 주장이었다. 도서관과 문화 발전의 관계에 대해서 두딩요
는 이렇게 말했다.

첫째, 문화는 한 시대의 총체적인 사상이다. 우리가 한 시대의 문화를 고찰
하는 데 가장 중요한 근원은 바로 책이며 책을 보전하는 유일한 기관이 바로 도
서관이다.

둘째, 그러나 단지 책을 보존하는 것만이 도서관의 역할은 아니다. 도서관은
문화를 보존하는 한편 문화를 발전시키기도 해야 한다. 책을 보급시켜야만 그
지방의 문화가 각지로 보급될 수 있다. 한 시대의 문화는 영원히 남는다. 도서
관은 책을 후세에 전하는 역할뿐 아니라 문화를 보급하는 역할도 해야 한다.

셋째, 과거와 현대의 문화, 동서양의 문화는 모두 다르다. 도서관은 각 나라, 각 시대별로 책을 보존하고 전하여 국민의 사상을 높이고 시야를 넓히는 역할을 해야 한다(王子舟, 1999: 68).

그는 또 도서관과 학술 연구의 관계에 대해서 이렇게 말했다.

첫째, 학자가 학문을 연구할 때, 가장 의존하는 것은 책이다. 그러나 개인적인 시설은 열악하다. 이들은 도서관이 있어서 방대한 서적을 참고할 수 있다. 그러므로 도서관은 학자의 양성소라 할 수 있다.

둘째, 학술활동을 전파하는 것은 도서관의 정보제공에서부터 시작된다. 도서관은 소장된 서적을 찾아볼 수 있는 곳으로 그 학문도 보급되는 것이다.

셋째, 도서관과 교육은 밀접한 관계를 갖고 있다. 도서관은 학교와 가정, 사회교육의 부족한 점을 보완하는 곳이다. 나이, 시간 혹은 경제적 문제 때문에 공부를 할 수 없는 사람도 도서관에서 지속적으로 공부할 기회를 갖게 되는 것이다(王子舟, 1999: 70).

도서관과 사회생활의 관계에 대해서 그는 도서관은 국민의 수양과 오락, 그리고 교육보급의 중심점이 되어야 한다고 강조했다.

그는 도서관이 이렇게 중요한 가치를 지녔기 때문에 도서관 사업을 발전시키는 것은 중요한 일이라고 생각했다.

도서관과 시민교육의 강연에서 그는 도서관 사업을 발전시키기 위해서는 인재, 서적, 건물, 재력의 네 가지 요소가 중요하다고 했다. 후에 그는 세 가지 요소 가운데 '건물'을 빼고 '시세(時勢)'를 넣었다. 그는 인재와 책과 재력이 있어도 시대적 요구 없이는 도서관 사업을 발전시키는 것은 불가능하다고 본 것이다. 이는 도서관에 대한 개념과 이용자의 요구 사항이 없는 상태에서는 도서관의 발전이 있을 수 없다는 것을 의미한다. 도서관 본질에 대한 인식은 새로운 발전의 시작이다. 그가 내린 적극적인 보존관리, 과학적 방법, 도서관 활용을 통한 국민의 지식과 수양 증진이라는 도서관에 대한 정의는 당시의 도서관학의 연구 분야에 중요한 영향을 미쳤다.

그의 사상 중 가장 중요하게 평가할 수 있는 것은 도서관 사업에서의 삼위일체 이론이다. 도서관 사업에서 삼위일체란 도서 등 모든 문화 기록물을 포함하는 것을 의미하는 '서(書)'와 열람자, 즉 도서관을 이용하는 사람을 의미하는 '인(人)', 그리고 도서관의 모든 시설과 관리방법, 관리 인재를 일컫는 '법(法)'으로 이것들이 서로 어우러져야만 도서관이 형성된다는 것이다.

그는 '법'과 '서'는 '인'을 봉사하기 위한 수단이자 목적일 뿐이라고 보았다. 도서관 사업이 '사람'을 위한 목표를 세우고 이를 위해 도서관을 건립한다면 이 사업은 현실적이면서 동시에 원대한 꿈을 가질 수 있게 될 것이라고 했다. 그는 "법·서·인 중 오늘날에는 특히 '인'을 중시해야 한다. 그 이유는 '사람'이 곧 도서관의 독자이기 때문이다"라고 말했다. 여기서 도서관을 이용하는 고객과 인간에 대한 가치와 존엄성을 중시하는 그의 사상을 읽을 수 있다.

그가 처음부터 사람을 최고로 중요시한 것은 아니었다. 초기에 그는 도서관에서 가장 중요한 것을 책이라고 생각했다. 그 후 약 50년간 도서관의 설비와 관리가 발전되기 시작하면서 그는 책보다는 오히려 법이 더 중요하다고 했다. 그 후 도서관에 어느 정도의 장서를 갖추게 되고 도서관 사업도 지속적으로 발전했고 이에 근거해 법에 대한 연구도 활발하게 되면서 그는 사람을 중시하게 되었다.

두딩요는 삼위일체의 이론을 완성하기 전에 앞에서 살펴본 것처럼 도서관 4요소를 주장한 적이 있다. 그러나 이는 도서관 설립의 요소에 관한 것이고 후의 3요소는 도서관 사업의 삼위일체, 즉 도서관 사업을 추상화한 세 가지 요소이다. 4요소와 삼위일체는 다르다. 4요소 중 사람은 도서관의 인재를 뜻하는 것이지만, 3요소의 사람은 이용자, 즉 독자를 의미하는 것이다.

근대 중국 도서관학사상 가장 먼저 이론에서부터 도서관 사업의 요소를 돌출시킨 사람은 타오슈씨엔(陶述先)이다. 그는 1929년에 「도서관 광고학」에서 삼자 간의 관계를 논했으나 논리적인 체계가 없다는 평가를 받았다. 그러나 두딩요의 3요소설은 완전한 이론적인 체계가 있을 뿐 아니라 도서관 사업발전의 원동력에 대한 문제를 해결한 것으로 개혁적인 새로운 의미를 갖는다고 평가받고 있다. 류귀췬이 후에 제시한 4요소설, 5요소설, 황종쭹이 제시한 6요소설은 두딩요의 3요소설의 영향을 받았다고 할 수 있다.

두딩요와 류귀췬의 요소설 이론은 도서관학의 연구대상으로 이를 제시했다는 것으로 중국 도서관학 발전에 역사적인 공적으로 평가받고 있다. 또한 요소설은 도서관학 체계 건립에 이론적인 기초를 제시하는 계기가 되었다. 도서관 사업을 책, 독자, 관리방법 등의 요소로 분리하여 이론 연구자가 각 요소를 깊이 연구할 수 있도록 했고, 도서관의 장서, 이용자, 정보제공과 관리 등 전문적이고 과학적 방법도 빠르게 발전할 수 있도록 도왔다.

요소설은 도서관의 실무에서 독자의 이익을 가장 중요하게 고려하고, 전 국민 모두가 책을 읽을 수 있도록 해야 하며, 도서관의 장서는 읽히지 않는 것이 없도록 해야 한다는 목표를 제시했다. 이러한 그의 의식은 중국 도서관의 정보제공 이념이 되었다.

꾸준한 저술 활동

두딩요는 평생을 중국의 도서관학 발전에 몰두했으나 그의 연구 결과에 대해 자신은 단 한 번도 만족한 적이 없었다. 그는 세계 여러 나라들의 도서관학 이론과 연구방법 발전에 대해 고찰했다.

두딩요는 1921년부터 저술 발표 활동을 하기 시작하여 1967년 타계할 때까지 거의 반세기 동안 꾸준히 저술 활동을 했다.

그는 자신이 소장한 모든 책을 무한대학 도서관학과에 기증했다. 또한 중국 도서관계의 발전을 위해서는 책이 부족하여 연구발전에 제한요건이 되고 있다며, 충분한 도서를 공급할 수 있는 방법이 있어야 한다고 아쉬워 했다.

그가 발표한 도서의 목록에는 도서관학과 관련하여 이미 간행된 단행본 저작물뿐만 아니라, 이미 발표된 것과 아직 발표되지 않은 원고 및 논문, 그리고 현재 분실된 원고도 포함되어 있다.

그가 집필한 도서는 총 86종이며 그중 현재 출판된 책은 55종이다. 또 1959년까지 작성한 논문은 총 512편으로 발표된 것은 320편이며, 그중 도서관학 논문은 234건이다. 이는 그가 저작한 논문의 52%를 차지한다.

그는 "나는 수십 년 동안 밤낮으로 계속 집필해왔다. 지금까지 한 번도 글쓰기를 쉰 적이 없다. 하지만 내 비록 발표할 의욕은 강하나, 글 쓰는 것 보다 더 중요한 것은 본인이 맡고 있는 임무와 본분을 다해야 하는 것이며, 그에 대한 책임을 져야 한다"라며 이론보다는 실천을 중요시했다.

60세가 되던 1957년에 그는 왕창빙(汪長炳) 등과 중국의 도서관에 근무했 던 사서를 대표하여 러시아(구소련)와 동독을 방문해 그 지역의 도서관에 대해 비교 연구했다. 그는 귀국 후 광둥 성 제3회 제일정협위원(第一政協委 員)을 지냈다. 그는 소련과 동독을 방문하면서 기록하는 것을 잊지 않고 귀 국 후 동료들과 공동으로 「소련과 동독 도서관 사업 참관 보고서」를 작성 했다. 그는 언제나 깨끗하고 정돈된 글씨체로 원고를 썼으며, 연로한 나이 에도 한자 한 획을 소홀히 하지 않고 세밀하고 깨알 같은 글씨로 집필했다. 이것은 그의 오랜 기간의 학습과 업무로 길러진 습관이었다. 1960년대 초, 그는 긴 시간 연구해 온 「분류법의 심득」을 심혈을 기울여 정리했다. 그는 당시 33만 자로 된 장문의 「도서분류법의 문제」를 집필했으나 이 책은 문화대혁명으로 인해 애석하게도 세상에 빛을 보지 못했다.

두딩요는 1926년에 도서관학의 중국화를 주장했고, 중국 고유의 학문으로 연구하려 했다. 그는 중국 고유의 교수학(校讎學), 목록학(目錄學), 제요학(提要學) 등과 같은 학문은 세계 학술 발전에도 지대한 공헌을 해왔다고 말하고, 이에 대한 연구에 몰두한 끝에 1927년 『교수신의(校讎新義)』를 완성하여 1930년 중화서국을 통해 출판했다.

교수신의란 새로운 개념(정의)의 교수학이란 의미로서, 교수학이란 광의로는 중국의 고대 도서관학, 즉 현대의 분류학, 목록학, 판본학(板本學), 교감학(校勘學), 장서학 등을 종합한 학문이라고 할 수 있고, 협의로는 본문에 판권의 차이가 있거나 중첩과 산삭이 이루어졌다면 그 변경과 위작 부분을 고증하여 원형을 밝혀내는 원문서지학이라 할 수 있다. 두딩요는 이 책에서 '학술을 분류해 내고(辨章學術), 원류를 유추하는(考鏡源流)' 것은 고대 목록분류학에서는 가장 중요한 목적이었으나 근대에 이르러서는 학술을 분류해 낼 수 있을지언정 그 원류를 유추해 낼 수 없게 되었다고 주장했다. 그래서 그는 시대적 상이성에 근거하여 학술적으로 응용이 가능한 것은 취사선택하고 그렇지 못한 것들은 억지로 가져다 쓰지 않았다. 이에 따라 도서 분류 역시 학문 원류의 유추를 버리고 독자들이 손쉽게 책을 찾아볼 수 있도록 실용성을 추구해야 한다고 주장했다(王子舟, 1999: 85~86).

행동하는 실천가

중국의 도서관학계의 거장을 평가할 때 북부에는 류궈쥔과 남부에는 두딩요를 손꼽는다. 두딩요는 이론가인 동시에 몸소 행동하는 실천가였다.

그의 업적은 도서관학과 설립, 도서분류방법 정립, 한자배열 검색법 고안, 지방문헌의 중요성 인식, 도서관건축물 설비관리 등 중국의 도서관 사업 전반에 걸쳐있다.

두딩요의 도서관학의 특징은 이론과 실천의 완전한 결합, 두 가지의 상호 조화이다. 혹자는 두딩요는 빈말을 하는 법이 없으며, 그의 이론은 항상 실제적인 해결방안과 연결된다고 평하고 있다.

두딩요의 도서관학의 관점은 때로는 도서관계에서 매우 큰 반향을 일으켰다. 그의 주장과 견해 중 일부는 광범위하게 실행에 옮길 수 있는 것들이었다.

도서관에서 일을 하다 보면 많은 문제에 접하게 된다. 그러나 타성에 젖어 문제의식을 느끼지 못하는 경우가 흔하다. 그러나 두딩요는 항상 그런 문제들에 대해 고민을 한 끝에 문제점을 해결하기 위해 노력했다. 두딩요는 도서관을 다룰 때 절대로 기계적이거나 판에 박히지 않았고 거시적인 입장에서 미시적인 입장으로 접근했다. 이러한 두딩요의 도서관학을 옥탑에 비유한다면 그 몸체는 도서관학이고 탑의 뿌리는 그의 광범위한 지식적 소양에 근거하고 있다.

도서관은 문화를 보존하고 전파하는 인류 지식의 보고이다. 조상의 지식과 문화를 계승하는 중개인인 것이다. 인류는 조상의 쌓여진 지식과 문화를 계승함으로써만이 발전할 수 있다. 전대의 지식의 성과물을 어떻게 발전시키고 다듬느냐 하는 것은 두딩요가 가장 중요하게 생각한 문제였다. 수년 동안 그는 선배들의 우수한 지식 성과를 도서관학 이론에 융화시켜 계승시키려고 노력했다.

이런 두딩요는 한 세기를 마감하는 중국 도서관학 백년사에 큰 인물로 꼽히며 중국 도서관 사업의 창시자 중의 한 사람으로 평가받고 있다.

4
일 본 도 서 관
근 대 화 의 선 각 자
와다 만키치

이치주*

　일본의 근대 도서관 발달사를 크게 메이지(明治) 전후로 나눌 때, 와다 만키치(和田萬吉)는 메이지 이후에 그 이름을 널리 떨친 도서관학자였다. 메이지 이전 시기의 일본 도서관은 문고 형태로서 도서의 보존을 중심 기능으로 했고 이에 따라 도서관학도 한쪽으로 치우친 면이 있었다. 그러나 도쿠가와(德川) 시대 말기에는 서목(書目)도 여러 분야에서 작성되었고 서지학도 상당한 발전을 보였다. 일본에서 근대 도서관이 발전한 것은 메이지 이후 시기라고 할 수 있는데, 일본 도서관의 근대화에 앞장서 이끈 인물이 바로 와다 만키치이다. 일본의 도서관학은 메이지, 다이쇼(大正), 쇼와(昭和) 시대를 거쳐 발전해왔다.

　다이쇼 시대는 사회적으로 계몽운동이 활발했던 시기로, 도서관 건설운동이 진행되면서 도서관학의 기초를 다진 시기였다. 쇼와 시대는 현대사적인 견지에서 서술할 필요가 있는데, 이 시기의 도서관학자로서 와다 만

---

* 국립중앙도서관 자료기획과장, 연세대학교 박사과정.

키치를 들지 않을 수 없다. 와다 만키치는 메이지 이후의 도서관학자로서 일본 근대 도서관 건설운동의 중요 인물이었다. 그는 도서관 실무자이면서 경영자로서 또한 학자로서 뚜렷한 발자취를 남겼다. 그리고 구미(歐美) 도서관학을 받아들여 일본 현실에 맞게 토착화하여 일본적인 도서관학을 형성시켰다는 점에서 높이 평가되는 인물이다.

꾸밈없는 태도로 진실하게 나아간다

와다 만키치는 1865년 8월 18일 기후 현(岐阜縣) 오가키 시(大垣市) 곽정(廓町)에서 출생했으며, 1869년 7월에 제1고등중학교(第一高等中學校)를 졸업했다. 1890년 7월 제국대학(帝國大學) 문과대학을 졸업했는데 전공은 국문학이었다.

그는 1890년 11월 제국대학 도서관에서의 근무를 시작으로 1893년 11월 제국대학 서기에 임명되었고, 동 도서관의 관리대행을 맡았다. 이어서 1896년 7월 제국대학 문과대학 조교수에 임명되었고, 제국대학 도서관 관리를 맡게 되었다. 1897년 6월 동경제국대학 부속도서관장(東京帝國大學附屬圖書館長)에 임명되었다. 동경제국대학 부속도서관장 재직 시에는 도서관계의 선구자로서 대학도서관의 확대와 정비에 힘을 다했다. 1907년 7월에는 동경제국대학의 사서관에 임명되었고, 1909년 6월 구미 각국에 파견되었다.

1918년 3월 동경제국대학 문과대학 교수를 겸임하고, 1919년 3월 문학박사 학위를 받았다. 1921년 5월 문부성 도서관 강습소의 강사를 겸임했다. 그러나 관동대지진으로 도서관이 연소된 일에 대한 책임을 느껴 1924년 2월 동경제국대학 부속도서관장직을 사임했다.

그 후 동경상과대학(東京商科大學), 국학원대학(國學院大學), 법정대학(法政

大學), 동양대학(東洋大學) 등에서 도서관학을 강의했다. 도서관계를 위하여 문부성 도서관 강습소 창립에 참여했고 강사로 일하기도 했다.

또한 일본문고협회(日本文庫協會)와 일본도서관협회(日本圖書館協會)의 회장을 역임하는 등 도서관 관련 협회에 적극적으로 참여, 활동했다. 일본도서관협회의 창립 시기부터 전력을 다하여 일했으며 협회 기관지인 ≪도서관잡지(圖書館雜誌)≫의 창간과 편집에 중요한 역할을 했다. 와다 만키치는 주로 일본도서관협회를 통해서 도서관 건설운동에 참여했고 제국대학 도서관장으로서 재직 중에는 제국대학 도서관 건설과 경영의 기초적 역할을 수행했다.

제1차세계대전 시 벨기에 르방대학이 전멸한 것에 대하여 유감을 느낀 와다 만키치는 그 부흥을 돕기 위하여 일본 고전자료를 기증하는 일에 노력했으며 귀중서 수백 권을 포함한 일본문학 장서를 수집·정리하여 기증했다. 그 공적으로 벨기에 황제로부터 컴맨드 크론 훈장을 수여받기도 했다. 이 장서가 근간이 되어 벨기에 르방대학의 일본자료 장서의 명성이 현재까지 이어지고 있다.

와다 만키치는 국문학자로서 근대문학 연구로 유명했고, 요쿄쿠(謠曲)에 대한 연구뿐만 아니라 연구와 병행하여 노래도 노가구(能樂)의 한 부류인 간제류(觀世流)의 가장 중요한 부분을 이어받았고 우메와카류(梅若流)의 본가인 우메와카 로쿠로(梅若六郎, 14대)와 같은 스승 아래에서 공부했다. 일본화 중에 수렵화를 배웠고, 묘한 만화 그리기에도 능숙했다. 그림에는 만자(卍子)나 만자(曼子)라고 서명하기도 했다.

그가 이와 같이 다방면으로 학예에 통달했던 것은 "도서관 직원은 폭넓게 읽고 다양한 취미를 가지며 이용자의 마음을 미루어 헤아려 살펴서 동감해야 한다"라는 가르침을 스스로 실천한 것으로 보인다.

그는 넓은 학식과 예술의 조예를 바탕으로 일본 도서관계를 위해 활동하고 서지학을 연구했다. 1915년에『고판지지해제(古版地誌解題, 和田維四郎版)』

를 직접 저술했다. 서지학에서는 와다 쓰나시로(和田維四郎)를 도와 1918년에 발간된 『방서여록(訪書余錄)』과 『차아본고(嵯峨本考)』의 저술에 참여했다. 1934년에는 직접 저술한 『암기문고화한서목록(岩崎文庫和漢書目錄)』[1]이 발간되었다. 와다 만키치는 1934년 11월 21일 70세의 나이로 서거했다. 그의 사후 장남 와다 다쓰오(和田辰雄)가 유고를 정리하여 1944년에 『일본서지학개설(日本書誌學槪說)』, 『고활자본연구자료(古活字本硏究資料)』를 출판했다.

와다 만키치의 풍채와 품격은 옛날 무사의 용모이며 엄격 그 자체였다. 이러한 것은 그의 문장에서도 잘 나타나 있는데, 독특한 문장은 솔직하고도 알기 쉬우며, 그 날카로운 눈매와 예리한 비판이 엿보인다. 와다 만키치는 자신의 일하는 태도를 "꾸밈없는 태도로 진실하게 나아간다"라고 스스로 밝히고 있다.

도서관운동의 추진

와다 만키치는 1890년 7월 26세로 제국대학 문과대학 국문과를 졸업하고 같은 해 11월 제국대학 도서관에 근무하게 되었다. 여기에서 그는 도서관계에 첫발을 들이게 되었으며,[2] 봉직 당시 지위는 매우 낮았다고 한다. 당시 대학도서관의 직원은 아직 전임(專任) 관장도 자리가 정해지지 않았고 '관리(현재 사서감)'라는 직명으로 관장으로서의 사무를 집행하도록 하고

---

1) 가목록으로 허구치 요시치요(桶口慶千代) 박사를 상대로 와다 쓰나시로가 수집한 자료를 정리한 것.

2) 차형인 이학박사 마쓰이 나오키치(松井直吉)가 동년 6월 20일 제3고등중학교 교감으로 재직했는데, 동경농림학교가 승격하여 제국대학의 분과대학으로 된 농과대학으로 개칭된 후 최초의 학장으로 취임했고, 그의 추천에 의해 근무하게 된 것이 아닌가 하는 설이 있다.

있었다. 당시 관리에는 다나카 도조(田中稻城)가 미국 유학에서 돌아와 문과대학 교수 겸 동경도서관장과 제국대학 도서관 관리를 겸하는 직명에 임명되어 있었다. 근엄한 노력가인 다나카 도조 관장 아래서 와다 만키치는 자신의 장래와 도서관계를 양 어깨에 짊어질 소질을 서서히 축적하기 시작했다.

1893년 다나카 관장이 제국도서관 관장으로 전출하게 됨에 따라 후임으로 와다 만키치가 같은 해 11월 제국대학 서기에 임명되었고 도서관 관리 대행으로 임명되고 1896년에는 문과대학 조교수 겸 대학도서관 관리에 임명되었다. 그는 실질적인 관장이 되어 다나카 도조의 후임으로서 제국대학 도서관의 관리를 담당했다. 여기에서 와다 만키치의 도서관 건설운동이 시작되었는데, 와다 만키치는 당시 대학도서관 관리대행으로서 매우 열의 있고 웅대한 구상으로 심혈을 기울여 만든 「제국대학 도서관의 규모확장에 관한 건의(帝國大學圖書館ノ規模擴張ニ關スル建議)」를 총장에게 제출했다. 이 건의서에는 대학도서관의 건설과 확장의 필요성을 설명했으며 도서관에 대한 정열이 나타나 있다. 이 건의서의 내용은 다음과 같이 구성되어 있다(波多野賢一, 1942: 188~191).

개설(槪說)
제1. 직무(職務) 및 인원(人員)
제2. 대우(待遇) 및 봉급(俸給)
제3. 집무시간(執務時間)
제4. 본관(本館)의 독립(獨立), 본관(本館) 평의회(評議會)의 설치(設置)
제5. 관료(館僚)의 직명(職名)

이 가운데 특히 개설(槪說)에서는 구미(歐美)에서 가장 좋은 도서관을 모형으로 삼아 처음부터 여러 선진국과 같은 수준에서 시작해야 한다는 것을 강조하고 각 항목에서는 구미의 예를 들어 상세하게 설명했다. 특히 직원 수, 대우 및 봉급액수 등에 대해서는 도서정리 순서 방법과의 관계를 상세하게 설명하고 이를 근거로 제국대학도서관의 규모가 확장되어야 함을 주장하고 있다. 예를 들면 대영박물관 도서관 직원의 연봉과 프랑스 국립도서관의 직원 수 등을 구체적으로 언급했다. 이러한 이유는 제국대학에서 당시 인원 감축 및 급료 삭감이 추진되고 있는 배경에서 도서관의 정원 확보와 수준 높은 직원 채용, 사무와 정책입안체제의 개선을 위한 노력이었다.

한편 와다 만키치의 도서관 건설운동은 메이지 시대부터 다이쇼 시대에 걸쳐 대학도서관장일 때와 일본도서관협회 회장 및 협회 중심인물일 때에 이루어졌다. 특히, 협회 회장으로서 와다 만키치는 끊임없이 근대 도서관의 건설과 발전에 전력을 다했다.

일본문고협회는 1892년 3월 26일 창립되었다. 동경도서관의 다나카 도조(田中稻城), 니시무라 다케마, 내각문고(內閣文庫)의 세키 타다시(關直), 오오키도 무네오(大城戸宗重) 등이 발기하여 3월 1일 준비회의를 개최하고 5일 회칙 8장, 협회 명칭(안)을 심의 결정하여 26일 간다(神田)의 교쿠센도(玉川堂)에서 발회식을 가졌다. 협회명은 '일본문고협회(日本文庫協會)'로 하고 1년 임기의 간사 2명을 선임하여 협회 업무를 관장하게 했다. 협회는 연 4회 회의를 개최하고 매회 도서 및 도서관에 관한 강연을 실시했다. 당시 도쿄 소재 도서관으로 여러 도서관이 있었지만 동경도서관만이 독립한 기관이었으며 나머지는 정부나 그 일부 또는 관립학교나 단체에 속한 도서관 5~6개관에 지나지 않았다. 즉, 동경대학 부속도서관(東京大學附屬圖書館), 내각문고(內閣文庫), 육군문고(陸軍文庫), 해군문고(海軍文庫), 제국교육회도서관(帝國敎育會圖書館), 귀중양원(貴衆兩院)의 도서실 정도가 있었다.

협회의 창립 주창자는 다나카 도조이고 와다 만키치는 관여하지 않았다. 당시 다나카 도조는 문과대학 교수 겸임 동경도서관장이고 제국대학

도서관 관리를 겸임하고 있었다. 와다 만키치는 다나카 도조 아래서 근무하면서 병 때문에 오랫동안 쉬었고 창립 논의에 관여하지 못했지만, 자신이 협회 창립 초기에 유력한 회원이었다는 것을 「창립 당시의 협회(創立當時の協會)」란 그의 글에서 명확하게 밝히고 있다.

일본문고협회의 초대 회장은 다나카 도조이고 재임기간은 메이지 33년(1900)부터 37년(1904)까지였다. 1900년 5월 춘계회의에서는 와다 만키치의 제의로 초대 회장에 다나카 도조가 추대되었다. 1904년 6월 하계회의에서 실시된 회장선거 결과 와다 만키치가 2대 회장으로 선출되었으며 그는 1907년까지 회장직을 맡았다. 1906년에는 회칙을 개정하여 회비를 보통, 특별, 명예의 3종으로 구분했고 연 3회 회의를 개최하기로 했으며 새로 평의원 6명으로 구성된 자문기관을 설치했다. 같은 해 3월에는 제1회 전국도서관대회를 동경에서 개최하고 도서관령(圖書館令)을 개정할 것, 강습회를 문부성 사업으로 할 것, 연 1회 도서관대회를 개최할 것, 회보를 발행할 것 등을 결정했다. 1907년 와다 만키치는 잡지발행 위원장으로서 ≪도서관잡지≫의 발간 기획을 담당하여 10월에 제1호를 간행했다. 일본문고협회는 1908년 춘계총회에서 일본도서관협회로 개칭하고 회칙을 개정했다.

1909년 6월 와다 만키치는 구미지역 도서관 시찰을 위해 배를 타고 샌프란시스코로 향했으며 시카고와 뉴욕을 중심으로 국립도서관, 대학도서관, 학교도서관 등 미국 도서관계를 시찰했다. 그해 9월에는 영국으로 건너가고 11월에는 유럽 대륙의 여러 도서관을 순회하고 그 다음해 4월 귀국했다. 그동안 와다 만키치는 100여 개의 도서관을 시찰하고는 놀라움을 금치 못했고 더불어 일본 도서관계가 나아갈 방향에 대해서도 깊이 생각하게 되었다. 당시 방문소감이 ≪도서관잡지≫ 9호에 발표되어 있는데, 구미 도서관의 성대함을 소개하면서 도서관 직원의 본질적인 자세, 서비스 정신에 대한 생각, 도서관 직원의 양성에 주목했다. 이후에 학교도서관과 공공도서관의 건설과 활동에 대한 의견을 내기 시작했다. 일본도서관협회가

1910년 벨기에 만국서사학회(萬國書史學會: 국제서지학회, IIB)에 정식으로 가입한 것도 와다 만키치가 유럽을 방문하는 기간 중에 협의하여 이루어진 것이었다.

일본도서관협회의 역사에 있어서 총재 도쿠가와 요리미치(德川賴倫) 시대(1913~1925)가 계몽적 발전을 이끌었다고 한다면 그 이전인 메이지 시대는 창설시대라고 할 수 있을 것이다. 와다 만키치는 계몽시대에 총재의 보좌역으로 전국적인 운동에 참가했고 창설시대에는 중심 역할을 맡았다. 메이지에서 다이쇼로, 즉 창설시대에서 계몽시대로 이어지는 과정에서 와다 만키치는 도서관운동을 추진했고 큰 포부와 경륜을 펼쳤다.

와다 만키치는 일본 도서관경영이 곤란하고 부진하게 된 데에는 도서관 운영경비, 즉 자료 구입비와 급료의 불균형이 제일 큰 원인이라고 했다. 그는 할당된 도서관 자금의 전부를 자료와 건물에 사용하는 것, 다시 말하면 자료와 건물만 있으면 도서관이 성립된다고 하는 생각은 사물의 도리를 모르고 잘못된 것을 진실이라고 생각하는 오류를 면치 못하게 될 것이라고 했다. 자료와 건물이 도서관 전체를 이루는 요소가 아니라 중요한 것은 직원의 존재이며 직원이 있고 나서야 하나의 도서관이 살아 움직이게 된다는 것이다. 구미 제국에서는 직원을 도서관의 최대 요소로 하고 자료나 건물을 둘째 요소로 한다는 미국의 통계를 예로 들면서 일본의 도서관 운영경비의 배정방법에 비판을 가하고 반성을 촉구했다. 또 도서관 성립의 제1요소인 직원을 잘 확보할 필요가 있다고 강조하고 직원 훈련을 강조했으며(武居權內, 1960: 164~168), 이와 관련해서 다음과 같이 경고했다.

다음 시대를 준비한다면서 일본만은 100년 전에 구미 제국이 지나간 옛길을 느릿느릿 걷고 있다. 일본에서 도서관을 일으켰거나 일으키려는 사람은 그 주안점을 어디에 두어야 할지 유의해야 한다.

1908년 11월 제3회 전국도서관대회 석상에서 그는 '일본도서관협회의 발전책에 대하여' 강조하는 가운데 미국에서는 미국도서관협회의 활동, 정부의 장려, 도서관 관련 법령의 완비, 일반 국민의 도서관에 대한 깊은 이해와 인식이 협회의 활동을 지원하고 도서관의 발전을 촉진시키고 있다고 했다. 또 그는 도서관 직원이 취해야 할 방책을 다음과 같이 밝히고 있다.

먼저 지금까지의 협회 방침을 약간 변경하여 이제 연구하는 쪽으로 방향을 잡고 도서관의 실무에 대하여 또는 서사(書史) 학문에 대하여 기타 여러 방면에 대하여 회원 각자가 분담하여 식견을 교환하고 그 연구 결과를 구체적으로 회원 일반에게 보고하는 방식으로 시작하고자 한다.

협회 발전의 제2기를 기획하는 방책으로서 협회 내에 공공도서관부, 학교도서관부, 전문도서관부, 서사학회 등의 '소집단'을 설치할 것을 설명하고 "본회가 하루라도 빨리 과두정치에 처해 있는 환경을 탈피하고 공화정치의 본령에 들어가기를 바란다"라고 말했다. 여기에서 와다 만키치의 지도정신이 단적으로 나타나고, 그가 협회의 확대와 연구하는 조직으로의 탈바꿈을 시도했음을 알 수 있다.

그렇다면 도서관 발전의 원동력을 어디에서 구할 것인가. 도서관원은 어떠한 태도를 가지고 일을 추진해야 할 것인가. 이 점에 대하여 와다 만키치는 외적 동력과 내적 동력으로 나누어 생각했는데, 내적 동력의 발현은 도서관원 자신의 내부에서 찾아야 한다고 했다. 즉, 도서관의 진보를 촉구하는 것으로서 도서관 외부의 일반 공중, 사회 지도층, 정부의 장려에 의한 외적 동력이 있고, 내적 동력으로는 '관장 이하 직원들의 노력하는 힘'을 들었다. 이 노력이란 다수인의 단결과 지역·지부의 활약을 말하는 것이다. 그는 개개인의 노력에도 불구하고 도서관 사업이 진척되지 않는 것은 내적 동력인 단결심이 결핍되었기 때문이라고 단정했다. 와다 만키치는 이러한 도서관계의 내부적인 아픔을 처음으로 솔직하게 경고했다. 와다 만키치의 논설은 평이하고 솔직했으며 그래서 대중에게 친근감을 주었다. 도서관협회는 다른 순수 학회와는 그 경로가 다르기 때문에 도서관 사업은 어디까지나 실질적으로 실행되어야 한다고 생각했다. 이에 협회 회원인 사서들은 업무를 대할 때 '꾸밈없고 진실한 태도'를 가져야 한다고 표명했다.

다이쇼 시대 지방도서관의 발전은 현저하게 나타났으며 협회의 계몽운동도 이 점에 주력을 기울였다. 그는 1916년 12월에 다시 일본도서관협회 회장에 선출되어 1918년 12월까지 2년간 회장직을 맡았다. 1917년 2월에는 지방장관 앞으로 「도부현립도서관설치(道府縣立圖書館設置)」라는 건의서를 보내고 현립도서관(縣立圖書館)의 설립을 촉구했다. 또 11월에는 협회의 야마구치(山口) 지부 창립을 보았다. 1918년에는 니가타(新潟) 지부가 설치되어 지방도서관의 진흥을 한층 촉진했고 같은 해 6월에는 제13회 전국도서관대회를 니가타에서 개최하면서 총재 이하 간부 전체가 지방유세에 참가하는 등 맹활약을 했다.

와다 만키치는 특히 '지방문화의 중심으로서의 도서관'을 강조했다. 도서관은 '칼라일이 말하는 소위 민중의 대학'이며, '자유의 공기를 마실 수 있는 민중의 회합 장소'이며, '도서관은 지방문화의 진전을 신속하게 하고 지방의 품위를 높이며 분위기를 향상시키는 곳'이라는 것이다. 이러한 영향으로 지방도서관은 상당히 발달하기 시작했다.

도서관 건설 계몽기가 끝날 즈음 와다 만키치는 도서관계를 향하여 일대 경종을 울렸다. 특히 1922년 4월 제17회 전국도서관대회 석상에서 행한 '도서관운동의 제2기'라는 제목의 강연을 통하여 일찍이 보지 못했던 내용을 발표했다. 당대의 발전과 도서관운동의 관계를 명확히 파악하고 있었던 그의 견해는 앞으로 나아가야 할 길을 시사한 것이라고 해도 좋을 것이었다.

오늘의 실정을 보고 도서관이 대성했다고 생각한다면 그것은 큰 오산이다. 제1기 사업이 불과 얼마 전에 끝나고 이제부터 제2기에 돌입하는데 종전보다 더 불굴의 투지로 흔들리지 않도록 정신을 바로 세워 제1기의 사업을 토대로 큰 집을 지어야 할 것이다(和田萬吉, 大正 11年 7月).

또한 그는 그 구체적인 사업으로서 다음의 다섯 가지 항목을 들어 제2기 도서관운동의 목표로 삼았다.

① 기성 도서관의 충실: 큰 도서관은 큰 대로 작은 도서관은 작은 대로 각각 기존 도서관을 충실히 하고, 결함을 적게 하기 위해서는 오랜 기간에 걸쳐 노력하지 않으면 안 된다.

② 도서관의 보급: 부현립(府縣立), 시정립(市町立) 도서관이 단지 하나밖에 없다면 부현(府縣), 시정(市町)이 나태하다는 것이다. 도서관이 소규모이건 대규모이건 모든 곳에 보급되도록 노력해야 한다.

③ 도서관 종류: 도서관은 공공도서관이어야 한다고 일반적으로 생각하고 있지만 앞으로는 특수도서관을 발전시켜야 한다. 이것이 제2기 운동의 하나이다.

④ 국립도서관의 충실과 그 성격의 명확화: 제국도서관을 국립도서관으로서 굳건한 기초 위에 두어야 한다. 국립도서관으로서의 특성을 키우고 그 사업을 다양하고도 전문적으로 할 필요가 있다.

⑤ 학교도서관의 발전 향상: 과학기술의 실험을 위하여 실험실이 있듯이 정신과학을 위해서는 그 실험실에 상응하는 도서관이 있어야 한다. 학교도서관의 종사자는 전문적으로 교육을 받아야 한다. 제2기 사업으로 학교도서관의 개진을 도모하는 것도 가장 긴요한 일이다.

와다 만키치가 이를 강조한 지 80여 년이 지난 오늘날 일본에서는 2,000

여 개의 공공도서관이 설립되었고 인구 6만 명당 1개관 공공도서관 설립
을 목표로 달리고 있는 것과 다양한 전문도서관의 질 높은 서비스를 비추
어 볼 때 이러한 목표가 점차 실현되어 왔음을 알 수 있다. 이러한 내용을
발표한 후 와다 만키치는 1923년 동경제국대학 도서관장직을 사퇴하고 제
일선에서 물러나 전적으로 도서관학 강의와 제자 육성을 담당했다.

　와다 만키치는 1897년 6월부터 1923년 11월까지 26년간 동경제국대학
도서관장으로서 재직했고 1893년 11월 서기에 임명되어 제국대학 도서관
에 근무한 때로부터 따진다면 30여 년간 대학도서관의 건설과 확충을 위
하여 노력을 아끼지 않았다. 또 동경제국대학 도서관장 재임 기간 중에는
1918년부터 1922년까지 5년에 걸쳐 동경제국대학에서 도서관학 강의를 하
면서 도서관학의 보급에도 철저하게 노력하여 일본의 고등교육으로서의
도서관학을 확립시키는 데 크게 기여했다.

　그러나 당시 가장 불행한 일은 1922년 관동대지진으로 대학도서관의 중
요한 자료를 망실한 것이었다. 그것은 인력으로는 어찌할 수 없는 어려운
일이었다. 이에 대하여 1923년 동경제국대학도서관의 피해를 상세하게 보
고하면서 의인화하여 표현하기를 "대학도서관은 건설 도중에 요절했기 때
문에 완성된 모습을 한 촌각도 볼 수 없었다"라고 탄식했다. 대영박물관과
같이 세상 모든 것이 소장되어 있는 곳이라면 장서의 종류를 다소 편중하
여 소장하고 있으니 이를 본받지 말아야 한다고 말할 수도 있겠지만, 동경
제국대학 도서관과 같이 아직 규모가 작은 도서관에서 무엇이 과소하고
무엇이 과다하다고 말하는 것은 아직 이르다고 언급했다. 장서가 적어도
300만, 400만은 된 다음에야 할 수 있는 말이라고 했다. 40만 책 또는 53만
책 정도의 장서를 가지고 있는 도서관이 장서를 상실했다는 것은 실로 대
학의 성장을 위하여 애석하다고 탄식했다. 특히 서지학자인 와다 만키치
가 특수한 귀중서, 희귀서를 수집한 것은 명백한 일이고 그중에서도 니시
무라시게키문고(西村茂樹文庫) 1만 책, 호시노 쓰네(星野恒) 수택본(手澤本) 1

만 책(慶元明代의 활자본), 히로하다문서(廣幡文書) 약 3,000점, 노미야문서(野宮文書) 3,000점, 하쿠산코구스이문고(白山黑水文庫) 5,000점 등은 매우 중요한 것이어서 이러한 자료가 사라졌다는 것은 후대에게도 매우 안타까운 일이었다.

도서관학의 극치는 인간의 상식에 있다

와다 만키치는 일본에서 도서관학이 형성될 가능성을 열어준 인물이었다. 와다 만키치가 연구한 도서관학 분야는 도서관 관리법, 도서 목록법, 도서관사, 서지학 등 다방면에 걸쳐있다. 와다 만키치는 깊은 학식과 전문가적인 안목으로 구미 도서관을 시찰하고 사적을 찾아 고미술을 탐방하면서 당시 구미 도서관에서 구사하는 기술을 조사해왔다. 도서관학에 대해서도 역사를 배경으로 장차 앞날을 예견할 수 있을 정도의 깊이를 가지고 있었다.

와다 만키치가 제국대학 도서관에 근무하면서 최초로 수행하게 된 일은 이미 간행된 『화한서서명목록(和漢書書名目錄)』의 색인을 작성하는 일로서 다나카 도조의 지도를 받아 도서목록법을 연구하고 실제 목록작성을 맡아 완성하는 것이었다. 와다 만키치에 의하면 다나카 도조는 일을 시키고는 직접 일에 대하여 지도하지 않아 예상 밖으로 스스로 공부해서 일해야 되었다고 했다. 당시 목록의 색인 작성기법이 명확하지 않아 스스로 생각하여 작성했는데 이는 색인이 아니라 분류목록이 되었던 것이었다. 이것이 메이지 24년에 작성된 『화한서분류목록(和漢書分類目錄)』이다.

이 목록은 영미목록법을 연구하여 그 목록법의 체계에 기초하여 작성된 것으로 이때의 경험을 살려 후에 도서관 강습소에서도 양서목록법을 강의했다. 와다 만키치는 사서들이 목록을 작성하면서 오류를 범할 수 있음을 지적하면서 목록법에 관한 이론을 숙지하고 실무에 적용하여 목록을 작성해야 한다고 강조했다. 와다 만키치는 종종 "목록편찬자는 저작자에게 친근감을 가져서는 안 된다", "도서관의 화한서목록은 근본적으로 결함을 가지고 있다"라고 했다.

와다 만키치는 도서관학의 특질에 대하여 다른 여러 학문과 비교하여 설명하고 또한 도서관 직원의 자질, 양성에 대한 견해를 설명했다. 다른 학술 분야는 해당 학술에 대한 확연한 범위가 있고 그 범위 내에서 깊고 넓게 연구하면 되므로 그 범위를 벗어나 지식을 구할 필요는 없으나 도서관학은 그렇지 않다고 했다. 도서관학은 도서관 직원에게 하나의 고립된 형태의 학문으로서는 그다지 많은 도움이 되지 않는다고 했다. 오히려 다른 분야의 학문이 학문의 예비 단계와 같은 형태로 큰 도움을 주며, 적어도 도서관 직원은 역사나 전기, 지리, 어학, 문학, 고고학 등에 관한 다양한 지식을 갖추어야 한다고 했다. 요컨대 도서관학은 도서관에 관한 다양한 지식을 전해주는 학문에 지나지 않으며 다른 학문 분야에 대한 예비 소양이 있고 나서야 서적 하나하나를 실제로 취급할 수 있는 능력이 생긴다고 보았다. 또 도서관 직원은 도서관학 강습 시 사물에 대한 정밀한 관찰력과 주위에 대한 판단력을 강하게 키우도록 양성해야 한다고 했다. 도서관학교에서는 관찰, 주의, 판단과 같은 심력을 검안하기에 충분한 특수한 문제를 다루어 주어야 한다고 했다. 즉, 와다 만키치는 도서관학을 고립된 형태로 보기보다는 오히려 다른 학문을 도와서 도서관학을 형성해 가야 한다는 것, 또 도서관 직원이 다른 학문에 대한 지식을 널리 가질 필요가 있다는 것을 강조했다.

이런 그의 생각은 오늘날과 같이 과학적인 도서관학이 형성된 시기이면서도 한편으로는 학문의 경계가 모호해지는 경향이 있는 시기에는 주의 깊게 생각해 볼 필요가 있는 견해이다. 이러한 와다 만키치의 생각은 시종 변하지 않았다. 와다 만키치가 1918년부터 동경제국대학 문학부 강의에서 사용한 도서관학 강좌 노트로 생각되는 유고『도서관학개론(圖書館學槪論)』
의 제7장「도서관 직원의 양성(圖書館職員の養成)」에서도 이러한 견해가 설
명되어 있다.

　　도서관학이란 학문은 상식을 떠나서는 존재할 수 없다. 그 이유는 도서관은
　　사회 전체를 대상으로 하여 열려있는 곳이며 도서관에서 다루어야 할 모든 사
　　무가 인간의 상식을 토대로 하여 이루어지기 때문이다. 도서관학의 극치는 인
　　간의 상식에 있다(和田萬吉, 1931).

도서관학의 일본화

　1915년 와다 만키치는 이마자와 지카이(今澤慈海), 무라시마 야스오(村島
靖雄), 우에마쓰 야스시(植松安)와 함께『도서관소식(圖書館小識)』을 편찬하
고 일본도서관협회를 통해 발행했다. 와다 만키치는 이 책의 서언(緒言)에
서 간행이유를 "일본에는 아직 도서관학 강습이나 수련과정을 받을 수 있
는 길이 열려있지 않고 좋은 책을 구하기가 어려워 도서관 직원을 위한 입
문서로서 발간"했음을 밝히고 있다. 간행경비는 협회 총재 도쿠가와 요리
미치가 제공했으며 발간 후 전국의 인구 2만 이상의 시정촌(市町村)에까지
널리 보급했다.

　이 책의 체제는 전체 22장으로 구성되어 있으며 도서관경영에 관한 모
든 것을 담고 있다. 서언에는 편술한 참고자료와 인용 자료를 실었으며 문
부성의『도서관관리법(圖書館管理法)』, 일본도서관협회의 ≪도서관잡지≫,
≪도서관 잡지(Library Journal)≫, ≪공공도서관(Public Libraries)≫ 등에 수록
된 논문을 참고했다고 기술하고 있다. 주요 내용은 다음과 같다.

『도서관소식』에는 1892년에 발행된 『도서관관리법』에 없었던 도서관의 효과, 도서관 직원 및 직무, 도서관용 기구, 어린이도서관 및 어린이열람실, 학교도서관, 분관 및 대출소, 가정문고, 도서의 소독 및 폐기에 대한 내용이 더 추가되어 있다. 이 두 책이 발행된 시점 차이를 살펴보면 1892년에서 1915년 사이에 도서관학의 개념이 크게 발전했음을 알 수 있다.

이 책의 제1장 「도서관의 필요」에서는 도서관의 의의와 본질, 즉 교육상에서의 도서관의 의의에 대하여 메이지 시대의 도서관 관리법에 나타난 내용과는 완전히 다른 견해를 나타내고 있다. 메이지 시대에는 학교교육의 보조도구로서 도서관을 생각했던 데 대하여 이제는 학교 경영시대보다는 도서관 설립시대로 옮겨지고 있음을 설명했고, 학교 이외의 일반 교육기관으로서 도서관의 가치를 깨달았으며, 그 필요성을 역설하는 내용이었다.

제2장 「도서관의 효과」에서는 데이나(J. C. Dana)의 『도서관 입문(A Library Primer)』를 인용하여 '도서관이 사회에 주는 여섯 가지 이익'을 설명하고 있다. 제3장 「도서관의 종류」에서는 도서관을 먼저 공개형과 비공개형으로 나누고 그 다음 단계로 광의 및 협의의 일반도서관, 간이도서관, 일반 및 특수 그리고 고등참고도서관의 명칭을 부여했다.

와다 만키치가 진보적인 인물임은 제10장 「학교도서관」의 항목에서 학교도서관의 필요성을 설명한 데서 엿볼 수 있다. 그는 민중의 대학인 도서관에 대하여 보충할 수 있는 시설이 필요하다고 했다. 그러므로 각 학교도서관을 부설하고 각 교실에 작은 문고를 두어 학생들로 하여금 교내, 가정에까지 이르는 독서운동을 촉진할 필요가 있다고 했다. 또한 도서관의 기술적인 측면에서는 주제명 목록에 대하여 설명했고 동경제국대학 부속도서관의 '양서저자서명목록편찬약칙(洋書著者書名目錄編纂略則)'을 예로 들어 설명하고, 순회문고의 의의와 운영에 대하여 '야마구치현립도서관(山口縣立圖書館)'의 예를 인용하여 상세하게 설명했다.

『도서관소식』은 당시 중앙과 지방의 분권화가 자리를 잡았던 일본의 행정체계에서 어떻게 도서관을 경영해야 하는가에 대한 방법론을 제시한 것이었으며 도서관학의 본질을 파악할 수 있도록 했다는 점에서 높이 평가되는 책이다.

와다 만키치의 또 한 편의 훌륭한 저술로는 1922년 발행된『도서관관리법대강(圖書館管理法大綱)』을 들 수 있다. 이 책의 서문에 의하면 1919년 8월 동경제국대학에서 열린 공개강연회에서 6일간에 걸쳐 발표한 내용을 보충하여 발간했음을 밝히고 있다. 당시 강연은 도서관관리법의 개요를 설명한 것으로 시간에 제한이 있었기 때문에 전문가가 참고할 정도의 내용을 다루지는 못했지만 일부분은 새로운 점이 있다고 생각되기에, 한편으로는 입문서가 될 수 있다는 생각에서 발행했다고 했다. 이 책의 주요 구성은 다음과 같다.

제1장 도서관 건설 도서관 구성의 제1보
제2장 도서관위원회
제3장 도서관 직원
제4장 도서관 건축
제5장 도서관의 일상 업무
제6장 도서관 행정사항
제7장 도서관 홍보법
부 록 목록편찬규칙
도서관학 참고서 일반

이 책은 도서관경영에 대한 일반사항을 인식시키고 알리는 데 목적을 두고 있기 때문에 설명 자체가 간단명료하여 이해하기 쉽도록 작성되었다. 와다 만키치의 다년간의 경험을 집약하여 엮은 자료라는 점에서 이 책의 가치와 시대적 의의는 높이 평가되고 있다. 이전의 도서관 관리법과 비교해 보면 도서관 위원회, 도서관 행정사무, 도서관 홍보법에 해당하는 장이 새롭게 등장했다. 또한 와다 만키치는 도서목록법, 도서분류법 등의 실무에 대하여 도서관의 일상(常務) 업무라는 단어로 표현했다. 저자의 견해에 의하면 도서관의 기술적인 부문은 사서의 입장에서는 일상적으로 있는 것이고 당연히 해야 하는 일이어야 하며 이를 기본으로 한 다음 다방면의 학문에 대한 지식이 필요하다고 했다.

또한 도서관의 기능에 대하여 오늘날 도서관의 이름은 그대로 하나이지만 그 작용은 크게 달라졌고, 따라서 건물만이 아니라 내부에서 이루어지는 업무의 양태도 상응하여 바뀌어야 한다고 했다. 또 기존의 수동적이고 보수적인 태도에서 능동적이고 진취적인 자세로 바뀐 오늘의 도서관에는 경영관리라는 점에서 과거와는 상당히 다르다고 했다. 즉, 과거에는 책의 파수꾼에 그쳤지만 오늘날에는 이용 측면에서 경제적으로 경영해야 하는 점을 세심하고 신중하게 주의를 기울여야 한다고 했다. 도서관은 '사회교육의 중심, 지방문화의 목탁'이므로 "이용자인 시민이 어떤 계급에 있든지 직업의 여하를 막론하고 응대하며 독서인으로서 도서관을 찾아오는 사람들의 어떠한 요구에도 귀를 기울이도록 노력해야 한다"라고 했다.

이 책의 특색은 저자가 도서관의 일상 업무에 대하여 일본화된 '도서관에서의 분류법 및 도서기호법 적용'을 설명했다는 점이다. 이것은 와다 만키치가 평소 가지고 있던 견해를 분명하게 밝힌 것으로서 동양의 도서는 서양의 것과 다르며 외국에서 사용하는 방법을 그대로 일본 자료에 적용하는 것은 어려운 일이라고 했다. 서양서에 대해서는 구미지역에서 연구되어 사용되는 분류법을 적용하고 기호법도 적용할 수 있지만, 특히 도서기호법의 일부인 저자기호를 일본도서[和漢書]에 그대로 적용하는 일은 어렵다는 것이다. 와다 만키치는 외국에서 사용하는 도서정리법을 일본도서에 그대로 적용하여 정리하는 것에 대한 곤란함을 인식시키고 일본에는 일본에 적합한 분류법과 목록법을 생각해야 한다고 했다. 와다 만키치는 미국의 도서관 기술을 충분히 고찰하고 연구·실시해 보고 일본 특유의 요소를 적용시킬 필요성을 인식하여 외국 도서관에서 사용하는 기술의 일본화를 꾀하여야 한다고 했다. 또한 목록법상의 용어에 대해서도 오늘날 사용되는 기초적인 번역어를 싣고 있다. '著者目錄(author catalog)', '件項目錄 (subject catalog, 현재 件名目錄)', '辭書體目錄(dictionary catalog)' 등의 역어는 현재까지 그대로 사용되고 있는 용어이며 이에 대한 설명을 수록하고 있다.

제7장에서는 도서관 홍보의 중요성을 일찍이 간파하여 「도서관 홍보법」 이라는 장을 두고 있다. 이 장에서는 도서관 이용에 대하여 "공격적으로 도서관 이용자를 유도하지 않으면 안 된다"라고 설명하면서 여섯 가지의 홍보 방법을 예를 들어 구체적으로 설명하고 있다.

이상에서 살펴본 바대로 와다 만키치는 일본 근대 도서관 건설운동의 중심인물로서 자유주의 사상을 근저로 한 민중의 도서관을 염원했으며, 지방문화의 중심으로서의 도서관, 민중의 대학으로서의 도서관을 목표로 하여 동적이면서도 적극적인 도서관의 모습을 찾고 지도했음을 알 수 있다.

계몽기의 도서관 관리법에 관한 저서는 앞서 언급한 두 책이 대표적이라고 할 수 있다. 이 책을 통하여 메이지 시대에 실시되었던 도서관관리법을 계승·발전시켰다. 이 책에서 나타난 도서관경영법은 단순히 중앙의 도서관에 그치지 않고 지방에까지 미치고 있으며 지방도서관의 경영과 계발을 도울 수 있었다. 또한 와다 만키치의 도서관 사상은 계몽적이고 자유주의적인 시대사조를 반영하고 있다. 따라서 와다 만키치가 집필한 두 책은 일본의 도서관학 형성의 지표로 삼을 수 있는 명저라고 할 수 있다.

이 외에도 와다 만키치는 동경제국대학에서 '서사학(書史學)', '세계도서관발달사(世界圖書館發達史)'를 강의했다.

강습소에서 강의한 도서관사는 야요시 미쓰나가(彌吉光長)에 의해 그 원고가 편찬되어 『도서관사(圖書館史)』라는 서명으로 출판되었다. 이 책은 일본에서 서양 도서관사에 대해 쓰여진 유일한 저술이다. 와다 만키치는 이 책의 결론에서 모든 사업에 대하여 역사적 고찰이 필요하다는 것과 도서관에 대하여 역사적 지식이 필요하다는 것, 그리고 "자신의 뒤를 이을 사람의 일을 생각하면서 자신부터 앞사람의 자취를 찾아서 일해야 한다"라고 말했다. 이 책은 도서관의 기원을 고대 앗시리아 도서관에서 찾고 있으며, 특히 고대 도서관에 대하여 상세하게 다루었다. 또 중세도서관(제2장), 문예부흥기의 도서관(제3장)에 대하여 설명했고, 근대 미국의 도서관(제4장)에서는 북미의 도서관운동의 발단에서 공공도서관과 그 특색에 대하여 상세하게 서술했다. 또한 도서관의 현상에 대해서도 자세한 설명을 곁들이며 유럽의 도서관(제5장), 아시아·아프리카·호주의 도서관 현황에 대해서도 서술했다. 여기에서는 와다 만키치의 역사관과 비평적인 안목이 곳곳에 눈에 띈다.

와다 만키치는 서양 도서관사를 상세하게 알고 있었을 뿐만 아니라 일본 도서관사에 대해서도 높은 식견을 가지고 있었다. 즉, 그는 「우리나라 도서관의 연혁(我國圖書館の沿革)」을 산세도(三省堂)의 『일본백과대사전(日本百科大辭典)』에 기고하는 외에, 「우리나라 도서관의 연혁략(我國圖書館の沿革略)」과 「우리나라 도서관의 회고(我國圖書館の懷古)」를 ≪도서관잡지≫에 각각 기고한 바 있다.

와다 만키치의 참모습은 또한 서지학을 통해서도 찾아볼 수 있다. 그가 1914년 1월 ≪도서관잡지≫에 발표한 「일본의 서목에 대하여(日本の書目について)」는 그 학식이 얼마나 깊은가를 알 수 있는 논문이다. 이 논문은 1913년 10월 오사카에서 개최된 제8회 전국도서관대회 서목연구회에서 강연한 내용을 기초로 한 것이다. 강연 내용은 단순한 개설이 아니라 일본의 서목 발달을 설명한 상세한 역사적 연구를 담고 있다. 오늘날에도 이처럼 종합하여 연구한 자료가 없으며 실로 귀중한 저술이다. 이 논문에서는 고대부터 헤이안조 초기 서목의 형성, 그 시대 불교관계의 서목, 일본현재서목록(日本現在書目錄), 통헌입도장서목록(通憲入道藏書目錄)에 대하여 설명하고 가마쿠라(鎌倉), 무로마치(室町) 시대의 것도 다루었다. 특히 근대 도쿠가와 시대의 서목에 대하여 상세하게 다루었다. 상대(上代)부터 에도(江戶) 말기까지의 일본 서목에 관해서는 더 이상 논할 여지가 없다. 제일 마지막 부

분에서 설명한 내용 중 옛날 서목을 이용하여 희귀서의 가치를 아는 실례 등은 실제 고증자료로서 매우 중요하다. 이는 동경대학 도서관이 지진 재해로 소실되기 이전에 소장했던 자료 중, 특히 사본을 실제로 연구하여 실례로 들은 점이 많아 오늘날 귀중한 연구서라고 하지 않을 수 없다.

또한 『일본서지학개설』은 1944년, 와다 만키치의 사후에 출판되었지만 일본의 서지학에 대하여 개설했다는 점에서 의미를 지닌 책이다. 와다 만키치의 저서는 내용과 문장 모두 간결하게 요점만을 썼다는 점에서 특색을 가지고 있다. 이 책의 전반부는 문어체로 후반부(제4장 이후)는 구어체로 되어 있다. 이는 오랜 세월에 걸친 연구를 통하여 개요를 설명한 것이라고 생각한다. 이 책의 특색은 고대로부터 에도 말기까지 각 시대의 시대적 배경을 고려하면서 일본 서지학의 발달을 개설했다는 점이다. 고찰의 측면에서는 가와세 가즈마(川瀨一馬)에 의해 제창된 서지학의 입장과는 달리 각 시대에 있었던 기록 자료의 실제에 대하여 내용적·문학적 측면에서 고찰하고 있다. 또한 실제의 예를 하나하나 들고 있어 처음 배우려는 사람에게는 크게 도움이 된다. 제2장 고사본(古寫本)에 대한 부분과 제4장 간본(刊本)에 대한 부분은 이 책의 주요 부분을 차지하며 극히 핵심적인 내용을 담고 있다.

1933년 일본서지학회가 창립되고 기관지 ≪서지학(書誌學)≫이 창간되었는데, 그 창간사를 와다 만키치가 집필했다. 창간사 내용에는 서지학의 의의를 간략하게 말하는 한편 서지학 연구의 어려움을 토로하고 있다.

서지학이라는 전문적인 학술 분야에 대해서는 아직 적절하면서도 정확한 정의가 내려져 있지 않지만, 요컨대 서적을 정당하게 기재하고 독서인의 안내자가 되는 방법을 강론하는 하나의 학문으로 보는 것이 좋을 것이다. …… 하물며 해제를 붙여 책의 겉모양이나 내용을 잘못 없이 기재하고, 특히 다른 유사본과 비교하여 글씨체의 구별을 분명히 하기 위해서는 보통과는 다른 사고와 분별력을 요한다. 더욱이 요즘과 같이 고서나 희귀서의 고증이 자주 필요한 때에 정당한 기재는 식견이 있고 경험도 풍부한 사람이라면 가능할 것이다(和田萬吉, 1933).

또한 와다 만키치의 저서를 살펴보면 1916년에 발간된『고판지지해제』는 와다 쓰나시로가 소장한 에도 시대에 출판된 지리 관련자료 80여 종을 해제한 것으로 서지학상으로 볼 때 해제 양식의 모범이 된다고 할 수 있다.

와다 만키치는 와다 쓰나시로의 위촉으로 공무의 여가를 내서『고활자본연구자료』를 편찬했다. 이 책의 일러두기에는 미완성 저술이지만 와다 만키치가 모르는 곳을 물어가며 내용을 작성했고 수집한 고활자본 466종에 도판 84매를 삽입한 것이라고 밝히고 있다. 채록된 자료 중 동경대학 도서관본 및 송내사문고본(松廼舍文庫本)과 같이 이미 망실된 것이 있다는 점에서 이 책은 가치 있다고 할 수 있다.

도서관학교의 설치에 대해서는 이미 1911년 일본도서관협회가 사서 양성소 설치 건을 문부성에 건의했고 와다 만키치는 건의안의 원안 작성을 분담했다. 그 후 10년이 지나 1921년 6월 문부성 도서관 교습소가 개설되었는데, 와다 만키치는 도서관학교의 고유한 본질에 대하여 미국의 도서관학교의 실상을 소개하고 이를 '타산지석'으로 삼은 도서관학교의 운영 방식과 교과 편성에 대하여 설명했다.

빈곤한 일본 도서관계를 향한 개혁의지

와다 만키치의 도서관학의 체계를 알 수 있는 또 하나의 저술로『도서관학대강(圖書館學大綱)』을 들 수 있다. 이 책의 원본은 와다 만키치가 1918년 동경제국대학 문과대학 국어국문학과 학생을 대상으로 했던 강의원고이다. 150자 노트 용지로 223매를 사용하여 작성된 것 중 제8장, 12장에서 16장까지 분실되어 76매가 누락되었고 나머지 147매가 현존하고 있다. 분실된 제8장은 도서관 건축 29매, 12장에서 16장까지는 분류, 목록에서 도서관의 유지까지 49매로 중요한 부분이 사라져 안타깝게 되었다.

이 책을 통해서 도서관학이라는 명칭이 와다 만키치에 의해 명명되었다. 『도서관학대강』의 '총서(總序)'에 의하면 미국에서는 상당한 학식을 갖춘 다음 '특수한 기술적인 교육'을 부가하는 것을 필요조건으로 보고 "도서관을 관리하는 데 필요한 지식학술을 총괄하여 하나의 전문 과목으로 하고 이에 도서관학(Library Science)이란 명칭을 부여하게 되었다"라고 했다. 여기에서 도서관학을 선언한 것은 종래 도서를 수집하는 정적인 분석학이라고 생각했던 것에서 도서관을 움직여가는 동적인 관리학이라고 보았기 때문이다.

와다 만키치는 도서관학은 다음과 같이 도서관 관리법(광의)과 서지학(도서과학)으로 구성되어 있다고 했다.

관리법이란 도서관을 장소로서 관리하는 것이므로 그 체계는, ① 도서관의 건물, 조직, 축조(건축·설비), 용구, 직원론, 즉 도서관 관리법, ② 도서선택, 분류, 배치(서가), 목록·색인 등 편찬법, 즉 도서수집·정리법, ③ 도서 이용 및 배급법, 보존 및 수선법, 도서관 홍보법 기타 도서관에 관한 일체의 사항 즉 도서운용, 확장운동이다.

서지학이란 도서 그 자체를 연구하고 모든 도서 기록류를 기술하는 방법을 연구하는 것을 말한다. 그 내용은, ① 도서의 기원, 변천, 발달, 그 형식상의 종류에 대한 연구, ② 도서를 성립시킨 종이, 제본 등의 연구이다.

이 두 부문은 도서관에 필수불가결한 것이다. 그러나 각국의 도서관학은 그 나라의 전통에 따라 경향을 달리한다. 유럽의 여러 국가에서는 그 학문의 전통에 따라 도서 중에서도 고전이나 귀중서를 중요하게 취급하여 학문적으로도 서사학이 중심을 이루고 있다. 이에 반하여 미국에서는 역사가 짧아 귀중서가 적은 점도 있지만 도서를 실천적으로 움직이게 하는 공공도서관 활동이 주축을 이루고 있어서 학문적으로도 실천적인 도서관 관리법이 중심이 되고있다.

당시 일본에서 요구된 것은 소수의 학자를 위한 기초적 연구가 아니라 널리 국민의 교양에 봉사하기 위한 관리법이었다. 그렇기 때문에 와다 만키치는 오로지 도서관 관리법을 강의했다. 이러한 일념으로 1918년 '도서관관리법(圖書館管理法)'을 중심으로 '도서관학대강(圖書館學大綱)'이라고 명명한 문과대학 강좌를 개설했다.

이 『도서관학대강』을 집필한 와다 만키치의 견해가 독자적인 도서관학이었는지 아니면 종래의 학자가 설파한 내용을 차용했는지 살펴볼 필요가 있다. 이를 일본 내외로 나누었을 때 당시 외국에서 가장 널리 알려져 있었던 브라운 조직과 일본 내의 선구자 다나카 도조의 조직과 서로 비교할 수 있다. 브라운의 2판, 3판과 대조하면 〈표 1-4〉와 같다(彌吉光長, 1984: 334~337).

브라운(1862~1914)의 관리법에 의한 것이 아니라는 것은 한눈에 보아도 명백하다. 세이어즈의 개정판과는 어느 정도 근접해 있지만 제작연도에서 와다 만키치가 빠르고 그 후 개정된 것은 없다. 『도서관학대강』의 '도서관학 서론' 중에 괴팅겐대학에서 지아츠코(K. Dziatzko)가 '개강(1887)한 후 24~25년이 지나서'라고 쓰여 있으므로 1913년 이후는 아닐 것이다. 한편, 와다 만키치가 개강한 것은 1918년이었다.

미국의 개가식, 참고부, 아동도서관을 강의에 추가하여 도서관학교를 상세하게 설명한 것은 와다 만키치의 식견일 것이다. 관장의 자격을 상세하게 논하고 대우를 개선하여 인재를 모아야 한다고 논한 것도 도서관계를 아끼는 열의에서 시작된 것이다.

〈표 1-4〉 도서관학의 체계 비교

와다 만키치, 『도서관학대강(圖書館學大綱)』(1913?~1918)	브라운, 『도서관관리법제요(圖書館管理法提要)』(2판, 1907)	브라운, 『관리법제요(管理法提要)』(3판 세이어즈 개정, 1920)
1. 총서(總序) 　(의의와 도서관 발전)	서문 1. 창립·위원회·재정	서설 1. 창립·위원회·재정
2. 도서관학 서론	2. 직원	2. 직원
3. 도서관관리법	3. 건축	3. 건축
4. 도서관위원회	4. 설비·가구	4. 설비·가구
5. 도서관 직원	5. 도서선택·수입	5. 도서선택·수입
6. 도서관 건축	6. 분류법·배가	6. 분류법·배가
7. 도서 선택 및 수입	7. 목록법·색인·편성	7. 목록법 색인·편성
8. 도서 분류	8. 유지	8. 유지·일상적인 업무
9. 도서 배가	9. 공공서비스	(문방구·제본)
10. 목록편찬법		9. 공공서비스
11. 도서관의 유지		10. 도서·그 배포
12. 도서대출법		11. 참고부
13. 도서배급기관		12. 열람실(방법·분관)
14. 도서관규칙		13. 아동실
15. 참고부		14. 도서관확장사업
16. 아동도서관		

　미국 도서관이 최신 개발한 목록, 분류 서비스 방법을 소개한 것은 단순히 신학설의 소개에 그친 것이 아니라 일본 도서관계의 빈곤함을 개혁해야 한다는 사명과 신념, 즉 도서관 철학에 기초한 것이었다.

　일본에 구미도서관을 가장 먼저 소개한 사람은 후쿠자와 유키치(福澤諭吉)이고, 1866년 『서양사정(西洋事情)』에서 "서양 여러 나라의 수도와 대도시에는 문고가 있어 비블리오테크라고 불리며, …… 매일 이용하는 서적, 그림과 같은 자료에서 고서와 희귀서에 이르기까지 여러 나라의 책을 비치하고 많은 사람들이 와서 마음대로 읽을 수 있도록 했다"라고 했다. 이는 아마도 영국박물관이나 보스턴공공도서관과 같은 대규모 도서관, 비블리오테크라고 할 수 있는 파리의 국립도서관에 해당할지 모른다. 공공도서관을 말하는 것은 아닐 것이다.

　일본에서 도서관을 관리하는 측면에서 체계적으로 기술한 도서는 1892

년 니시무라 다케마의 『도서관관리법』이다. 이 책은 그가 제국도서관 사서관으로 재직하면서 전체 38면을 8장으로 나누어 자관의 도서관 실무를 중심으로 기술한 실무지도서이다. 공립도서관을 위한 것으로 다나카 도조 관장은 서문에서 도서관의 본질과 독서론을 논하고 끝으로 대일본교육회장(大日本敎育會長) 츠지 신지(辻新次)의 통속문고 낙성식 연설을 수록했다. 이와 함께 구미 도서관을 염두에 두고 일본 도서관에 대한 기대를 논하고 있다.

문부성은 니시무라가 저술한 관리법의 개정판을 다나카 관장에게 요청했고 다나카는 그에 따라서 분류·목록법을 상술하여 1900년에 문부성 편으로 출판했으며 개정판은 1921년에 긴코도(金港堂)에서 출판했다. 한편, 1915년 일본도서관협회는 와다 만키치 외 3명을 위원으로 위촉하여 『도서관소식』을 발행했다. 이에 대한 일람표를 작성하면 〈표 1-5〉와 같다(彌吉光長, 1984: 335~337).

〈표 1-5〉에는 메이지 시대에 제국도서관의 실천을 어떻게 소규모 도서관에 적용할 것인가에 대해 고심한 흔적을 볼 수 있다. 즉, 다나카적인 체계였다. 『도서관소식』에서는 양서목록법에 제대목록법(帝大目錄法)을, 양서분류법에 듀이십진분류법을 도입하고 여전히 도서정리 중심을 탈피하지 못했으며, 관외 대출도 차용증과 같은 방식을 고수하고 있다. 약간 완화된 것은 1922년에 발행된 『도서관관리법대강』에서이다.

이들을 비교하면 『도서관학대강』은 다른 종류의 관리법이라고 판단된다. 즉, ① 구미의 최신·최고의 지식을 소개한 것, ② 대학도서관장과 공공도서관장의 본연의 자세를 추가한 것, ③ 도서관장이 전문가로서 책임을 다해야 한다는 것을 강조하고 이에 대하여 대우를 개선할 것을 부르짖은 것, ④ 기회가 있을 때마다 도서관직(librarianship)을 강조한 것 등은 독특하다고 할 수 있다.

	西村竹間 序 田中稻城 『圖書館管理法』 (金港堂, 1892: 44)	田中稻城 『圖書館管理法』 (金港堂, 개정 1912: 139)	日本圖書館協會 編輯委員會 『圖書館小識』 (丸善, 1915: 207)	和田萬吉 『圖書館管理法 大綱』(丙午出版 社, 1922: 242)	和田萬吉 『圖書館學大綱』 (東大講義原稿, 1918)
總論	1. 總記 田中稻城 序 辻 新次 演說	1. 圖書館의 種類 2. 近世的 圖書 館의 特徵(改訂) 3. 圖書館의 必要	1. 圖書館의 必要 2. 圖書館의 效果 3. 圖書館의 種類	序	1. 總序(圖書館의 意義와 그 發展) 2. 圖書館學 緖論
管理法	2. 閱覽室 및 書庫	4. 圖書館의 創立 5. 圖書館 建築 6. 函架의 構造 附 圖書館關係法規	4. 圖書館의 創立 및 經費 5. 圖書館의 職員 및 그 職務 6. 圖書館 建築 7. 圖書館用器具 8. 普通圖書館 9. 兒童圖書館 및 兒童閱覽室	1. 圖書館建設 圖書館構成의 第一步 2. 圖書館委員會 3. 圖書館 職員 4. 圖書館 建築 6. 圖書館行政 要項諸規則· 報告類·經常 費豫算	3. 圖書館管理法 4. 圖書館委員會 5. 圖書館 職員 6. 圖書館 建築
圖書收集·整理法	3. 圖書選擇 및 取扱順序 4. 排列·函架 構造 5. 目錄法	7. 館務 順序槪要 8. 書籍의 選擇 9. 書籍의 注文 10. 原簿의 記入 11. 書籍의 整頓 (陳列法) (分 類法) 12. 函架目錄 13. 目錄編纂法 14. 雜誌 및 參考 部 協會·和漢 圖書目錄編纂法	11. 圖書 選擇 12. 圖書 購買 및 手入 15. 分類法 16. 圖書의 整頓 및 排列法 18. 圖書目錄 및 그 種類 14. 카드目錄記入法	5. 圖書館의 常務 (1) 選擇 (2) 購買 (3) 分類法 (4) 排列 (5) 目錄 (6) 카드 目錄記入法	7. 圖書 選擇 및 手入 8. 圖書分類 9. 圖書의 函架整頓 10. 圖書目錄法
圖書運用法	7. 閱覽·貸出 順序 6. 曝書·點檢	15. 圖書出納法 16. 巡廻文庫(改訂) 17. 書籍調査 및 曝書 18. 書籍의 裝釘	17. 圖書閱覽 및 出納法 18. 分館 및 派出 出納所 19. 巡廻文庫 20. 家庭文庫 21. 圖書의 點檢 및 曝書 22. 圖書의 消毒 및 廢棄	7. 貸附法 8. 配合法	11. 圖書館의 維持 12. 圖書貸附法 13. 圖書配給機關 (支館·巡廻文 庫·家庭文庫) 14. 圖書館規則 15. 參考部 16. 兒童圖書館
	8. 學校圖書館		10. 學校圖書館		

도서관학의 명쾌한 방향 제시

와다 만키치는 일본에서 가장 일찍이 도서관학을 제창하고 그 조직화를 수행한 인물이다. 당시 관리법에 근거하여 2부문으로 구성된 도서관학 체계가 구미에서는 널리 인식되어 있었다. 그러나 일본에서는 와다 만키치 이외에 이러한 도서관학을 논하고 조직화를 시도했던 사람은 없었다.

와다 만키치는 "도서관학은 도서관을 경영하는 데 필수적인 사항을 연구하는 학문"이라고 정의하고 그 구성은 2대 과목, 즉 제1부문에 해당하는 관리법과 제2부문에 해당하는 서사학(후에 서지학으로 개칭)으로 이루어졌다고 보았다. 제2부문인 서지학은 독일의 슈나이더(Georg Schneider)나 다나카 케이(田中敬)와 나가사와 기쿠야(長澤規矩也)의 도서학에 해당한다. 그 다음으로 고문서학(古文書學)을 포함한다. 그리고 그 방법으로서 구미의 학풍을 논하고 일본 도서관학의 방향을 제시하고 있다. 와다 만키치는 이 2대 부문은 어느 것 하나를 제외하면 성립할 수 없고 그 하나를 소홀히 하면 '진정한 하나의 학과를 이룰 수 없다'고 논했다. 그러나 미국은 실용적인 측면으로 기울었고 유럽은 서지학에 편중했는데 그 원인은 사회와 문화적 전통의 차이에 있다고 지적했다.

반면에 유럽 각국의 도서관은 전통에 묶여 발달이 늦고 도서는 고대부터 축적된 것에 기초하여 보존과 수리에 관한 연구가 진전되어 이를 기술하는 방법이 발달했다고 보았다. 또 애서가가 많고 호기심으로 서지학도 발달했기 때문에 학문의 방법과 재료에 부족함이 없고, 따라서 영국과 같은 나라에서 도서관학자는 우선 이 도서학자, 즉 서사학자가 약간 변형한 것처럼 보이지만 점점 미국풍으로 변화되고 있다고 지적했다. 와다 만키치가 유럽 공공도서관의 발전이 늦어진 것을 만회하려는 경향이 있다고 본 것은 브라운의 관리법과 괴팅겐대학 지아츠코의 강의를 근거로 한 말일 것이다.

이와는 반대로 미국은 관리와 기술에 의해 발전했고 도서관학교가 크게 번성한 것을 지적하면서 미국에서는 원래 도서관의 실용적 측면에 기초하여 도서관학을 성립시켰기 때문에 그 학문이 도서관에 관한 일체를 망라하여 구축되어 있다고 보았다. 그리고 이것이 후에 서사학에 영향을 주는 것은 당연한 일이므로, 따라서 서지학도 유럽에서처럼 희귀서에 대한 연구가 아니라 학문과 실용에 중점을 두어 주로 도서를 정확하게 기술하는 방법을 실습하는 데 있다고 보고 있다. 즉, 특수사항의 관계서목 또는 해제방법에 대한 연구가 앞서 진행되고 강의도 그 방법의 교수에 있다고 한다. 또 그 방법은 목록법의 특수성은 인정하지만 목록법에서 일탈한 것은 아니라고 논하고 있다.

이러한 종류의 특별목록을 작성하는 것은 보통 목록편성법과 다소 차이가 있지만 원칙이 되는 목록규칙은 동일하지 않으면 안 되기 때문에 결국은 미국식의 서지(bibliography)는 관리법의 일부인 편목(cataloging)과 상당히 비슷해진다.

와다 만키치는 일본 도서관학의 입장에 대하여 국제적인 시야와 역사적 입장에서 현대에도 통용되는 결론에 도달했다. 일본에서는 "일본 책이라고 하더라도 한적(漢籍)이나 고서를 상당수 소장하는 곳이 많아서 서사학의 방면은 어느 정도 개척되어 있다"라고 보았지만 그러나 그것은 개별적 연구이지 "서양과 같이 계통이 있는 연구는 아직 없다"라고 했다. "현재 도서관의 관리방식으로는 개량쇄신이 필요한 점이 실로 많다. …… 관리법의 보급을 도모하여 어느 정도라도 도서관을 제대로 된 형태가 되도록 검토하지 않으면 안 되는 시기라고 믿는다. 따라서 일본에서 도서관학의 형성은 미국풍으로 개선해야 한다"라는 이 도서관학의 명쾌한 방향 제시는 와다 만키치의 깊은 연구와 사색의 결과였다. 당시 와다 만키치와 와다 쓰네시로는 서지학의 과학적 방법의 연구에 몰두하여 와다 쓰네시로는 『방서여록』과 『차아본고』에서 서양서지학의 방법론을 시도하고, 와다 만키치는 『본지지해제(本地誌解題)』로 서양 서지학의 정밀하고 세세한 기술법 (記述法)을 구사했다. 서양서지학의 연구 결과가 공식 간행되어 와다 만키 치는 서지학의 과학적인 방법론에서 성공을 거두었다.

동시에 도서관학에서 신과학을 건설하려고 한 것은 그 도서관 정신에 기초하여 당연한 결과였다. 그에게는 도서관학을 사회교육에 종속시키는 것이 아니라 학술적으로 더 넓은 영역에서 활용하려고 했으므로 도서관의 인재를 지도 양성한다는 생각 외에는 없었다.

그는 "서지학은 연구자의 지도로서 학문지식의 어떤 분과에도 필요하기 때문에 크게 존중해야 할 것"이라고 말하고 서지학의 중요함과 그 연구가 학문의 기초를 이루는 것은 물론, 관리법과 대립하여 도서관학에 일익을 가져온다고 논했다.

"도서관에서 실효를 거두기 위해서 각 학과에 해당하는 특별 해제목록 을 작성하는 것은 대단히 중요한 일이지만 이것이 성공하기 위해서는 주 어진 또는 한 학과의 지식이 앞서 있기 때문에 도서관학의 기초적 교육 외 에 어떤 것(전문학과의 지식)을 요하는 것이 많다. …… 물리학 서류(자료)의 우열을 감별하기에 족할 만큼 갖추어진 해당 학과의 지식이 없으면 안 된 다. 그러므로 도서관학에 포함된 서사학은 도서 일반에 관계되는 통칙을 가르치는 데 그치고 그 이상은 각 학과의 지식에 기대해야 할 것이다"라는 생각은 독일의 도서관학과 상통한다. 1851년 킬크너(Joachim Kirchner)가 밝힌 '도서관학(Bibliothekswissenschaft)'의 체계는 〈표 1-6〉과 같다(彌吉光長, 1984: 338~341).

와다 만키치가 미국식 실무를 중시하여 서지학을 대립시킨 점은 현대 독일의 도서관학과 서로 통한다. 이미 40년 전의 일이지만 독일의 도서관 은 두 부문으로 체계를 이루어가면서 미국적 관리법을 강화할 것을 인식 하여 변화를 추구해왔던 것이다. 와다 만키치의 도서관학 체계는 그 배후 가 되는 일본 도서관의 후진성을 어떻게 극복하는가에 대한 문제의식을

〈표 1-6〉 킬크너의 도서관학의 체계

도서관학	조직실무 및 기술적 사항	기술적 문제	도서관 건축의 변천·설비
		조직과 실무	관리·목록, 배열·이용
	역사학적 연구	집서의 역사	공립 및 반공립도서관
			집서의 종류, 성격, 사설도서관
		도서 및 그 역사	학과사, 서지
			판본, 신문잡지, 제본, 삽화, 판매
			서양문자의 발달, 서자재료, 사본

그대로 반영한 방향 제시라고 할 수 있을 것이다. 그것을 와다 만키치가 가장 빨리 예감하고 도서관 체계는 미국적 실무에 주축을 두어야 한다고 결론을 얻었던 것이다. 이러한 방향은 그 후 변함없이 현대에 이르렀다.

와다 만키치는 도서관학의 배후로서 도서관 정신 또는 철학을 인식하고 독자적으로 생각했다.

미국의 도서관학은 실무 중심이고 현재 도서관의 향상 발전을 목표로 발달했다. 이를 일본에 도입하여 실무 중심의 도서관 관리법을 발전시킨 것은 당시 미국 도서관의 시찰과 연구를 마치고 돌아온 다나카 도조 제국 도서관장이 대표자라고 볼 수 있다. 니시무라 다케마가 저술한『도서관관리법』은 제국도서관의 실무를 공·사립도서관에 적용하려고 했던 것이어서 번잡했다. 이에 일본 문부성은 1900년 니시무라에 이어 다나카 도조의 『도서관관리법』을 발행하고, 다시 1912년에 그 개정을 단행했지만 절차의 간략화를 시도한 단계에서 그치고 말았다.

이는 1892년까지 도서관 실무의 배후가 되는 도서관 정신에 변화가 없었다는 것을 의미한다. 니시무라 다케마의 저서 서문에는 다나카 관장이 1890년 대일본교육회 부속도서관(大日本敎育會附屬圖書館) 낙성식에서 축하 연설한 내용이 기록되어 있다. 이에 의하면 현재 청소년 독서상황을 우려하여 외국에서 개설된 대학 강좌의 뜻있는 활동을 인용하여 사회교육기관인 도서관에 접목한다면 효과가 그에 못지않을 것이라고 강조했다. 이러한 사상을 토대로 1912년 개정판 『도서관관리법』에 '근대 도서관의 특징'을 두고 ① 무료 공개, ② 서고 개방, ③ 어린이열람실, ④ 도서관과 학교와의 연계, ⑤ 분관제도, ⑥ 순회문고를 설명하고 있다. 그러나 이것을 일본에서 실시하는 방향은 조금도 고려되지 않았다. 자유 개가제는 1915년판 『도서관소식』에서 겨우 어린이실을 대상으로 한 방법으로 소개한 데 그치고 있다. 결과적으로 보면 미국식 실무를 희망하면서 대출로 인한 분실, 개가제로 인한 분실을 두려워하여 제2차세계대전 이전까지는 착수하지 못했다.

도서관의 효과는 무제한이다

와다 만키치는 1923년을 기해 실무에서 떠났지만 도서관학 강의를 하면서 도서관학의 보급에도 노력하여 일본의 고등교육으로서의 도서관학을 확립시키는 데 크게 기여 했다. 그의 도서관 정신, 즉 철학을 살펴보면 『도서관관리법』의 총서문에서 "서양 도서관은 왕궁의 보고에서 대학도서관, 도시도서관, 미국 도서관운동에 의해 19세기 중반에 공공도서관이 크게 번성했고 민중이 독서를 자유롭게 할 수 있는 시대가 되었다. 그 결과 새로운 의미의 도서관에서는 그 장서 한 책 한 책 모두 독자가 있고 어느 독자에게도 한 권의 책이 주어질 수 있을 정도이다. 결국 자료만 있고 독자가 없는 도서관이 되어서도 안 되고 독자만 있고 책이 없는 곳이어서도 안 된다. 양자를 모두 갖춘 곳을 진정한 도서관이라고 부를 수 있다"라고 했다. 이 정신은 랑가나단의 '도서관학의 5법칙'과 일치한다. 랑가나단은 "도서관은 성장하는 유기체이다"라고 주장하고 있다. 이에 대하여 와다 만키치는 도서관의 역사관에 비추어 논하면서 도서관의 효과는 '거의 무제한'으로 확장해 갈 것이라고 역설하고 "이에 근대 도서관은 구시대의 그것과는 크게 격차가 벌어지게 될 것이며 누가 보아도 전후 거의 완전히 다른 것이 될 것임을 알 수 있다. 도서관은 근대의 산물이라고 해도 과언이 아니지만 2,000년, 3,000년도 전부터 있었던 기관이라고 해서 방치하는 오류가 있어서는 안 된다"라고 했다.

와다 만키치의 도서관에 대한 역사관은 이와 같이 긴 역사를 생각한 결과에서 얻어진 것이라고 본다. 또한 랑가나단이 5법칙을 발표한 것은 1930년이기 때문에 십수 년 전에 이와 같은 강의를 한 와다 만키치는 한 걸음 앞서 현대 도서관의 본질을 파악했다고 할 수 있다.

고대부터 4,000년간 도서관은 이용을 한정시키고 보존하는 데 목적을 두었다. 와다 만키치는 근대 도서관의 정신을, ① 도서관의 도서는 이용하기 위하여 있다. ② 모든 책이 이용자와 연결되어야 하고 모든 사람이 독서해야 할 자료이다. ③ 독서를 통해 모든 사람이 지식을 또한 정보를 평등하게 서로 나누어 갖는다. ④ 도서관은 모든 정보가 공개되는 것을 원칙으로 하는 정보전달 기관이라고 보며 근대 도서관이 존재하는 이유를 들었다. 와다 만키치는 고대와 근대를 구분하는 정신의 차이를 발견했던 것이다. 또한 도서관은 도서관인들이 자각하게 하는 활동의 장이며, 주민사회의 커뮤니티 네트워크라는 것을 시사했다.

와다 만키치의 활동은 마치 랑가나단이 문맹인 인도 국민을 보고 그들을 어떻게 일으켜 세울 것인가 고심했던 깊은 우국애민 정신의 발로와 비슷하다. 인도 국민의 독서를 걱정하는 것과 일본 도서관의 진보가 느린 것을 걱정하는 것이 일치한다고 선언한 것은 문화 후진국의 지도자의 위기감이 얼마나 심각했는지를 보여준다. 그는 또한 "도서관 업무의 진보는 소걸음처럼 느리다"라고 탄식하며 "도서관 관리자들을 잘못 앉히고 여전히 말년의 교육자나 다소 글에 취향 있는 정년이 임박한 관리에게 도서관을 일임하고 있다"면서 근심으로 애를 태웠다. 도서관에 근무하는 직원에게 좋은 대우를 해주지 않는 한 어쩌다 능력 있는 인사가 오더라도 머물지 못하고 떠나게 되며 이와 같은 결과가 반복되어 오랫동안 일본 도서관계는 침체되어 있었다. 와다 만키치는 이를 벗어나려면 초미의 과제로 학문적 바탕과 전문 지식을 갖춘 사람을 도서관으로 불러들이는 일 외에는 없고 이러한 사람이 일정 기간 희생할 작정을 하고 노력만 한다면 머지않아 상당한 보수를 받고 만족할 수 있는 때가 올 것이라고 했다.

그는 전문적인 일을 선구자적으로 맡아서 할 수 있는 사람은 아니더라도 도서관 업무에 오랫동안 종사하여 일본의 도서관 현상을 잘 아는 사람, 도서관학 한 강좌를 강의하고 예를 들어 한 사람 아니라 반 사람이라도 자신이 아는 것을 같이 생각하고 느낄 수 있는 사람이 있는지 여부를 알고자 한다고 했다.

와다 만키치는 그와 같은 정신과 기대를 담아 강좌를 열었지만 동경대 지진으로 동경제국대학 부속도서관이 화재가 나면서 책임을 지고 퇴직함에 따라 강좌도 중지되었다. 그러나 다행히도 당시 강의 노트는 『도서관학 대강』으로 발간되어 후세에 전해지고 있다.

와다 만키치의 도서관에 관한 논문은 주로 ≪도서관잡지≫에 게재되었고 강연물을 추가하면 약 50편에 이른다. 그 내용을 살펴보면 도서관운동 또는 경영에 관한 것이 24편, 도서목록법 등 도서관학에 관한 것이 12편, 도서관사에 관한 것이 7편, 서지학에 관한 것이 7편이 있다. 와다 만키치의 최후의 논문은 사서에 대하여 모든 참고업무의 지식과 그 계획의 필요성을 시사한 것으로 당시 학생들이 기다리고 바라는 자료였다.

와다 만키치는 일본 근대 도서관 건설의 제1인자였다. 메이지 이후 일본 도서관 발전에 생애를 바쳤으며 시대의 첨단에 서서 민중과 도서관의 결합을 외친 도서관 학자였다. 와다 만키치의 존재를 생각하지 않고서는 일본 근대 도서관의 발달, 그리고 일본의 도서관학 형성을 생각할 수 없다. 오늘날 일본 도서관계의 기초는 와다 만키치에 의해 구축된 것이라 할 수 있으며, 구미 도서관을 일본화한 그의 노력은 높이 평가되어야 할 것이다.

5 인 도 도 서 관 학,
   도 서 관 운 동 의 아 버 지

랑가나단

문정순*

인도의 위대한 문헌정보학자인 시야리 라맘리타 랑가나단(Shiyali Ramamrita Ranganathan)은 20세기 초반에 책, 도서관 및 정보센터, 문헌정보학이 사회에 얼마나 중요한 역할을 할 수 있는지를 인식한 사상가였다.

그는 문헌정보학의 이론과 사상을 과학적인 방법으로 정립하고 이를 바탕으로 일생 동안 헌신적으로 도서관운동을 전개했다.

그는 책은 휴대할 수 있는 자료를 바꾸어놓은 것이라고 보았으며 도서관의 의무는 이러한 책을 다시 새로운 사상으로 바꾸도록 도와주는 것이라고 보았다.

랑가나단은 오늘날 인도에서 '도서관학의 아버지', '도서관운동의 아버지'라 불리고 있으며 이용자 중심 사상을 바탕으로 한 그의 도서관 사상과 업적은 인도뿐만 아니라 전 세계적으로 영향을 미치고 있다.

---

* 영남대학교 중앙도서관 참고사서, 연세대학교 박사과정.

인도의 종교와 문화에 눈뜨다

랑가나단은 1892년 8월 9일(현재 공식적으로 사용 중인 달력으로는 8월 12일) 인도 마드라스(Madras) 주(州)[1]의 탄주르(Tanjur)[2] 지방에 있는 시야리(Shiyali)의 브라만 가정에서 태어났다. 그 지명을 따서 'Shiyali Ramamrita Ranganathan'이라 이름을 지었다. 그는 4남매(3남 1녀, 일설에는 2남 1녀)[3] 가운데의 장남으로 친가와 외가 양가의 장손이었다. 그의 아버지 라마뮤리탐 아야르(Ramamritam Ayyar)는 중류 정도의 재력을 가진 지주로서 자주 소규모 청중을 모아놓고 라마야나(Ramayana)[4]에 대해 설명을 해주는 교양인이었다. 그의 어머니 시타르크슈미(Sitalakshmi)는 겸손하고 신앙심이 깊은 부인이었다(Kaula, 1965: 779; Gopinath, 1978: 58; Garfield, 1984a: 37).

랑가나단의 부모는 그가 올바른 인격과 습관을 가지는 데 모범이 될 수 있게 생활했다. 랑가나단은 3세 때 아버지가 매일 야자나무 잎으로 만들어진 라마야나 필사본을 읽고 있는 모습을 보고, 이를 본받아 아버지가 외출할 때마다 이 라마야나 필사본을 가져와 보곤 했다. 이때부터 그는 아버지와 마찬가지로 일생 동안 매일 라마야나를 애독하는 습관을 가지게 되었다. 이러한 습관이 결국 학문에 대한 사랑으로까지 발전하게 되었으며, 그의 삶과 활동은 이 서사시가 전해주는 용맹, 지력, 민첩함, 인내에 근거했

---

1) 그 당시 마드라스 주는 현재의 타밀나두(Tamil Nadu) 주에 해당된다. 타밀나두 주는 인도 남동부에 있는 주로서 현재 주도(州都)는 마드라스이다.
2) 타밀나두 주에 있는 도시로서 탄자부르(Tanjavoor)라고도 한다. 탄자부르는 타밀어이다. 코베리 강에 자리 잡고 있다. 촐라 왕조(907~1310)의 수도였으며 지금도 라자라자이슈와르 사원(신전)이 있는데 힌두 예술의 걸작이라고 한다. 마드라스대학교에 부속된 8개의 단과대학이 있다.
3) Gopinath(1978: 58)와 매슈스(1990: 77)의 논문들에는 각각 3남 1녀(4남매)로 되어 있으나, Current Biography(1965: 28)에는 2남 1녀(3남매)로 되어 있다.
4) 인도의 2대 서사시의 하나이다.

다(Satija, 1992: 30). 그러나 불행하게도 랑가나단의 아버지는 그가 겨우 여섯 살이 되던 1898년에 30세의 젊은 나이로 세상을 떠나고 말았다. 이후 랑가나단은 신앙심이 깊은 어머니와 초등학교 교사였던 외조부 수바 아야르(Subba Ayyar)의 영향을 받고 자랐다.

학창 시절 랑가나단은 특히 그의 유치원 교사 아나타라마 아야르(R. Anatharama Ayyar)와 산스크리트어 교사 티루베나차리어(Thiruvenachariar)로부터 많은 영향을 받으며 그의 종교적인 사상을 형성해 나갔다. 이 두 교사들은 랑가나단이 탄주르 지역을 중심으로 알려져 있는 신과 성인에 관한 사상과 지식을 깊이 있게 알 수 있도록 가르쳐주었다. 이때 읽은 힌두 종교 서적에서 접한 우주적·신비주의적·윤리적·형이상학적 사상은 그의 정신세계에 깊숙이 스며들었다.

이와 같이 인도의 고전문학, 힌두 신비주의, 종교가 그의 사상과 인격에 깊은 영향을 미쳤으며, 이는 나중에 그의 저서에 그대로 반영되었다(Satija, 1992: 31).

랑가나단은 건강이 좋지 않았고 경제적인 어려움을 겪으면서도 시야리의 S.M. 힌두고등학교(Sabhanayaka Mudaliar's Hindu High School)에 입학해 훌륭한 학생으로 성장했으며, 1909년에는 대학 입학시험에 합격하여 학문의 길로 접어들게 되었다.

과학적 사고방식을 익히고

랑가나단은 마드라스기독교대학(Madras Christian College, 이하 MCC)에서 수학을 전공하여 1913년에 학사학위, 1916년에 석사학위를 받았다. 그가 교수가 되고 과학적 사고방식을 형성하는 데 가장 큰 영향을 준 인물은 바로 수학 석사과정의 지도교수인 로스(Edward B. Ross)였다.

랑가나단은 수학 학사학위를 취득한 이후에 바로 석사과정에 진학하고 싶었지만 학비가 없었다. 로스 교수는 랑가나단이 학비를 면제받고 진학할 수 있도록 배려해주었다. 로스 교수가 아니었으면 랑가나단은 평범한 교사로 머물렀을 지도 모른다. 랑가나단은 나중에(1925) 이러한 은사의 은혜에 대한 보답으로 '로스 교수 수학기금(Professor Edward B. Ross Endowment in Mathematics)'을 MCC에 창설했다(Current Biography, 1965: 28).

랑가나단이 진학할 당시 석사과정 학생은 혼자뿐이어서 로스 교수와 매우 친밀한 관계가 되었고, 교실에서보다는 주로 함께 산보하거나 외출해서 대화를 나누는 과정에서 더 많은 가르침이 이루어졌다. 이러한 과정에서 그는 로스 교수에게서 수학에 대한 지식 이외에 과학적으로 사고하는 방식을 자연스럽게 배우게 되었다. 이러한 친밀 관계는 랑가나단이 그의 직업을 사서직으로 바꾼 이후에도 지속되었다(Satija, 1992: 33~34).[5]

랑가나단은 가르치는 것을 좋아해서 마드라스에 있는 사이다페트(Saidapet) 사범대학(Teacher's College)에 1916년에 입학해서 1917년에는 교사자격증(certificate in education)[6]을 취득했다(Current Biography, 1965: 28). 이후 1917년에 망갈로르(Mangalore)의 정부대학(Government College)에서 강사 신분으로 수학과 물리학 강의를 시작했다. 1921년에는 마드라스의 프레지던시대학(Presidency College)의 조교수가 되어 수학을 가르쳤다. 또한 그는 대외적으로 남인도 지역에 있는 교사들의 지위를 향상시키기 위해서도 헌신적으로 일했다(Dudley, 1974: 14).

---

5) 랑가나단은 그의 가장 주요한 저서인 콜론분류법을 바로 그의 스승 로스 교수에게 헌정할 만큼 일생 동안 그에 대한 존경심을 간직하고 살았다.
6) LT 학위(Professional Education Degree: 전문직교육학위)라고도 한다(Sharma, 1986: 120).

사서직을 향한 출발

　1924년 1월 랑가나단은 마드라스대학 도서관의 초대 관장에 임명되었다. 랑가나단은 동료를 따라가 마드라스 주정부 관료와 우연히 만났는데, 그 자리에서 마드라스대학 도서관에서 도서관장을 채용할 것이라는 소식을 접하게 되었다. 그는 보수 면에서 조건이 더 좋은 사서직에 지원해 보라는 동료의 적극적인 권유를 받아들여 지원해 도서관장이 되었던 것이다. 나중에 랑가나단은 스스로 사서가 되고 싶어서 선택한 것이 아니라 신이 그렇게 만들었다고 회고하고 있다. 그러나 랑가나단은 일주일도 채 못되어서 프레지던시대학에 되돌아와서 던컨(H. S. Duncan) 학장에게 다음과 같이 호소했다.

　　특별한 요청이 있어서 왔습니다. 날마다 계속되는 이 고독한 감옥살이를 더 이상 참을 수 없습니다. 직원을 제외하고는 어떠한 인간미도 찾아볼 수 없습니다. 이 대학에서의 생활과는 얼마나 다른지!

　랑가나단은 그 도서관에 채용되는 조건으로 영국에 가서 근대적인 도서관경영 방법을 배워 오기로 되어 있었기 때문에, 이러한 그의 호소에 대해 던컨 학장은 "영국으로 유학을 갔다 온 이후에도 도서관 업무가 지루하게 여겨진다면 다시 수학 교수직으로 채용할 것이오. 귀국할 때까지 당신 자리는 공석으로 둘 것이오"라고 말하며 진정시켰다.
　이러한 결정에 따라 랑가나단은 1924년 9월 영국으로 유학을 가서 런던대학교(University of London)의 도서관학교(School of Librarianship: 1919년 설립)에서 세이어스(W. C. Berwick Sayers, 1881~1960)[7]와 같은 훌륭한 스승을

---

7)　세이어스는 1915년에 『분류 규범(Canons of Classification)』, 1918년에 『도서관분류법개

만나 지도를 받게 되었다. 영국 공공도서관 운동가, 분류이론가인 세이어스는 그 당시 크로이던(Croydon) 공공도서관장과 이 도서관학교 교수를 겸임하면서 학교에서는 주로 도서관분류법에 대해 가르쳤다(Olle, 1978: 331~336). 세이어스는 랑가나단의 타고난 재능을 알아차리고 그를 제자라기보다는 동료로서 친밀하게 대하고 전문적인 문제에 관해서도 서로 토론했다. 세이어스는 수학 교수였던 랑가나단을 도서관학 교수로 전환시키는 데 결정적인 역할을 했다. 그는 수학 교수였던 랑가나단에게 도서관학이 가치 있는 분야라는 것을 인식시키고, 도서관학의 전 분야 중에서 분류가 가장 수학적인 요소가 강하므로 랑가나단이 분류연구에 관심을 가지도록 만들었다(Current Biography, 1965: 28).

그러나 수학을 전공한 랑가나단은 이 학교에서 배웠던 내용들과 교수법에 대해 전적으로 만족하지는 않았다. 그는 그 학교의 도서관에 있는 수많은 도서관학 분야 도서들도 체계적으로 읽어보았으나 각각의 책들이 서로 연관되어 있지 않다는 사실을 발견했다. 그래서 세이어스는 랑가나단을 크로이던 공공도서관에서 실습시켰을 뿐만 아니라 영국 내 100여 개 도서관들을 연구 시찰할 수 있도록 배려해주었다(Satija, 1992: 24). 그는 시찰한 도서관들 대부분이 지역사회 독서센터로서 역할을 하고 있고, 어린이·여성·노동자 등 모든 계층의 사람들에게 봉사하고 있다는 것을 발견했다. 그리고 소규모 지역의 주민들도 도서관 봉사를 받을 수 있도록 체계적으로 조직된 도서관망에 대해서 많은 관심을 가졌다. 도서관 시찰 후에는 그가 도서관에 대해 가졌던 태도가 상당히 변화되었으며, 그가 일생 동안 헌신해야 할 사회적 사명을 도서관에서 찾게 되었다(Gopinath, 1978: 61).

영국에서 9개월 동안 연구 겸 관찰을 마치고 명예사서자격증(honors

론(An Introduction to Library Classification)』, 1926년에 『분류법 편람(A Manual of Classification)』이라는 도서관 분류 분야의 주요 저서들을 남겼다.

certificate of librarianship)[8]을 받아서 1925년 7월에 귀국할 당시 랑가나단의 머리에는 새로운 생각들로 가득 차 있었다. 그는 지식을 처리하고 배포하는 기법을 과학적으로 다시 구축해야 할 뿐만 아니라 영국에 필적할 만한 봉사정신을 정립하고 인도를 위한 도서관 발전 계획을 마련하고자 했다. 그리고 앞으로 일생 동안 두 가지 일에 헌신하기로 결심했다. 첫째로는 영국과 같이 인도 국민들이 이용할 수 있는 공공도서관 시설을 확보하는 것이었고, 둘째로는 도서관학을 과학적인 방법으로 새롭게 연구·집필함으로써 학문명에 걸맞은 진정한 도서관학(library science)을 만들어 보겠다는 것이었다(Satija, 1992: 24). 결국 그는 도서관학을 단조로운 기술이 아닌 도서관에 관한 제 문제에 대해 학문적 방법과 해결을 가능케 하는 새로운 과학으로 성립시키기를 꿈꾸었던 것이다.

나는 전 세계에 속해 있다

랑가나단은 마드라스대학 도서관으로 돌아온 즉시 조직을 개편했다. 그는 더 많은 이용자들을 도서관으로 오게 하고, 이용자를 위한 봉사와 시설을 제공하는 데 가장 큰 관심을 기울였다. 랑가나단이 마드라스대학 도서관에 가져온 새로운 주요 변화들을 살펴보면 다음과 같다(Gopinath, 1978: 61; Sharma, 1986: 123~124).

① 1929년에 개가제로 변환했다. 이용자들이 스스로 도서관에서 필요한

---

8) 랑가나단은 비록 허락받은 결강이었으나 사서자격증(certificate of librarianship)을 취득하는 데 필요한 강의에 너무 많이 빠졌기에 명예사서자격증을 수여받았다(Current Biography, 1965: 28).

문헌을 직접 선택할 수 있는 새로운 환경을 만들어주었다.

② 마드라스 시에 있는 도서관들 간에 이루어지는 상호대차 시스템을 성공적으로 도입했다.

③ 도서관 연간 예산이 너무 적다는 것을 파악한 랑가나단은 마드라스 주정부에 더 많은 예산 배정을 요청하여 상당한 연간 보조금을 지원받았다. 랑가나단 재임 기간에 마드라스대학 도서관은 인도 도서관들 중에서 가장 많은 예산을 확보했다. 도서관 장서 수가 1925년에 3만 권이었는데, 예산이 증가함에 따라 랑가나단이 마드라스를 떠날 시점인 1944년에 이르러서는 12만 권으로 늘어났다.

④ 개관시간을 점진적으로 확장해 그 도서관은 1년 내내(일요일, 기타 공휴일 포함) 하루 13시간을 열었다.

⑤ 대학원생들을 위해 아주 적은 요금으로 '도서택배봉사(delivery of books in the homes of readers)'라는 새로운 봉사를 도입했다. 이 봉사는 많은 학생들로부터 호응을 받았다.

⑥ 참고봉사를 도입했다. 참고사서 다섯 명이 도서관 개관시간 동안 교수와 학생들에게 봉사했다.

⑦ 랑가나단은 도서관이 만인을 위한 자기교육(self-education)이라는 사명을 맡아야 한다고 여겼기 때문에 지역주민에게도 대학도서관을 개방했다.

그는 1924년부터 1944년까지 20년 동안 마드라스대학 도서관을 이용자를 위한 새로운 봉사를 실험하는 장으로 만들었으며, 외국인까지도 부러워할 만큼 가장 현대적인 도서관으로 탈바꿈시켰다.

1928년 1월에 랑가나단은 도서관 운동과 활동을 헌신적으로 할 수 있는 사람들이 필요해서 마드라스도서관협회(Madras Library Association)를 창립했다.[9] 랑가나단은 많은 사람들에게 도서관의 가치를 인식시키는 것을 가장 시급한 일로 여겼다. 그래서 그는 관료, 정치인, 학자들에게 도서관이 문화적 무지와 경제적 빈곤을 추방하는 데 절대적으로 필요한 기관이라고 강력히 주장했다. 그가 펼치는 도서관운동의 목적은 도서관의 가치를 인식시키고 인도를 독서하는 나라로 만드는 데 있었다. 그는 도서관운동을 남인도의 2/3에 해당되는 지역으로 확산시켰다. 그는 그 당시 심정을 다음과 같이 밝히고 있다.

지금 일상적인 방식으로 인도의 도서관 봉사를 발전시키기에는 너무 늦었다. 우리는 몇 단계를 뛰어넘어야 한다. 그렇게 해야만 도서관을 점진적으로 발전시켜 온 나라들을 능가할 수 있다.

1929년에는 능력 있는 사서들을 양성하기 위해 마드라스도서관협회의 도움으로 도서관학교를 설립했다. 랑가나단은 거의 15년 동안 이 학교 교장으로 있었다. 이 학교는 나중에 마드라스대학교로 넘어갔다. 이 학교 졸업생들은 지방, 지역, 전국, 국제적인 활동 분야에서 주도적인 역할을 했다(Gopinath, 1978: 62).

랑가나단은 이 대학도서관 재임 기간에 도서관학의 여러 분야에 걸쳐 연구해서 저서를 발간했다. 1931년『도서관학의 5법칙(Five Laws of Library Science)』을 발간한 이후로 1933년『콜론분류법(Colon Classification)』, 1934년『분류목록규칙(Classified Catalogue Code)』, 1935년『도서관경영(Library Administration)』을 집필하는 등 매년 한 권 이상을 꾸준히 발간했다.

랑가나단은 1924년부터 마드라스대학 도서관을 그만둔 1944년까지 20년 동안 주로 인도의 도서관과 도서관학 발전을 위해 사서로서, 도서관운동가로서, 교육자로서, 연구자로서 헌신적으로 일했다.

---

9) 랑가나단은 이 협회의 간사(1928~1948), 부회장(1948~1958), 회장(1958~)을 지냈다.

1945년에 랑가나단은 스스로 마드라스대학교의 도서관장직을 그만두었다. 이후 연구에만 몰두할 계획이었으나 델리대학교(Delhi University) 부학장인 과이어(Maurice Gwyer)와 바나라스힌두대학교(Ba naras Hindu University, 이하 BHU) 부학장인 라다크리슈난(S. Radhakri shnan, 1888~1975)[10]이 각각 자기 대학으로 오라고 요청했다. 랑가나단은 처음에는 델리대학교로 갈 생각이었는데, 라다크리슈난 박사가 워낙 간곡하게 부탁하는 바람에 바나라스힌두대학교로 옮겼다. BHU 도서관은 도서 정리가 제대로 되어 있지 않았으며, 장서도 주의 깊게 선정·구입되어 있지 않았는데 대부분이 기증도서였다. 랑가나단은 도서 10만여 권을 열심히 분류, 편목 작업을 했다. 또한 1945년에서 1947년까지 3년 동안 도서관학 학위과정을 지도했다.

1947년 과이어 부학장은 다시 랑가나단에게 델리대학교로 옮기도록 요청했다. 랑가나단은 도서관에 근무하지 않고 가르치고 연구만 하는 조건으로 이러한 요청을 받아들였다. 과이어 부학장은 그에게 필요한 모든 시설과 자금을 지원했으므로 랑가나단은 교육과 연구에만 집중할 수 있었다. 랑가나단 대신에 그의 훌륭한 제자인 굽타(S. Das Gupta) 교수가 델리대학교 도서관장에 임용되었다.

그는 1948년에 이 대학에 도서관학 석사과정과 박사과정을 개설했다. 이어서 학습 동아리와 연구 동아리 모임을 조직해 팀 연구를 본격적으로 시작했다. 매주 일요일마다 그의 집에서 연구 동아리 모임을 가졌다. 여기서 많은 새로운 사상과 혁신적인 성과가 나타났다(Satija, 1993b). 한편 대외적으로 1948년에 랑가나단은 인도도서관협회(Indian Library Association, 이하 ILA) 회장으로, 굽타는 간사로 선출되었다. 1949년에 ≪연보(Annals)≫,

---

10) 라다크리슈난은 바나라스힌두대학교의 부총장 이외에도 옥스퍼드대학교 등의 철학과 교수와 유네스코 집행위원회 위원장을 역임했다. 독립 후 소련 주재 인도대사를 거쳐 부통령(1952~1962)과 대통령(1962~1966)에 선임되었다.

≪회보(Bulletin)≫, ≪그란챠라야(Granthalaya)≫라는 3개 정기간행물을 합쳐서 *ABGILA*라는 ILA 기관지를 창간했다. 또한 델리대학교에 있을 때 랑가나단은 인도 도서관 시스템 개발을 위한 30년 계획보고서를 작성했으며, 1947년 인도표준연구소(Indian Standards Institution, ISI)의 도큐멘테이션위원회 설립, 1950년 델리공공도서관 설립, 1952년 인도국가과학도큐멘테이션센터(Indian National Scientific Documentation Center, 이하 INSDOC) 설립의 프로젝트에도 긴밀하게 참여했다.

이 외에도 랑가나단은 1948에 마드라스 공공도서관법이 제정되도록 많은 활동과 노력을 기울였다. 이 법은 인도에서 제일 먼저 제정된 공공도서관법이다. 이후 남인도 지역의 거의 모든 주에서 공공도서관법을 제정하게 되었다.

한편 랑가나단은 1948년부터 문헌정보학 분야 국제활동에 참여하기 시작했다. 특히 랑가나단은 국제문헌정보연맹(International Federation for Information and Documentation, 이하 FID) 활동에 적극 참여해 국제적 수준의 분류법 연구를 장려할 책임을 맡게 되었다. 그의 왕성한 활동과 통솔력을 인정받아 나중에 FID/CA(Committee on Classification Research: 분류연구위원회) 명예의장과 FID 부회장까지 되었다. 그는 1972년 사망할 때까지 FID/CA 활동에 지대한 공헌을 했다.

랑가나단은 힌두교의 범신론적인 우주관에 근거해서 1940년대 말부터 국제적인 성향을 지닌 인물로 변해가고 있었다. 랑가나단은 자신의 국제적인 활동에 대한 견해를 다음과 같이 밝히고 있다.

사서로서, 분류학자로서 나는 단지 어느 특정 국가에 속한 것이 아니라 전 세계에 속해 있다.

랑가나단은 1948년 영국문화원(British Council)의 초청으로 영국의 여러 도서관학과에서 강연을 했으며, 또한 뜻을 같이하는 지도급 연구자들과 함께 런던에 분류연구그룹(Classification Research Group)을 만들었다. 1950년에는 록펠러재단의 초청으로 미국을 방문해서 수많은 산업정보센터를 살펴볼 수 있었다.

1940년대에 접어들어서 랑가나단은 유럽과 미국의 도서관 견학, 해외 강연, UNESCO, FID 등의 국제기구와의 관계 등을 통하여 자신의 활동영역을 국제적인 무대로 확대시켜 나갔다.

랑가나단은 도서관학과와 도서관협회와는 별도로 대규모 국가조직으로 성장할 수 있는 또 다른 새로운 연구소들을 설립해 나가며 1954년까지 델리에 머물렀다. 이후에 그는 선진화된 사회의 정보 현황과 의식을 관찰하기 위해 스위스 취리히(Zurich)로 건너가 혼자 조용히 연구를 계속했다. 여기서 그의 대작 『도서관분류서설(Prolegomena to Library Classification)』을 집필했다. 그는 여러 국제 위원회와 회의에 참석하여 적극적으로 활동하고 유럽의 여러 도서관학과를 방문했다. 정기적으로 ≪도서관학 연보(Annals of Library Science)≫에 기고하면서 1957년까지 취리히에 머물렀다.

여러 저명한 과학자와 행정가들이 귀국하도록 요청하여 랑가나단은 1957년에 취리히를 떠나 방갈로르(Bangalore)로 갔다. 그는 혼자서 조용히 연구에 전념하길 원했으나 곧 방갈로르 시내와 주변에 있는 사서들이 지도를 받고자 그의 주변에 몰려들기 시작했다. 또한 1957년에 도서관학 발전을 위해 마드라스대학교에 두 번째 부인[11]의 이름을 따서 '사라다 랑가나단 도서관학 강좌'를 개설할 수 있도록 10만 루피(Rupee)를 기부했다.

랑가나단은 1962년에 인도통계국(Indian Statistical Institute)의 후원으로

---

11) 랑가나단은 일찍이 1907년 6월에 첫 번째 부인인 루크마니(Rukmani, 1896~1928)와 결혼했으나 그녀는 1928년에 세상을 떠났다. 이후 1929년에 사라다(Shrimathi Sarada Ranganathan)와 재혼하여 1932년에 독자인 요게스워(T. R. Yogeswar)를 얻었다. 랑가나단은 가정적으로도 화목한 생활을 했다.

도큐멘테이션연구·훈련센터(Documentation Research and Training Centre, 이하 DRTC)를 설립했는데, 이는 방갈로르에 있는 동안 가장 큰 업적으로 평가받고 있다. 이 센터의 주요 기능은 문헌정보학(library and information science)을 연구하고 교육시키는 데 중점을 두고 있다. 그는 이 센터의 초대 소장으로 임명되어 첫 번째 명예교수로서 봉직했다.

랑가나단의 탁월한 업적은 이미 국제적으로도 널리 인정되어 상당한 명성을 얻게 되었다. 1962년 그의 71회 생일을 기념하여 인도는 물론, 파키스탄을 비롯한 전 세계의 수많은 도서관학자들이 참여하여 방대하고도 훌륭한 두 권의 『랑가나단 기념논문집(Ranganathan Festschrift)』이 준비될 만큼 그의 학문적 성과는 대단한 것이었다(Kaula, 1965: 1967). 이후 그는 1964년에 피츠버그대학교(University of Pittsburgh)에서 명예 박사학위를 받았다. 또한 1965년에는 처음으로 인도의 도서관학 국가연구교수(National Research Professor)로 임명되는 영예를 안았다. 랑가나단은 인도 정부에서 부여한 아홉 번째의 국가연구교수로서 그 당시에 랑가나단 이외에 4명(물리학 2명, 법학 1명, 문학 및 어학 1명)이 더 있었다. 이로써 인도에서 도서관학이 물리학, 법학, 문학 등과 같이 전통과 권위 있는 학문의 반열에 오를 수 있었다.

랑가나단은 세상을 뜨기 2년 전인 1970년에는 미국도서관협회의 마거릿 맨 분류편목상(Margaret Mann Citation in Cataloging and Classification)을 받았고, 1972년 9월 27일 80세에 인도의 방갈로르에서 세상을 떠났다.

도서관학의 5법칙

인도의 도서관학 및 사서직은 랑가나단이 이 분야의 연구를 시작한 1925년부터 발전되기 시작했다. 그 이전에는 사서직은 기술만 익힌 사무직원으로 운영되고, 도서나 다른 형태의 자료들을 지키는 것으로 인식되어 있었다. 랑가나단은 사서직에 몸담아 처음 25년 동안은 혼자 연구하고, 그 다음 25년 동안은 팀 연구를 통해 이러한 상황을 변화시켰다.

랑가나단은 도서관학이 학문성을 정립하지 못하고 표류하던 20세기 초반에 자료 이용과 봉사 중심을 기본원리로 하는 '도서관학의 5법칙'을 1931년에 발표하여 전 세계 도서관학계의 주의를 끌었다. 랑가나단이 '도서관학의 5법칙'을 만들게 된 동기는 영국 유학 중 100여 개 도서관을 시찰한후 얻은 경험 때문이었다. 그는 각 도서관마다 운영방식, 봉사, 건물과 설비 등 다양한 부분에서 발전 수준이 다르다는 사실을 발견했다. 그의 과학적 사고방식으로는 이러한 상황을 당연한 것으로 받아들일 수가 없었다. 그래서 그는 모든 도서관에 공통적으로 적용시킬 수 있는 기본원칙이 필요하다는 것을 인식하고, 이를 향한 새로운 사색활동을 시작했다.

랑가나단은 1925년부터 생각을 하기 시작했으나 1928년까지 이를 고안해 내지 못하고 그 작업에 대한 심적 압박감만 더해가고 있었다. 그런데 1928년 어느 날 저녁 그의 수학 지도교수였던 로스 교수가 찾아와 이 문제와 관련해서 대화를 나누던 중에 "책은 이용하기 위한 것이다. 이것이 첫째 법칙이야"라는 말을 들었다. 이러한 로스 교수의 직관 덕분에 제1법칙이 정립된 후 다른 법칙들은 자동적으로 분명해지게 되었다.

그 결과 1931년에 랑가나단은 자신의 첫 번째 저서인『도서관학의 5법칙(The Five Laws of Library Science)』을 발행하게 되었다. 주요 내용을 살펴보면 다음과 같다(Ranganathan, 1957; 매슈스, 1990: 81~83).

제1법칙: 책은 이용하기 위한 것이다

제1법칙 '책은 이용하기 위한 것이다(Books are for use)'는 도서관에서 단순히 장서를 소장한다는 사실이 그 궁극적인 목표가 될 수 없다는 점을 분명히 지적하고 있다. 장서가 방대하다 할지라도 이용자에게 활용되지 않는다면 무용지물이기 때문에 도서는 이용자로 하여금 읽게 하기 위한 목적으로 수집되어야 한다는 것이다. 즉, 도서의 이용을 강조한 것이라 할 수 있다. 도서관의 광대함이란 도서관이 소장하고 있는 도서가 얼마만큼 많은가 하는 사실뿐만 아니라 도서를 얼마만큼 이용하는가에 달려있다. 그러므로 사서는 이용자가 도서관에 자유로이 오도록 동기를 제공해야 하고 도서관에서 수집해 놓은 도서를 활용시켜야 한다는 것이다. 이를 위해 도서관의 장서관리 기능, 위치, 개관시간, 비품, 규정, 홍보활동, 도서관 직원 등은 모두 도서 이용의 최대화라는 하나의 성과로 귀결해야 한다는 것이다.

제2법칙: 모든 독자에게 그의 책을

제2법칙 '모든 독자에게 그의 책을(Every reader his book)'은 사서직의 궁극적인 철학을 나타내고 있으며, 도서관이 어떠한 도서를 구입해야 하는가를 밝히고 있다. 이는 도서관이 그 이용자의 요구에 정통해야 함을 의미한다. 이 제2법칙은 도서관의 이용자가 요구하리라고 생각되는 모든 도서를 장서로 소장해야 한다는 사실을 강조하고 있다. 사서와 도서선정을 담당한 직원은 이용자가 관심을 가지고 있는 주제 분야에 대해서 알고 있어야 한다. 도서는 모든 계층의 독자, 예컨대 어린이·여성·노동자·빈민·장애인·초보적인 독자로부터 학식이 있는 독자에 이르기까지 모든 종류의 독자를 감안하여 받아들여져야 한다. 따라서 제2법칙은 독자의 속성(성별, 연령, 직업, 지리적 위치, 교육수준 등)을 연구해 모든 독자에게 적합한 자료를 제공해야 할 필요성을 사서에게 일깨워주는 것이다. 또한 랑가나단은 모든 독자에게 적합한 도서관 봉사를 제공하기 위해서는 적절한 정부의 지원이 있어야 한다는 것을 인식하고 있었다.

제3법칙: 모든 책은 그의 독자에게

제3법칙 '모든 책은 그의 독자에게(Every book its reader)'는 궁극적으로 책은 독자를 위한 것이지 서고를 채우기 위한 것은 아니라는 사실을 지적하고 있다. 도서는 스스로 이용자의 손에 들어갈 수 없으므로 독자와 도서를 접근시켜 주는 일은 사서의 임무이다. 그러므로 사서는 항상 독자와 도서를 효율적으로 접근시켜 주는 방법을 찾아야 한다. 이를 위해 사서는 도서관에 있는 모든 도서가 이용되는지를 살펴보아서 이용되지 않고 관심이 표명되지 않은 채 놓여있는 도서에 독자의 관심을 끌도록 주의를 경주해야 한다는 것이다. 또한 잠재적인 독자에게 신간서의 입수를 알리는 것과 신간서 전시 등 신간도서에 대한 신속한 홍보활동과 올바른 편목 및 개가제 역시 도서이용을 크게 도울 수 있다는 것이다. 다음 제3법칙과 다음의 제4법칙은 도서관 봉사의 중요한 성격을 나타내고 있다.

제4법칙: 독자의 시간을 절약하라

제4법칙 '독자의 시간을 절약하라(Save the time of the reader)'는 사서가 이용자의 시간을 절약하는 방법을 마련하여 최소한 1회라도 도서관을 방문한 이용자를 잃지 않아야 한다는 것이다. 이는 개가제를 통해 이용자 스스로 책을 고를 수 있게 해주고, 참고사서가 개인적인 독자지원을 신속하게 해줌으로써 이루어질 수 있다. 랑가나단은 독자가 책을 신속하게 찾을 수 있도록 책은 분류순(즉, 청구기호순)으로 배열되어야 하며, 도서관의 목록은 도서의 이용을 진작하고, 독자가 찾고자 하는 책을 찾는 데 도움을 주어야 하고, 독자의 시간을 절약하는 데 도움이 되도록 구성되어야 한다고 말했다. 이 외에도 분류법, 색인과 서지, 신속한 대출 시스템, 올바른 서가상의 배열 등은 모두 독자의 시간을 절약하는 데 중요한 역할을 한다고 생각했다.

제5법칙: 도서관은 성장하는 유기체이다

제5법칙 '도서관은 성장하는 유기체이다(Library is a growing organism)'는 도서관의 장래, 미래에 대한 신념을 밝힌 것이고 도서관의 유기체적인 성격을 표현한 것이다. 도서관은 엄격히 생물학적인 견지에서 볼 때 유기체는 아니지만 유추해본 것으로 도서관은 도서관 봉사를 제공하는 지역사회의 한 기관이란 관점에서 볼 때 인간의 활동과 생활에 밀접하게 연관된 하나의 살아 있는 기구이다. 장서 규모, 이용자 수, 도서관 직원 수가 계속해서 성장하기 때문에 도서관의 계획은 이러한 성장을 고려하여 세워야 한다는 것이다.

이러한 '도서관학의 5법칙'은 그의 기본적인 도서관 철학의 토대를 이루는 것으로써, 자신의 많은 서적의 모든 단계에 걸쳐 이를 적용하고 있다. 이 5법칙을 바탕으로 개가제, 분류순 배열, 분류목록, 참고봉사와 같은 근대 도서관 업무가 시작되었던 것이다. 팔머(B. I. Palmer)는 이 5법칙을 "사서직의 존재이유를 간결하게 나타낸 성명서"라고 했다. 그러나 '도서관학의 5법칙'은 도서관학의 과학적 기본법칙이라기보다는 당시의 사회사조를 반영하여 함축적으로 표현한 사서직의 규범이나 도서관의 이념 및 운영원칙에 더 근접하고 있다는 평을 받았다. 이러한 비판에 따라 랑가나단은 그의 다섯 가지 법칙이 규범적 원칙인 동시에 과학적인 법칙이기도 하다는 사실을 입증하고자 1957년에 제2판을 발행했다.

독자(이용자)중심 사상을 담고 있는 '도서관학의 5법칙'은 오늘날에도 여전히 도서관 실무의 규범이나 봉사원칙으로서 그 가치를 인정받고 있다.

분류편목법에 대한 공헌

분류표 설계와 분류이론 개발에 대한 랑가나단의 탐구는 영국 유학 중이었던 1924년에 시작되었다. 랑가나단은 그 당시 널리 이용되고 있던 십진분류법이 새로운 주제를 수용하는 데 한계가 있어 이에 불만을 가지게 되었다. 새로운 방식의 분류법을 찾아야 된다는 정신적인 압박감을 느끼는 중에 그는 우연히 런던의 셀프리지(Selfridge) 가게를 방문했는데, 그 가게 점원이 메카노(Meccano) 세트12)를 이용하여 순열과 조합 방식으로 서로 다른 새로운 장난감을 만드는 장면을 목격했다. 이때 랑가나단은 자료분류에도 순열과 조합이라는 메카노 원리를 적용하면 간단한 분류표와 보조표 및 지시기호로도 주제의 다면적 기호화가 가능하다는 착상을 하게 되었다. 그래서 분석합성형 분류법(Analytico-Synthetic Classification)이라는 새로운 방식으로 된 콜론분류법(Colon Classification, 이하 CC)이 탄생하게 된 것이다(Gopinath, 1978: 67~68).

이러한 분석적 사고는 1925년 중반에 CC 초안으로 구체화되었다. 1925년 6월 귀국항해 도중에 마드라스대학 도서관의 책자목록을 시험 분류한 랑가나단은 마드라스에 도착한 후 초안을 보강하여 1925~ 1932년까지 입수된 약 3만 권의 도서를 분류하고 연구를 계속한 결과, 자신이 구상하고 있는 분류표가 대단히 유용하다는 사실을 발견하고 1927년에 예비표를 작성했다. 그리고 1925~1931년에는 이용자들의 반응을 조사하여 표를 수정한 다음, 1933년에 CC 초판을 발행했다.

1933년에 발행된 CC 초판은 26개의 기본주제로 구성되었으며, 구체적으로 수학·물리학·공학·화학 등의 자연과학(A~M), 예술·문학·어학·종교·철학 등의 인문학(N~S), 교육·지리·역사·정치학·경제학·법률 등의 사회과학(T~Z)의 순서로 배열했다. 보조표는 공통세목, 지역구분, 연대구분, 언어구분 등 4개로 구성했으며, 기호법은 알파벳 대문자(I, O는 제외)와 소문자(i, l, o는 제외), 아라비아 숫자(0은 제외), 콜론기호로 이루어진 혼합기호법을 사용했다. 그리고 특수구분표는 콜론구분표, 지리구분표, 연대구분표, 근친구분기호(favoured category device), 고전구분표(classic device), 알파벳순구분표, 주제구분표, 편향구분표(bias number device) 등 8개를 사용했다.

---

12) 구멍 난 받침, 막대, 바퀴, 나사와 나사못 등 12개의 부품으로 구성된 장난감 세트.

CC 초판이 1933년에 간행된 이후 1987년에 7판까지 간행되었다. 1939년에 간행된 제2판은 초판에서 누락된 주제를 추가했고, 처음으로 다섯 가지의 패싯, 즉 개성(personality)·물질(matter)·에너지(energy)·공간(space)·시간(time)을 분류의 기본범주로 채택함으로써 복합주제의 기호화가 가능한 역동적 분류이론을 제시했다. 제3판(1950)은 기본범주를 지식의 기본 패싯으로 확정했고, 각각의 기본주제 아래에 패싯 공식을 설정했으며, 1951년에는 분석과 합성의 분류작업을 착상단계(idea plane), 언어단계(verbal plane), 기호단계(notational plane)로 개념화시켰다. 제4판(1952)은 패싯공식의 고정성을 제거할 목적으로 임의의 패싯 개념을 개발함으로써 패싯 순서가 분류원리에 따라 자유자재로 이루어지는 자유조합식 분류표로 전환되었다. 또한 전판에서는 패싯 간의 연결기호로 콜론(:)만 사용했으나 개성 패싯(P)은 콤마(comma, ,) 물질 패싯(M)은 세미콜론(semi-colon, ;), 에너지 패싯(E)은 콜론(colon, :), 공간 패싯(S)과 시간 패싯(T)은 도트(dot, .)를 사용했다. 제5판(1957)에서는 기본주제가 39개로 대폭 증가했으며, 인도의 지역구분에 많은 변화가 있었다.

1960년에 발간된 제6판은 1963년에 부분적으로 수정되어 재출판되었다. 기본주제가 47개로 증가되는 동시에 교육, 핵물리학과 핵공학 등의 일부 주제가 개정되었고, 전판들에서 기본주제의 명칭으로 사용되었던 그리스 문자를 알파벳 대문자로 대치했다. 그리고 패싯 분석과 조합은 일련의 공리(postulates)에 근거해야 한다는 측면에서 3단계의 분류과정(착상단계, 언어단계, 기호단계)에 대하여 각각 일련의 공리를 설정함으로써 기본범주를 적용하는 이론적 토대가 마련되었다. 이 공리들은 CC에서 패싯 분석과 패싯 배열을 통제하는 이론적 기반이다.

마지막으로 제7판은 1971년에 간행될 예정이었으나 1987년 8월 12일(랑가나단의 95회 생일)에 발간되었다. 본표만 출판하고 색인은 간행되지 않은 미완성 분류표이지만, 기본주제가 776개로 세분 전개됨으로써 학문의 분화와 증가를 잘 반영하고 있다. 본표는 공통세목과 특수세목, 공통구분표, 지시기호, 패싯 공식 등에서 많은 변화가 이루어졌으며, 전판에 비하여 규칙이 간결하게 정리되었고 공통구분과 조기성 기호법의 수가 많아지고 다양해졌다(윤희윤, 2001: 149~152).

세라(J. H. Shera)는 "랑가나단이 분류에 미친 위대한 공헌과 당대 사람들보다 앞선 사고는 물리적인 책을 분류의 구성단위로 삼는 것에 대한 맹목적 거절이며, 사고단위에서 주제단위로의 대체를 의미한다"라고 논평했다. 이처럼 CC는 열거형 분류와는 달리 주제의 구성요소를 특정한 특성계열로 분석한 다음, 일정한 형식으로 합성하는 분석합성형 구조로서 주제 간의 계층관계나 지식의 분화과정은 물론, 관련 주제 간의 결합력이 우수하여 분류학에 크게 기여한 분류법으로 평가되고 있다(김태수, 2000: 180).

편목 분야에서 랑가나단의 첫 번째 주요 공헌은 1935년에 발행된『분류목록규칙(Classtified Catalogue Code, 이하 CCC)』을 구상한 것이었다. 아마 이것은 최초의 포괄적인 분류목록규칙으로서, 세계에서 최초로 가장 효과적이고 논리적이고 실용적이고 완벽한 분류목록이었다. 오늘날 인도국가서지(Indian National Bibliography)는 이 분류목록규칙에 근거하고 있다.

CCC가 발간된 이후에 랑가나단은 편목이론 개발에 관심을 가졌다. 1934년에서 1937년에 이르는 동안에 학생, 동료, 랑가나단이 함께 CCC의 일부 규칙들을 비판적으로 논의했는데, 이 과정에서 어떤 규범적인 목록원칙이 생성되었다. 이것은 5법칙과 밀접한 관계가 있었지만, 독자적인 편목 이론과 실제를 관장하는 규범적인 원칙이었으며, 이를 바탕으로 1938년『도서관목록이론(Theory of Library Catalogue)』이 발간되었다.

랑가나단이 창안한 연쇄색인법(chain indexing)은 널리 인정받고 있는 공헌으로서 마드라스대학 도서관에서 실험적으로 사용되다가 1951년부터 1970년까지 영국국가서지(British National Bibliography, 이하 BNB)의 주제색인을 위해 사용되었다(윤구호, 1983: 14~15).

연쇄색인법은 분류기호를 통해 문헌의 주제를 주제명 표목으로 확보하기 위한 기법으로서(Kumar and Parameswaran, 1998: 13), 기본적으로 분류법에 기초하여 분류목록의 주제색인을 작성하기 위한 것이다(Ranganthan, 1964: 287~289). 그 근거는 문헌의 주제를 분석하고 그 결과를 분류기호와 색인어로 변환한다는 점에서 실제로 분류와 색인과정은 동일하며 이와 같은 과정을 공유하기 때문에 색인과정에서는 주제 분석과 주제의 구조를 결정하는 과정을 생략할 수 있다는 점이 이 연쇄색인법의 개발배경이다.

일반적으로 분류체계는 주제의 특수한 구조형태를 반영한 것으로 특수한 관점에서 주제에 접근하는 것을 지원한다. 그러나 이와 상이한 구조형으로도 주제에 접근할 수 있다. 이를 위해 연쇄색인에서는 주제의 구성용어 중 표목의 순서를 달리한 색인표목을 제시한다. 즉, 분류는 연쇄색인법에 따라 제시된 색인표목에 의해 보완되며 이로 인해 지식의 구조화에 분류와 목록이 공생관계를 가지게 되었으며, 주제색인의 이론적 기반을 제시한 점에서 의미를 지닌다(김태수, 2001: 375).

사서와 도서관의 미래를 내다보며

랑가나단은 1926년 마드라스대학 도서관에 '장기(長期) 참고봉사(long range reference service)'라는 새로운 확대된 봉사 개념을 도입했다. 이 형태의 참고봉사는 훌륭한 도서관 분류목록과 출판된 서지들로 구성된 대규모 장서가 지원되어야 성공적으로 수행될 수 있다는 것이었다. 전임 참고사서 5명과 랑가나단 자신도 이용자들에게 참고봉사를 제공하며 365일, 하루에 13시간씩 참고봉사를 수행했다(Ranganathan, 1961: 39). 랑가나단은 독자에게 참고봉사를 효과적으로 제공하는 것을 모든 사서직의 목적, 본질로 인식했다. 그는 참고봉사를 개별적인 방식으로 독자와 문헌 사이를 연결시켜 주는 과정이며, 도서관의 사회적인 목적을 충족시키기 위한 기본적인 수단이라고 정의하고 있다(Ranganathan, 1961: 383~384).

랑가나단은 참고사서가 특정 교육과 집중적인 경험이 없이는 참고봉사를 수행할 수 없다고 생각하여 마드라스대학 도서관의 참고사서들에게 특정한 훈련을 받도록 했다. 랑가나단은 참고봉사를 도서관학의 5법칙과 연결시켜 논의하고 있으며, 참고사서를 교육시키는 데 도제식 강의, 워크숍, 참고자료를 활용한 예비업무, 토론과 같은 방법을 사용해야 한다고 밝히고 있다(Ranganathan, 1961: 53~60; Sharma, 1986: 146). 또한 그는 참고사서가 모든 참고도서의 특성과 도서관 자체목록을 포함한 서지류에 대해 완벽한 지식을 가지고 있어야 한다고 말하면서 서지교육의 중요성을 강조했다. 아울러 참고사서는 지적 능력과 함께 풍부한 직감(flair)을 가져야 한다고 했다(Ranganathan, 1961: 173). 그는 도서관에서 컴퓨터 사용을 장려했으며 참고사서가 프로그래머로서 역할을 가질 것이며, 조만간 이용자의 서지 온라인 탐색이 이루어질 것이라고 예측했다.

랑가나단은 참고과정(reference process)을 미국의 참고봉사 분야 연구자들처럼 몇 단계로 구분하는 방식을 취하지 않고 이 과정에 포함되어 있는 지적이고 도덕적이고 감정적인 요소들을 전체적으로 통합해서 인식했다. 차펠(Marcia H. Chappell)은 미국의 참고봉사 분야 연구자들에 비해 랑가나단이 참고봉사를 두 가지 측면에서 좀 더 폭넓은 시각을 가지고 인식하고 있다고 했다(Chappell, 1976: 378~ 387).

첫째, 정신적·윤리적 세계관 속에서 참고봉사의 기능을 언급하고 있다. 랑가나단은 참고봉사의 역할이 지역사회의 사회적·지적 복지에 중요한 공헌을 하며, 아울러 참고과정에서는 사서와 이용자 사이에 일어나는 개인적인 상호작용의 질에 중점을 두어야 한다고 밝히고 있다. 랑가나단의 정신세계에 깊숙이 자리 잡고 있는 힌두이즘의 우주적·윤리적·형이상학적인 세계관이 이와 같이 그의 참고봉사에 대한 사상에도 그대로 반영되어 있다. 랑가나단이 참고사서로서 도서관 실무를 시작하는 졸업생에게 해주는 다음의 권고도 베다에 있는 몇 구절을 비유한 것이다(Ranganathan, 1961: 177).

- 독자는 사서에게 최고(의 존재)이다.
- 독자의 말을 주의 깊게 경청하고 정성껏 봉사하라.
- 독자에게 사서가 가지고 있는 모든 지적 능력을 발휘해서 봉사하라.
- 독자에게 명성이나 자아로부터 완전히 자유롭고 겸손한 태도로 봉사하라.
- 독자에게 도서관학의 5법칙에 반하지 않는 범위 내에서 충분히 봉사하라.
- 독자에게 봉사를 제공하기 위해 최대한 많은 지식과 정보를 수집하라.

둘째, 랑가나단은 분석합성형 분류표를 참고봉사의 주요 부분으로 인식하고, 독자가 기록된 지식체와 융통성 있게 상호 작용할 수 있도록 참고사서가 도움을 줄 때 이 분석합성형 분류표를 일차적인 도구로 사용해야 한다고 했다.

랑가나단은 인도 행정가들에게 도서관에서 참고봉사의 중요성을 확신시키는 데 성공했으며, 도서관 경영자들은 그의 참고봉사에 대한 사상을 받아들였다. 그 결과 현재 인도에서 훌륭하다고 평가받고 있는 대학도서관들이 대부분 참고봉사 부서와 이용자에게 봉사하는 참고사서를 두게 되었다. 또한 랑가나단에게 참고봉사를 배운 사서들은 참고봉사를 도서관 전문직의 본질로 인식했으며, 훌륭한 참고봉사를 제공하기 위해 "독자가 도움을 요청하는 처음 그 순간부터 모든 문헌을 얻은 마지막 순간까지(Ranganathan, 1961: 53)" 모든 이용자의 요구를 관리해야 한다는 것을 실천했다(Sharma, 1986: 146~147).

랑가나단은 1940년에 『참고봉사와 서지(Reference Services and Bibliography)』라는 참고봉사에 관한 최초의 도서를 발간했으며, 1960년에 제2판을 발행했다. 이 책에 포함되어 있는 수많은 사례연구와 이론들은 그가 직접 참고봉사를 활발하게 수행할 때 수집된 것이다. 참고봉사에 대한 랑가나단의 사상은 인도에서 수용되어 오늘날에 이르기까지 실무에 적용되고 있다.

1925년에 마드라스대학 도서관에서 경영을 맡았던 랑가나단은 도서관의 일상 업무를 합리적으로 분석하기 시작했다. 분석 후 도서관 업무를 1,000여 개 정도로 나눌 수 있었다. 그는 『도서관경영』이라는 저서에 이와 같은 각각의 일상 업무에 대해 기술하고 있는데, 이 책 내용은 마드라스대학 도서관의 일상 업무를 간소화하는 데 도움을 주었다. 랑가나단의 도서관경영과 관리 이론에 따르면, 도서관경영자는 다음과 같은 업무 요소들을 명심해야 한다.

- 기획(planning)
- 직무분석(job analysis)
- 일상업무(routine)
- 낭비의 제거(elimination of waste)
- 상관관계(correlation)
- 시간계획(time scheme)
- 양식과 명부(forms and registers)
- 대응 파일과 레코드(correspondence files and records)

랑가나단은 도서관 관리를 산업관리와 동일한 방식으로 바라보아야 한다고 제안했다. 그는 예산, 예산 통제, 비용 회계(cost accounting), 비용 통제(cost control)와 같은 개념들이 산업관리에서와 마찬가지로 도서관 관리에서 중요하다는 것을 지적했다. 도서관의 다양한 부서들의 배치, 인사관리, 직무분석, 임금구조 등은 상당한 분석이 필요하다고 주장했다. 그는 도서관 업무의 시간과 동작 연구에 관한 몇몇 연구를 시도했고 도서관 절차에 통계학과 운영연구(OR)를 적용한 'Librametry'라는 새로운 개념을 개발했다 (Gopinath, 1993).

랑가나단은 성공적인 경영자가 되기 위해서는 최고의 정확성, 최대의 신속성과 경제성이 달성될 수 있도록 계획하고 조정해야만 한다고 했다. 랑가나단은 도서관들의 의미 있는 경영 수량을 측정하기 위하여 효과적인 척도를 개발했다. 그는 이러한 척도를 스스로 도서관 경영에 적용했으며, 사서와 도서관에 관한 그의 결정은 거의 실패하지 않았다.

그는 도서관 내에서 사서들 간의 협력에 대해 설교했으며, 부서장이 도서관장과 같은 통솔력을 가지기를 요구했다. 랑가나단의 성공적인 경영은 그가 모든 사서들과 공유한 자신의 원칙에 근거한다. 이러한 원칙은 도서관의 관리 및 경영 방식을 개선하려는 다양한 관종의 사서들에 의해 채택되어 그들 도서관을 개선하는 데 많은 도움을 주었다.

랑가나단은 인도 사서들이 영국으로 유학을 가는 것보다는 인도에서 사서직 교육을 받아야 한다고 생각했다. 그래서 그는 그 당시 인도에서 미개척 분야였던 사서직 교육 분야에 투신했다. 1929년에 인도 최초의 도서관학교인 '도서관학여름학교(Summer School of Library Science)'를 창립했다. 이 도서관학교는 마드라스도서관협회의 도움으로 2년 동안 유지되다가 마드라스대학교로 옮겨졌다.

그 당시 인도는 바로다(Baroda)와 라호르(Lahore)[13]에 도서관 교육시설이 몇 개 있었으나 이 시설들은 일시적인 것이라 전문적인 교육을 하기에는 부적합했다. 이 시설들은 학위를 수여하는 것이 아니라 단순히 도제식 훈련 프로그램이었다. 따라서 랑가나단이 마드라스에 설립한 도서관학교는 진정한 의미의 인도 최초의 사서직 교육이라고 할 수 있다.

---

13) 라호르는 현재 파키스탄 영토에 속한다.

설립 초기에는 3개월 기간의 수료과정으로 대학 사서에게만 입학이 허용되었으나 정착된 이후에는 다른 관종의 사서에게도 개방되었다. 1937년에 랑가나단은 3개월 수료과정을 1년 도서관학 대학원 학위과정으로 전환하는 데 성공했다. 그는 1929년에서 1944년까지 마드라스대학교의 도서관학과 학과장으로 있었다. 이 기간에 그는 인도의 전문직 사서들을 위한 교육을 포함해 새로운 아이디어를 많이 개발하고 창안했다. 도서관학과는 랑가나단이 그의 도서관학에 대한 사상을 가르치고, 이에 대한 학생들의 반응을 연구하는 하나의 실험장이었다. 또한 마드라스대학 도서관은 독자의 반응을 보고 그의 사상이 실무에서 얼마나 효율성을 가지는가를 시험하는 또 다른 실험실이었다. 이를 통해 그는 도서관 봉사와 도서관학의 제 분야에 대한 주요 사상의 대부분을 형성하고 개선했다. 일부 학생들은 랑가나단의 사상을 각각의 업무 분야 실무에 적용하고 널리 알렸다. 이러한 요인들은 인도 사서직 교육의 발전에 영향을 미쳤고 마드라스대학교의 도서관학과가 다른 인도 도서관학교에 미친 영향은 매우 중요한 것이었다.

랑가나단은 1947년에서 1955년까지 델리대학 도서관에 근무하면서 그 대학교의 도서관학과 학과장으로 있었다. 그는 노력을 기울여 도서관학 석사 및 박사 학위과정을 개설했고 델리대학교는 인도에서 도서관학 고등 학위과정을 제공하는 최초의 기관이 되었다. 이것은 인도에서 도서관학이 다른 학문 분야와 동등한 학문 분야로 인식되는 계기를 마련했다. 또한 랑가나단은 전임 교수가 배치되어 있는 독립된 도서관학과를 생각했다.

한편 랑가나단은 고등교육에서 도큐멘테이션의 중요성을 인식했으며, 그의 이러한 사상은 1951년 델리에 INSDOC라는 도큐멘테이션센터를 설립하게 되었다. 위대한 사상을 가진 교육자 랑가나단은 항상 인도의 사서직 교육과 도서관의 미래를 내다보았다. 그는 심층분류법, 서지통정, 정보검색, 색인, 초록 등과 같은 과제들을 해결하기 위해 도큐멘테이션 분야의 고등교육을 제공하는 기관을 설립하기를 원했으며, 마침내 1962년에 방갈로르에 DRTC를 성공적으로 설립했다. 그는 1972년 사망할 때까지 DRTC의 소장과 도서관학 명예교수를 겸임했다. DRTC는 우수한 도큐멘테이션 전문가를 배출하고 있으며, 연구와 출판 분야에서도 매우 두드러진 활동을 하고 있는 세계적으로 유명한 기관이 되었다.

1960년에 도서관학검토위원회(Library Science Review Committee)와 도서관학교과과정위원회(Library Science Courses Committee)의 위원장이었던 랑가나단은 인도 사서의 전문직 교육을 위한 고등교육 기준을 마련해야 할 책임을 맡았다. 그는 여러 대학들에 적용할 도서관학 교과과정을 위한 모형을 마련했고 도서관학 학사 및 석사학위를 위한 교과과정을 마련함으로써 사서직 교육체계가 통일성을 가지게 되었다.

랑가나단은 인도 사서들이 전문직이 되기 전에 이론과 함께 실무도 배우기를 원했다. 또한 그는 도서관학과의 모든 교원들이 학생들에게 수준 높은 교육을 제공하기를 원했다. 그는 자신이 그러했듯이 모든 교원, 사서, 학생들이 스스로 연구, 저술, 출판에 몰두하고 그들의 사상을 다른 사람들과 공유하는 것을 장려했다. 그는 언제나 학생, 동료 연구자를 지도하고 도와줄 준비가 되어 있었다. 그의 노력, 지도, 통솔력, 열정적인 연구 활동은 인도 사서직 교육을 유아기에서 성인기로 성장·발전시켰다(Kaula, 1965: 554).

시대를 앞서간 도서관학 교육자

랑가나단은 사서직 교육 분야에서 활동하는 다른 많은 교육자들보다 여러 부분에서 앞서갔다. 실례를 하나 들어보면 그는 1967년에 DRTC와 INSDOC에서 사서를 위한 컴퓨터 교과목을 도입했다. 그 당시에는 구미(歐美) 도서관학교들에서도 컴퓨터 정보검색 교과목 도입은 기획 단계에 머물러있었다. 또한 그는 컴퓨터에 대한 지나친 의존과 컴퓨터의 활용으로 사서와 정보학자들의 모든 문제를 해결할 것이라는 단순한 사고에 대해 경고했다. 이러한 그의 선견지명과 직관력 덕택에 오늘날 도서관학 교육 수준만큼은 인도가 전 세계에서 상당한 위치를 차지하고 있다(Sharma, 1986: 153~154).

랑가나단은 수학 교수로 활동할 시절부터 새로운 교수법을 시도하여 학생들에게 많은 호응을 받았다. 한 학급당 수많은 학생들이 배정되어 있었지만 그는 학생들이 개별지도 수업을 받을 수 있도록 여러 팀으로 나누었으며, 그 당시에 만연되어 있었던 교사 중심적이고 필기 위주의 수업 대신에 학생들이 스스로 도서를 이용해서 학습하도록 한 도서관 중심 교수법을 채택했다(Gopinath, 1978: 59~60). 그의 수업은 노트를 사용하지 않고 토론 방식으로 이루어졌으며, 학생들이 스스로 사고해서 토론에 참여하도록 했다. 그는 학생들이 타고난 교육자라 부를 만큼 교육자로서 훌륭한 자질을 가지고 있었다. 랑가나단은 매우 친절하고 온화했기 때문에 많은 학생과 제자의 존경을 받았다. 그러나 자신의 원칙에 대해서는 강력한 신념을 가지고 있었으며 그것이 문제가 된다고 생각할 경우에는 상당히 완고했다(매슈스, 1990: 78).

랑가나단은 매우 검소하고 절약하는 생활을 했다. 그는 1956년에 일생 동안 저축한 돈을 '사라다 랑가나단 도서관학 강좌' 개설을 위해 마드라스 대학교에 기부했으며, 1961년[14]에는 도서관학 분야의 연구활동을 지속적으로 지원할 수 있도록 '사라다 랑가나단 도서관학 기금(Sarada Ranganathan Endowment for Library Science)'을 창설했다. 그는 인도 사서직 교육에 헌신

---

14) 사라다 랑가나단 도서관학 기금의 창설연도는 문헌에 따라 약간씩 차이를 보인다. Gopinath(1978: 65)와 Sharma(1986: 129)는 각각 1961년, Current Biography (1965: 30)에는 1962년, DRTC와 Dudley(1974: 39)는 각각 1963년에 창설되었다고 밝히고 있다.

적인 사랑과 노력을 기울였으며 인도의 랑가나단 제자들과 후학들은 그의 도서관학 교육에 대한 사상과 열정을 이어나가고 있다. 1992년에 랑가나단 탄생 100주년 축하를 범세계적인 행사로 성대히 개최하는 것을 보면 그가 인도 도서관학에 끼친 영향력이 얼마나 대단한 것인지를 알 수 있다.

이론 연구의 학자로, 실천의 운동가로

랑가나단은 일생 동안 수학 교수, 대학도서관장, 도서관학 교수, 분류학자 등의 여러 경력을 거치면서 1972년 9월 27일, 80세로 세상을 떠나기 전까지 여러 분야에 걸쳐 저서 60여 권, 연구논문 2,000여 편을 남겼다(Satija, 1992: 25).

이와 같이 랑가나단은 지칠 줄 모르는 연구자이자 저술가였다. 아마 이 것은 랑가나단이 도서관학을 과학적인 방법으로 새롭게 연구·집필함으로써 진정한 도서관학을 만들어보겠다는 자신의 필생의 사명을 이루어낸 결과라 할 수 있을 것이다. 그는 스스로가 부지런한 연구자였을 뿐만 아니라, 다른 사람들도 마찬가지로 헌신적이기를 바랐다(매슈스, 1990: 78).

랑가나단의 주요 저서들을 살펴보면 〈표 1-7〉과 같다(DRTC). 그는 본인이 저술한 모든 책들은 하나의 단일체를 이루고 있으며, 각각의 책은 거대한 책 한 권에 속해 있는 장(chapter)과 같다고 밝히고 있다. 랑가나단의 여러 분야의 연구 중에서 특히 분류편목 분야에서의 공헌은 주목할 만하다. 랑가나단이 창안한 콜론분류법15)은 인도를 제외하고는 도서관에서 실제

---

15) CC는 분류규정이 자주 변경되고 기호 시스템이 복잡하며, 용어가 난해하기 때문에 인도를 제외한 국가에서는 거의 채택하지 않고 있다. 인도의 경우도 1982~1983년 조사에서는 CC를 사용하는 도서관이 27.5%(DDC 52%, UDC 12%, LCC 0.8%, 기타 7.7%)에 불과했다. 최근의 경향은 DRTC와 뉴델리의 자와하르랄네루대학 도서관(Jawaharlal Nehru

<표 1-7> 랑가나단의 주요 저서

주제	도서명
일반	『도서관학의 5법칙(Five Laws of Library Science, 1931)』 『여가를 위한 교육(Education for Leisure, 1945)』 『도서관학개론(Preface to Library Science, 1948)』 『만인을 위한 도서관 봉사(Library Service for All, 1965)』
도서관 조직화 · 시스템	『표준 도서관법(Model Library Act, 1935)』 『인도의 전후 도서관 재건(Post-War Reconstruction of Libraries in India, 1944)』 『국가도서관 시스템: 인도를 위한 계획(National Library System: A Plan for India, 1946)』 『인도 도서관개발계획(Library Development Plan for India, 1950)』 『도서관법령, 마드라스 도서관법 편람(Library Legislation, A Handbook to Madras Library Act, 1953)』 『국가의 교육과 도서관 시스템(Education and Library System of the Nation, 1971)』
도서 선택	『도서관 도서선택(Library Book Selection, 1952)』
분류	『콜론분류법(Colon Classification, 1933)』 『도서관분류법 서설(Prolegomena to Library Classification, 1937)』 『도서관분류법: 원리와 절차(Library Classification: Fundamentals & Procedures, 1944)』 『도서관분류법의 요소(Elements of Library Classification, 1945)』 『분류법과 국제 도규멘테이션(Classification and International Documentation, 1948)』 『검색을 위한 분류, 부호화, 장치(Classification, Coding and Machinery for Search, 1950)』
편목	『분류목록규칙(Classified Catalogue Code, 1934)』 『사전체목록규칙(Dictionary Catalogue Code, 1945)』
도서관 경영	『도서관경영(Library Administration, 1935)』 『도서관조직(Library Organization, 1946)』 『도서관편람(Library Manual, 1951)』

※ 상세한 사항은 부록 참조, 연도는 초판 발행연도임.

로 많이 채택되고 있지는 않지만, 그 분류법과 색인 이론은 전 세계적으로 많은 공헌을 했다(Garfield, 1984b: 45).

University Library)에서 제7판을 사용하고 있으며, 마드라스대학 도서관과 노동성을 위시한 약 2,500여 개관에서 사용하고 있다. 국외의 경우는 영국의 2개관 및 스웨덴의 1개관이 채용하고 있다(Satija, 1986).

<표 1-8> 랑가나단의 정기간행물 창간 및 편집활동

연도	활동
1937~1947	≪현대 도서관(Modern Librarian)≫ 편집위원
1939~1944	마드라스도서관협회의 ≪회보(Memoirs)≫ 운영자
1947	≪인도 사서(Indian Librarian)≫ 편집위원
1949~1953	인도도서관협회의 ≪아브길라(Abgila)≫ 창간, 편집장
1951	≪리브리(Libri)≫ 부편집장
1956~1963	INSDOC의 ≪도서관학 연보(Annals of Library Science)≫ 창간, 편집장
1959	≪아메리칸 도큐멘테이션(American Documentation)≫ 편집위원
1965~1972	≪도큐멘테이션 성향의 도서관학(Library Science with a Slant to Documentation)≫ 창간, 편집장

이러한 패싯분류법은 LISA(Library and Information Science Abstracts)에도 채택되는 등 다양하게 활용되고 있으며, 색인 이론도 오늘날까지 정보검색 분야에서 많이 응용되고 있다. 이러한 공헌을 기념해 그의 사후에 FID/랑가나단 분류연구상(Classification Research Ranganathan Award)이 제정되었는데, 오스틴(Derek Austin)이 BNB의 주제색인을 위해 적용된 색인법인 PRECIS(PReserved Context Indexing System)에 관한 연구로 1976년 9월에 첫 수상자가 되었다.

한편 랑가나단은 여러 정기간행물의 창간 및 편집활동에도 활발히 참여했는데, 이를 살펴보면 <표 1-8>과 같다(DRTC; Dudley, 1974: 33~40; Gopinath, 1978: 81).

랑가나단은 인도에서 도서관운동가로도 불리고 있다. 이것은 그가 일생 동안 인도 사회에서 도서관을 통해 대중을 무지와 빈곤에서 벗어나게 하려는 운동에 헌신한 공헌을 인정받은 것이며, 이론을 연구하는 학자의 역할에 머물러있었던 것이 아니라 그의 도서관 사상을 바탕으로 실천을 한 운동가였기 때문이다.

랑가나단은 많은 사람들에게 도서관의 가치를 인식시키는 것을 가장 시급한 일로 여겼다. 그래서 그는 도서관이 문화적 무지와 경제적 빈곤을 추방하는 데 절대적으로 필요한 기관이라고 강력히 주장했다. 그가 펼치는 도서관운동의 목적은 도서관의 가치를 인식시키고 인도를 독서하는 나라로 만드는 데 있었다. 그는 이러한 목적을 달성하기 위해서는 법률에 근거한 공공도서관망을 구축하는 것이 필요하다고 인식하고 이를 위해 노력했다. 이러한 랑가나단의 이상이 인도에서 현실화되기까지는 수십 년이라는 기간이 걸렸다. 거의 50년이 지난 후에야 공공도서관망이 남인도 지역에 매우 널리 퍼져있는 것을 알 수 있다. 랑가나단이 뿌린 씨앗이 거의 50년 동안 자라서 현재 결실을 맺고 있는 것이다. 또한 그는 도서관 입법에도 관심을 가지고 있었으며, 각종의 법안과 개발계획, 인도도서관협회의 각종 규정을 작성했다. 랑가나단의 이러한 노력의 결실이 서서히 나타나 1948년 마드라스 주에 도서관법이 제정된 이래로 현재 인도의 9개 주에 도서관법이 제정되어 있다.

도서관은 독자를 위해 존재한다

랑가나단의 도서관 사상은 그의 부모와 교사들이 전해준 인도의 문학 및 종교, 로스 교수에게서 받은 수학 및 과학적 사고방식, 세이어스 교수에게 지도받은 도서관학 지식과 도서관 실무 및 견학 경험에서 형성되었다. 그는 이를 바탕으로 일생 동안 헌신적으로 인도 도서관운동, 도서관학 연구 및 교육 활동을 수행했다.

랑가나단은 '도서관학의 5법칙'을 제창하여 도서관 실무의 규범적 원칙을 제시한 도서관 철학자였다. 그는 도서관학이 학문성을 정립하지 못하고 표류하던 20세기 초반에 독자 중심을 기본원리로 하는 '도서관학의 5법칙'을 발표했다. 이 5법칙은 그 당시뿐만 아니라 오늘날에도 여전히 도서관 실무의 규범이나 봉사원칙으로서 가치를 인정받고 있다.

랑가나단은 독창적인 분류이론을 정립한 세계적인 분류이론의 대가였다. 주제의 구성요소를 특정한 특성계열로 분석한 다음, 이를 일정한 형식으로 합성하는 분석합성형 분류법(패싯분류법)이라는 새로운 방식으로 된 콜론분류법을 창안했다. 콜론분류표는 인도를 제외하고는 도서관에서 실제로 많이 채택되고 있지는 않지만 그 분류법과 연쇄색인법은 전 세계적으로 정보검색 분야에서 많은 공헌을 하고 있다.

랑가나단은 인도 최초로 도서관학교를 창설한 인도 도서관학 교육의 선구자였다. 그는 그 당시 인도에서 미개척 분야였던 도서관학 교육 분야에 투신하여 인도 최초의 도서관학교인 '도서관학여름학교' 창립, 도큐멘테이션 전문가 양성기관인 DRTC 창립 등 선구적인 교육 활동을 펼쳐 인도 도서관학 교육을 성장·발전시켰다.

랑가나단은 대학도서관장으로서의 혁신적인 도서관 경영을 한 탁월한 도서관 경영자였으며, 또한 도서관협회(마드라스도서관협회, 인도도서관협회 등) 창설과 법률에 근거한 공공도서관망 설치를 위해 일생을 바친 도서관운동가였다.

랑가나단은 1972년 9월 27일 타계할 때까지 약 2,000여 편의 논문과 60여 권의 저서를 발표한 도서관학 저술가였다. 그는 지칠 줄 모르는 연구자이자 다작가였다.

랑가나단의 도서관 사상의 핵심은 도서관은 독자(이용자)를 위해 존재한다는 '독자(이용자) 중심' 사상에 있었다(Gupta, 1999). 그는 진정한 도서관 철학자, 세계적인 분류이론의 대가, 인도 도서관학 교육의 선구자, 도서관 운동가, 도서관학 저술가였다.

6

도 서 관 학 의 개 척 자

듀이

박명규* · 이성숙**

    멜빌 듀이(Melvil Dewey)는 오늘날 칭찬과 비판을 동시에 받는 드문 도서
관 사상가다. 듀이는 도서관학 교육을 시작했고, 듀이십진분류법(Dewey
Decimal Classification, 이하 DDC)을 창안했으며, 미국도서관협회(American
Library Association, 이하 ALA)를 창설하는 등 많은 업적을 남겼다. 그래서 듀
이는 도서관의 모든 분야에서 개척자로서 기억되고 있고, 그의 영향은 미
국뿐 아니라 전 세계에 미치고 있다. 다른 한편으로 그의 지나친 기술 중심
의 도서관학 교육 사상과 실천은 학문으로서의 도서관학의 철학과 이론의
결핍을 초래했다는 비판을 받아왔다.[1]

* Seoul Foreign School 사서교사, 연세대학교 문학박사.

** 충남대학교 문헌정보학과 강사, 연세대학교 문학박사.

1)   듀이의 생애와 업적에 관한 전반적인 내용은 W. Wiegand의 저서 『타고난 개혁자: 멜빌
    듀이 전기(Impressible Reformer: a Biography of Melvil Dewey)』(1996)와 오구라 치카오
    (小倉親雄), 『美國圖書館思想의 研究: Melvil Dewey의 思想과 그 業績』, 朴熙永 옮김(1990)
    을 참고했다.

일생을 교육에 바칠 것을 결정하다

듀이는 1851년 12월 10일 미국 뉴욕 주의 서북쪽 끝, 제퍼슨 카운티(Jefferson County)의 아담스 센터(Adams Center)에서 조엘(Joel)과 엘리자 그린 듀이(Eliza Green Dewey)의 둘째 아들로 태어났다.[2]

듀이가 태어난 아담스 센터는 적극적인 복음주의 침례교도들이 많았는데, 그들은 19세기 중반까지는 개인 구원에 관심을 가졌지만, 중반 이후부터는 사회문제에 더 많은 관심을 두기 시작했다. 그들은 천박함, 유행, 카드놀이, 춤, 신성모독, 노예제도, 흡연 등을 반대했으며, 열렬한 금욕주의자이고, 매우 애국적이었다.

듀이는 "나의 부모님은 동네에서 가장 열심히 일하는 것으로 유명했고, 우리 집은 방문자들의 수로 볼 때 작은 시골 호텔 같았다"라고 회상했다(Wiegand, 1996a: 7). 동시대에 살았던 사람들은 어머니 엘리자 듀이를 강인한 성격의 소유자이며 강한 종교적 신념을 가지고 있었다고 기억했고, 듀이 자신도 어머니는 그 어떤 것도 두려워하지 않았다고 기억했다. 그의 아버지는 매우 열심히 일했고, 특히 지역 정치에 관심이 많았으며 그가 관여하는 것에는 항상 전심전력을 다 하는 사람이었다.

듀이의 가정은 중류층으로, 그의 부모는 듀이에게 음주와 흡연을 멀리하는 금욕적 생활, 교회나 가정에서 도덕적 개혁을 추구하는 생활, 사회적 책임을 다하는 생활, 겸손함 등을 어려서부터 가르쳤다. 또한 열심히 일하는 것을 강조하고 신분이나 성공에 적절하다고 여겨지는 품위 있는 사회적 기준에 순종하도록 했다.

---

2) 듀이의 본명은 'Melville Louis Kossuth Dewey'이다. 듀이는 평생 동안 철자법 개혁에 상당한 관심을 기울였고, 자신의 이름도 'Melvil Dewey'로 사용했으며, 심지어는 'Dui'로 사용하기도 했다(http://www.oclc.org/dewey/about/biography.htm).

이런 가르침은 듀이에게 '도덕적이며 의지가 강한 인격'을 확립하도록 했다. 듀이는 어려서부터 자기의 신념에 따라 행동하려는 의지와 용기가 있었다. 낮에는 학교에서 지냈으며 저녁은 아버지의 상점에서 일을 하거나, 혼자서 공부를 하거나, 혹은 기도 모임에 갔다. 듀이는 어릴 때는 대학 교수가 되고자 했고, 14세 때에는 선교사나 목사가 되려고 생각했다.

1867년 4월 듀이가 16세 때에 뉴욕 주의 교사자격증 오리엔테이션에 참가했는데, 한 행정관이 듀이에게 그해 여름에 근처 학교에서 가르치는 데 동의한다면 임시자격증을 주겠다고 제안했다. 듀이는 이 제의를 받아들이지 않았지만 그로 인해 교육에 대한 관심을 갖기 시작했다. 그는 교육이야말로 정신을 개혁하는 가장 적절한 도구가 될 수 있을지도 모른다고 생각하기 시작했다. 그해 6월 그는 헝거포드학교(Hungerford Collegiate Institute)3)를 방문하게 되었고, 12월부터 헝거포드에서 수업을 받았다.

듀이는 1868년 겨울, 교실 화재 시 될 수 있는 한 많은 책을 옮기려다 심한 감기에 걸렸고, 2년을 더 살기 어렵다는 진단을 받았다. 어린 나이에 죽음에 직면했던 경험으로 인하여 듀이는 시간의 효율적인 이용과 미래에 대해 지대한 관심을 갖게 되었다. 듀이는 신이 자신에게 준 제한된 시간 속에서 인류에게 이롭다고 여겨지는 것들을 될 수 있는 한 많이 하려는 열망을 갖게 되었다. 그러나 무엇을 위해 자신의 일생을 헌신할 것인지는 아직 구체적으로 결정하지 못했다.

다행히 듀이의 건강은 회복되어, 1869년 18세 때 그의 가족은 오니다(Oneida)로 이사를 했고, 듀이는 늦겨울 오니다학교(Oneida Institute)에 입학하여 봄 학기를 일등으로 마쳤다. 그해 11월 그는 "나는 내 일생을 교육에 바칠 것을 결정했다. 나는 대중을 위해 좀 더 높은 교육을 시작할 수 있기를 바란다"라는 중대한 결정을 했다(Wiegand, 1996a: 12).

---

3) 19세기 뉴욕 주에서 중등학교 기능을 한 학교 중 하나이다.

듀이는 알프레드학교(Alfred Institute)에서 봄 학기만을 보내고, 1870년 10월 앰허스트대학(Amherst College)에 진학했다. 1821년에 창설된 앰허스트대학은 정통 기독교 학교로 연구나 지적인 탐구보다는 선교사나 목사를 배출하기 위한 훈련 수양에 더 많은 관심을 가진 학교였다. 듀이는 앰허스트대학에서 1874년 학사학위를, 1877년에는 석사학위를 취득했고, 1902년에는 시라큐스대학(Syracuse University)과 알프레드대학(Alfred University)에서 명예 박사학위를 받았다.

듀이는 2학년을 마칠 즈음에, 자신의 일생 동안 개혁 열정을 불태울 네 가지 소명을 찾았다.

첫째는 미터법에 의한 도량형의 단일화이다. 그는 1871년 4월, 보스턴 도량형국(Office of Boston's Sealer and Weights and Measures)을 방문하고 상당히 깊은 인상을 받아 도량형의 단일화가 절실히 필요하다는 것을 느꼈다.

둘째는 언어에 있어서 '규칙성'에 의한 영어 철자법의 개혁이다. 듀이는 영어의 철자법이 너무 불규칙하여 앵글로색슨계가 아닌 사람들은 배우기가 너무 힘들다고 생각했다.

셋째는 속기법의 사용이다. 1873년 22세 때 듀이는 가장 좋은 속기법과 노트작성법으로 '린슬리의 테키그라피(Lindsley's Tachigraphy)'(Lindsley, 1864)를 선택하고 일기나 편지 초고 등에 자주 사용했다. 미터법과 철자법 개혁, 속기법 사용 등은 듀이의 단순함과 시간의 효율적 사용에 대한 집착을 충족시켜 주었다.

넷째가 교육인데, 이것이야말로 그가 평생 동안 노력을 쏟은 분야이다. 듀이는 자신의 인생을 무엇에 바칠 것인가를 최종적으로 결정하면서, 선교사의 길 대신에 '모든 성인을 위한 평생교육'에 투신하기로 결심한다.

듀이가 구상한 '모든 성인을 위한 평생교육'을 이해하려면 1872년의 미국 교육, 특히 뉴욕 주의 교육상황을 알 필요가 있다. 그 당시는 복잡한 도량형 단위와 어려운 철자법 등에 기초하여 기본적인 읽기, 쓰기, 산수 정도를 가르치는 소규모의 초등학교와, 대학에 들어갈 준비를 하는 중등학교가 있었다. 듀이의 눈에는 대부분의 미국인들이 초등학교에서 기본적인 영어와 산수를 배운 후에는 바로 취업을 하고, 그 후로는 자신의 발전을 위한 교육은 중단하는 것으로 비쳤다.

여기서 그가 특별히 관심을 가진 것은 '좋은 독서'를 할 기회가 제한되었다는 것이었다. 듀이에게 독서력이란 인쇄물에서부터 의미를 찾는 것으로 교육의 궁극적인 초석이었다. 사람들이 초등교육의 기반 위에 자신들의 능력에 따라 비정규적인 교육을 축적해 나간다면 사람들의 생활은 상당히 개선될 수 있으며 이러한 비정규적인 교육의 가장 좋은 도구는 좋은 책들로 가득 찬 무료 공공도서관(Free Public Library)이라고 생각했다. 그는 학교, 교회, 공공도서관, 이 세 개의 기관이 교육을 이끌어나갈 수 있다고 생각했고 결국 이상세계를 구현하기 위한 '무료 공공도서관을 통한 가정교육'[4]에 자신의 생애를 헌신하기로 결정한다. 듀이에게 도서관은 인류 이상세계의 구현을 위한 기관이었다.

1872년 10월 그는 앰허스트대학 도서관에서 일하기 시작했다. 그 당시이 도서관은 비록 하루에 참고봉사를 위하여 다섯 시간, 대출반납을 위하여 한 시간 열었지만 거의 이용되지 않고 있었다. 그러나 듀이는 이를 넘어서 대중을 교육할 수 있는 잠재력을 보았다. 그는 도서관에 대한 문헌들을 체계적으로 읽기 시작했고 이를 기록해 두었다. 특히, '영국 공공도서관의 정신적 아버지', '공공도서관 운동의 개척자'라고 추앙되고 있는 에드워드 에드워즈(Edward Edwards, 1812~1886)의 저서 『도서관의 기록(Memoirs of Libraries)』의 영향으로 공공도서관의 중요성을 다시 한 번 확신하게 되었

---

4) 듀이의 '도서관을 통한 가정교육'에서 도서관은 누구나 갈 수 있고 무료로 운영되는 공공도서관이며, 가정교육(home education)은 민중교육(popular education)과 보편적교육(universal education) 등과 혼용하여 사용했다. 듀이가 언급하고 있는 가정교육은 지금의 성인교육(adult education), 평생교육(lifelong/continuing education)의 개념이다.

고, 쥬위트(Charles C. Jewett)의『독립 서명별 목록 정형화 계획(A Plan for Stereotyping Catalogues by Seperate Titles and for Forming a General Stereotyped Catalogue of Public Libraries in the United States)』를 읽고 일반적인 목록을 작성해보려는 마음이 생겼다. 또한 보스턴공공도서관, 보스턴학술회(Boston Athenaeum), 그리고 하버드대학 도서관들을 방문하여, 당시의 도서관을 직접 경험해 보았다.

듀이는 대학생활 동안 대중을 교육하는 것에 대한 지대한 관심을 보였으며, 특히 교육에서의 낭비를 최소화하기 위하여 미터법, 단순화된 철자법, 속기법, 그리고 1872년 12월 이후에는 무료 공공도서관에 관심을 가졌다. 1874년 7월, 듀이는 무료 공공도서관을 더욱 효율적으로 만들어서 그 이용을 늘리고 대중을 교육하는 데 제자리를 찾게 할 수 있다고 확신하는 분류법의 골격을 마련했다.

1874년 7월 9일, 듀이는 중간 정도의 성적으로 대학을 졸업했는데, 이 66명의 졸업생들은 모두 백인 남자들로 앵글로색슨 계통 개신교 신자들이었다. 즉, 유태인도, 천주교 신자도, 여자도, 흑인이나 그 밖의 어떤 소수 인종도 없는 집단이었다. 이러한 그의 대학 시절의 환경은 그가 앵글로색슨주의(Anglo-Sexonism)에 빠지는 원인 중 하나가 되었다. 앰허스트대학을 졸업한다는 것은 그 당시 뉴욕 북부지역 중류층으로서 상당한 성과를 이룬 것이었다. 졸업 후 듀이는 앰허스트대학 도서관의 사서(assistant librarian)로서의 임시직을 수락했다(Wiegand, 1996a: 25).

앰허스트에서 레이크 플레시드까지

앰허스트대학에서 듀이는 새로운 분류법을 창안하는 데 많은 시간을 사용했고, 1875년 11월 말쯤에는 이를 완성하여 인쇄할 준비가 되었다. 1876

년에는 십진분류법이 공포되었고, 앰허스트대학 도서관 소장 장서를 자신이 만든 십진분류법에 의해 새롭게 배가했다.

듀이는 강사 수준의 봉급인 900달러에 사서로 정식 채용되어, 앰허스트대학 도서관의 개선을 위해 다양한 노력을 했으며, 8,000권 정도의 기부도서를 정리하면서, 도서관 장서에 이미 가지고 있는 복본을 팔아 그 돈을 자신이 갖겠다고 제안했다.

듀이의 제안은 받아들여졌고, 1875년 12월 듀이는 복본들을 팔러 보스턴으로 갔다. 거기서 그는 교육자료 회사를 설립한 긴(Edwin Ginn)을 만나 자신의 대중교육에 대한 열정과 철자법, 미터법 개혁, 그리고 공공도서관의 역할 등에 대해 이야기하고, 이 모든 개혁이 교육자료와 도구들의 잠재시장을 만들어낼 것이라고 주장했다. 긴은 듀이의 십진분류표 중 남은 것들을 모두 사겠다고 제안했고 앞으로도 이의 출판을 담당하겠다고 약속했다. 또한 그의 회사 안에 '미터법전담부서(metric department)'를 두고 듀이가 이를 관장하는 데 동의했다.

또한 긴은 듀이가 자신과 함께 일할 것을 제안했고, 듀이는 그 제안을 받아들였다. 앰허스트대학 도서관에서는 듀이가 떠나지 않기를 원했지만 듀이는 자신의 후임으로 동급생이었던 월터 S. 비스코(Walter S. Biscoe)를 추천했다(Wiegand, 1996a: 25~33).

1876년 듀이가 이사한 보스턴은 미국에서 가장 좋은 교육 시스템과 도서관을 가지고 있어서 소위 '세계적인 큰일'을 하기에 아주 적합한 환경을 가지고 있었다. 듀이는 DDC에 대한 강의와 보급에 계속 관심을 기울였다. 특히 듀이는 보스턴 시절 그가 '공공도서관을 통한 평생교육'을 위해 구상했던 많은 일들에 자신이 할 수 있는 한 최선의 노력을 경주했다. 한꺼번에 많은 일들을 추진했고 관여했지만, 어느 일 하나 소홀히 하지 않았고 모든 일에 중추적 역할을 했다.

보스턴에서 듀이는 ALA의 창설에 적극적으로 관여하여, ALA의 서기장이 되었고, ALA의 기관지이며 최초의 도서관 관련 연속간행물인 ≪아메리칸 라이브러리 저널(American Library Journal)≫의 편집에 바빴고, 동시에 철자법개혁협회, 미국미터법사무소에서 무보수로 서기장 일을 했다. 또한 도서관 비품 회사인 라이브러리 뷰로(Library Bureau)를 설립했다.

듀이는 1877년 9월 첫 번째 ALA 연례회의 후, 영국도서관협회(Library Association)를 결성하게 될 영국사서회의에 참석하기 위하여 런던행 배를 탔다. 그는 그곳에서 웰슬리대학(Wellesley College) 최초의 사서인 애니 갓프리(Annie Godfrey)를 만났고, 1878년 10월 19일에 결혼했다. 애니는 1850년 2월 11일, 매우 독실한 기독교적인 가정에서 태어났고 듀이와 마찬가지로 교육과 도서관의 중요성을 인식하고 있어서 듀이의 개혁의지에 든든한 동반자가 되었다. 애니는 결혼 후 하버드대학의 사서가 되었고, Poole's Index 작성에 많은 시간을 보냈다.

1883년 3월 미터법보급회에서 알고 지내던 컬럼비아대학(Columbia College) 학장 바너드(Frederick Augustus Porter Barnard, 1809~1889)는 듀이에게 대학도서관을 맡아줄 것을 요청했다. 듀이는 바너드 총장의 제안을 받아들여 컬럼비아대학의 도서관장직을 수락하고 뉴욕으로 돌아왔다(Wiegand, 1996a: 76).

듀이는 처음에 한 학교에 자신을 옭매이는 것과 학교 측에서 제시한 연봉 3,500달러가 너무 적기 때문에 — 그 당시 전임교수(senior faculty)의 평균 봉급은 5,000달러임 — 마음이 내키지 않았다. 그러나 그는 효율적으로 운영되는 도서관이 얼마나 교육적으로 가치 있는지를 전 세상에 보여줄 수 있는 기회라고 생각하여 컬럼비아대학 도서관 관장직을 수락했다.

듀이는 1883년 6월 컬럼비아대학 도서관의 관장으로서 새 건물에서 일을 시작했다. 그는 도서관의 관리와 장서의 운영에 대한 모든 규칙을 정비하고 성문화했다. 그는 수서예산을 두 배로 늘려 장서의 확보에 노력했고, 모든 장서에 대한 체계적이고 다양한 목록을 작성했다. 그가 컬럼비아대학을 떠날 때는 재임 초기보다 장서가 3배로 증가했고, 10만 권의 장서와 500종의 정기간행물에 대한 목록이 작성되었다(Wiegand, 1996a: 108).

듀이는 인건비 예산을 4배 늘려서, 우수한 도서관 직원을 채용했다. 특히, 듀이는 사서직에 여성들이 기여할 바가 크다고 생각하고, 컬럼비아대학 도서관에 여성 사서를 채용했다. 듀이는 여성을 고용함으로써 적은 임금으로 높은 수준의 직원을 채용하는 사서직의 새로운 고용형태 모형을 만들었다. 듀이는 컬럼비아대학에 여성 사서를 채용하면서, 여성을 채용하거나 입학시킨 사례가 없던 컬럼비아대학 이사회와 갈등을 빚었다.

또한 도서관 이용 활성화를 위한 다양한 방법을 강구했다. 열람실을 만들어 200개의 좌석을 정비했고, 1885년에는 참고업무를 전담하는 2명의 담당 직원을 두도록 했으며, 이용자의 요구가 있으면 이용자의 책상에 책을 직접 갖다 주는 방법도 채택했다. 또 학년 초에는 매년 신입생에 대한 도서관 및 도서의 이용교육을 실시했다. 듀이는 목록, 분류 등의 기술부 업무뿐만 아니라 건물, 설비, 비품, 난방, 환기, 조명 등에 대해서도 세밀하게 신경을 써서 이용자를 위한 적절한 환경과 편의를 보장하도록 했다. 또한 도서선택 정책을 수립했으며 뉴욕 시의 사서들이 협동하여 일하도록 권장했다. 이런 시도는 나중에 미국 대학도서관의 전형이 되었다.

듀이는 1876년 십진법을 출판한 이후에도 분류법 문제를 소홀히 하지 않았다. 듀이는 그동안의 경험을 토대로 DDC를 개정하고 제2판을 출판했다. 이런 그의 노력은 학생과 교수 모두에게 좋은 반응을 얻었지만, 교수들에게 벌금을 부과하는 등 듀이의 독단적인 규칙과 예산 사용에 대해서 명쾌한 보고를 하지 않는 점 때문에 그의 도서관 경영에 대한 불만이 싹트기 시작했다. 또한 듀이의 지나친 열심과 참을성 없는 성격, 타협할 줄 모르는 성격은 인간관계에 나쁜 영향을 주어 불만과 갈등을 고조시켰다. 특히 자신이 관여했던 도서관 비품 회사인 라이브러리 뷰로에서 도서관과 관련된 일들을 처리하고 출판하도록 한 것은 더 많은 적을 만들었다.

1887년 9월 듀이가 ALA 회의에 참석하고 있을 때 갓프리 듀이(Godfrey Dewey)가 태어났고, ALA는 갓프리를 'ALA 아이(ALA baby)'라고 명명했다.

컬럼비아대학 시절에 듀이는 미국뿐만 아니라 전 세계에서 처음으로 도서관학교를 설립했다. 1884년 5월 바너드 학장은 도서관위원회의 승인을 받은 듀이의 계획을 이사회에 제출했다. 이사회는 이 도서관학교가 학교에 아무런 재정적 부담을 주지 않는 조건으로 이를 승인했다. 1886년 봄 듀이는 이 학교에 대한 안내서에서 도서관학교의 교과과정은 '매우 실제적'일 것이라고 밝히고, 여성들의 지원을 적극 장려했다.

여성의 입학 허가 문제로 듀이와 대학 이사회의 갈등은 더욱 심화되었다. 왜냐하면, 컬럼비아대학은 그때까지 정규과정에서 여성의 입학을 허용하지 않은 상황이었다. 대학 이사회는 여성의 입학을 인정하지 않기로 했으나 듀이는 바너드 학장의 승인만을 받은 상태에서 이미 20명의 학생을 받아들였고(이 중 17명이 여성임), 1887년 1월 5일에 개교할 것을 결정했다. 듀이는 비록 대학 이사회가 지금은 자기의 생각을 반대하지만, 도서관학교가 성공하면 자신이 옳았다는 것을 알게 되리라고 믿었다. 그러나 듀이의 이런 독단적인 행동으로 대학 이사회는 도서관학교에 어떠한 협조도 하지 않았고 듀이의 개혁적인 모든 제안을 받아들이지 않았다.

듀이는 매우 독특한 교수였다. 한 학생은 "듀이는 교실에 들어와서는 곧바로 수업을 시작했다. 그리고 앞뒤로 왔다 갔다 하면서 분당 180단어를 말하는 속도로 강의했고,[5] 학생들은 무서운 속도로 필기를 했다"라고 기억했다.

1888년 11월 5일 대학 이사회는 듀이에게 도서관장직 퇴직을 요구했다. 듀이가 컬럼비아를 떠나게 된 이유는 듀이가 대학의 내규를 여겼다는 이유도 있었지만, 컬럼비아대학이 대학(College)에서 대학교(University)로 힘

---

5)   실제로 몇 학생이 세어보았다고 한다.

들게 옮겨가는 과정과 맞물렸기 때문이다. 12월 20일 듀이는 사직서를 제출하고, 이사회는 1889년 1월 7일 이를 수락했으며, 2월 4일에는 도서관학교의 올바니(Albany) 이전을 공식적으로 승인했다. 4월 1일 도서관학교는 마지막 수업을 하고 창시자를 따라 올바니로 옮겨가게 되었다.

1889년 1월 1일 듀이는 뉴욕주립대학평의회(Board of Regents)의 사무국 서기장 겸 주립도서관장으로 공식발령이 났다. 듀이는 무엇보다도 먼저 뉴욕 주의 교육에 관심을 기울였다. 그의 노력으로 1889년 대학평의회의 기능강화에 대한 법이 통과되었고, 1892년에는 도서관을 포함하여 고등교육과 관련된 법을 개정하고 강화하여 「대학법(University Law)」이 통과되었다. 이 당시 고등교육은 대학평의회 관할이었고 초등교육은 공교육부(Department of Public Instruction)의 책임이었다. 그런데 이 두 기관의 통합에 대한 의견이 제안되었고, 이런 상황에서 두 기관은 서로의 이익을 위해 첨예하게 대립하고 있었다. 듀이는 11년 동안 대학평의회의 서기장으로 지내면서 대학평의회를 대표해서 첨예한 대립의 한가운데에 있었고, 이런 와중에 많은 비난을 받았다.

듀이는 맡고 있는 협회들의 일, 십진법 개정, 도서관학교 재설립, 라이브러리 뷰로 운영 등을 감당하면서 뉴욕 주에 제안한 새로운 프로그램들을 유지하는 역할을 해야 했다. 또한 듀이는 뉴욕주립도서관 관장으로서의 책임도 지고 있었다. 그러나 이 역할들은 듀이에게 그의 행정적인 능력을 과시함과 동시에, 도서관이 교육에 핵심적인 역할을 할 수 있다는 그의 이상을 나타낼 수 있는 기회를 주었다. 그러기 위해서는 훈련된 사서, 도서관에 대한 지원과 이의 중요성에 대한 인식이 필요했다. 이를 위하여 도서관학교를 올바니로 옮겼고 도서관에 대한 주정부의 지원을 요청했으며 이동도서관을 시작했고, 양서 목록을 될 수 있는 한 많이 출판하여 배포했다. 또한 주립도서관에서는 참고봉사를 시작했고, 맹인들을 위한 특수 집서, 의료 집서, 필사본, 여성도서관, 어린이도서관 등을 개발했다.

듀이는 대학평의회와 공교육부 사이에서 자신의 노력이 뉴욕 주의 교육에 궁극적인 발전에 아무런 도움을 주지 않는다고 판단하고, 1899년 12월 22일 서기장의 자리에서 사임하고 주립도서관 관장직만 유지하겠다는 편지를 대학평의회에 제출했고 이는 받아들여졌다.

듀이가 평의회의 서기장직을 사임한 뒤에도, 교육통합에 대한 논쟁은 계속되어 1904년 「통합법(Unification Act)」이 통과되었고 주의 모든 교육활동이 주교육부(State Education Department)로 통합되었다. 그 장관으로는 1886년부터 1892년까지 공교육부의 감독관이었던 드레이퍼(Andrew S. Draper)가 일리노이대학 총장으로 있다가 발탁되었다. 듀이와 드레이퍼는 평의회와 공교육부 시절 많이 부딪혔기 때문에 드레이퍼는 주교육부의 장관으로 온 후 듀이를 지원하지 않았고, 연례보고서에서 듀이의 주립도서관 운영을 비판했다. 듀이는 1905년 9월 주립도서관 관장직을 사임했고, 1905년 12월 4일 뉴욕주립도서관학교장직도 사임하여, 1906년 1월 1일 날짜로 공식적으로 물러났다.

듀이가 사임을 하게 된 이유는 여러 가지가 있는데 라이더(Fremont Rider)가 지적했듯이 듀이는 대학평의회 의장을 맡은 직후부터 11년 동안 줄곧 크고 작은 알력을 겪었다. 주의회, 주지사 사무실, 또는 평의회 의원들과 불편한 관계를 겪었다. 그런 문제들은 도서관학교의 교과서 선정 문제처럼 대부분은 사소한 것들이었으나 항상 신문의 헤드라인을 장식했다. 또한 듀이가 창설한 레이크 플레시드 클럽(Lake Placid Club)에서의 반유대주의 때문에 듀이의 사직 탄원서가 접수되었다. 듀이에게는 청문회 기회가 주어졌고 여기에서 그는 레이크 플레시드 클럽은 회원의 자격에 대하여 규칙을 정할 자유가 있는 사적인 클럽이고, 그 규칙은 자신이 소속되어 있지 않은 이사회에서 정한다고 항변했다. 그러나 1905년 2월 15일 평의회 회의에서 의원들은 만장일치로 그러한 사적인 사업을 관장하는 것은 그의 지위에 법적인 자격과 일치하지 않는다는 결정을 내렸다. 듀이는 레이크 플레시드 클럽과 그의 도서관직 사이에서 선택을 해야만 했다. 그는 결국 1905년 9월 21일 54세의 나이로 그해 말 모든 도서관직 활동에서 물러나기로 결정했다(Wiegand, 1996a: 311).

듀이는 모든 공직에서 은퇴한 뒤, 자신의 이상세계를 구현하기 위한 레이크 플레시드 사업에 모든 관심을 기울였고, 레이크 플레시드는 빠르게 성장했다. 애니는 질병과 시력을 잃는 고통 속에서도 용감하게 지내다가 1922년 사망했으며, 2년 후 듀이는 애니의 레이크 플레시드 일을 도와주었던 에밀리 멕케이 빌(Emily McKay Beal)과 재혼했다. 듀이는 그의 마지막 겨울을 플로리다에 있는 레이크 플레시드에서 보냈고, 그의 80세 생일을 여기에서 축하했으며, 여기에서 죽음을 맞았다. 듀이는 80세 생일 후 16일이 지난 1931년 12월 26일 뇌출혈로 사망했고 그의 몸은 화장되고 그 재는 레이크 플레시드에 있는 교회의 납골당에 안치되었다(Wiegand, 1996a: 315~365).

도서관학 교육을 시작한 개척자

미국에서 사서를 교육하기 위한 도서관학 교육은 도서관이 존재한 이래 계속 이루어져 왔으나, 주로 도서관 내부에서 행해져 왔던 도제식 교육이 일반적인 형태였다. 듀이의 도서관학교 구상은 당시 전통적인 도제식 교육을 대신하여 기술교육(technical education)이 세력을 확장해 가는 시대적 흐름과, 독일인 프레드릭 룰만(Friedrich Rullman)이 1874년 발표한 도서관학 교육에 관한 논문과 같은 유럽 도서관의 학문적인 경향을 반영했다. 특히 1876년 10월에 필라델피아에서 있었던 사서회의(Conference of Librarian)에서 룰만의 논문에 대한 토론의 영향을 받은 것으로 보인다. 듀이가 도서관학교를 구상한 것은 1876년부터였지만(Wiegand, 1996a: 90), 1883년 8월

버팔로에서 개최된 회의에서 자신이 구상한 학교를 도서관학교(School of Library Economy)[6]라고 공표하고 도서관계의 협력을 구했다. 이 회의에서는 "ALA는 컬럼비아대학의 이사회가 도서관 활동에 대하여 교육을 행하는 것이 적당하다고 고찰하고 있는 것에 만족의 뜻을 표하며 아울러 그것이 실제로 옮겨지도록 희망하는 바이다"라는 내용의 결의가 채택되었다.

당시 컬럼비아대학의 학장이었던 바너드 총장은 듀이의 도서관학교 구상을 전폭적으로 받아들었고, 전문 도서관직원을 육성하는 교육기관(즉, 학교) 개교의 시급성에 대하여 대학 이사회에 제안했다. 이 제안을 심의한 도서관위원회는 1884년 5월, 위원회의 전원일치로 도서관학교 설립에 동의했고, 학교 설립의 필요한 제반사항을 정비하기 위하여 약 2년 반의 유예기간을 두기로 했다(오구라 치카오, 1990: 76~85). 이런 과정을 통해 1887년 설립된 컬럼비아대학 도서관학교는 미국 최초, 더 나아가 세계 최초의 도서관학교이다.

듀이의 교과과정 구조의 기본 골격은 세 가지 요소로 구성되는데 이는 도서관학 교육의 발달에 미친 영향을 이해하는 데 중요하다. 첫째는 19세기 말의 인격(character)이라는 개념이다. 둘째는 도서관 실무에 대한 훈련의 강조이다. 즉, 학생들의 인격 위에 도서관정신(library spirit)[7]을 가르치는 것이며, 도서관을 경영하고 도서관 이용자와 이들이 원하는 정보를 효율적으로 연결시키는 데 필요한 전문지식을 습득하는 것에 중점을 둔다. 셋째는 도서관 이용자들이 무엇을 읽을 것인가(주제서지 강의)를 결정하는 권한을 도서관 바깥의 권위자에게 주는 것이다. 이러한 강의 구조는 도서관 전문직의 영역에 대한 듀이의 인식을 반영한 것이다. 이렇게 듀이가 도

---

6) 듀이가 컬럼비아대학에 창설한 'School of Library Economy'는 대개 도서관학교라고 번역되어 사용된다. 'Library Economy'를 'Library Science'와 같은 맥락으로 이해해서 'Library Economy'를 도서관학이라고 번역했다.

7) 듀이에게 도서관정신은 봉사하고자 하는 열성이다.

서관과 이를 운영하는 데 필요한 전문지식에만 목표를 둔 실질적인 교과 과정을 구성한 것은 도서관 바깥의 권위자들이 결국에는 도서관과 사서들에게 의지하고 감사하게 될 것이라는 확신을 기반으로 한 것이었다 (Wiegand, 1996a: 95).

컬럼비아대학 도서관학교의 교육내용은 듀이의 도서관학 교육의 핵심을 이루고 있는 부분으로, 구체적인 교육내용은 ① 도서관학(Library Economy), ② 도서관의 활동영역과 유용성(Scope and Usefulness of Libraries), ③ 도서관의 설치와 확장(Founding and Extension of Libraries), ④ 도서관 건축(Buildings), ⑤ 관리와 봉사(Government and Service), ⑥ 이용자 규정 (Regulations for Readers), ⑦ 행정(Administration-Departments), ⑧ 전문 주제도서관(Libraries on Special Subjects), ⑨ 특정국가 및 지역 도서관(Libraries for Special Countries and Sections), ⑩ 일반도서관(General Libraries), ⑪ 독서와 독서지원(Reading and Aids), ⑫ 문헌적 방법(Literacy Methods), ⑬ 서지학 (Bibliography), ⑭ 일반집서의 목록(Catalogues of General Collections) 등이다.

듀이는 컬럼비아대학 도서관학교가 개교한 후 4개월 만인 1887년 5월, 학교명을 도서관학교(School of Library Science)로 개칭할 것과 도서관학 교육의 확대를 위한 계획을 제안했다. 이 구상에는 상급과정을 설치하는 것과 도서관학(Library Economy)과 서지학(Bibliography)의 균형 있는 교육내용도 포함되어 있었다. 그러나 대학 이사회와 사이가 좋지 않았던 듀이의 요청은 대학 이사회에서 받아들여지지 않았고, 듀이는 도서관학교에 대한 궁극적인 구상을 이루지 못한 채 컬럼비아대학을 떠나야만 했다. 이런 결정으로 듀이의 도서관학 교육은 도서관학의 영역에 머물게 되는 결과를 가져왔다. 듀이의 성을 앞에 놓고 그것에 전통·학파 등의 말을 사용하는 것은 기술·실무의 개념으로 이해할 수 있다. 이런 표현만으로 듀이의 전체적인 도서관학 교육에 대한 그의 사상을 표현하기에는 부족하지만, 두드러진 특징으로 받아들여질 수는 있을 것이다(오구라 치카오, 1990: 88~89, 138).

듀이가 도서관 직원을 양성하기 위해 독립된 교육기관, 즉 컬럼비아대학 내의 도서관학교와 뉴욕주립도서관학교(New York State Library School)라는 두 학교를 통해 학생을 직접 가르친 것은 20년 정도이다. 그러나 이 두 개의 도서관학교는 또 다른 도서관학교를 만드는 원천이 되었고, 미국뿐만 아니라 세계의 도서관학 교육을 정규과정으로 이끌어내는 기폭제의 역할을 했다. 또한 1887년에서부터 1920년까지 듀이의 도서관학교 졸업생들은 14개의 도서관학교 중 11개의 학교에서 적어도 53명이 교수가 되었으며, 그들 중 11명이 7개의 학교에서 교장이나 부교장을 지냈다(Miksa, 1986: 359). 그가 미친 영향은 오늘날 미국과 세계의 도서관학 교육과 도서관 현장에 깊게 뿌리내리고 있다.

그러나 듀이의 도서관학 교육 사상과 실천, 즉 공공도서관을 운영하며 가정교육의 추진세력으로 도서관 직원을 양성하기 위한 기술 위주의 교육 사상과 실천은 유럽 학자들뿐만 아니라 미국 내에서도 지극히 편협하고 내용과 정도가 한정적인 성격을 갖는다는 비판을 그 당시부터 지금까지 계속해서 받고 있다.

듀이의 도서관학 교육의 또 다른 문제로, 정규대학 안에서 도서관학 교육의 단절과 교육 주체의 미확립 문제를 들 수 있다. 컬럼비아대학 도서관학교는 대학 내에 속한 정규과정이었지만, 뉴욕주립도서관학교는 컬럼비아와는 달리 대학이나 대학교에 속하지 않았다. 듀이가 도서관학교를 컬럼비아 대학에서 뉴욕 도서관학교로 전환함으로써 도서관학 교육의 명맥을 유지할 수 있었지만, 이는 정규 대학과정의 단절과 도서관학교의 다양한 교육주체를 형성하는 원인을 제공했다. 사서를 교육하는 데 이론과 실기의 균형과 함께 중요한 것은 어느 기관이 그 교육을 맡느냐 하는 것이었다. 듀이가 졸업생들을 배출한 이후에 도서관을 포함하여 다양한 수준의 교육기관들이 사서들을 배출하기 위한 교육을 실시했다. 교육기관의 수준이 다양했다는 것은 다시 말해서 학생들의 입학자격, 수업기간, 교수 및 교과과정 등이 통일되지 않았다는 것을 의미한다. 급기야 ALA에서 도서관학과 인정을 위한 기준을 만들어서 이 기준에 통과한 교육기관에서 소정의 교육과정을 이수한 사람들만을 전문직 사서로 인정하도록 했다(엄영애, 1997: 4).

1887년부터 1920년경까지 듀이가 도서관학 교육에 지배적인 역할을 한 시대에는 도서관학교의 목적과 방향 등에는 변화가 없었다. 도서관 직원을 어떠한 형태와 내용으로 교육하고 양성하는가에 대한 이론(theory)이 확립되었다는 의미보다는 교의(dogma)의 형태로 여겨져서 그것에 대한 논의는 거의 없었다고 볼 수 있다(오구라 치카오, 1990: 140). 즉, 듀이에 의하여 시작된 컬럼비아대학 도서관학교가 하나의 규범이 되어 그 이후에 개설된 많은 도서관학교가 그것을 답습하고 계승함으로써 '극단적인 기술'이라는 말로 표현되는 '듀이적 전통'을 형성하게 된다. 그리고 미국의 도서관학 교육은 1923년 '윌리엄슨(Williamson) 보고서'를 계기로 듀이의 도서관학 교육에 대한 비판과 함께 새로운 도서관학 교육을 형성하게 된다.

듀이의 도서관학 교육은 상당히 기술에 치중되어 있었고, 도제식 훈련을 벗어나지 못했지만, 학교 교육에 의하여 기술의 표준화와 원리를 추구하는 길이 열리게 했고 이후의 미국 도서관학 교육의 기본이 되었다는 데서 그 중요성을 찾을 수 있다.

도서관 분류법의 아버지

듀이가 고안한 십진분류법은 새로운 분류법을 창안했다는 것에 큰 의미가 있다. 십진분류법의 창안은 듀이 업적의 출발점이 되었고 나아가서는 도서관 사서, 교육자, 개혁자의 생애를 결정지었으며 그가 일생 동안 남긴 다른 여러 활동의 원천이 되었다.

듀이가 기원논문을 대학당국에 제출한 것은 그가 자신의 생애를 공공도서관을 통한 가정교육에 헌신하기로 작정하고, 학생 보조원으로서 도서관의 실제업무를 경험했던 9개월 후, 즉 3학년의 과정이 거의 끝나갈 때의 일이다. 이런 듀이의 기원논문은 대학당국을 놀라게 했다. 이는 그가 정규의 직원도 아닌 학생 신분으로 이와 같이 제안했다는 점과 이 대학 창립(1821) 이후 반세기에 걸쳐 존속해왔던 방법을 근본적으로 변혁하는 것이었기 때문이다. 그것은 유럽에 있어서는 오랜 역사를 통하여, 그리고 미국에 있어서는 그 창립 때부터 전통적으로 유지되어 왔던 방법까지도 근본적으로 흔드는 것이었다.

듀이가 대학 3학년 때부터 도서관에서 학생 보조원으로 일하면서 느꼈던, 당시 앰허스트대학 도서관과 그 밖의 다른 도서관들의 비능률과 혼란이 그가 분류법을 창안하게 된 배경이 되었다. 듀이가 아라비아 숫자를 사용한 십진법의 아이디어를 생각해 낸 것은 듀이 자신이 밝혔듯이, 1872년 말쯤의 어느 일요일 앰허스트대학 교회에서 당시 대학 총장인 윌리엄 A. 스턴스(William Augustus Stearns)의 설교를 듣던 중 우연히 떠올랐다고 한다. 그러나 더 엄밀히 말하자면, 이런 착상은 그가 젊어서 미터법의 보급에 관심을 가졌던 것처럼 아라비아 숫자에 대한 강한 애착에서 비롯되었다고도 볼 수 있다. 그로부터 약 반년 후인 1873년 5월 그는 자신이 창안한 분류법에 대한 구조와 사용법(Library Classification System), 장점(The Merits of the System), 앰허스트대학 도서관에 적용(Its Special Adaptation to Our Library)을 제안한 논문을 대학당국에 제출했는데, 이것이 「3종의 기원논문(起原論文, Three Genetic Papers)」이다(오구라 치카오, 1990: 174~179).

1876년에는 DDC의 초판을 '도서관의 도서 및 팸플릿 편목과 배열을 위한 분류 및 주제 색인(A Classification and Subject Index for Cataloging and Arranging the Books and Pamphlets of a Library)'라는 서명으로 앰허스트대학에서 공식적으로 발행하게 된다. DDC 초판은 서문과 주류표 및 강목표,

〈표 1-9〉 베이컨의 학문분류와 해리스와 DDC의 주류배열

베이컨		해리스	듀이
		과학(Science)	
역사 (History)	철학 (Philosophy)	철학(Philosophy) 종교(Religion) 사회학 및 정치학 (Social and political science) 자연과학과 응용과학 (Natural sciences and useful arts)	총류(General works) 철학(Philosophy) 종교(Religion) 사회학(Sociology) 언어학(Philology) 과학(Science) 응용과학(Useful arts)
		예술(Art)	
시학 (Poesy)	시학 (Poesy)	예술(Fine arts) 시학(Poetry) 순수소설(Pure fiction) 문학잡문(Literary miscellany)	예술(Fine arts) 문학(Literature)
		역사(History)	
철학 (Philosophy)	역사 (History)	지리 및 여행 (Geography and travel) 시민사(Civil history)	역사(History) 전기(Biography) 지리 및 여행 (Geography and travel)
		부록(Appendix)	
		잡문(Miscellany)	

주제 색인, 사용법에 대한 해설로 구성되어 있다(오동근, 2001: 33).

　DDC는 어떠한 분류라고 할지라도 완전한 것은 없으며, 도서 안에 있는 모든 지식에 대하여 만족할 수 있는 분류를 한다는 것은 불가능하다는 가정에서 출발한다. 듀이는 '지식의 분류', 즉 아리스토텔레스(Aristotle), 존 로크(John Locke), 기타의 철학자에 의한 것, 또한 당시 비교적 새로 간행된 제이콥 슈와츠(Jacob Schwarts) 및 해리스(Harris)의 분류법을 연구한 결과, 해리스의 분류법을 근간으로 채택했다(오구라 치카오, 1990: 249). 이 해리스의 분류법은 베이컨(Bacon)의 학문분류의 역순을 채택하고 있는데, 그 때문에 DDC의 주류 배열 순서도 베이컨의 학문분류의 역순을 따른다. 즉, 베이컨은 인간의 정신 능력을 기억(memory), 상상(imagination)과 오성(reason)으로 구분하고, 그에 대응하여 학문을 역사(history), 시학(poesy)과 철학(philosophy)으로 분류했다. 따라서 해리스와 듀이는 철학, 시학, 역사의 분류 순서를 채택하게 되는데, 이 관계는 〈표 1-9〉와 같다(오동근, 2001: 33~34).

DDC가 갖는 역사적 의의를 살펴보면, DDC의 사용으로 도서관 배가법이 절대적(absolute) 배가법에서 상대적(relative) 배가법으로 전환되었다. 이로써 새롭게 부여된 숫자가 기존의 배가번호와 바꾸어져 동일주제에 대한 도서는 장서가 아무리 증가하더라도 항상 함께 볼 수 있게 되었다. 또한 DDC는 종래에 도서관에서 이루어지는 분류에 대한 근본적인 생각을 변화시켰다. 진보적인 도서관 직원들 사이에서는 기호법(notation)이 분류목록에서처럼 도서에도 적용된다는, 즉 서가가 아닌 도서를 분류하는 '새로운 생각'이 형성되었는데, DDC 이전의 분류법의 기능이 분류목록(classed catalog)을 위한 것이라면, DDC의 분류법은 도서를 분류하기 위한 것이었다. 도서관의 자료를 서지적인 특징에 따라 분류하던 서지분류의 방식에서 자료의 주제에 따라 일정한 체계를 마련하여 자료를 분류하는 방식이 대두된 것이다(오구라 치카오, 1990: 176~177, 235).

듀이의 분류법은 구조의 단순성으로 국제적으로 널리 보급되었다는 데 큰 의의가 있다. 아라비아 숫자만으로 이루어지는 순수 기호법(pure notation)은 단순하고 이해하기 쉽고, 십진법에 의한 전개가 가능하기 때문에 새로운 지식 영역을 수용하기 위해 분류표를 비교적 용이하게 무한히 전개할 수 있다.

듀이가 앰허스트대학 도서관의 장서에 대한 주제검색을 위하여 분류목록의 필요성을 인식하고 분류법을 개발한 것과 함께, 주제목록으로서 그가 분류목록을 선택한 일은 큰 역사적 의의를 지니고 있다(오구라 치카오, 1990: 208). DDC의 중요한 특징인 주제색인(후에 상관색인으로 변경)을 통하여 분류목록의 약점을 보완하고, 목록편성 사상에 새로운 방향을 제시했기 때문이다.

그러나 DDC는 주제 전개의 비논리성·비과학성의 한계를 가진다. DDC 는 원래 앰허스트대학을 위해 만들어진 것이며, 특히 강, 목의 구체적인 항목의 전개에서 당시 종교성이 강한 앰허스트대학 교수들의 의견이 그대로 반영되었다. '사회과학'과 '역사' 사이에 관련성을 갖지 않는 많은 주제(어학, 자연과학, 공예, 미술, 문학)를 배정한 것, 또 어학과 문학이 떨어져서 배정된 것과 관련하여 듀이 자신도 말년에 만약 DDC를 다시 출발할 수 있다면, 총류, 철학, 종교, 사회과학, 역사, 자연과학, 공예, 미술, 문학, 어학의 순서를 취했을 것이라고 밝히고 있다.

또한 10구분의 비논리성을 들 수 있다. 듀이 자신도 언급했듯이 모든 주제를 기계적인 10구분으로 나누는 것 자체가 비논리적이다. 십진식 분류법의 일반적인 문제점이기도 한, 기계적인 10구분법의 불합리성으로 불균형이 생기게 되며, 십진식 전개를 이용하여 무한히 전개할 수 있기는 하지만 새로운 주제를 적절한 위치에 삽입하기가 지극히 어렵고, 계속적인 전개를 통해 상세한 분류를 시도할 경우에는 분류 기호가 지나치게 길어질 수 있다(오동근, 2001: 57).

그러나 DDC는 이런 한계에도 불구하고 세계에서 가장 널리 사용되는 분류법이며, DDC를 개선하려는 노력은 후대에 계속되고 있다. DDC의 개정을 위한 DDC 편집국은 1923년 이후 현재까지 미국국회도서관의 듀이십진분류부(Decimal Classification Division, DCD) 내에 소재하고 있다. 신판이 발행되기 전까지의 개정 결과는 DDC홈페이지(www.oclc.org/fp)를 통해 매달 정기적으로 이용자들에게 발표된다.

DDC의 출판은 레이크 플레시드 교육재단(Lake Placid Education Foundation) 에서 출판되다가, 1988년부터 OCLC Forest Press에서 지금까지 출판하고 있다.

DDC는 1876년 초판이 제정된 이후 사회의 실정과 학술상의 새로운 이론, 새로운 방법과 취급상 경험에 따라 불필요한 주제의 제거와 필요한 새로운 주제항목의 삽입 또는 주제의 통합 및 분산 등 여러 가지 방법으로 평

<표 1-10> DDC 발행의 역사

판차	발행연도	보조표면수	본표면수	색인면수	면수	발행부수	편집책임자
1	1876		10	18	44	1,000	Melvil Dewey
2	1885		176	86	314	500	Melvil Dewey
3	1888		215	185	416	500	Melvil Dewey
4	1891		222	186	471	1,000	E. M. Seymour
5	1894		222	186	471	2,000	E. M. Seymour
6	1899		255	241	612	7,600	E. M. Seymour
7	1911		408	315	779	2,000	E. M. Seymour
8	1913		419	332	850	2,000	E. M. Seymour
9	1915		452	334	856	3,000	E. M. Seymour
10	1919		504	358	940	4,000	E. M. Seymour
11	1922		539	366	990	5,000	J. D. Fellows
12	1927		670	477	1,243	9,340	J. D. Fellows
13	1932	4	890	653	1,647	9,750	J. D. Fellows
14	1942	4	1,044	749	1,927	15,632	C. Mazney
15	1951	1	467	191	716	11,200	M. J. Ferguson
15rev	1952	1	467	400	927	11,045	G. Dewey
16	1958	5	1,313	1,003	2,439	31,011	B. A. Custer
17	1965	249	1,132	633	2,153	38,677	B. A. Custer
18	1971	325	1,165	1,033	2,718	52,892	B. A. Custer
19	1979	452	1,574	1,217	3,385	51,129	B. A. Custer
20	1989	476	1,804	726	3,388	34,706	J. p.Comaromi
21	1996	625	2,205	1,207	4,037		J. S. Mitchell

균 6년마다 개정을 거듭하여 제22판에 이르게 되었다. DDC 초판부터 21 판까지의 발행역사는 〈표 1-10〉과 같다(Dewey, 1996: IX i x; 오동근, 2001: 41). 2003년 7월에 출간된 제22판 인쇄본과 2004년 2월 요약판 제14판 DDC는 현재 30여 언어로 번역되어 약 135개 나라에서 사용되고 있으며 60 여 개 나라의 국가서지 분류에 사용되고 있다.

뜻있는 사서들과 함께 ALA를 창설하다

ALA의 창설은 사서들의 모임과 단체에 관심을 가졌던 몇몇 사람들에 의해 이루어졌고, 그 중심에 듀이가 있었다. 1876년 5월, 듀이는 ≪출판자 주보 (Publishers Weekly)≫(이하 PW) 사무실을 찾아가 편집장인 리폴트(Frederick Leypoldt)와 바우커(Richard R. Bowker)를 만나서, PW 다음 호의 편집자란에 건국 100주년 행사 중의 하나로 사서들도 다른 과학자들과 교육자들처럼 필라델피아에서 만날 것을 제안할 예정이라는 소식을 들었다. 듀이는 이에 적극적으로 찬성하여 도서관 직원회의를 제안하는 초고를 작성하고 리폴트, 바우커, 자신의 이름으로 서명하여 즉시 보스턴 지역의 사서들에게 보냈다. 또한 바우커는 리폴트, 듀이, 존스(L. E. Jones: American Catalogue의 책임자), 플레처(William Isaac Fletcher)의 이름으로 서명한 또 다른 편지를 전국의 이름 있는 사서들에게 보냈다. 또한 이런 계획은 미국연방교육국 국장이었던 이튼(John Eaton)의 도움으로 전국의 사서들에게 알려졌다.

역사적인 첫 번째 도서관 직원회의는 1876년 10월 4일부터 6일까지 펜실베이니아역사학회(Pennsylvania Historical Society) 회의실에서 열렸다. 이 회의에서 사서의 전문직단체인 ALA가 설립되었고, 윈저(Justin Winsor)가 회장으로, 풀(William Frederick Poole), 스포폴드(A. R. Spofford), 홈즈(Henry Homes)가 부회장으로, 듀이가 서기장인 동시에 재무관으로 선출되었다. 듀이는 1890년 회장이 될 때까지 14년 동안 무보수로 서기장직을 맡았다.

이 회의에서 향후 15년 동안의 ALA의 방향이 정해졌는데, 특히 1877년 3월 작성된 매우 단순하고 명료한 헌장을 보면, 듀이의 사상이 그대로 반영되어 있다. ALA의 활동 방향은 도서관 이론이 아니라 도서관의 실제적인 운영을 개선하는 데 두게 되었다. ALA의 경영은 다섯 명으로 구성된 이사회가 주도했는데, 윈저와 풀 등은 ALA는 사서의 권익 보호에 초점을 두어야 함을, 듀이는 도서관의 업무를 좀 더 효율적이고 체계적으로 수행할 수 있는 협동적인 체계를 강조했다. 이들의 견해 차이는 약간의 충돌을 가져오기도 했지만, ALA의 초창기의 성공적인 발전을 위해서는 듀이의 추진력, 열정, 노력이 필요함과 동시에 윈저나 풀과 같이 도서관 직원들에게 존경을 받는 학자의 지속적인 지도력도 필요했다.

ALA의 첫 번째 연례회의는 1877년 9월 뉴욕에서 열렸는데, 66명이 참석했다. 이 회의는 듀이의 최우선 관심사인 실질적인 문제에 대한 관심을 반영하는 회의였다. 참석자들은 도서관에 대한 출판사들의 할인, 도서관 간의 복본 교환, 연방정부에서 간행하는 문서 배포를 개선하기 위한 위원회의 설립 등에 관심을 가졌다.

ALA 창설에 주도적인 역할을 한 듀이는 ALA에서 활동하는 동안 끊임없는 개혁정신을 발휘했고, 공공도서관을 통한 가정교육에 끊임없는 관심을 보였으며, 도서관의 잠재력을 최대화하는 최선의 방법은, 좋은 장서를 구성하고, 공통적인 형태·기구·법칙·시스템을 통하여 도서관 내부의 절차를 표준화함으로써 도서관 봉사가 효과적으로 증대될 것이라고 확신했다.

듀이는 표준위원회의 의장으로서 7.5×12.5cm의 카드를 목록카드의 표준으로 채택했고, 이는 현재까지도 도서관에서 사용되는 표준 크기가 되었다. 또한 듀이는 ALA가 해야 할 일로 ALA의 통일기입위원회(Committee on Uniform Entries)가 출판 전 기재물(preprinted slips: 지금의 CIP 데이터) 발행을 위한 계획에 착수할 것, 모든 관종의 도서관이 추천하는 도서로 해제목록을 작성할 것, ALA의 비품부서의 영역을 확장할 것 등을 제안했다.

듀이는 ALA의 모토를 '최소의 비용으로 최대의 독자들을 위한 최선의 독서(The best reading for the largest number at the least expense)'라고 정했다. 1885년 회의에서 듀이는 협동편목, 회원도서관 수의 확보, 모든 도서관 사서(특히 주립도서관)의 정치적인 간섭 없는 자유로운 임명, 상주하는 ALA 직원의 확보 등을 요청했다. 1887년 회의는 뉴욕의 사우전드 아일랜드(Thousand Islands)에서 개최되었는데, 처음으로 참석자의 절반 이상이 여성이었다. 여성 사서 수의 증가에 듀이가 지대한 공헌을 한 셈이다.

1890년 회의에서 듀이는 ALA 회장으로 선출되었고, 1891년 7월 건강상의 이유로 사직했으나, 듀이를 대신해서 회장으로 선출된 밀워키 공공도서관 관장인 린더펠트(Klas August Linderfelt)가 다음 해에 공금 횡령 혐의로 체포되고 ALA 회장직을 사임하게 되었다. 이에 ALA 회원들은 위기에 빠진 ALA를 구하고, 1893년 시카고세계박람회(Chicago World's Fair)에 성공적으로 대처하기 위해서는 듀이가 회장이 되어야 한다고 결정했다.

듀이가 ALA의 회장직을 맡으면서 ALA와 도서관 직원 모두가 눈에 띄는 변화를 경험했다. 뉴욕주립도서관협회를 따라서 일리노이 주, 콜로라도 주 등에서 주립도서관협회가 결성되었다. 처음으로 사서회의를 개최한 지 20년 후인 1897년, 필라델피아의 펜실베이니아역사학회에서 ALA 회의가 열렸다. 듀이는 ALA의 역사에 대해서 회고하기를, 1876년부터 1886년까지는 최소한의 경비를 가지고 도서관의 영향을 증대시킬 수 있는 방법을 개발하는 데 주력했고, 1886년부터 1896년까지는 미국의 교육 시스템에 중요한 부분으로서 공공도서관의 윤곽을 잡는 데 공헌했다고 평가하고, 1896년은 일반 대중에게 좋은 문헌을 선정해주는 여과시기라고 했다.

ALA의 서기장으로서 듀이는 ALA는 도서관 직원들의 세분되고 특정한 관심 분야들을 전부 망라하여야 한다고 생각하여 주제별 프로그램을 계획하고 진행했다. 그리하여 1898년 채타쿠아(Chautauqua) 회의는 대형도서관, 소형도서관, 주립도서관, 대학도서관 등 각 관심 분야에 따라 세분하여 분과별로 짜여진 프로그램, 실질적인 도서관 문제들에 대한 간략한 보고 등 듀이 방식으로 진행되었다. 이에 대한 불만의 소리가 들리기 시작했으나 듀이는 다른 목적이 있었다. 회의진행을 빨리 하고, 논쟁할 시간을 최소한으로 주며, 점점 증가하는 특수한 관심 분야에 대한 분리된 별도의 회의를 제공함으로써, 듀이는 의견을 달리하는 그룹들을 분산시킬 수 있었고, 협회 본부에 대항하는 세력이 규합될 수 있는 기회를 차단했다.

듀이의 이러한 노력으로 ALA는 통일된 기구로 남아 활동할 수 있었지만, 듀이 자신은 그 영향력을 잃어가기 시작했다. 특히 1901년 『ALA 목록(ALA Catalog)』 출판과 관련하여 듀이는 출판위원회의 위원들, 미국국회도서관의 사서들 모두를 적으로 만드는 결과를 가져왔다.

1901년 9월 듀이는 출판위원회(Publishing Board)의 위원으로 임명되었다. 연방 교육부가 계속해 오던 『ALA 목록』을 더 이상 출판할 수 없게 되자, 미국국회도서관에서 대신하게 되었다. 미국국회도서관장인 푸트남(Herbert Putnam)은 존스턴(W. Dawson Jonston)을 미국국회도서관을 대표하여 일하도록 하면서 모든 결정은 듀이 혼자만이 아닌 ALA 출판위원회에서 나와야 한다고 밝혔다.

ALA 목록이 출판되는 과정에서 듀이는 출판위원회와는 별도의 상의도 없이 ALA 목록 배열은 DDC를 사용하기로 결정한 것처럼 일을 처리하면서, 미국국회도서관과 갈등을 겪기 시작했다. 또한 이런 문제를 해결하는 과정에서 출판위원회의 의장인 플레처에게는 미국국회도서관에서 DDC 배열에 문제를 제기했다는 말은 전하지 않고 존스턴이 ALA 목록의 체계를 바꾸려 한다고만 보고하여 사실을 은폐했다. 결국 사실이 밝혀졌으나, 듀이는 자신의 의견을 조금도 굽히지 않았다. 출판위원회에서는 ALA 목록을 출판하기 위해서는 이런 듀이의 행동은 묵인할 수밖에 없다고 보고 듀이의 뜻을 받아들였으나, 이 일은 듀이 자신의 도덕성에 대해 부정적인 평가를 받는 빌미를 제공했다. 듀이는 1904년 세인트루이스 회의에 참석했으나, 그 이후 ALA 활동에서 듀이의 이름은 거의 사라지게 되었다.

그러나 ALA에서의 듀이의 공적은 지대한 것이었다. ALA에서는 1953년부터 매년 도서관 경영, 훈련, 편목과 분류 등 도서관 분야의 발전에 공헌한 개인이나 기관에게 '멜빌 듀이 메달(Melvil Dewey Medal)'을 수여하고 있다.

듀이와 도서관 관련 사업들

듀이는 도서관 관련 연속간행물에 관심을 가지고, 하버드대학 사서인

피스크(John Fiske), 보스턴 공공도서관장인 커터 등 여러 사람들과 의견을 교환했다. 1876년 5월 듀이는 미국도량형학회 회의에 참석하기 위해서 뉴욕으로 가는 길에 먼저 ≪출판자 주보≫ 사무실을 방문하여 편집장인 리폴트와 바우커에게 도서관 잡지에 관한 자신의 구상을 밝혔다. 리폴트는 그 잡지의 출판을 허락하되 듀이는 편집을, 리폴트는 출판을, 그리고 바우커는 경영 전반을 맡을 것을 제안했다.

듀이는 이 제의를 받아들였고, 도서관 관련 연속간행물 창간을 준비하기 시작했다. 듀이는 도서관학은 아직 태동기라고 보았고, 자신이 준비하는 도서관 관련 연속간행물이 도서관학 학문의 발전을 촉진시키게 될 것이라고 생각했으며, 도서관 관련 연속간행물은 '의사소통의 중요한 매개체'가 될 것이며, 이를 통하여 사서들이 경험에서 얻은 지식을 서로 배울 수 있을 것이라고 생각했다.

이 연속간행물의 명칭은 ≪아메리칸 라이브러리 저널(American Library Journal)≫이라고 했고, 1876년 ALA 창설을 이끌어낸 필라델피아 회의에서 ALA의 기관지로 하자는 제안이 받아들여짐으로써 ALA의 기관지가 되었다. 이후 그 명칭에서 American을 빼고 ≪라이브러리 저널(American Library Journal)≫이 되었다.[8] ≪아메리칸 라이브러리 저널≫은 1876년 9월 30일 창간호가 나왔고, 듀이는 1881년까지 편집장을 맡았다.

≪아메리칸 라이브러리 저널≫은 첫해에 1,100달러를 손해 보는 등 재정적인 상황은 좋지 않았다. 바우커는 이런 재정적인 손해의 근본적인 원인을 듀이가 보스턴에서 ≪라이브러리 저널≫에 관련된 일을 하기 때문이

---

8) 1876년 창간 당시 ≪아메리칸 라이브러리 저널≫은 ALA의 공식기관지였고, 1878년 그 명칭을 ≪라이브러리 저널≫로 변경했다. 그러나 ALA는 1907년 기관지로서 ≪미국도서관협회 회보(The Bulletin of the American Library Association)≫을 발행했고, 1932년에는 ≪미국도서관협회 회보(ALA Bulletin)≫으로, 1970년에는 ≪미국의 도서관(American Libraries)≫로 명칭이 변경되어 지금에까지 이르고 있다.

며, 뉴욕으로 돌아옴으로써 비용을 절감할 수 있다고 생각했다. 그러나 듀이는 이런 바우커의 의견을 무시한 채, ALA의 지도자들의 도움을 받아 별도의 잡지를 발간하겠다고 위협했다. 1880년에 ≪라이브러리 저널≫은 바우커와 리폴트의 합의에 의해 ≪출판자 주보≫와 합칠 위기에 몰렸으나, 듀이와 사서들의 반대에 의해 이런 계획은 철회되었다. 20세기 초부터 ALA는 자체의 기관지를 독자적으로 발간하기 시작했고 ≪라이브러리 저널≫은 ALA와 관련이 없어진 후에도 미국과 전세계의 도서관 문제들에 대해 독립적인 역할을 담당하는 연속간행물로서 자리매김하고 있다.

1877년부터 1879년까지 2년 동안 듀이는 ALA의 비품위원회 일을 하면서 도서관 비품과 용품에 관한 여러 가지 일을 경험했고, ALA의 비품부서(Supply Department)가 큰 역할을 해주기를 기대했지만 첫해의 판매액이 300달러 이하일 정도로 빈약했다. 듀이는 ALA의 비품부서의 확장 대신, 1879년 보스턴학술회의 관장인 커터(C. A. Cutter)와 함께 ALA의 비품부서를 떼어내어 RWEC(Readers and Writers Economy Company)라는 회사를 조직했다. 처음에는 듀이가 경영을 맡았으나, 듀이의 회계 관리와 관련하여 의심이 제기되자 1880년 10월 사임했다.

1881년 3월 듀이는 RWEC의 도서관 비품부서만을 매입하여 도서관 관련 비품 및 용품회사인 라이브러리 뷰로를 설립했고, 그 후 28년 동안 경영에 관여했다. 이 사업은 매우 번창하여 듀이가 그의 주식을 팔았을 때 그는 상당한 자금을 마련할 수 있었고 이 자금이 레이크 플래시드 클럽을 개발하는 데 사용되었다.

라이브러리 뷰로는 1910년대와 1920년대에 들어 견고한 발전을 했고, 1926년 랜드 카덱스 회사(Rand Kardex Company)가 매입했고, 이 회사는 다른 회사들과 합병하여 1955년 스페리 랜드(Sperry Rand)가 되었다. 그러나 1976년 스페리 랜드가 라이브러리 뷰로 부서를 축소할 계획을 발표하자 그 직원들이 부서를 매입하여 독립회사로 만들었다. 이 회사는 뉴욕의 허

키머(Herkimer)에 소재했다가 현재는 매사추세츠 주로 다시 돌아왔다.

또 다른 소명

듀이는 도서관과 관련된 업적 이외에도 미터법 보급운동, 영어 철자법 간소화 운동, 레이크 플레시드 클럽 창설 등에 관심을 가졌다.

미터법 보급 운동

듀이는 미국 교육 시스템에서 복잡한 도량형과 영어의 복잡한 철자법이 효과적인 교육을 방해한다고 생각했다. '공공도서관을 통한 생애교육'을 위해서 이 문제 해결은 그의 평생 과업이 되었다. 1874년 듀이는 미국도량형학회(American Metrological Society, 이하 AMS)의 회원이 되어 1875년 5월 AMS 회의에 참석했다. 듀이는 이 회의에서 세계의 지도자들이 파리(Paris)에 모여 미터법 사용을 위한 미터법사무소(Metric Bureau)를 설립했다는 것을 알았고 이로 인하여 미국도 미터법을 따르는 것은 시간문제라고 확신했다. 1876년 7월 듀이는 무보수 서기장으로서 그의 보스턴 사무실에서 첫 번째 미국미터법사무소(American Metric Bureau)의 회의를 주관했고, 8월에는 《미터법 회보(Metric Bulletin)》의 첫 호가 배포되었다. 미터법 개혁은 초기에 매우 성공적이었고 10월 중순에는 두 번째 《미터법 회보》가 발간되었다.

미터법 보급운동은 쉽게 성공하지 못했고, 듀이의 사망과 함께 그 막을 내렸지만, 개혁 성과는 그의 사후에 나타났다. 1975년 마침내 미의회는 「미터환산법(Metric Conversion Act)」을 통과시켰고, 1988년 미연방정부는 1,000만 달러가 넘는 모든 연방정부 건설에는 미터법 사용을 의무화했으며, 1996년 9월 30일 이후에는 연방정부가 지원하는 모든 고속도로 건설에도 미터법을 사용하도록 했다.

영어 철자법 간소화

듀이는 대학을 졸업한 직후 자신의 이름에서 'le'를 빼고 'Melvil'이라고 하기 시작했고 또한 한동안은 그의 성도 'Dui'로 적었다. 듀이가 간소화한 철자법의 예를 보면 다음과 같다(Prescott, 2001: 3).

cofi(coffee)   meni(many)

techer(teacher)   clymat(climate)

unanimusli(unanimously)   eficiensi(efficiency)

weits(weights)   posibl(possible)

1876년 듀이는 철자법개혁협회(Spelling Reform Association)의 설립에 관여했고 그의 생애 대부분을 서기장으로 지냈으며, ≪철자법개혁협회 회보(Bulletin of the Spelling Reform Association)≫ 발행에 관여했다. 그러나 많은 사람들이 듀이의 철자법 개혁 주장에 매료되지는 않았다. 철자법개혁협회는 1877년까지 25명의 회원만을 확보했을 뿐이었다.

듀이는 그의 단순화된 철자법을 DDC의 제2판부터 시작하여 제14판까지 사용했다. 그러나 이러한 철자법은 비영어권 사람들에게는 오히려 더 혼란을 주었다. 예를 들면 'jeolojy'가 'geology'를 의미한다는 것을 영어가 모국어인 사람들은 직감적으로 추측해 낼 수 있지만, 그렇지 않은 사람들에게는 더욱 어려웠던 것이다. 26개의 알파벳을 가진 영어가 42가지 소리를 제대로 표현하는 것은 쉽지 않았다. 그리하여 그가 제안한 단순화된 철자법도 원래의 영어 철자법 못지 않게 모호하고 복잡했던 것이다. 그의 철자법 개혁 운동은 큰 성공을 거두지는 못했지만, 고속도로(thruway)나 목록(catalog)이라는 철자법이 사용되는 것에서 그의 노력의 흔적을 찾을 수 있다.

레이크 플레시드 클럽 창설

듀이는 평생 동안 '공공도서관을 통한 생애교육'으로 이 사회가 이상적인 세상으로 변할 것이라고 생각했고, 이런 자신의 신념을 위해 평생 노력했으며, 그가 꿈꾸어왔던 이상세계를 현실에서 이루기 위해 레이크 플레시드라는 클럽을 만들었다.

1895년 시작된 이 사업은 상당히 발전하여, 1만 600에이커에 412개 건물로 늘어났고, 첫해에 4,800달러 사업이 연간 300만 달러로 성장했으며 지부도 생겼다. 지부 중 하나는 3,000에이커에 7개의 호수가 있었던 1927년 창설된 플로리다(Florida) 주의 레이크 플레시드 클럽이었다.

레이크 플레시드는 1893년 이후 듀이가 자주 방문하던 곳이었다. 꽃가루 알레르기가 심한 듀이 부부는 여러 군데의 휴양지를 찾아다니다가 뉴욕 주 북부의 애드런댁스(Adirondacks)에 있는 이곳을 발견했다. 이 장소가 몹시 마음에 들었던 듀이는 몇몇 친구들을 이곳에 초대했다. 이들은 이곳에서 사서·교사들과 같은 중류층을 위한 클럽을 시작하기로 하고, 회원제로 운영되는 레이크 플레시드 클럽을 만들었고 이를 운영하기 위하여 레이크 플레시드 회사(Lake Placid Company)를 1900년에 설립했다.

레이크 플레시드의 운영자들에게는 짧은 여름과 눈이 최대의 적이었으나 어찌해 볼 도리가 없는 것이었다. 그러나 듀이를 천재로 만드는 요소는 그의 상상력이었다. 그는 다른 사람들이 볼 수 없는 것을 보는 눈을 가졌다. 듀이는 그때까지 스키와 같은 겨울 스포츠를 알지 못했던 미국인들에게 겨울 스포츠를 가르쳤다. 그는 겨울 스포츠프로그램을 개발했는데 이것이 매우 성공적이어서 1932년 겨울 올림픽이 레이크 플레시드에서 열리기도 했다.

레이크 플레시드 클럽은 그야말로 듀이정신의 연장이었다(Comstock, 1978: 403). 이곳은 결핵환자, 음주자 혹은 유태인은 올 수 없도록 했다. 그 당시 결핵은 전염성이 강하고 치료도 어려웠기 때문에 결핵에 대한 듀이

<표 1-11> 듀이가 편집한 잡지

시기	잡지
1876~1880	≪도서관 잡지(Library Journal)≫. v.1~5, Sept. 1876 ~ Dec. 1880.
1879~1880	≪독자와 저자의 경제적인 노트법(Readers and Writers Economy Notes)≫. v.1~2, no.4, March 1879~April 1880.
1886~1898	≪도서관 노트법: 사서, 독자, 저자를 위한 개선된 방법과 노동 절약법(Library Notes: Improved Methods and Labor~Savers for Librarians, Readers and Writers)≫. v.1~4, June 1886~Sept. 1898
1896~1931	≪도서관: 월간 도서관 문제 및 방법 리뷰(Libraries: A Monthly Review of Library Matters and Methods)≫. v.1~36, May 1896~1931.
1900~1909	≪도서관: 계간 서지, 도서관 지식, 새로운 총서 리뷰(The Library: A Quarterly Review of Bibliography and Library Lore: New series)≫. v.1~10, 1900~1909.

의 두려움을 이해할 수 있다. 또한 음주에 대해서도 듀이는 술을 금지한 것
이지 사람을 차별하는 것은 아니라고 할 수 있다. 사람들은 술과 레이크 플
레시드 클럽 중에서 선택할 수가 있기 때문이다. 그러나 유대인에 관한 규
칙은 달랐다. 듀이의 반유대주의적 태도는 지금도 그의 사상에 많은 오점
을 남기고 있다. 레이크 플레시드 클럽은 듀이의 사망 후에도 계속 운영되
었지만, 1942년 재정 부실로 문을 닫았다.

듀이의 저작 활동

듀이는 활동가로 알려져 있지만, 작가로서 또는 편집자로서 자신의 사
상을 활발하게 표현했다. 듀이의 필사본 대부분, 즉 저작물의 초안, 편지,
컬럼비아 시절, 올바니 시절의 기록물들, 레이크 플레시드 클럽 활동 등은
컬럼비아대학 희귀서 및 필사본도서관(Rare Book and Manuscript Library)에
소장되어 있다.

또한 듀이의 편지들은 일리노이대학(University of Illinois)의 문서관
(Archives), 미국국회도서관, 레이크 플레시드 클럽, 포레스트 출판사(Forest

<표 1-12> 듀이의 주요 칼럼

날짜	칼럼	잡지
1876~1880	「단신(短信)과 질문("Notes and Queries")」	≪아메리칸 라이브러리 저널(American Library Journal)≫ 1 (1876~1877) ≪라이브러리 저널(Library Journal)≫ 2~5 (1877/1878~1880)
1886~1898	「편집자 주("Editors Notes")」 「도서관학("Library Economy")」 「독자와 작가를 위한 저작법과 노동 절약법("Literary Methods and Labor-Savers for Readers and Writers")」 「진보("Progress")」	≪도서관 노트(Library Notes)≫ 1~4 (1886~1898)
1898~1909	「도서관 노트("Library Notes")」	≪공공도서관(Public Libraries)≫ 3~14 (1898~1909)

Press) 등에서 찾아볼 수 있다.

편집자로서의 듀이

듀이는 1876년, ≪아메리칸 라이브러리 저널≫의 편집을 맡고부터 편집자로서의 역할을 시작했다. 그가 편집을 맡은 잡지는 〈표 1- 11〉과 같다.

그가 편집한 칼럼을 보면 그가 최신의 실질적 정보에 대한 필요성을 확실히 인식하고 있었음을 알 수 있다. 주요 칼럼과 날짜, 그 칼럼이 나타난 잡지의 이름을 보면 〈표 1-12〉과 같다.

또 다음 두 개의 중요한 책에 듀이의 이름이 편집자로 나와 있다.

① 미국 도서관 협회(American Library Association). 「세계 도서관회의 준비 논문("Papers Prepared for the World's Library Congress")」. held at the Columbian Exposition, Chicago, 1893. Edited by Melvil Dewey in U.S. Bureau of Education. 1892~1893년도 교육장관 보고서(*Report of the Commissioner of Education for the Year 1892~1893*). Washington: Government Printing Office, 1895. v.1, parts I and II, Chapter ix, pp.691~1014.9)

② 미국 도서관 협회(American Library Association). 『미국도서관협회 도서
목록: 대중도서관용 8,000 책, 해제 첨부(A.L.A. Catalog: 8,000 Volumes
for a Popular Library, with Notes)』. 1904. Prepared by the New York
State Library and the Library of Congress under the Auspices of the
American Library Association Publishing Board. Editor: Melvil
Dewey. Part 1: Classed. Part 2: Dictionary. Washington: Government
Printing Office, 1904. 2 v. in 1.

①은 듀이가 ALA의 회장으로 있을 때 전개한 사업으로서 도서관학
(library economy)의 편람(handbook)으로 고안되었다. 윌리엄 T. 해리스
(William T. Harris)는 이 보고서를 "도서관학의 일반적인 주제에 대한 매우
가치 있고 독특한 보고서"라고 칭찬했다. 또한 이 보고서는 그 당시의 인명
록 역할도 하고 있으며, 19세기 말 도서관직에 대한 가치 있는 정보를 담고
있다. 이 보고서에서 듀이는 원문에 손대지 않고 그의 의견이나 관찰한 내
용을 각주에 달아 그 편집 능력을 발휘했다.
②는 도서의 범위, 성격, 가치 등을 간단히 기술한 선정도서 목록으로 발
행되었다.

저자로서의 듀이

듀이는 그의 개인적 저작을 통해서 자신을 표현했다. 도로시 파커
(Dorothy Parker)는 듀이를 독창적인 머리를 갖고 있는 작가라고 했다. 그의
저작물은 상세히 서술되었으며, 자신의 사상을 추출해 내며, 행동을 끌어
내고 미래의 경향에 대하여 예견하는 데 탁월함을 나타내었다. 그의 저작

---

9) 1896년, 듀이의 이름이 편집자로 표제지에 나온 재판이 발간되었다.

물은 그리 많이 읽히거나 인용되지는 않았지만, 현재 논의되고 있는 논점이나 운동에 대해 서술하고 있었다. 특히 공공도서관이 교육 시스템에서 중요한 역할을 해야 한다는 관점 등을 예로 들 수 있다.

1884년 듀이는 그의 저작물 중 많은 것들에 그의 이름이 서명되어 있지 않다는 것을 발견했다. 한참 후인 1931년, 그의 저작물에 대한 서지(bibliography)를 작성하고 있는 마거릿 젠크(Margaret Zenk)와 로비 블레어(Roby Blair)에게 "당신들의 리스트는 무척 길지만 그 외에도 익명의 출판물들이 수백이 될 것이다"라고 말했다. 이들이 1932년 피츠버그(Pittsburgh)에서 간행한 듀이의 논저목록은 다우이(G. G. Dawe)의 「멜빌 듀이: 현자, 고무자, 실천가("Melvil Dewey: seer, inspirer, doer")」(1851~1931)에 수록되어 있다.

한국에 미친 듀이의 영향

1887년 컬럼비아대학에서 시작된 대학에서의 정규 도서관학 교육이 우리나라의 경우에는 미국교육사절단의 도움으로 1957년 연세대학교에서 시작되었다. 1955년에 공포된 정부의 대학설치기준령에 따른 대학도서관의 확장과 각종 도서관의 재정비로 인하여 사서 인력의 수요와 사서 자질의 고급화가 요구되었다. 이에 따라 1957년 연세대학교에 학부와 대학원과정의 도서관학과가 정식으로 설치되었던 것이다(이재철, 1985: 52~53).

한국십진분류법에 미친 영향
우리 나라의 한국십진분류법(KDC)도 기본적으로는 DDC를 바탕으로 편찬되었다. 우리 나라에서도 분류표를 만들기 위해 한국도서관협회를 중심으로 분류법 제정에 관한 논의가 시작된 것은 1955년부터이다. 동 협회는 기술위원회를 구성하여 기초적인 준비작업을 진행했고, 1963년 초에 분류

분과위원회에 편찬사업계획을 위촉했다. 제1차 분류분과위원회에서 전문가와 회원들의 동의를 얻어, DDC의 주류서열을 근거로 하여 요목표를 초안했다. 다만, 응용과학은 기술과학으로 내용을 변경하고 DDC의 구미 중심을 동양 중심으로 하며, 비논리적인 체계와 구분의 불균형으로 말미암아 주요항목이 강목 또는 요목 사이에 병치한 것도 이를 대폭 수정하기로 방침을 결정하여 세부요목에 대한 단일초안을 작성했다. 이 초안을 근거로 자문회의에서 의견을 조정한 결과 수정안을 채택하게 된다. 이러한 결정에 따라 동 위원회에서는 DDC(Dewey Decimal Classification), EC(Expansive Classification), LCC(Library of Congress Classification), SC(Subject Classification), NDC(Nippon Decimal Classification), KDC(P)(Korean Decimal Classification) 등을 비교 검토하여 어학과 문학을 접근시키고 사회과학과 역사는 조기성이 유리하도록 DDC와 같이 채택했다.

이러한 과정을 거쳐 최종적으로 주류의 구분 및 배열 순서가 결정되어, 본표 작성 작업을 완료하고 색인작성 작업을 거쳐 1964년 5월에 한국십진분류법 초판이 간행되었다. 이후 1966년에 제2판(수정판), 1980년에 제3판, 1996년에는 제4판을 발행했다(한국십진분류법해설편찬위원회, 1997: 1~2).

국립중앙도서관과 국회도서관의 온라인 목록, 그리고 주요한 중앙집중식 편목 서비스 기관에서 제공하는 목록 데이터에는 DDC를 사용하지 않는다고 할지라도 모든 도서관의 분류나 목록을 담당하는 전문적인 실무자는 실질적으로 DDC의 도움을 받고 있다고 볼 수 있다.

한국에서의 DDC 이용

우리나라에서 DDC에 의하여 도서를 분류했다는 기록은 1931년 8월에 발간된 연희전문학교 영문요람(Chosen Christian College Bulletin)의 창간호에 실린 것이 처음이다. 그러나 동 기록에는 언제부터 연희전문학교 도서관에서 DDC를 사용했는지에 대한 언급이 없기 때문에 임종순은 1915년부터

DDC를 사용한 것으로 보고, 이재철은 1921년에서 1922년쯤으로 추정했다 (이재철, 1967: 7).

1920년대부터 해방 전까지 경성외국어학교 도서실, 연희전문학교 도서 관과 이화여자전문학교에서 DDC를 사용했고, 해방 후 미공보원 도서실에 서 사용했다. 1954년부터는 국립도서관과 국회도서관의 양서분류에 사용 했고, 1954년 가을 국립도서관 주최의 도서관실무강습회 때 김중한의 양 서분류법 강의에 DDC를 교재로 삼아 강의하면서부터 점차로 더 늘기 시 작했고, 1957년 연세대학교 도서관학당과 도서관학과에서 DDC를 동서양 공용의 분류법 교재로 삼아 강의하면서부터는 더욱 급격히 전국적으로 파 급되었다.

특히 우리 나라에서 DDC의 채용이 급증한 것은 DDC 한국어 번역판의 출현한 점, 한국을 앞자리로 놓는 고쳐쓰기와 동양 항목의 보완 및 전개에 서의 어느 정도 성공한 점, 수복 후 각 도서관에 양서 수입이 증가한 점, 분 류사서들의 영어 실력이 향상하고 영어실력 보유자들이 분류사서로 진출 한 점 등에 기인하고 있다(이재철, 1967: 8).

DDC가 우리말로 번역되어 소개된 것은 DDC 제15판의 천구분표(千區分 表, Third summary)를 번역한 해군사관학교 도서관의 번역본이 그 효시이고, 표 전체에 대한 번역은 비록 축소판이었지만 1955년 김중한에 의하여 이 루어졌다. 이어서 1959년에 연세대학교 도서관학과는 레이크 플레시드 교 육재단으로부터 한국어 번역권을 정식으로 얻어 DDC 표준 제15판의 완전 판(Unabridged edition)을 번역했다. 표준 제15판은 본표만 번역·출판되었고, 상관색인은 번역 도중에 작업이 중단되었다.

국내에서 DDC 이용률은 1966년에는 대학도서관에서 72.7%, 특수도서 관에서 34.6%, 공공도서관에서 20%, 학교도서관에서 27.9%로 나타났으며 (이재철, 1967: 5~6), 1997년에는 대학도서관에 76.4%(동양서)와 77.3%(서양 서), 전문도서관 26.2%, 공공도서관은 극히 일부가 사용하고 있는 것으로 나타났다(윤희윤, 1998: 106).

개혁가의 일생

듀이는 독실한 기독교 가정에서 받은 교육을 바탕으로, 자신의 일생을 '공공도서관을 통한 가정교육'에 헌신하기로 작정하고, 도서관학과 도서관 발전을 위해 헌신적인 노력을 다한 인물이다. 물론, 미국 사람들에게 듀이에 대해서 아느냐고 물어보면 대부분의 사람들이 DDC를 만든 사람이라고 대답할 것이다. 그렇지만 듀이의 가장 큰 관심은 오히려 교육이었다. 그는 '공공도서관을 통한 가정교육'의 중심에 도서관을 놓고, 미터법 보급과 철자법 개혁에 계속적인 관심을 가졌다.

듀이는 '공공도서관을 통한 가정교육'에 자신의 삶을 헌신했기 때문에, 애서가인 당대의 사서와는 달리, 이용자들이 어떻게 하면 공공도서관을 효율적으로 이용할 것인가에 관심을 가졌고, 이를 위해 도서관 직원을 양성하기 위한 컬럼비아대학 도서관학교를 서둘러 설치했다.

또한 듀이는 도서와 이용자를 효과적으로 연결하기 위한 목록의 작성을 위해 DDC라는 새로운 분류법을 창안했다. 듀이도 지적했듯이 이 분류법은 한계를 가지고 있지만, 전통적으로 도서관이 처해 있는 시간적 비효율성과 혼란에서 벗어날 수 있었고, 도서관이 효과적으로 이용되기 위한 발판을 마련했다. 그뿐만 아니라 사서직 및 도서관 발전을 위해 ALA와 도서관 연속간행물인 ≪아메리칸 라이브러리 저널≫를 창간했고, 도서관 비품 회사인 라이브러리 뷰로를 설립했다.

듀이는 이용자들의 독서력을 향상시키기 위해서는 학교에서 이루어지는 비능률적인 요소를 개선해야 함을 주장했고, 특히 미터법의 보급운동과 영어 철자법의 간소화에 많은 관심을 기울였으며 그의 이상세계의 실현이라 할 수 있는 레이크 플레시드를 설립했다.

그러나 듀이의 교육은 도서관학 교육의 첫걸음이 불완전한 가운데 시작되었다는 비평을 면할 수 없다. 물론 이론과 기술 간의 끊임없는 논쟁이 도서관학 학문 자체에서 비롯되기도 하지만, 철학과 이론의 빈곤에서 오는 정체성 문제는 듀이에서 출발했다고 말할 수 있다.

개혁자들은 항상 실패와 반목을 끌어들인다. 이것이 멜빌 듀이가 선택한 삶의 원칙이었다. 듀이는 일생 동안 자신의 시간을 철저히 절약하여 사용했고, 자신의 사명을 위해 혼신의 노력을 다했으며, 탁월한 추진력과 카리스마적인 성격, 불굴의 개혁정신 등으로 많은 일들을 할 수 있었다. 그러나 그런 듀이의 태도는 너무나도 지나쳐서 그를 만난 사람들은 누구든지 그의 강한 개성을 단번에 알아차렸고 그가 그 자신을 위해 세운 목표에서 절대로 벗어날 수 없다는 것을 알았다. 그래서 듀이는 일생 동안 많은 일들을 시작했으나, 인간관계에서 오는 갈등으로 자신이 시작했던 일들을 때로는 제대로 마무리하지 못했다.

그는 평생 시간을 절약하는 데 대한 강한 집착을 가지고 살았으나, 정말 중요한 것은 그 시간을 무엇을 하면서 보내는가 하는 질(質)의 문제이지 얼마만큼을 했느냐는 양(量)의 문제가 아니라는 것을 깨닫지는 못했던 것 같다. 그는 기본적으로 옳다는 것은 그 자체로 충분하고 결국에는 옳은 것이 승리한다는 것을 믿었다. 만약 그가 다른 사람들의 관점을 이해할 수 있었다면 어떻게 달라졌을까 하는 것을 생각해 보는 것은 부질없는 일일 것이다. 왜냐하면, 그에게는 옳은 것만이 존재하고 모든 것에는 항상 한 가지 면만 존재했기 때문이다.

7 도서관학 교육가, 철학자
버틀러

박용부

　도서관학의 개론서로 피어스 버틀러(Pierce Butler)의 『도서관학 개론(An Introduction to Library Science)』(1933)이 있다. 버틀러의 대표적인 저서인 이 책은 1961년에 우리말로 번역되어 나왔는데 번역상의 어려움을 감안한다 하더라도 도서관학, 즉 문헌정보학 입문자에게는 너무도 난해하고 어려운 내용이다. 그러나 문헌정보학을 철학적으로 접근하여 근원적인 문제들을 고찰한 이 책은 우리들에게 매우 소중한 학문적 유산이다. 문헌정보학을 본질적으로 파헤치고 철학적으로 사유할 수 있는 학문으로 승화시킨 버틀러의 이러한 노력은 오늘날 후학들에게 큰 감동을 준다.

　버틀러는 교육자로서, 성직자로서, 사서로서 다채로운 봉사와 공헌을 했으며, 특히 도서관 분야에서 그의 활동은 탁월했다.[1]

---

1)　이 글은 피어스 버틀러(Pierce Butler), 『도서관학 개론』, 유영현 옮김(서울: 연세대학교, 1961)을 참고했다.

다채로운 봉사와 공헌의 삶

버틀러는 1886년 12월 19일 미국 일리노이 주 클래런던힐(Clarendon Hills)에서 아버지 존 피어스 버틀러(S. John Pierce Butler)와 어머니 에바 컨텐트 버틀러(Eva Contant Whipple Butler) 사이에서 3남 1녀 중 셋째 아들로 태어났다(Pargellis, 1952: 170~173).

1903년 펜실베이니아 주 칼라일(Carlisle)에 있는 디킨슨대학(Dickinson College)에 입학한 버틀러는 1906년에 문학사 학위, 1910년에 문학석사 학위 및 1944년에 문학박사 학위를 각각 취득했다. 한때 컬럼비아대학과 유니온 신학대학(Union Theological Seminary)에서 각각 대학원 과정을 밟았고, 1910년 코네티컷 주에 있는 하트퍼드 신학대학(Hartford Theological Seminary)에서 신학사 학위를 취득하고, 1910년에서 1912년 사이에 연구장학생(Research Fellow)으로 연구 활동을 하다가 1912년 동 대학에서 철학박사 학위(Ph. D)를 수여받았다.

1916년에는 시카고 소재 뉴베리도서관(Newberry Library) 참고도서과에 전문직으로 취업했고, 1917년부터 1919년까지 동 도서관 수서과장을 역임했다.

버틀러는 시카고 뉴베리도서관 수서과장 시절에 수서담당 사서였던 루스 라햄(Ruth Lapham)을 만났다. 루스는 1918년 노스웨스턴대학(Northwestern University)에서 역사학 학사학위를 받고, 이듬해인 1919년에는 동 대학 대학원에서 같은 전공으로 석사학위를 취득한 후, 1920년부터 1922년까지 뉴베리도서관 수서과에서 근무했다. 그 후 뉴베리도서관을 사직하고 1925년 같은 대학원에서 미국사 박사학위를 취득하고 1926년에 다시 뉴베리도서관 사서로 재취업했다.[2]

---

2) "Pierce and Ruth Butler, Libraries & Culture Bookplates Archive"(http://www.gslis.utexas.edu/~landc/bookplates/19_4_Butler.htm), 버틀러 부부의 연애와 결혼과 취미 등과 그 후

1926년 6월 29일 그는 만 40세에 26세의 루스 라햄과 시카고에 있는 라젤스트리트(La Salle Street) 가톨릭 성당에서 결혼하여 가정을 이루었다.

버틀러는 1919년부터 1931년 사이에는 인쇄사(Typography History)연구원 재단(Wing Foundation) 관리인으로도 겸무했고 1928년부터 1931년에는 시카고대학 대학원 과정에서 인쇄사와 서지학을 강의했다. 1931년에는 동 대학 도서관사 담당 정교수로 임명되어 그 후 정년퇴임할 때까지 25년간 후진양성과 시카고대학 대학원 과정 도서관학교를 발전시키는 데 지대한 공헌을 했다.

그 중간에 1938년부터 1944년 프로테스탄트 감독교회의 목사로 있다가 시카고 생폴 교회의 부교구장으로도 일하는 등 다양한 그의 인생 역정을 볼 수 있다.

그는 시카고대학 도서관학연구소(Library Institute at the University of Chicago), 독일 구텐베르크협회(Gutenberg Gesselschaft), 알파치로(Alpha Chi Rho) 등 여러 단체의 회원으로도 활동했다.

그가 정년퇴직할 때 그의 동료와 제자들은 사계에서의 그의 위대한 공헌을 기념하기 위하여 ≪도서관 계간(Library Quarterly)≫지의 제22권 제3호(1952년 7월)를 그를 위한 특별호로 명명했다. 그 후 별세할 때까지 그는 노스캐롤라이나 주 채플힐(Chapel Hill)의 노스캐롤라이나대학 도서관학교에서 초빙교수로 봉직했다.

후일 방문자들의 증언에 의하면 그의 집과 사무실은 작은 도서관이라 할 만큼 많은 도서로 꽉 차있었다고 한다. 그중에는 문헌정보학 관련 전공 서적뿐만 아니라 역사학, 철학, 신학 서적들도 포함되어 있었다. 피어스 버틀러 사후 미망인 루스는 버틀러의 장서를 여러 학술단체에 분산 기증했다.

그의 주요한 저술로는 「인쇄 도서관(A Typographical Library)」(1921), 『15

의 활동에 대해 상세한 자료가 기록되어 있다.

세기 출판 도서 대조목록(Check List of Books Printed during the Fifteenth Century Books)』(1924), 『도서관학 개론(Introduction to Library Science)』(1933), 『유럽의 인쇄기원(The Origin of Printing in Europe)』(1940), 『도서관의 참고 기능(The Reference Function of the Library)』(1943), 『전시의 도서와 도서관(Books and Libraries in Wartime)』(1945), 「전문직으로서의 사서직(Librarianship as a Profession)」(1951) 등이 있다. 1946년에는 시카고대학 도서관학연구소에서 가진 논문발표회에서 여러 명의 집필자들과 함께 「특수자료(Special Materials)」라는 논문을 발표했다(Fussler, 1947: 71~93). 1952년에는 「도서관의 문화적 기능(Cultural Function of the Library)」이, 그다음 해, 즉 그가 별세하던 해에 「도서관의 서지적 기능(Bibliographical Function of the Library)」이 세상에 나왔다. 같은 해 그가 편집한 시카고대학원 도서관학교 제16회 연차 총회에 제출된 강론집 「세기 중반의 학자와 사서와 서적상(Scholars, Librarians and Booksellers at Mid-century)」은 그의 저작생활을 마지막으로 장식한 유작이라 할 수 있다. 이 강론집에서 버틀러는 거기에 실린 강연과 논문들을 총괄하는 의미에서 쓴 서론적인 저술로 「도서의 생명(The Life of the Book)」을 집필했는데, 그의 여타의 모든 저술에서처럼 노련하고 독특한 논조와 우아하면서도 운치 있고 해학적인 필치로 쓰여져 많은 독자들을 끌어들이는 여운과 매력을 지니고 있다.

그는 도서관계 저명한 학술지인 시카고대학의 ≪도서관 계간≫의 창간자의 한 사람이며 동시에 편집위원으로 자신의 임종 시까지 다수의 논문과 서평들을 기고하면서 학술지의 발전에 노력했다.

그는 한때 처갓집 소유의 미시간 주 파우파우(Paw Paw) 외곽지역에서 퇴직 후 우편 주문형 서점을 개업하여 여생을 보내리라고 구상했다. 그러나 그는 이런 계획을 뒤로 한 채 애석하게도 1953년 3월 28일 노스캐롤라이나 주 채플힐에서 자동차 사고로 68세의 나이로 죽음을 맞았다(Pargellis, 1952: 170~173).

문헌정보학의 정체성 확립을 위한 철학적 고찰

피어스 버틀러는 실무경험과 강단에서 강의하면서 부딪히고 경험했던 도서관과 관련하여 발생하는 여러 가지 명제를 저서인『도서관학 개론』에 명쾌하게 정리한 도서관 철학자였다. 일반적으로 개론서는 도서관 내에서 이루어지는 기술업무 중심의 설명서 또는 입문서가 대부분이지만, 버틀러는 문헌정보학을 인문 철학적인 사상내용과 접근방법으로 새로운 과학으로서의 가능성을 구상하고 제시하여 그 학문적 위상을 정립하는 데 공헌했다. 문헌정보학의 이론적·개론적인 전개를 이처럼 이례적으로 시도할 수 있었다는 것은 그가 해박한 신학적·철학적 지식을 갖추고 있었기에 가능했다고 할 수 있다.

그는 문헌정보학이 전체 학문에서 차지하는 위치와 학문적 역할을 사색하고 저술하여 문헌정보학의 학문적 정체성을 정립했다. 버틀러의 도서관 사상을 파악하기 위해서는 그의『도서관학 개론』에서 언급한 철학적 접근 내용을 정독, 재해석하여 그의 사상의 일면을 살펴보는 노력이 필요하다.

『도서관학 개론』으로 본 도서관 사상

버틀러는 그의 대표적인 저서인『도서관학 개론』을 통해 도서관의 주요한 개념을 다음과 같이 정의했다.

도서관은 근대문명의 실제적 요청에 의하여 만들어진 것이며, 이는 현대 사회 조직상 하나의 불가피한 구성단위이다. 문화는 잠재적으로 소유하는 경험의 사회적 축적이며, 도서는 이러한 문화적 활동으로 얻어진 인류의 기억을 보존하기 위한 사회적 수단이다. 도서관은 문화적 산물인 도서를 현존하는 개인의 의식으로 전달하기 위한 하나의 사회적 기구다.

도서관 전문직은 타 분야와 달리 전문 분야에 대한 이론적인 면을 등한시하는 경향이 있음에도 불구하고 도서관 전문직은 어느 사회과학적 체계상에서나 논의되는 중요한 위치를 차지한다. 도서관 전문직은 인간생활의 대세와 조화되는 인간의 노력을 위한 결정을 지도하는 호기심에 대해서는 무관심하고 기술과정 하나하나의 합리화가 그의 지적 관심을 만족시키는 것같이 여겨지는 실용주의에 고립되어 있다. 이러한 합리화를 하나의 전문적 직업철학으로 보편화하기 위한 그 어떠한 노력도 도서관 전문직에 대하여는 무익할 뿐만 아니라 위험한 것같이 여겨진다(버틀러, 1961: 1~2).

버틀러는 도서관 전문직이 인간의 지적 노력으로 생산된 도서를 통하여 이용자인 다른 인간의 문제를 지도하고 해결해주려는 본질적인 도서관 서비스에 대해서는 무관심하고 기술적인 방법이나 과정에 치중하여 연구 노력하는 것으로 지적 만족을 이루려는 것은 도서관 전문직을 사회적으로 인정받지 못하게 하는 원인이 된다고 생각했다. 그뿐만 아니라 도서관 전문직 자신의 개인적·직업적으로도 득이 되지 못한다고 설명했다. 그는 도서관 서비스에 대한 이론과 철학의 부족으로 인하여 기술적인 세부항목에 치중하는 경향이 나타난다고 보았다(Buckland, 1983).

또한 버틀러는 도서는 인간의 사고와 정신적·지적 활동의 성스러운 소산물이므로 이것을 전달하는 도서관 전문직의 직업적 사명도 성스러운 가치가 있다고 강조했다.

그는 도서관 전문직이 기술적인 업무 중심으로만 학문을 하는 것에 대해 우려하고 있으며 이러한 경향은 인문적인 학문탐구의 어려움때문에 기피되는 현상이라고 이해했다. 조금 속된 표현을 빌리자면 도서관 전문직들이 인문철학적인 본질적 사명을 골치 아픈 일로 여기고 기피한다는 것이다. 동시에 그는 도서관 전문직이 과학자처럼 이성적인 판단에 의해서만 사고하고 행동하는 것은 합당하지 않다고 보았다.

버틀러는 미래 문헌정보학의 하나의 발전방향으로 도서관 전문직 각자의 경험으로부터 출발하여 이를 보편화하고 일반화할 수 있는 도서관 서비스에 관한 이론과 철학의 연구 필요성을 제시했다.

그러나 버틀러는 모든 도서관 전문직이 도서관 철학자가 될 필요는 없다고 말하고 있다. 소수의 도서관 사상가에 의해 계속적인 연구 노력이 필요하며, 도서관 현장에서는 이러한 철학의 바탕 위에서 업무를 수행하는 것이 바람직하다고 역설했다. 그러기 위해서는 소수의 선택된 사상가에 의해서 도서관 철학은 계속해서 연구되고 발표되고 교육되어져야 하는데, 우리 현실에서는 도서관 사상가도 부족할 뿐만 아니라, 그들의 노력과 업적이 미흡하다는 아쉬움이 있다.

버틀러는 문헌정보학이 과학적 방법에 알맞은 모든 면을 고려한 종합과학으로 보편적인 인식을 받으려면 도서관 전문직이 수행하고 있는 업무에 대하여 긍정적으로 이해하는 것이 중요하다고 역설했다. 그는 문헌정보학의 순수한 인문적인 측면이 전문적인 업무의 한 부분으로 남게 될 것으로 예측했다. 이는 도서관이 기술적인 측면만을 너무 강조하여 편향적으로 발전하는 것은 오히려 문헌정보학의 본질적 가치를 저하시킨다는 우려로 보인다.

과학의 본질을 통해 본 문헌정보학 사상

버틀러는 문헌정보학을 과학이라는 큰 학문의 틀에서 조감하기 위해 철학적인 사유를 동원하여 다음과 같이 정리했다.

과학이라는 어휘는 다의적으로 사용되고 있다. 일반적으로 과학이란 단어는 어떤 종류의 지식에 관하여 단순하고도 애매모호한 뜻을 함축하는 것이라고 할 것이다. 극단적으로 어떤 학자들은 과학이란 용어를 그들의 특수한 연구로부터 얻어진 함축적인 의미에만 한정시키기도 한다. 그러나 용어는 사상만큼 중요하지는 않다. 이 용어의 불분명한 양의성은 현대사상의 본질적 성격에 관한 견해적 차이를 나타낸다는 이유에서 그 중요성이 있다. ……… 과학이라는 용어는 자연철학으로서 집합적으로 인식되었던 여러 분야에서의 이론의 혁신적인 변천의 결과로서 근대 용어로 등장했다. 한 단어의 의미는 논리적인 정의에서라기보다는 오히려 사회적인 관용으로 말미암아 결정되는 것이다. 과학이라는 어휘는 현저하게 시대적 성격을 띠는 모든 지식을 내포하여야 할 것이다(버틀러, 1961: 8~10).

이와 함께 버틀러는 문헌정보학이라는 학문과 도서관 활동에 대한 철학적 사유를 위하여 과학적 본질에 대한 시각으로 여러 가지 용어에 대한 정의를 내리고 있다.

현대사상의 또 하나의 중요한 특징은 인식론에서 나타나는 과학이라는 단어가 통속적인 의미에서 사용될 때는 언제나 그것은 또 다른 용어로 지식이 독특하게 타당성을 가지는 것이라는 확신을 가지는 것이다.

현대인은 형이상학적 곤란성이란 것을 전혀 생각하고 있지 않다. 그들의 관심은 본질적으로 실용적인 것에 있다. 그들은 지각심성과 지각작용의 대상 간의 교류할 수 없는 간격에 대하여는 거의 생각지 않고 있다. 현대인에게 있어 진리란 그들 자신의 생각과 외적 실재 사이의 완전한 일치인 것처럼 여겨지는 모양이다. 실로 이것은 형이상학적으로 표현하자면 순수 경험적 자연과학의 방법인 것이다. 직접적인 관찰이란 것은 과학적 작용과정에 있어서 일면의 모습에 불과한 것이다(버틀러, 1961: 12~14).

과학적 관찰이란 항상 이지적 호기심과 관련해서 의식적으로 어떤 특수한 영역을 지향하고 있다. 과학의 기반이란 것이 관찰의 과정이기 때문에 감각적 인식의 범위가 확대될 때마다 인간의 지식은 증가하는 것이다. 그러나 과학은 관찰 이상의 것이다. 인간의 지성은 항시 원인을 추구하는 데 있다. 어떠한 현상의 직접적인 원인을 입증했을 경우 현대인은 언제나 가치 있는 지식을 획득했다고 의식하는 것이다(버틀러, 1961: 20~21).

어떤 특성들은 새로운 과학에 관하여 미래를 예측할 수 있다고 본다. 특히 도서관 전문직은 현대기질에서의 상식적인 사고방식에 근본적으로 상응할 때에만 과학적일 수 있을 것이다. 도서관 전문직 자체의 지적 활동에 있어서의 모든 방법은 객관적인 현상으로부터 출발하지 않으면 안 될 것인데, 이러한 것들은 엄밀한 과학적 관찰을 통하여 정밀하게 조사될 것이다.

새로운 출발을 하는 도서관 전문직들은 새로운 전망을 갖게 될 것으로서 그들은 방법에서 기능으로 그들의 주의를 돌릴 것이다. 그들은 현재 그들이 실무적 능률을 위하여 하고 있는 것과 꼭 같은 열정으로, 정확한 이해를 위하여 노력하게 될 것이며, 그들의 이상을 현실적인 생각과 더불어 조절시키게 될 것이고, 그 표준을 선험적인 가치로서보다는 오히려 근본적인 성격에서 그것을 발견하게 될 것이다.

도서관 전문직이 탐구하는 문제는 전체적 전문직의 협조적 사업으로서 더욱 인식될 것이다(버틀러, 1961: 38~40).

버틀러는 과학으로서의 문헌정보학과 과학자로서의 도서관 전문직을 대응시켜 보면서 과학이 추구하는 논리적 실용성이 분명히 도서관 업무 안에 존재하고 있음과 함께 실용성만으로는 설명할 수 없는 현상이 공존하고 있음을 사유했다. 아울러 도서관 전문직의 학문적 위치에 대하여 모든 타 전문직의 수행을 원활하도록 돕는 역할이 한층 더 크게 인식되고 있음을 파악했다.

버틀러는 문헌정보학은 과학적인 요소와 인문적이고 철학적인 요소를 함께 포함하고 있다고 거듭 강조했으며, 이것은 도서관리, 정보관리와 같

은 과학적인 요소와 이용자들에 대한 심리적 접근 및 도서를 인간의 사상
이 옮겨진 것이라는 인식이 더욱 필요하고 이러한 것이 실제적인 도서관
업무 수행과 도서관 전문직의 관심 영역이 되어야 함을 주장했다.

버틀러는 다른 전문직은 일의 성과가 정량적·정성적으로 이해할 수 있
는 데 반해 문헌정보학이 제공하는 도서관 정보 서비스는 감명이나 도움처
럼 전달의 결과 혹은 성과를 과학적으로 측량하기가 쉽지 않다고 보았다.
그렇기 때문에 도서관 전문직의 사회적 기여도가 과소평가되지 않도록 도
서관 업무를 정량적으로 정성적으로 표현하는 방법이 필요함을 시사했다.

버틀러는 과학이 무엇이고 문헌정보학이 과학인가에 대한 근원적인 명
제에 대해 비교적 명쾌한 답변을 내리고 있다. 그는 문헌정보학은 과학이
기는 하나 인문적인 요소가 크게 내포되어 있기 때문에 자연과학으로서만
접근할 수 없다는 것을 분명히 했다. 문헌정보학이 대상으로 하고 있는 도
서 자체가 저자의 사상을 내포하고 있는 인간 그 자체이며 인간을 대신하
는 것이기에 단순한 물질로 보아서는 안 된다는 것이다.

위의 내용으로 보아 오늘날 문헌정보학이 너무 기술 중심으로 연구되어
왔고 그 길만이 도서관 전문직이 살아남을 수 있는 일인 것처럼 인식되는
현상들이 일찍이 버틀러가 생존했던 당시부터 예측된 것임을 알 수 있다.

사회적 고찰을 통해 본 문헌정보학 사상

버틀러는 도서와 도서관 전문직을 사회적인 도구와 사회성이라는 거울
을 통해 들여다보고자 다음과 같이 기술했다.

저술가가 저술을 통하여 도서출판에 기여하는 것보다 사회가 이에 대하여
공헌하는 것이 더 클 것이다. 사회는 궁극적인 공동목표를 위하여, 각 개인들이
직접적이고 개인적인 목적을 위하여 의도했던 바를 필요로 하는 것이며, 단순
한 총화와는 약간 다르고, 또 그보다도 더 큰 어떤 것이 존재하게 되었다.

독자적으로 일하는 저술가가 수년간에 걸쳐 몇 부의 도서를 만들어 그것을
저자 측근의 동지들에게 회람시킬 수 있었던 위치에서, 사회적으로 조직된 민
중은 그의 저작물을 재현하고, 그것을 광범하게 전파시켰던 것이다. 비록 펜
(pen)은 저술가에 의하여 좌우되는 것이기는 하지만, 진정한 의미에서 그것은
사회 자체가 지시하는 바를 다만 기록할 수 있을 뿐이라고 말할 수 있다. 도서
의 본질적인 사회성은 그 자체의 소성 이외의 제 견지에서 보아도 또한 명백하
다. 책을 생산하는 사회만이 여러 가지 잠재적 능력을 활용할 수 있다.

필기술(筆記術)의 발명은 사회가 그 자체의 지식을 증대시키기 위한 사회적
능력과 획기적인 확장일 것이다. 문자조직에서 창안된 인공적인 기억은 인간
이 딴 방법으로 달성할 수 있는 것보다 훨씬 더 많은 축적방법의 확대를 가능케
했다. 지식의 사회적 축적의 실재는 사회와 그의 개별적인 구성원 간에 확립된
관계에서 가장 중요한 의의를 갖는다. 이러한 축적된 지식은 공동의 복지를 위
하여 각 개인에게 전달되어야 한다(버틀러, 1961: 46~53).

도서라는 것은 단순한 기록에 불과하다. 저자가 지각하고 생각하며 또한 감
각한 지적인 경험기록에 불과한 것이다. 여러 세기에 걸쳐서 사회적 역사를 통
하여 헤아릴 수 없을 만큼의 여러 개인들에 의하여 저술된 그처럼 수많은 기록
에서 사회는 거의 완전에 가까우리만큼 그 자체의 지식을 소유하는 것이다. 그
웅대한 양에 달하는 도서 속에서, 사회는 말하자면, 여러 많은 시대를 통하여
그 사회의 구성원보다 오래도록 존속될 기억을 위한 물리적 장치를 마련했던
것이다. 사회의 어떤 구성원일지라도 오늘날에는 그 민족이 전체적으로 축적
한 지식에 자유로이 접근하게 되었다(버틀러, 1961: 61~62).

버틀러는 여기서 도서와 도서의 집필자인 저자의 노력을 폄하하기 위해
이런 표현을 하는 것은 아니다. 다만 저자의 역할에 대하여 어떤 의미에서
는 저자가 생존하고 있는 세대의 사회적인 경험과 노력의 산물을 기록하

는 도구로 사용되고 있다는 것이다. 저자는 그 시대와 그 사회가 요구하는 기록을 남김으로써 그 사회의 요구를 충족시키고 있는 것이고, 이러한 기록은 결국 후세에 전해져 사회적 지식으로 활용된다. 그는 이러한 사회적 역할과 기능의 전면에 위치한 도서관의 사회적 역할과 기능의 본질을 사유하려고 했다.

　　도서를 읽음으로써 그는 한 시간 내에 학창 시절에 지도받던 정도 이상으로 많은 내용을 습득할 수 있다. 인쇄된 기록의 형식을 통하여, 그는 사회적 기억의 그 어느 부분과도 동일한 내용을 그 자신의 마음으로 옮겨놓을 수 있다. 그는 자력으로 학교교육을 이룩할 수 있고, 또한 자신의 눈으로 교사를 주시하는 대신에 도서를 주시할 수 있다. 이러한 것은 여러 종류의 방식으로 적용될 수 있는 새로운 사회적 작용인 것이다.

　　책 속에 내포된 경험의 기록은 모두 생기 없는 자료들이지만, 그것이 생명이 약동하는 인간의 마음속으로 옮겨질 때에만 사회는 그 내용을 이해할 수 있는 것이다.

　　독서에서 얻는 지식은, 그것을 공동생활의 활기 속으로 주입시킬 수 있는 사람들에 의하여 습득되지 않고서는 사회적 의의를 가지지 못하는 것이다. 그러므로 책을 읽는다는 것이 현대적 사회 구조 속에서 하나의 중요한 요소라는 것은 확실하지만, 이러한 요소의 성격이나 또는 그 자체의 합리적인 통정은 그 어느 쪽이나 모두 사변적인 고찰에 의하여 정의되어질 바가 아니라는 것 또한 명백하다(버틀러, 1961: 62~68).

버틀러는 도서관을 통한 독서의 기능과 효과를 분명한 사회과학으로서의 학교교육과 대비하여 조명하면서 독서의 중요성을 말했다. 그는 도서관의 사회적 기능으로서의 교육의 기능을 부각시키는 가운데 마치 학교가 학생들을 위한 교과과정을 편성하기 위해 노력하듯이 도서관 전문직들은 도서관 이용자별 독서 프로그램을 연구하고 도서를 선정하는 것이 중요하다고 강조했다.

심리적 고찰을 통해 본 문헌정보학 사상

버틀러는 독서가 인간의 지적 활동에 심리적·정신적으로 어떤 영향을 미치고 있는가를 고찰하여 도서관과 문헌정보학의 연구 및 활동에 대해 좀 더 깊이 있는 사유를 시도했다.

한 사회단체에 있어서 지적 활동에 관한 그 어떤 선언이건 그것은 여러 개인에 있어서 작용하는 정신적 활동의 총체로서 유도되는 것이다. 설사 대량의 도서가 비유적으로는 사회적 기억작용을 위한 신경에 유사하다고 할 수 있는 자료적 구성이 된다 할지라도, 그 사회의 구성원의 정신력과 무관한 사회 자체의 진정한 정신력이란 존재하지 않는다.

독서를 통하여 배운다는 것은 여타의 모든 지적 활동과 유사하다. 독서에 있어서 문자, 기호, 단어, 문법적 조직 및 사상과 같은 것은 지역사회의 관례에서 유리되어서는 하등의 의미를 갖지 못한다(버틀러, 1961: 73~74).

정서적인 태도와 개인적 흥미가 무엇이든 간에 활발한 동기, 지식욕이 이러한 욕망을 충족시키는 데 있다고 한다면, 그 과정의 성격을 규정지어야 한다는 것은 자명한 일이다.

독서의 취지는 지식을 책으로부터 마음에 옮겨놓는 데 있는 것이며, 이를 효과적으로 한다는 것은 그 특정의 목표에 적합한 방법을 필요로 한다.

독자는 단순히 기억한다는 것과 완전히 이해한다는 것을 분간해야 할 것이다(버틀러, 1961: 82).

어느 책이나 한때는 인간이었고 그중 어떤 것들은 세대 전체이기도 했던 것이다. 그 책 중에 인간의 경험으로부터 승화된 지식이 존재하는 것이다. ……
독서는 네 가지 상이한 유형(Type)으로 구분될 수 있을 것이다. 즉, 그것은 심
미적인 감상, 준경험, 위안, 직업적 독서 등일 것이다(버틀러, 1961: 84~85).

버틀러는 독서가 인간의 내면에서 어떤 심리적인 작용을 일으키는지를
통찰했다. 버틀러는 여기서 모든 독서가 다 유익한 것은 아니라고 설파했
다. 지식욕 이외의 독서는 불건전한 것이라고 하면서 기분전환과 소일거
리를 위하여 도서를 이용한다는 것은 어떤 때는 현실 도피적인 것이 될지
도 모른다고 우려했다. 버틀러는 교과서와 선전광고, 신문, 정기간행물 등
다양한 독서 대상물(읽을거리)들이 제공하는 독서의 질과 독자들의 심리적
만족에 대해서도 조목조목 사유했다.

역사적 고찰을 통해 본 문헌정보학 사상

버틀러는 역사적인 관점에서 도서, 도서관과 도서관 전문직에 대해 검
토했다.

도서는 문명사회에서만 생산되는 물리적인 예술품이다. 이 자명한 진리의
내막은 복잡하다. 도서 속에는 많은 역사적인 면이 내포되어 있기 때문이다. 도
서의 형태와 구조는 같은 방법으로 여러 세기 동안 그 자체의 여러 가지 조직적
방법을 통하여 문헌정보학에 대한 근본적인 역사적 문제들을 제기하고 있다.
　하나의 공공기관으로서의 도서관의 발달은 또한 문헌정보학에 있어서의 본
질적인 부분이 되고 있다. 각기 시대는 그의 지성적 동향에 상응하는 문자적 기
록을 수집·소장해왔다(버틀러, 1961: 105~106).

도서관사상(圖書館史上), 그 어떤 중요한 사건을 결정하는 힘에 관한 연구는
전문직적인 문헌정보학의 모든 체계에서 확실히 하나의 위치를 차지하지 않을

수 없다. 그러나 그러한 연구결과에서 올 지식은 분명히 도서관 전문직으로서 존재하는 필수 요건이라기보다는 도서관 전문직의 지적인 충실을 위하여 더 많이 기여할 것이다. 그러나 도서관의 제1차적 기능에 대한 기본적이고도 순수한 역사성을 띤 여타의 문제들이 존재한다.

이미 검토해 온 바와 같이, 도서관 전문직의 근본적인 사명은, 사회에 의한 지식의 축적과 생존하는 세대에 대한 지식의 계속적인 전달과정이 문자적 기록이라는 방법으로 이루어지는 한에 있어서의 그 지식의 전달이라는 데 있다(버틀러, 1961: 111~112).

버틀러는 도서의 역사성과 도서관 제도의 사회적 역할이 '지식의 전달자'라는 데서부터 비롯되었음을 상기했다. 그리고 문헌정보학은 새로운 세대의 이용자에게 어떤 도서관 정보 서비스를 어떤 방법으로 전달할 것인가를 연구하는 학문임을 본질적으로 인식했다.

주로 도서관 전문직의 역사적 관심은 과학적 지식 분야에서의 최근의 사건에 그 초점을 정립시킨다. 그의 첫째 의무는, 과학의 선언이 진정하다는 것을 그의 독자들에게 입증하든가 또는 새로운 사실의 발견을 위하여 그들을 돕는데 있는 것이 아니라, 근본적으로 그는 문화적 기록의 보존자로서, 그것이 기록상에 나타나 있는 한 독자들이 요구하는 것이 무엇이든 간에 독자들이 그것을 찾을 수 있도록 도와주어야 하는 데 있다. 만일 도서관 전문직이 직무 수행상 교사의 역할을 수행한다면 그는 사회적으로 표창받을 만한 가치가 있다 할 것이다. 가능하다면 그는 독창적 연구자를 기꺼이 도울 것이다. 그러나 이러한 일은 도서관 전문직의 제1차적 사명은 아니다. 그의 주된 과업은 지역사회를 위하여 그 사회적 복리에 유용하고도 가장 중요한 문서기록을 수집하는 데 있으며 또한 이러한 목적을 위하여 그의 직무를 적절히 조직하고 관리함으로써 최대한의 효율을 도모하여 이들을 활용케 하는 데 있다(버틀러, 1961: 119~120).

버틀러는 대학도서관 사서나 학교도서관 사서처럼 도서관 전문직이 교사로서의 역할이 필요함을 역설하고, 나아가 공공도서관의 교육적인 기능을 배제할 수 없는 주요한 기능임을 인식했다.

버틀러는 독창적 연구자를 돕는 것도 도서관 전문직의 업무이기는 하나 도서관 전문직의 1차적 사명은 지역사회가 생산한 문서기록을 수집·조직하여 관리하고 활용되게 하는 데 있다고 역설했다. 이것은 요즈음 공공기록물관리법령에 따른 자료관의 설치와 운영에 따른 업무도 도서관 전문직의 사명임을 일깨워주고 있다.

버틀러는 도서의 가치가 그 도서가 가지는 사회적인 지식의 산물과 그것을 이용할 때 나타나는 개인적 영향력에 의하여 판가름 나고 있음을 인식했다.

버틀러는 어느 시대에 속했든 도서관 전문직은 저명한 작품이나 저술이 당대의 저자들에 의해서 재해석되었거나 또는 독창적인 본능이 결여된 단명적인 저술일지라도 수서하여 이용에 제공해야 한다고 주장한다. 창작이 아니고 단지 해설에 불과하다고 하더라도 그러한 저술이 활기를 띠고 읽혀지는 동안에는 그의 존재가치를 발견하는 것이 도서관 전문직의 직분이라는 것이다.

버틀러는 도서관 전문직의 관심은 저서가 그 자신의 시대와 지역사회에 있어서 현실적으로 이용되고 있다는 데 두어야 하고 도서의 장서적 가치는 역사적인 평가와 더불어 이용자들의 지식생활에 미치는 영향에 있다고 강조했다.

버틀러는 서지학이 도서가 가지고 있는 본질적인 특징을 간단하게 기록하기 위하여 발전되어 왔음을 인식하면서도 서지학자가 왜 이런 일을 하고 있느냐의 본질적인 물음에 대해서는 명백한 이해를 가지고 있지 않음을 지적했다. 그는 역사적 측면에서도 일의 방법과 기술적인 면보다는 본질적인 이해를 강조했다.

실제적 문제 고찰을 통해 본 문헌정보학 사상

버틀러는 도서관의 실제적인 문제 고찰을 통해 도서관과 도서관 전문직의 역할을 검토했다.

실제적인 문제 고찰을 통하여 도서관 전문직의 직업적 가치에 대한 논란은 그 일에 평생을 바쳐온 사람에 대해서는 일종의 신성모독이 될 것이다. 도서관이 정상적인 사회적 요소로서 생각되느냐, 또는 행복한 개인들에 대한 여분의 필요로 생각되느냐에 따라 공동의 복지에 대하여 대단한 차이를 초래할 것이다. 한쪽의 견해에 의한다면 봉사는 하나의 명백한 의무로서 해석될 것이요, 다른 쪽의 견해에 따른다면 그것은 관료주의적인 은총으로 쉽사리 추락할 것이다. 계획하여 설립된 도서관이 공공 교육적 기구의 하나로서 필수적인 부분이라고 생각되느냐, 또는 생활상의 부수적인 사치를 위한 시설로 고찰되느냐에 따라서 도서관 발전에 대해서 큰 차이를 가져올 것이다(버틀러, 1961: 133~135).

버틀러는 도서관 전문직으로서의 사서가 어떤 직업적인 가치관을 가지고 있느냐가 도서관 정보 서비스의 질을 좌우하게 될 것이라 보았다. 또 도서관이 사회적 요소로서 기능하지 못하고 생활상의 부수적인 사치를 위한 시설로 고찰된다면 도서관 발전에 큰 차이를 가져올 것이라고 경고했다.

버틀러는 도서관 전문직이 소기의 목적 달성을 위해 전문적인 교육과 경험과 능력에 따라 전문직으로 역할을 수행하는 공직자이냐 아니면 자리나 차지하고 있는 단순 명예직이냐 하는 판단은 미래의 도서관 전문직을 선택하는 사람들에게 지대한 영향을 미칠 것이라고 했다.

도서관 전문직의 직분은 자기가 관리하고 있는 도서와 밀접하게 관련되어 있다고 하겠다. 지역사회의 이익을 위하여 도서를 이용시킴에 있어서 도서관 전문직의 유능성은 도서가 지니는 현재적인 위치에 대하여 알고 있는 그의 지식에 의해 좌우될 것이기는 하나, 어떤 개인이 그 많은 저서들을 통독함으로써 그 전부의 내용을 파악한다는 것은 불가능한 일이다. 근면한 독자라 해도 1년에 200권 이상을 넘겨 읽을 수는 없다. 이러한 비율로 일생 동안 1만 권의 독서를 하지 못하는데, 세계적인 문학작품은 대략 850만의 개별적인 저술을 포함하는 것으로 추산되고 있다. 그러므로 도서관 전문직은 그 저서를 직접 안다는 것보다는 오히려 그의 전문직적인 능력 범위 내에서 그 도서에 대하여 배우도록 노력하여야 하는 것이다. 이렇게 하기 위하여 도서관 전문직의 기본적 연구과제는 '서지학사'에 있다. 도서관 전문직은 단순히 전문적인 사회학이나 심리학뿐만 아니라 특수한 종류의 역사과학에도 정통하여야 한다(버틀러, 1961: 136~139).

버틀러는 도서를 이용시키는 매개 역할로서의 사서가 자신이 관리하고 있는 장서에 대하여 폭넓은 지식(자료 자체에 대한 지식)을 가져야 함은 물론, 이를 체계적으로 연구하기 위한 서지학사에 대한 관심과 연구가 필요하고 아울러 사회학, 심리학 등 관련 학문에 대한 지식도 함께 요구된다고 역설했다.

문헌정보학의 발전은 전문직적인 목적에 대한 명백한 해명에서 초래될 확실한 이익보다 더 전문직적인 실무를 위하여 더욱더 유익하게 작용할 것이라는 것을 기대할 수 있을 것이다(버틀러 1961, 139~140).

문헌정보학의 발전이 가져올 것으로 기대될 수 있는 것은 여러 가지 전문직 업적인 활동을 구별해 낼 방법일 것이다. 이전에는 그와 같은 구별은 도서관 전문직에서 인식되지 않았던 것이며 이러한 몰인식이 이미 부당한 것이라고 하는 것은 이론과 원리의 발전에 의한 것보다 오히려 실용상의 구별을 통하여 야기하게 되었다. 그러므로 과거의 전문직으로서의 정상적인 위치를 상기한다는 것은 잘못된 것이 아닐 것이다(버틀러, 1961: 143~144).

버틀러는 의사와 간호사와 병원의 기타 부수인들이 명백하게 역할이 구분되는 것처럼 도서관에서의 전문직과 비전문직의 역할이 구분되지 않는 현실을 개탄하면서 도서관 전문직이 교육, 경험, 지능 및 인격과 관계없이 보임되어서는 안 된다는 것을 시사했다. 작금의 우리나라 국립중앙도서관, 국립대학도서관의 인사방침에서 일부 사서전문직이 수행하여야 할 수서 업무 책임자(예: 수서과장) 등이 업무에 대한 몰이해로 인하여 일반 행정직으로 보임되는 사례가 보편화되고 있는 것과도 비교되는 일이다. 우리나라에서 이 문제는 아직도 도서관 전문직은 물론, 지각이 있는 사람들을 안타깝게 하고 있는 현실이다.

버틀러가 이 책을 기술했던 1933년도의 문헌정보학은 학문으로서의 완전한 틀을 갖추지 못한 상황이었지만 오늘날은 문헌정보학이 박사과정, 석사과정 등의 대학원 과정과 4년제 학부과정 및 2년제 대학과정 등 다양한 학문적인 체계를 가지고 있어서 그 당시 상황과는 격세지감이 있다고 할 것이다. 그러나 오늘 우리나라 도서관 현실에서 다양한 교육을 받은 사람들이 현장에서 제 역할을 감당할 수 있도록 적합하게 활용되지 못하고 있는 일부 현실이 안타깝다.

버틀러는 『도서관학 개론』의 말미에서 도서관 전문직의 관심과 노력을 방법이나 과정보다는 도서관의 본질적이고 근본적인 역할이나 기능에 두어야 할 것을 결론으로 제시했다.

문화를 전승, 창조하는 도서관

오늘날 공공도서관은 너무도 당연하게 문화적 기능과 서지적 기능을 수행하고 있지만 버틀러가 활동하던 시기는 문헌정보학이 학문적으로 정립되어 가는 초기였고 현대적 의미의 도서관의 기능과 역할이 정립되지 못한 시기였다. 따라서 이 시기에 도서관의 문화적 기능을 강조하고 이를 구체화하여 논문으로 발표하는 것은 선각자가 아니면 할 수 없는 일이었다. 그는 문화에 대해서 도서와 도서관의 활동을 연계하여 다음과 같이 이해했다.

> 문화는 잠재적으로 소유하는 경험의 사회적 축적이며, 도서는 이러한 문화적 활동을 통해 얻어진 인류의 기억을 보존하기 위한 사회적 수단이다. 도서관은 문화적 산물인 도서를 현존하는 개인의 의식으로 전달하기 위한 하나의 사회적 기구다(버틀러, 1961: 1).

문화는 세대에서 세대로 이어져 가야 하는 것이며 역사성을 가지는 것이다. 도서관은 인류의 문화유산을 후손들에게 전달해주는 역할을 수행하여야 할 뿐만 아니라 새로운 문화를 창달할 수 있도록 돕는 역할을 해야 할 것이다. 물론 문화적인 매개체가 도서만은 아닐 것이다. 그림으로 표현된 문화유산도 있고, 도자기나 조각으로 표현된 작품도 있을 것이다. 미술품은 미술관에서, 각종 도자기나 조각 및 공예품은 박물관에서 문화적 유산으로 후손들에게 전승되고 있다.

도서는 그 안에 인간의 지혜와 지적 활동의 모든 문화적인 요소들을 문자나 그림으로 표현하여 일정한 매체에 담아놓은 것이다. 후손들은 이러한 것들을 도서관을 통하여 전승받는 것이다.

도서관은 이러한 문화의 전승자요 계승자가 되어야 함은 물론이고 지금 생존하는 세대가 새로운 문화를 창조해 나갈 수 있도록 돕는 역할을 수행하여야 한다. 그러나 도서관의 문화적 기능 수행에 있어서 고려해야 할 것은 도서관만이 할 수 있는 활동이 무엇인지 심사숙고하여야 하는 것이다. 자칫 도서관 본연의 역할을 잊고 저급한 문화를 도서관으로 유입시켜서는 곤란하다.

버틀러는 도서관이 단순한 도서제공에서 발전하여 문화적인 새로운 사명과 서지적인 전통적 기능과 역할을 본연의 업무에 더하여 수행해야 할 것을 강조했다.

요즈음 우리나라에서 일부 도서관이 도서관이라는 명칭을 버리고 '평생학습관'이나 '정보문화센터'라는 이름으로 바꾸면서 도서관에서 헬스클럽이나 수영장을 운영하고 심지어는 재즈댄스나 라틴댄스 같은 문화 강좌를 개설하고 있다. 이러한 행태는 버틀러의 사상에 비추어볼 때 분명히 우려되는 부분이다. 도서관이라는 명칭을 버리고 다른 이름으로 불러도 기능적으로만 도서관 기능이 살아 있으면 될 것이라고 생각하는 일부 사서들의 생각은 분명히 잘못된 것이다.

도서관학의 나침반

≪윌슨 도서관 회보(Wilson Library Bulletin)≫의 노먼 스티븐(Norman Stevens)은 버틀러에 대해 "그는 철저하고 상세한, 그리고 분석이나 요약에 있어서는 꼼꼼한 도서관학자였다. 전기에 들어갈 만한 인물이 부족한 도서관 전문직 현실에서 모델이 된 인물이다"라고 말했다.

≪라이브러리 저널(Library Journal)≫의 토마스 오코너(Thomas F. O'Connor)는 "도서관 수서 및 문헌정보학 교육에 있어서 버틀러를 능가할 인물은 없다. 뿐만 아니라 그는 지식사(Intellectual History) 분야에도 학문적인 업적을 남겼다"라고 말했다.

≪도서관 계간≫1933년 4월호에서 윌리엄슨(W. L. Williamson)은 "버틀러는 우리가 그에 대해 알고 있는 것보다 훨씬 훌륭한 인물이다. 버틀러는 그가 흥미롭게 여기거나 정보로 필요한 경우에는 생각할 수 있는 거의 모든 자료로부터 증거자료를 찾아내어 활용한 부지런한 학자였다"라며 버틀

러를 평가하고 있다.

≪문헌정보학 교육학회지(Journal of Education for Library and Information Science)≫ 1993년 겨울호에서 마틴(Lowell Martin)은 그의 저작물에 대한 서평에서 "이 책은 버틀러가 우리에게 보여준 걸작이다. 전기를 기술하는 데 전체를 언급했으며 통찰력 있게 작성되었다"라고 했고, ≪학술도서관 잡지(Journal of Academic Librarianship)≫의 토마스(P. Steven Thomas)는 "버틀러의 인생과 그 자신의 저서들은 학술연구 및 흠 없는 인용에 있어서 본이 되고 있다"라고 말했다. 이 외에도 많은 관련 인사들이 한결같이 그의 학문과 인생에 대해 경의를 표하는 것을 볼 때 그의 인품이 어떠한지 미루어 짐작할 수 있다.

버틀러가 살았던 당시에만 해도 도서관이란 '도서를 모아두는 곳'이란 개념이 보편적이었던 시절이다. 그러나 버틀러는 도서관을 단지 도서만 모아두는 단순한 곳이 아니고 문화를 만들어내어 이용자들에게 제공하는 창조적인 기관이 되어야 한다는 사상을 가지고 있었다. 버틀러가 철학적 기반을 가지고 사유했던 도서관은 주로 공공도서관을 중심으로 한 것이라고 여겨진다. 그러나 그의 도서관 사상은 공공도서관에만 적용할 수 있는 것은 아니다. 왜냐하면 그의 사유는 용어의 철학적 정의에서부터 출발하여 도서관 전문직의 자격과 도서관의 역할과 기능을 여러 가지 측면에서 살펴보고 종국에는 문헌정보학이 추구해야 할 보편타당한 진리를 도출하기 위한 광범위한 주제에 미치고 있기 때문이다. 그의 실무적인 경험과 철학적 사유의 결과로 얻어진 도서관 사상은 독창적이고 보편적인 진리로 후학들에 의해 재해석되고 발전되어야 할 것이다.

버틀러의 사상으로 비추어볼 때 오늘날 문헌정보학의 발전 방향이 기술적인 측면에 치우쳐있는 현실은 인문적인 측면의 발전이 균형적으로 함께 이루어지지 못함으로 인하여 문헌정보학의 학문적 정립이 만족할 수준에 이르지 못한 것이다.

버틀러의 도서관 사상은 우리나라에서 도서관이 사회적인 기능 측면에서 본질적인 역할에 충실하지 못하고 왜곡되고 있는 현상의 원인이 어디에 있는가에 대해 새로운 시각을 제시해 준다. 또한 우리나라에서 도서관 전문직들이 사회적으로 전문직 대우를 받고 있지 못하는 이유도 같은 측면에서 이해하게 해준다.

버틀러의 도서관 사상은 음미하면 음미할수록 도서관에서 수행되고 있는 업무에 대해 새로운 각도에서 바라보게 도와주는 나침판과 같은 역할을 한다. 도서관과 도서관 전문직에 대한 그의 사상이 얼마나 탁월하고 현실적이며 깊이가 있는 것인가를 새삼 인식하게 된다.

사상과 현장 사이에서

도서관 현장에서 일하면서 느끼게 되는 것 중의 하나는 문헌정보학이 인문적인 학문인가 기술적인 학문인가 하는 근본적인 의문이다. 왜냐하면 대부분 현장에서 해결해야 할 고민들은 기술적인 문제들이기 때문이다. 그러나 점차 도서관 경영과 관리업무를 맡게 되면 근본적인, 인문적이고 철학적인 명제에 대한 의문이 꼬리를 물고 생기기 시작한다.

예를 들면, "도서관의 사회적 역할과 기능은 타당한가?", "도서관 전문직들은 대이용자 서비스에서 어느 정도로 친절해야만 하는가?", "문헌정보학은 정말 과학적이고, 학문적인 가치가 있는 학문인가?", "좋은 서비스를 제공하기 위해서 우리는 어떤 모습의 도서관 전문직이 되어야 하는가?", "부하 직원들에게 마음에서 우러나오는 친절을 갖게 하려면 어떤 정책을 가지고 도서관을 경영해야 하는가?", "도서관 전문직은 기술적인 문제의 해결에 더 많은 노력을 해야 하는가, 아니면 이용자들을 만나고 그들을 이해하는 데 더 많은 노력을 기울여야 하는가?" 등의 끊이지 않는 질문들은 철학적 사유의 필요성을 더욱 간절하게 만든다.

버틀러가 사유했던 명제들이 대부분 지금 우리 현실에서도 적용할 수 있는 것이라는 사실은 앞에서 살펴본 바와 같다. 어떤 것들은 오늘날 도서관 전문직들에게는 이미 상식이 된 것들도 상당 부분 있어서 그의 사상이 오늘의 도서관 사상 형성에 직·간접적으로 많은 영향을 주고 있다는 사실은 의심할 여지가 없다.

버틀러가 고민하고 사유했던 명제들에 대해 앞으로 해야 할 일은 현재의 시점에서도 유효한 명제와 시간이 지나면서 변경될 수밖에 없는 명제들을 구분하여 선택된 누군가에 의해 시대 상황에 맞는 논리와 철학적 사색으로 계속되어야 한다는 것이다.

버틀러는 미래 문헌정보학의 하나의 발전방향으로 도서관 전문직 각자의 개인적 경험으로부터 출발하여 이를 보편화하고 일반화할 수 있는 도서관 서비스에 관한 이론과 철학의 지속적인 연구 필요성을 제시했다. 이러한 버틀러의 미래 전망에 대하여 후학들의 노력이 있었던 것은 사실이나 앞으로도 많은 부분에서 도서관 서비스에 대한 그 시대에 맞는 이론과 철학이 필요하다.

그 한 가지 사례로 우리나라 공공도서관이 소요면적의 상당 부분을 일반 열람석을 만들어 공부방화하고 있는 현실에 대해 도서관 전문직들이 보편적인 문제로 인식하고 있으면서도 개선하지 못하고 있는 것은 도서관의 역할과 기능에 대해 분명한 직업적 철학을 가지지 못하고 있기 때문이 아닌가 생각된다.

도서관 현장에서는 새롭게 재해석된 도서관 철학과 사상을 배우고 익혀서 그 시대가 요구하는 질 좋은 도서관 서비스를 제공할 뿐만 아니라, 나아가 분명한 가치관과 철학을 가지고 도서관 정책을 수립하고 경영하여 그 시대의 이용자들의 요구에 부응함은 물론, 도서관의 본질적 존재 이유를 이해하고 있는 사서들을 길러내어 질 좋은 봉사를 제공해야 할 것이다.

8 도서관학 이론정립의 거성
세라

김미향* · 이지원**

전 세계적으로 널리 알려진 미국의 도서관학자(문헌정보학자) 제시 호크 세라(Jesse Hauk Shera)는 사서이며, 이론가이고, 철학자이고, 교육자이다.

사서로서의 경험을 거쳐 시카고대학교, 케이스웨스턴리저브대학교에서 도서관학 교수로서 평생을 재직하면서 그는 도서관학의 이론적 기틀을 마련하는 데 큰 공헌을 했다. 공공도서관사 연구에서 시작된 그의 연구는 분류, 목록, 서지, 도큐멘테이션, 도서관의 기계화, 도서관학 교육 등 매우 광범위했다. 세라의 다양한 연구들은 도서관학의 본질을 규명하려는 이론들이었으며, 도서관학의 이론적 체계를 정립시켰다. 그의 이론, 사상, 철학은 지금까지도 문헌정보학을 배우고 사서직으로 종사하는 사람들에게 많은 영향을 끼치고 있다.

---

* 서울대학교 중앙도서관 사서, 연세대학교 박사과정.
** 한국교육학술정보원 선임연구원, 연세대학교 문학박사.

불행은 축복으로

문헌정보학의 교육 및 학문적 기반을 정립하는 데 크게 기여했던 세라는 1903년 10월 8일 오하이오 주 옥스포드(Oxford)에서 아일랜드계의 아버지 찰스(Charles Hypes Shera)와 네덜란드계의 어머니 제시(Jessie Shera) 사이에 외동아들로 태어났다. 그는 옥스포드의 낙농업 가정에서 자랐으며, 1921년에 맥구피 고등학교(McGuffey Hight School)를 졸업했다. 고등학교 시절 세라는 토론 그룹에 참여하여 뛰어난 언변술을 익혔으며, 응원단의 회원 및 학생회장을 맡으면서 통솔력을 키웠다. 그는 화학에 관심이 많았고 화학자가 되고 싶어 했다. 그러나 정량분석 과목을 들으면서 시력이 상당히 나쁘다는 것을 알았고 화학자로서 제대로 연구해 낼 수 없다는 사실을 깨달아 꿈을 포기할 수밖에 없었다. 하지만 항상 과학에 관심을 가졌다고 한다. 이후 그는 사회학에 관심을 가졌고 실제 사회학자가 되지는 못했지만 예일대학 졸업 시 그의 석사 논문 「골즈워디의 포사이트[1] 소설의 사회적 배경("Social Background of Galsworthy's Forsyte Novels")」에 영향을 끼치게 된다.

이후 인문과학에 관심을 두게 되는데, 특히 영문학 분야였다. 1925년 오하이오 주 마이애미대학교(Miami University)에서 영문학을 전공하여 우등생으로 졸업했으며 1927년에는 예일대학교(Yale University)에서 영문학 석사학위를 취득했다. 예일대학교에 있는 동안 유일한 관심은 영문학 교수가 되는 것이었다. 그는 오히려 도서관에 대해서는 부정적 입장이었다. 사서는 책 내용에 대해서는 거의 알지 못한다고 생각했으며 도서관이나 도

---

1) 영국의 작가 골즈워디(John Galsworthy, 1867~1993)의 장편 연작소설. 주인공 포사이트는 19세기 영국 부르주아지의 전형이다. 그의 물질만능주의, 돈과 재산에 대한 욕망을 통렬하게 비판하는 동시에, 그의 가족을 중심으로 하여 1886년부터 1932년까지의 영국 사회를 마치 파노라마를 펼쳐 보이듯이 충실하게 묘사한 소설이다.

서관 역사에 대해서는 관심이 없었다(Wright, 1988: 3). 그러나 졸업 후 세계 대공황의 여파로 영문학 교수 자리를 구할 수가 없었던 어려운 경제 여건 상 그의 소망은 좌절되었다.

> 1927년 석사학위 취득 후 나는 두 가지 문제에 직면했다. 하나는 대공황이 시작되면서 인문학 분야의 교수가 될 수 있는 기회가 많지 않았다. 영문학 교수 가 되고자 하는 이는 많았으나 교수 자리가 많지 않았다. 두 번째 문제는 시력 이었다. 이러한 신체적 장애로 직업을 얻기가 쉽지 않았다. 졸업 후 나는 일자 리를 찾아야 했다(Ruderman, 1968: 4).

그는 대공황과 시력의 문제 때문에 결국 옥스포드로 되돌아오게 되었고 마이애미대학교 총장인 휴(Raymond M. Hughes)와 상담을 하게 되었다. 경 제적 어려움으로 교수가 될 기회가 제한되고 있음에 관해서 논의하는 가 운에 세라는 "사서직(librarianship)은 어떤가요?"라고 물었고 휴는 좋은 생 각이라 답했으며, 전문적 교육을 받은 사서 킹(Edgar Weld King)을 소개해 주었다. 그를 방문한 후 세라의 삶은 전환기를 맞는다. 세라는 그때를 다 음과 같이 회고하고 있다.

> 영어 선생은 흔하다. 나의 시력 문제로 인하여 결국 사서의 길에 들어섰지만 그러한 '불행'이 결국 '축복'이었다(Wright, 1988: 4).

세라의 도서관 입문은 본인의 의지가 아닌 불가피한 현실 상황하에서 이루어졌다. 그는 킹의 도움으로 1927년 마이애미대학교 도서관에서 첫 직업을 갖는데, 도서관의 예산 편성상 우선 시간제로 일하게 되었다. 킹은 세라의 영문학 지식 배경을 높이 평가했고 편목 보조원의 일을 맡겼다. 그 는 도서관의 모든 업무 및 경영 관련 업무를 킹을 통해서 배웠다. 그에게는 도서관학교에 들어가서 배운 것보다 킹에게서 배운 것이 훨씬 더 큰 경험이 되었다. 킹과 함께 일했던 해는 세라의 생에 있어 가장 중요한 한 해가되었는데, 영문학에서 벗어나 도서관학을 껴안겠다는 결심을 하게 되었기 때문이다. 세라는 1년 동안 킹 휘하에서 도서관 업무를 배우고 익힌 후, 킹의 권유로 킹이 졸업한 컬럼비아대학교 도서관학교(Columbia University Library School)에 입학했다. 입학 후 어느 날 마이애미에 있는 인구문제 연구소 스크립스 재단(Scripps Foundation for Research in Population Problem)의 소장인 톰슨(Warren S. Thompson)이 사서를 구하며 도서관학교의 졸업 여부는 상관없다는 제의를 하게 되고 킹의 소개로 세라는 그곳에서 1928년부터 1938년까지 사서이자 연구 보조원으로 근무했다. 세라는 재정적인 뒷받침이 되므로 컬럼비아대학교 도서관학교의 입학을 철회하고 스크립스 재단에서 근무를 시작한 지 6개월 후에 마이애미대학교의 사서였던 헬렌(Helen Bickham)과 결혼했으며 이후 2명의 자녀(Mary Helen, Edgar Brooks)를 두었다.

세라는 서지가 및 연구자로서 톰슨을 도와 인구문제에 관한 자료들을 선별하는 등 그의 저술 활동을 도왔다. 이러한 경험을 통해서 그는 인구문제 전문가로서 명성을 얻었고 전문적인 통계학자 및 서지학자가 되었다. 그가 회고하길 "이 시기에 나는 도서관 업무에 매우 흥미를 갖게 되었고, 특히 전문도서관에 관심을 두었다"라고 했다. 이곳에서는 인구증가에 대한 예측 등 통계적인 작업들을 주로 하게 되었으므로 계산기와 표작성 기계(calculation and tabulation machines)를 사용해서 연구를 수행했고, 컴퓨터를 접하게 되었다. 이러한 경험을 통하여 컴퓨터의 조직적인 능력을 도서관 및 여타 기관들의 실제 업무에 응용하는 것에 평생 관심을 갖고 정보학 발전에 이바지하게 된다.

1938년 시카고대학교 도서관학대학원(Graduate Library School, 이하 GLS) 박사과정에 입학한 세라는 2년 동안 GLS에서 윌슨(Louis Round Wilson), 와

플스(Douglas Waples), 조클(Carleton B. Joeckel), 버틀러(Pierce Butler), 빌(Ralph A. Beals) 등 전문가들과 만나게 되고 친분을 맺는다. 1944년에는 미국공공도서관의 역사 연구로 시카고대학교에서 도서관학 분야 박사학위를 취득하게 되었다. 그의 논문은 1949년에 『공도서관의 기반(Foundations of the Public Library)』이란 제목으로 출간되었다.

1940년부터 1941년까지 세라는 미국국회도서관의 인구조사 프로젝트(Census Library Project)의 책임자(chief)로 근무했으며, 1941년부터 1944년까지는 전략활동국(Office of Strategic Services, 이하 OSS)[2]의 중앙정보부(Central Information Division)의 책임자(department chief)로 근무했다. 그는 전쟁 기간 동안 OSS에서 전통적인 도서관, 그림 소장품, 지적 문헌 등의 감독 및 검열 작업을 했고, 이러한 대량의 자료들을 쉽게 검색할 수 있도록 자료들을 조직화해야만 했다. 스크립스 재단의 계산기 사용 경험을 토대로 하여 표준 주제표목표(오늘날의 시소러스)를 개발해서 자료들을 IBM 펀치카드에 입력하고 정보를 기록·저장·검색하는 데 사용했다. IBM을 이용한 기술적 실험 이외에도 정부 도서관 경영에 대해서 가치 있는 경험을 쌓아가게 되었다.

세라는 빌과 돈독한 친분관계를 맺는데, 빌은 1942년 시카고대학교 도서관의 관장이 되었다. 빌의 제안으로 세라는 1944년 3월부터 1947년까지 시카고대학교 도서관에서 기술봉사 부서담당 부관장직을 맡았고 이후 이용자봉사 부서담당 부관장직을 역임했다. 그는 이용자봉사 부서를 더 선호했는데 이용자들에게 봉사하면서 더 많은 기회가 주어진다고 여겼다. 빌은 GLS의 대학원장이 된 후에 세라에게 교수직을 권했다. 그리하여 세라는 1947년부터 1952년까지 시카고대학교의 도서관학 대학원의 부교수

---

2) 미국의 해외정보수집과 공작을 담당하는 기구로 제1차세계대전을 겪으면서 영국, 미국 등에서 국가정보기관의 필요성이 대두되면서, 미국의 루스벨트 대통령이 1942년 설립한 것이다. 1945년 OSS가 해산된 뒤 그 후신으로 미국중앙정보국(CIA), 국방부, 국가안전보장회의(NSC) 등이 1947년 설립되었다.

가 되어 강의를 했다. 그는 미국의 사서직과 도서관학 교육에 매우 열중하여 1950년에는 이간(Margaret E. Egan)과 함께 서지조직에 관한 학술대회를 갖는 등 여러 활동을 벌여나갔다.

1952년 봄, 세라는 버틀러를 만났다. 버틀러는 그에게 웨스턴리저브대학교(Western Reserve University, 이하 WRU)에서 도서관학교(School of Library Science)의 대학원장을 뽑고 있으며, 세라가 원한다면 세라를 위한 편지를 쓰겠노라고 제안했다. 또한 같은 사무실에 있던 이간도 도큐멘테이션 분야의 실무 경험으로 WRU에 지원해 보라고 권했다.

미래를 보는 눈에는 장애가 없다

1952년 세라는 WRU의 총장인 밀리스(John Schoff Millis)의 초청을 수락하여 WRU의 도서관학교의 대학원장으로 임명된다. 대학원장이 된 후 학과 과정들을 확대하고 개편하며 많은 혁신을 가져온다. 또한 같은 해 미국도큐멘테이션기구(American Documentation Institute, 이하 ADI)를 재조직화하며, 나아가 ADI가 정보 보존을 위해서 전자적 형태에 관한 응용 연구를 하도록 변모시켜나갔다. ADI는 훗날 미국정보학회(American Society for Information Science)가 되었다. 1953년에는 ADI의 기관지인 ≪아메리칸 도큐멘테이션(American Documentation)≫의 편집인 및 경영을 맡아 활동했다.

정보 저장을 위해 실질적으로 컴퓨터를 응용하는 데 날카로운 안목을 유지하던 세라, 페리(James W. Perry), 켄트(Allen Kent)는 1955년 도큐멘테이션·커뮤니케이션연구센터(Center for Documentation and Communications Research, 이하 CDCR)를 설립했으며, 정보저장의 선구적 방법과 기술 및 정부, 기업, 도서관, 대학 등에서 분야 간 검색에 대한 연구를 했다. 세라의 가장 큰 업적이었던 CDCR은 매우 성공적이었으며 1956년에 기록지식의 실용적 이용법

(Practical Utilization of Record Knowledge, 이하 PURK)에 관한 국제회의를 개최했다. 이 회의는 도서관계뿐만 아니라 기업, 산업, 정부 및 대학을 대표한 약 700여 명의 참석자들이 참석한 가운데 대단한 성공을 거두었다. 이 회의는 이후 10년 동안 연속적으로 개최되는 중요 회의가 되었다.

페리는 WRU에서 탐색 선별기(searching selector)를 설계하고 고안했다. 1959년 초에 대학은 CDCR을 위한 초고속전자대응물을 구축하기 위해서 '제너럴 일렉트릭(General Electric)사'와 계약을 맺었다. 연구계약은 다양한 과학학회와 정부기관 간에 맺어졌으며, 특히 야금술의 문헌을 조직하고 초록하는 미국금속학회(American Society for Metals)와도 계약을 체결했다. 다양한 운영 기법으로 이들 모두가 성공적이었고 정보축적과 검색에서 연구개발, 새로운 방법의 평가를 증진시켰으며 CDCR의 역할은 크게 확대되었다. 페리는 1960년에 WRU를 떠났고, 켄트는 1962년에 떠났다. 그래서 세라는 1963년에 골드윈(A. J. Goldwyn)을 CDCR의 선임위원이자 사무총장으로 임명하고 직원들을 경영의 부담에서 자유롭게 하기 위해 센터의 업무를 재조직하여 비교시스템연구소(Comparative Systems Laboratory)를 창설했다.

CDCR의 업무 수행과 적극적인 회의 참석 등 세라는 도서관학대학원의 원장과 경영자로서 책임감을 갖고 임했을 뿐만 아니라 교육에서도 열성을 보였고, 1954년에는 대학원 50주년 행사를 계획하고 의식을 거행했으며, 중요한 사무를 관장했다. 더불어 ADI 기관지의 편집인(1953~1960), 웨스턴 리저브 출판사의 편집인(1954~1959년)으로 활동했고 ≪윌슨 도서관 회보(Wilson Library Bulletin)≫에도 매달 고정적으로 칼럼을 기고했다(1954~ 1959). 클랩(Verner Clap)은 "세라는 우리를 위해 너무 많은 일을 했다"라고 하며 세라의 열정에 대해 언급하고 있다.

세라는 도서관학 대학원장으로서 전임강사를 증원했고, 추가적인 연구와 학위논문 작성을 통해 학위를 얻을 수 있는 대학원 과정을 개설했다. 1956년에 세라는 WRU 대학원장인 위트키(Carl F. Wittke)의 도움으로 도서관정보학 분야의 박사과정을 설립했다. 이어서 라우스키(Conrad H. Rawski)와 협력하여 학제 간 교과과정에 융통성을 부여했고 이를 통해 성공적이고 엄격한 연구 중심의 프로그램을 개발했으며, 학생들에게 자유롭게 질의할 수 있는 구조로 강의와 연구 기회를 허용했다.

그는 도서관학의 교육적 기반에 대한 관심을 갖고 도서관학의 이론과 철학에 관하여 교수들과 회의를 연속적으로 개최했다. 1956년에는 3년 연구 기간으로 카네기재단(Carnegie Corporation)으로부터 기금을 받았다. 이 연구의 결과로 1972년에는 『문헌정보학의 교육 기반(Foundation of Education for Librarianship)』을 출간했다. 그의 다방면에 걸친 활동과 여러 어려움들로 인하여 출판이 지연되기는 했지만, 세라는 '최초의 투자에 대한 지혜가 판가름되는 것은 연구 결과물의 질에 달려있다'라고 천명하고 있다. 이 책으로 세라는 1974년 스케어크로 출판사 상(Scarecrow Press Award)을 수상했다.

도서관학 대학원장으로서 세라는 교육자, 강사, 회의 참석자, 상담가, 전문적 업무의 감시자이며, 비평가, 저자, 평론가, 집필자, 이야기꾼으로서 끊임없는 활동을 했다. 세라는 심각한 시력 약화에도 불구하고 생애 전체를 통해서 그의 열정과 지적 능력, 업무 능력을 중단 없이 펼쳐나갔다.

베트남전쟁으로 인하여 경제적 어려움이 밀려들게 되었고, 이러한 재정적 어려움을 해결하고자 1967년에 웨스턴리저브대학교(Western Reserve University)는 케이스공과대학교(Case Institute of Technology)와 통합하여 케이스웨스턴리저브대학교(Case Western Reserve University, 이하 CWRU)가 되었다. 그는 1970년 은퇴할 때까지 도서관학 대학원장을 역임했다. 은퇴 후 1년 동안 텍사스대학교(University of Texas)의 도서관학대학원 과정의 초빙교수로 있었고 1972년에는 CWRU에 명예 대학원장 및 교수로서 다시 돌아왔다. 이후 세라는 1982년 3월 8일 오하이오 주 클리블랜드(Cleveland)에서 세상을 떠날 때까지 학생, 동료들과 함께 활발하게 활동했고, 강의, 교수 및 많은 저술을 남겼다.

"그는 태어날 때부터 부분적으로 시각장애자였지만 미래를 볼 수 있는 전문가적인 안목을 갖고 있었다"라고 그를 기리는 ≪대학 및 연구도서관 소식(C&RL News)≫지의 글에서 다시 한 번 그의 업적과 영향을 짐작해 볼 수 있다(ACRL, 1996: 787).

세라는 전문가로서 업적과 평가를 나타내는 수많은 전문적 단체의 회원으로 활동했다.

① 미국도서관협회(American Library Association, ALA): 명예 평생회원, 1964~1970년 자문위원

② 전국도서관협회협의회(Council of National Library Associations): 1964~1966년 이사회 회원(member of board of trustees)

③ 미국도서관학교협회(Association of American Library Schools): 1964~1965년 회장

④ 전문도서관협회(Special Library Association)

⑤ 미국도큐멘테이션기구(American Documentation Institute)

⑥ 미국역사가기구(Organization of American Historians)

⑦ 오하이오도서관협회(Ohio Library Association): 명예 평생회원, 1963~1964년 회장

⑧ 클리블랜드의학도서관협회(Cleveland Medical Library Association): 명예 회원

⑨ 기타: 애슬립(Aslib), 피베타카파(Phi Beta Kappa), 베타피무(Beta Phi Mu), 피알파테타(Phi Alpha Theta), 캑스턴 클럽(Caxton Club), 클리프 주민 클럽(Cliff Dwellers Club), 로우판 클럽(Rowfant Club), 전문직 남성 클럽(Professional Men's Club), 포트 가랜드 드래군(Fort Garland Dragoons)

또 국제적 활동으로는 1950년 파리에서 열린 국제서지조직에 관한 유네스코 회의의 미국 대표로 활동했고, 같은 해 영국의 도킹(Dorking)에서 열린 분류에 관한 국제회의에서 국립과학재단(National Science Foundation)의 대표로서 활동했다. 또한 리우데자네이루(Rio de Janeiro)에 있는 브라질 서지·도큐멘테이션연구소(Brazilian Institute of Bibliography and Documentation)의 초빙강사였었으며, 인도 방갈로르의 도큐멘테이션 연구·훈련 센터(DRTC) 및 런던 도서관학교(London School of Librarianship)에서도 초빙강사로 활동했다.

도서관학의 진정한 선구자였던 세라는 도서관학 교육에 뛰어난 기여자로 인정받아 베타피무 상, 멜빌듀이 상 등을 비롯한 수많은 상을 수상했다.

① 1965년 미국도서관협회의 베타피무 상(Beta Phi Mu Award)[3]
② 1968년 미국도서관협회의 멜빌듀이 상(Melvil Dewey Medal)[4]
③ 1969년 오하이오도서관협회(Ohio Library Association)의 올해의 사서상 (Librarian of the Year Award)
④ 1971년 드렉셀대학교(Drexel University)의 전문직업적상(Professional Achievement Award)
⑤ 1977년 시카고대학교(University of Chicago)의 자랑스러운 동문상 (Distinguished Alumnus Award)

---

[3] 1965년부터 매년 사서직 교육에 있어 뛰어난 업적을 남긴 문헌정보학대학원의 교수나 개인에게 주어지는 상이다. 베타피무 국제문헌정보학명예학회(Beta Phi Mu International Library Science Honorary Society)의 기부로 500달러의 상금과 표창장이 주어진다. 베타피무(Beta Phi Mu)는 그리스어로 '도서관은 지식의 수호자이다(Libraries are the guardians of knowledge)'라는 뜻의 머리글자를 딴 것이다(http://www.ala.org/work/awards/recogaw.html).

[4] 1953년부터 매년 도서관경영, 훈련, 편목과 분류 등 도서관 분야의 발전에 공헌한 개인이나 기관에 수여하는 상이다(http://www.ala.org/work/awards/recogaw.html).

⑥ 1973년 미국도서관협회의 리핀코트 상(Joseph W. Lippincott Award)[5]

⑦ 1973년 미국정보학회(American Society of Information Science)의 공로상
(Award of Merit)[6]

⑧ 1975년 오하이오도서관협회의 도서관 명예의 전당(Library Hall of
Fame)에 선출

⑨ 1975년 미국도서관협회의 스케어크로 출판사 상(Scarecrow Press
Award): 1972년에 출판된 저서 『문헌정보학의 교육 기반』으로 수상

⑩ 1976년 볼주립대학(Ball State University)의 명예 법학박사학위(LL.D)

⑪ 1976년 발드윈월레스대학(BaldwinWallace College)의 힐버트 피킨 상
(Hilbert T. Ficken Award)

⑫ 1978년 인도의 카울라재단(Kaula Foundation)의 카울라 금상(Kaula
Gold Medal)

그의 사후 ALA는 학자, 철학자, 교육자로서, 문헌정보학의 역사에 탁월
한 모습을 보인 세라에게 경의를 표하기 위해 1975년부터 도서관 관련 연
구에 뛰어난 사람에게 수여했던 LRRT(Library Research Round Table) 상을
1988년부터 제시 세라 상(Jesse H. Shera Awards Research)으로 명칭을 변경
했다. 1998년부터는 제시 세라 상을 우수한 출판 연구물(Jesse H. Shera
Award for Distinguished Published Research)과 박사학위 논문 연구지원(Jesse
H. Shera Award for the Support of Dissertation Research)으로 분리하여 수여하
고 있다.

---

5) 1938년부터 매년 전문 도서관 단체에서의 뛰어난 활동이나 훌륭한 저작 활동 등 사서로
서의 전문직 활동에 두드러진 사람에게 주어지는 상이다(http://www.ala.org/work/awar
ds/recogaw.html).

6) 1964년부터 매년 정보학 분야에서 뛰어난 업적을 보인 사람에게 주어지는 상으로서, 미
국정보학회 최고 권위의 상이다(http://www.asis.org/awards/award_of_merit.html).

또한 CWRU에는 세라 추모기금(The Jesse H. Shera Memorial Endowment Fund)이 만들어져서 도서관학 교육을 위해 조교수의 연구를 지원했다. 그러나 1985년 도서관학교가 문을 닫은 후에는 인문과학 분야를 지원하고 있다. 그래서 세라의 이름은 CWRU에 영원히 남아 그의 학문과 교육에 관한 폭넓은 관심과 인문학적 애정이 살아 숨 쉬고 있다.

무엇이 도서관 역사의 진정한 가치인가?

'기반(Foundation)'은 세라가 즐겨 쓰는 단어로써 그는 도서관학 분야의 기초 및 토대에 관한 연구를 중심으로 저술 활동을 시작했다. 마찬가지로 그의 박사학위 논문 「공공도서관의 기반(Foundation of the Public Library; the Origins of the Public Library Movement in New England, 1629~1855)」도 도서관 및 도서관학의 근원을 역사에서 찾고 있다. 그는 도서관사 연구에 있어서 미국 도서관계의 요람이라 할 수 있으며, 문화적 기록이 상세하게 보존되어 있는 뉴잉글랜드(New England)가 이 연구를 시작하는 장소가 된다고 언급하고 있다(Shera, 1949: v). 청교도단(Pilgrims)이 플리머스 록(Plymouth Rock)에 처음 상륙한 이후로 한 세기도 못 되어 엔디콧(John Endicott)이 식민지에 소규모의 장서를 들여왔는데 이것은 분명히 그 공동사회가 이용할 수 있도록 의도된 것이며, 220년이 지난 후에 보스턴의 시민들은 자발적으로 무료도서관(free library)을 여는 데 충분한 자금을 지원했다. 이것이 미국 공공도서관의 초석이 되었다. 이러한 사건들을 통해서 200년 동안 경제적·사회적 변화의 영향권하에서 공공도서관의 체계가 서서히 자리를 잡아나가게 된다(Shera, 1949: 245).

사실 도서관 역사의 저술은 장구하게 사건들을 설명하고 사람, 주위 환경, 성장 발전 등을 다루기에 지루하게 여겨진다. 그러나 도서관의 이러한 옛것에 대한 전기를 쓰는 작업을 통해 도서관의 출현에 관하여 종합적으로 인식할 수 있게 된다. 역사적 연구를 보면 미국 공공도서관의 발전과 이를 제도화하려는 과정이 결국 미국문화의 특성을 나타낸다. 즉, 사회가 도서관을 규정하고 있듯이, 사회적 맥락 안에서 도서관을 해석하고자 했다.

그는 논고에서 사회적 '기관'과 사회적인 '제도'에 관한 언급을 하면서, 공공도서관을 사회적인 '제도'보다는 사회적인 '기관'으로서 간주하고 있다. 이렇게 구별하여 보는 것은 도서관과 도서관이 속해 있는 사회적인 환경 간의 관계를 완벽하게 이해하기 위한 기본 바탕이 된다.

사회적인 '제도'가 일차적이며 기초적이라 한다면 사회적인 '기관'은 이차적이며 유추되는 것이다. 가족과 국가는 '제도'이며, 학교, 도서관, 박물관은 '기관'이다. 전자는 사회의 형태를 결정하는 것이며, 후자는 그 형태에 의해서 결정되는 것이다. 기관은 제도의 도구이며 이 도구를 사용해서 제도는 사회적 통제를 할 수 있는 것이다. 세라는 도서관 자체가 사회의 창조물이므로 도서관의 목표는 근본적으로 사회개선 및 발전에 있다고 보았다. 따라서 공공도서관의 역사는 "협의의 보존적 기능에서 일반 대중의 교육 진보를 향하여 광범위한 프로그램으로 변화하는 기록이다"(Shera, 1949: v)라고 정의하고 있다. 도서관을 축적된 지식의 유일한 보관소라고 한다면 적절하지 않은 것이며 그 사회의 삶에 개인들이 참여하도록 독려하고 의식적으로 찾는 사회적 필요에 의한 것이라고 말하고 있다. 그는 논문에서 다음의 말로 종결했다.

좀 더 다음 세대가 도서관사를 검토하고 무엇인가를 배우려고 한다면, 공공도서관의 목적은 직접 그 사회 자체의 목적에 규정된 것이라고 말하고 있다. 도서관의 참된 준거는 그 시대의 문화 안에 있다. 나라가 나아가고 있는 방향이 혼란스러운 시기에는 사서는 도서관의 목적을 확실히 볼 수 없다. 그러나 나라가 나아가는 방향·목표가 명확한 시기에는 공공도서관의 기능은 정확하게 정의될 수 있다고 본다(Shera, 1949: 248).

그의 역사에 대한 의식은 여러 문헌을 통해서도 잘 나타나고 있는데, 버틀러의 말을 인용하여 역사인식의 필요성을 재차 강조했다.

도서관학은 역사적 기원에 대해 알고 있어야만 비로소 충분히 이해될 수 있다. 사서의 역할은 부분적으로는 역사적인 이해에 의해서만 결정될 수 있을 것이다. 사서가 분명한 역사의식을 갖고 있지 못하다면, 그 사회에 제대로 봉사할 수 없게 된다(Shera, 1952: 240).

역사에 대한 저술은 인간의 문헌 활동의 가장 오래된 형태의 하나이다. 그렇게 오랜 세기 동안 살아남았다는 그 사실이 사회적 중요성을 증명하는 것이다. 많은 학자들이 역사를 재검증하는 데 수많은 시간을 들이고 있다. "역사란 무엇을 위해 있는가?" 역사의 사회적 유용성에 관한 모든 논쟁은 그 집단의 집합된 기억으로써 개인의 기억과 역사 간의 유사성으로부터 추출된다. 과거에 관한 기억은 추론이나 사고방식에 있어서 가장 필수적인 부분이다. 듀이(John Dewey)는 "사고란 각각 서로에게 경험의 실제적인 내용의 재건축된 운동이다"라고 했다. 당연히 자동적으로 과거 경험을 회생하는 개인의 능력은 부족하다. 그러므로 사회는 반드시 사회 집단의 기억을 생산해 낼 수 있어야 한다. 그러나 역사의 목적을 회상이나 기억이라는 것만으로 표현하는 것은 충분하지 않다. 과거가 생생하게 살아 있고 현재를 좀 더 잘 이해하는 매체가 되도록 종합적이고 통합적으로 과거를 재구성해서 실제적으로 이해되지 않는다면 과거 사건의 단순한 설명은 불충분하다. 그러한 해석이 없다면 역사는 빈 골동품으로 전락되는 것이다(Shera, 1952: 241~242).

세라의 공공도서관 역사 연구와 관련해서 사회 교육적 측면에 대하여,

프랭클린(Benjamin Franklin)이 조직한 준토(Junto)[7]가 18~19세기의 회원제 도서관(social libraries)을 창설하게 되며, 이는 '자기 스스로의 향상'을 갈망하는 사람들의 자발적 의지로 이루어졌다고 언급하고 있다. 이용자들은 경제적 보증을 얻고 싶어 했고 자기들의 교육과 능력 향상을 위해 필요한 자료를 공공도서관 등에 요구하기 시작했다. ALA는 이러한 사회적 추세에 대응하여 1930년대에는 '성인교육' 운동을 확장해 나가고, '목적이 있는 독서(Reading with a Purpose)' 총서를 펴내었다. 공공도서관은 독자들에게 자문봉사를 시작했고, 공개토론회를 구성하고 성인교육위원회를 활성화하고, 독서 목록을 제공하는 등 사회의 교육적 기능을 하기 위하여 노력했다. 세라는 교육자와 사서는 책과 사상을 이용하므로 사서는 교육자라고 할 수 있다고 보았다.

무엇이 도서관 역사의 진정한 가치인가? 도서관 역사를 무시하면 혼란된 사고를 야기하고 잘못된 노력을 유발하는 상황이 발생하며, 결과적으로 전문적으로는 황폐화와 사회적으로는 유감스러운 결과가 초래된다(Shera, 1952: 243).

도서관의 역사는 문화와 물리적 존재 현상 및 지적 과정의 전체, 이 세 가지와 관계될 때만이 기술될 수 있다. 도서관은 문화의 완전한 형태의 기관이며 좀 더 세밀히 말하면 '기록 커뮤니케이션(graphic communication)' 시스템의 한 부분이고 그것의 역사적 기원은 사회 양식의 모든 부문이 '기록 커뮤니케이션'의 생산, 유통, 이용을 거치는 것이다. '기록 커뮤니케이션' 과정의 기관으로서 도서관 역사의 출현과 발전은 물리적·사회적·지적인

---

7) 지식에 대한 열정과 욕구, 그리고 자신을 향상시키고자 하는 욕망 등을 만족시키기 위하여 프랭클린이 1728년 필라델피아에서 조직한 토론 집단(남태우·김상미 공편, 2001: 156).

전체 환경과의 관계에서 수용되고 이해되어야 한다. 커뮤니케이션의 과정은 개인적이며 직접적이고 즉각적이었기에 전송의 문제는 단순하며 지엽적인 문제였다. 그러나 공간과 시간을 통해서 좀 더 큰 범위로 커뮤니케이션 과정이 확장 가능해졌고 또 문화의 양식이 점차 복잡해지고, 사회의 정보 요구가 좀 더 이질적이고 심지어는 충돌되기 때문에, 문화의 여러 측면에 대한 역사적 발전의 이해는 필수적이다. 사서가 분명한 역사의식이 없다면 그가 속한 사회에 제대로 봉사할 수 없다. 사서의 봉사가 성공하기 위해서는 실제 업무에 있어 역사적 진실과 가치를 찾으려는 노력이 확장되어야 한다. 우리가 도서관 역사에 매달릴 때 도서관학은 우리의 실체가 될 것이다. 역사는 우연이거나 사소한 것이 아니며, 과거와 미래가 만나는 교차점의 끊임없는 균형이다.

도서관은 이용자와 지식의 매개 역할로서 존재한다

세라의 '서지'에 관한 이론은, 도서관이 사회적 커뮤니케이션 도구로서 그 본질적 역할을 하며, 이용자와 문헌 또는 지식의 매개 역할로서의 도서관의 존재 이유를 설명한 부분이다.[8]

세라는 서지를 두 가지 측면으로 보는데, 첫째는 거시적(macrocosmic) 방법으로, 서지를 커뮤니케이션의 하나로 보고 커뮤니케이션 그 자체를 사회 조직이나 사회활동의 도구로 보는 경우이다. 둘째는 공동 관심을 가진 특정인들의 요구에 의해 만들어진 개별적인 도구로서 서지를 보는 측면이

---

[8] 세라의 서지이론과 이러한 서지를 조직화하는 도구로서의 분류에 관한 사상을 그의 논고를 중심으로 살펴본다(Shera & Egan, 1951; Egan & Shera, 1952: 125~137; Brookes, 1973: 233~245; 한성택, 1989: 123~143).

다. 그러나 후자의 경우 개개의 서지는 상호 공통된 인식이나 상대방을 인식한 관계도 갖지 않은 것으로서 이것을 세라는 미시적(microcosmic) 관점이라고 부르고 있다. 즉, 커뮤니케이션 전체 흐름의 일부분만이 관찰 대상인 것이다.

> 미시적 관점에서 …… 다양한 분야의 학자나 연구자들이 이용할 수 있는 서지봉사가 너무 산재되어 있는데 마치 철도에 비하면 지방마다 부분적인 연락망이 있으나 전체로서는 협력망 없는 선로와 같은 것이다. …… 서지는 잘 손질된 선로에 사상과 정보를 나르는 운반체계(carrier system)이다(Egan & Shera, 1952: 125).

많은 학자들이 서지봉사(미시적 관점)에 대해서 불만의 소리를 내고 있거나 새로운 봉사를 요구하고 있으며, 이를 위해서는 단일 집단의 개별 요구사항에 제한되게 관심을 두는 것보다는 오히려 전체로서 그 문제를 해결해야만 한다. 서지에 대한 미시적 관점은 경제적인 낭비와 지적인 좌절감 및 문화적 부적응 사태까지 초래할 수 있다.

메들라스(MEDLARS)와 같은 정보 시스템이 전 세계적으로 광의의 네트워크를 통해서 이용되고 있고, 영국국가도서관(British Library)도 마찬가지이다. 세계과학정보유통체제(UNISIST) 프로젝트는 '거시적' 관점이 모든 도서관과 정보 시스템의 합리적인 발전을 위해서 필요하다는 사실을 인식하고 프로젝트를 수행하고 있다(Brooks, 1973: 235~236).

이와 같이 서지봉사는 점차 커뮤니케이션의 도구로서 거시적 관점으로 변모되어 가고 있다.

서지와 커뮤니케이션
커뮤니케이션은 사회 발전 과정의 기본적 요소로 한 개인으로부터 타인에게로 생각을 전달하는 구조이다. 지식의 전달은 '개인적 운반수단 (personal carrier)'에 의한 구두 커뮤니케이션(oral communication)으로 이루어 진다. 개인적 운반수단은 지식을 누적하여 이것을 구두로 전달하는 것으로서 언제나 가장 중요한 지식의 전파자이다. 그러나 오늘날에는 자기의 기억이나 한정된 환경의 직접 관찰보다는 펜, 인쇄술, 타이프, 필름, 레코드, 라디오 등과 같은 기록(graphic record) 커뮤니케이션 도구에 의존하는 정도가 훨씬 크며 커뮤니케이션의 중요 도구가 된다(Egan & Shera, 1952: 126~127).

기존의 커뮤니케이션 연구는 매스컴(mass communication)에 초점을 맞추어 조작자(manipulator)에서 청중(captive audience)으로 향하는 커뮤니케이션에 한정되어 있었다. 매스컴에는 두 가지 특징이 있는데, 하나는 매스컴의 내용이 전하려는 측에 의해 결정되므로 전하려는 측의 목표에 도달되도록 많은 사람이 따르게 하는 것이 유일한 목적이라는 것이다. 또 다른 특징은 전달하려는 측에서는 고도의 의욕과 행동을 보이지만, 받는 측에서는 수용할 수도 있고 순간적으로 귀만 기울일 수도 있다는 것이다.

그러나 서지는 매스컴과 달리 예상되는 받는 측(prospective receptor)이 바라고 있는 내용을 포함하며, 기록물의 위치를 찾는 수단이다. 받는 측의 의욕이 필수적이다. 매스컴과 또 다른 점은 서지는 단 한 사람을 위한 것일 수도 있고, 특정 상황하에서 필요로 하는 특정 정보 또는 사상을 얻어내는 것일 수도 있다.

도서관 또는 서지봉사는 이러한 커뮤니케이션을 기반으로 하고 있다. 브린튼(Crane Brinton)은 '기록 커뮤니케이션'으로서의 서지에 관련하여 다음과 같이 말했다.

가장 큰 문제에 대한 해답은 우리가 천재라고 부르는 사람들에 의해서 이루어진다. 그러나 연구와 실제 생활에 있어서 수많은 연구자들의 완전하고도 지속적인 작업 덕분에 천재는 답할 수 있는 것이다(Egan & Shera, 1952: 125).

이것은 서지적 커뮤니케이션을 의미하며, 첫째, 각 그룹 내(within), 둘째, 학자·연구자로 이뤄지는 몇 개의 그룹 간(among), 셋째, 학술수준의 그룹과 실무자·교육자·일반인으로 이루어지는 여러 그룹 간(between) 커뮤니케이션이 이루어지고, 이를 통해 학술연구의 성과가 사회적으로 유용하고 가치 있게 된다는 것이다.

세라는 다양한 분야의 지식을 위해 간단하게 목록 작성하는 것 등을 포함하여 서지 역할에 대해서 '피라미드(pyramid)' 개념으로 설명하고 있다. 하단에는 일반적인 목록이나 색인이 바탕을 이루고 상부에는 좀 더 선택적인 초록과 서지적 평론 등의 계통적인 출판물이 있고 꼭대기 부분에 연간보고서, 연감 등 그해의 가장 중요한 출판물의 요약 자료로 구성되어 전체가 통합적으로 모양을 이루고 있다(Egan & Shera, 1952: 126). 이와 같이 피라미드로 설명한 서지자료들은 서지적 커뮤니케이션을 통해서 기본적으로는 관련 분야의 연구자에게 도움이 되며, 때로는 타 분야 연구자에게도 도움이 되어 '거시적' 관점에서 지식이 통합적이며, 도구적임을 분명히 하고 있다.

기록 커뮤니케이션

세라는 서지에 대하여 문제의식을 갖고 서지의 본질을 규명함으로써 도서관학의 원리에 접근하려고 노력했다. 사서나 서지가는 기본적으로 기록 커뮤니케이션에 관심을 갖게 된다. 커뮤니케이션과 관련해서 세라는 도서관학의 이론적 구조를 갖는 것과 목표를 설정하는 것은 분명히 구별해야 한다고 말했다. 이전의 연구들은 도서관 또는 서지봉사가 목적이나 목표를 설정하는 데 중점을 두고, 누가 서비스를 수행하는가, 서비스의 수혜자는 누구인가 등을 체계화하는 데 중점을 두었다. 예를 들어 도서관에서 일반적으로 연구하는 전통적 방법은 "미국의 공공도서관의 주요 목적은 교육, 정보, 미적 감상, 연구, 레크리에이션 기관이라고 일반적으로 기술된다"라고 연구한 것으로, 세라는 이것은 각 목적들과 도서관, 기록 커뮤니케이션과의 관련이나 역할에 대한 분석이 불충분하다고 지적하고 있다.

또 다른 예로 시카고대학교 GLS와 사회과학부(Scoial Sciences Division)에서 수행된 설문조사가 있다. 이 조사는 서지봉사 방법에 있어서 이용자가 요구하는 바가 무엇인지를 사회학자들의 질문지법을 통해서 데이터를 수집했다. 사회학자들에 의해서 사용된 여러 유형의 커뮤니케이션에 대한 객관적인 분석으로 연구를 시작하고, 각 유형의 커뮤니케이션을 촉진하고자 적합한 서지 도구를 검토하여 그 결과가 그의 동료 또는 관심을 갖고 있는 다른 집단에 알려지는 것으로 연구가 종결되었다. 그러나 이 연구는 사회학자가 사용하는 경험적 기술을 사용했으므로 충분한 결과를 얻을 수 없었다. 이용자 연구가 적절한지 여부에 대한 참조 없이 과정이나 도구를 비판 없이 수용하는 것은 잘못된 결과를 초래하고 왜곡된 결과 평가가 이뤄지기 마련이다. 그러므로 많은 상황에서 추구할 목적과 이를 수용하는 기관이 서로 충분하게 정의되고 이해되어 제대로 도구를 사용해야 한다.

그러나 세라는 고정된 도서관의 사회목적에 맞추어 도서관의 도구를 유추하는 것은 반대한다. 예를 들어 어느 사회의 목표가 큰 산을 벌채해 나가는 것이라고 할 때, 나뭇가지를 자르기 위해 외과용 메스를 가끔 이용한다고 해서 외과용 메스를 목적 달성을 위한 도구로 사용하는 일은 없을 것이기 때문이다. 본래부터 커뮤니케이션 과정과 관계 있는 것은 '도구'이며 '목적'은 아니다. 따라서 어느 목적을 위해서 어떤 도구가 적당한가 하는 물음이 아니고 도구의 본질, 구조 특성은 무엇인가, 어떻게 작동하며 무엇을 할수 있고 제한점은 무엇인가, 상황에 따라 성공적인 기능을 하기 위해서 필요한 조건은 무엇인가에 대해서 질문해야 한다.

사회적 목표는 본질적이며, 거의 변함이 없으나 도구는 끊임없이 변화하여 채택되기도 하고 개선·수정되기도 한다. 따라서 사회적 도구로서의 도서관 및 기록 커뮤니케이션 과정은 경험적인 방법으로 연구되어야 한다.

그리고 세라는 그의 논고에서 사회학자 파슨(Talcott Parson)의 인식론적 발상에 대해서 소개했다(Egan & Shera 1952, 130). 사회학자는 자기 행위와 당면한 상황에 대해서 인식적인 면(cognitive), 목표지향적인 면(goal-directed), 정서적인 면(affective)으로 인간 행위를 가정한다. 이 중 목표지향적인 면과 정서적인 면은 심리학자나 사회학자가 연구대상으로 해온 영역이고, 인식적인 면은 전체 사회조직 중에서 독립요소로 체계적으로 연구되지 못했는데, 기록 커뮤니케이션이 중요한 역할을 하는 것은 바로 이 인식적인 면에 있다. 커뮤니케이션에서 개인에 대한 연구는 개인이 직면하는 많은 상황(situation) 중에서 행위자(actor)로서의 역할과 관계를 중요한 대상으로 삼는다. 그러나 사회적인 관점에서의 커뮤니케이션(기록 커뮤니케이션) 연구의 대상은 독자적인 인격체로서의 개인이 아니고 그 사회 패턴 각 부분 전부를 통해서 이루어지는 커뮤니케이션이 되는 것이다.

지식과 관련해서 철학자의 인식론은 개인의 지적 과정에 대해서만 연구하고, 심리학자는 복잡한 사회구조 내부에서의 지적인 분화나 통합에 대해서는 연구하지만 포괄적 지식체계를 발전시키지는 못했다. 또한 사회학자는 집단 내의 개인 행동에 주의를 기울이지만, 사회구조를 형성하는 지적인 여러 가지 힘에는 주의를 기울이지 않는다. 그러므로 사회의 지적 과정이라고 하는 복잡한 문제를 효과적으로 연구하는 틀이 제공될 수 있도록 새로운 학문이 필요하게 되었고, 이를 사회인식론이라 부르면서 그 의미는 '총체로서의 사회가 물리적·심리적·지적인 환경 전체를 인지하고 혹은 이해하려고 하는 과정의 연구'라고 한다.

지적 환경은 공간적으로나 시간적으로 끊임없이 확대되고 있어서 개인이 이를 완전하게 이해한다는 것은 불가능한 것이다. 거기에 사회적으로는 기능의 전문 분화가 생기게 되었다. 그래서 학문 간, 학제 간(inter-or intra-disciplinary) 학문으로서의 협력이 필요하게 되었다. 예를 들면 인종문제, 국가 간의 정치문제에 대해서는 인류학자, 사회학자, 경제학자, 정치학자 등의 협력이 필요하게 된다. 각 전문가는 전체 커뮤니케이션 과정의 '개인적 운반수단'으로 볼 수 있다. 그러나 전달된 실질적인 내용은 기록 커뮤니케이션에서 얻어진 것이며, 커뮤니케이션의 흐름에서 개인적 접촉은 없었지만 서지와 같은 많은 자료원에서 통합되어 온 것이다. 현대사회에서 이와 같은 서지적 커뮤니케이션은 현대사회를 형성하는 데 중요한 결정력를 갖고 있다. 여기에서 세라는 사회인식론을 새롭게 전개하여, 지적 생산물(intellectual products)의 생산·유통·이용에 대해서 분석하는 과정에 기록 커뮤니케이션은 객관적인 데이터를 제공해 준다고 했다.

이처럼 세라는 서지이론을 토대로 하여 사회인식론을 발전시켜 나갔다. 즉, 서지는 곧 기록 커뮤니케이션을 의미하며, 지적 생산물을 생산·유통·이용 시키는 일련의 기록 커뮤니케이션 과정을 통해서 객관적인 데이터를 제공해 줄 수 있게 되며, 이것이 다른 학문에서는 할 수 없는 도서관의 존재 이유이고, 이런 것을 밝히는 것이 도서관학의 학문 연구라고 보았다. 세라는 도서관학의 체계적인 이론이 있어야 비로소 다른 학문과 같이 공존할 수 있다고 보았다.

사서와 서지가의 역할

사서와 서지가는 서지봉사의 체계적인 계획을 세우는 안내자로서 모든 분야의 학술계 전반에 커뮤니케이션의 흐름을 촉진하고 전체 사회적 구조로 파급되게 한다. 그러므로 지식을 체계화시킴에 있어서 두 가지 측면을 고려해야 한다(Egan & Shera, 1952: 135~136). 첫째, 상황적 분석(situational analysis)으로 인간 행동 측면에서 정보·지식·통찰에 대한 완전한 분석이 필요하다. 그러한 분석은 예를 들어 다음과 같은 질문에 대한 답을 유도해야 한다. 사업체나 상업적으로 수행되는 제안이 새로운 시장을 열려고 할 때 어떤 정보나 지식이 요구되는가? 입법부가 세금관련 법률을 새로 개정할 때 어떤 정보나 지식이 이용 가능한가? 화학산업에서 새로운 합성섬유를 개발하기 위해서 어떤 정보나 지식이 필수적인가?

막연한 상황이지만 유효한 분석이 되려면 경험적 관찰로부터 유추된 폭넓은 이해를 바탕으로 이들 상황을 연관화하고 집단화하여 답을 얻는다.

둘째, 정보단위의 분석(analysis of information unit)으로 많은 사고의 단위(thought units)에 대하여 정확한 기술(description)을 하기 위한 방법(techniques)을 개발하는 것으로, 서지 자료의 자세한 분석을 위해서 분류·색인 등을 개발하며 '기록 커뮤니케이션'의 생산·흐름·이용을 위해 필요한 색인을 제공하는 계속적인 통계작업의 편찬이다(Brookes, 1973: 240~241).

이와 같이 사서와 서지가는 서지를 통해서 사회적 커뮤니케이션을 하며, 이러한 커뮤니케이션을 위해서 적극적인 사서의 역할이 매우 중요하다. 사서는 서지조직화를 위해서 폭넓고 통합적인 시스템을 활용하며 전문가에게는 전문화된 정보로 그들의 요구를 만족시키고, 비전문가에게는 통합적이며 일반적이고 지적인 사회 활동을 안내하고 계속적인 연구와 질의를 위한 필수적인 데이터를 제공해야 한다.

세라는 서지의 사회적 중요성과 효과적인 지식의 조직화에 대한 중요성을 강조한다. 즉, 도서관은 지식을 어떠한 형태로든 조직화해야 하며, 체계적·논리적으로 서지를 제공하는 데 사서, 서지가의 역할이 매우 중요하다. 이들은 수많은 다양한 종류의 도서관이 비용을 낭비하면서 동일한 도서를 중복하여 기술·편목·분류하고 서로 다른 방법으로 조직화하는 것을 지양하도록 일익을 담당해야 할 것이다. 통합적·표준적 서지는 초기에는 높은 비용이 소요되는 듯하지만 우리가 오랫동안 익숙해 있던 전통적인 처리과 정보다 경제성과 효율성에 있어 현저하게 진전된 결과를 보여줄 것이다.

새로운 분류 개념이 필요하다

과거의 서지 생산은 단편적이었고, 불공평하게 분배되었다. 학자들은 그들 자신의 지적 활동을 이미 기록된 것에 의존했기 때문에 기록의 조직화, 즉 서지는 기록이 축적된 대로 그 중요성이 증가되었다. 세라는 서지 유용성을 위한 서지조직화의 기본으로서의 분류에 대해서 다음과 같이 새로운 분류 이론의 필요성을 제시했다.

전통적인 도서관 용어에 익숙한 우리에게 완전히 새로운 개념의 분류 개념이 나타날 것이다. 우리는 분류의 사상에 방향 전환이 필요한 위치에 서있다. 학문 분류 역사에 대해 피상적으로 검토했지만 사회인식론적 시대에 지식을 조직화하기 위해서 새로운 분류 개념은 필요하다(Shera & Egan, 1951: 82).

도서관 분류의 발전

19세기에 도서관이 급속하게 성장하고 인쇄자료들이 증가함에 따라 사서는 도서 배열의 더 나은 방법에 대한 필요성을 새롭게 인식하게 되었다. 특정 주제로 위치를 안내하는 봉사를 제공해주며, 그 논리적 위치로 인해 자신이 목적하는 주제 지식으로 이용자들이 용이하게 접근하고, 관련된 자료를 함께 보여줄 수 있도록 체계를 설계하는 작업에 착수했다. 그러나 이들은 도서분류를 책에 있는 지식을 조직하기보다는 지식 자체를 조직하는 측면에서 분류했다.

세라는 도서분류가 두 가지 이유로 실패했다고 보았다. 첫째는 복합적인 지적 생산물이라는 도서의 특성을 고려하지 않고 단순히 물리적 실체로서의 도서에 기반을 두어왔기 때문이며, 둘째는 우리의 분류 계층 체계의 속성으로부터 나타나는 한계 때문이다. 도서관의 분류는 논리적인 모순을 갖는다. 도서의 내용이 다차원적이며, 일반적인 것으로부터 특별한 것으로 선형적인 진행을 하는 전통적인 계층적 지식 체계를 갖는 데 반해서 그 내용의 다차원적인 성격들과 상관없이 물리적 단위로서의 책은 반드시 유일한 선형 위치에서 단일 차원 체계에 속하기 때문이다.

분류 이론가들이 모든 사람에게 유용한 '범용적' 분류표를 고안하려고 시도했지만 '범용적' 접근은 불가능하다. 왜냐하면 모든 사람은 각기 다른 방법과 다른 목적을 두고 책이 배열된 곳에 접근하기 때문이다. 마찬가지로 책은 지식의 한 단일 단위가 아니다. 도서분류상의 물리적 객체로서의 책은, 서가에 배열된 것처럼 그 위치, 즉 그 도서의 오른쪽에 위치하는 책과 왼쪽에 위치하는 책의 근접성을 확보하고 있지만 이것은 단일 차원만을 갖고 있다.

기존 분류법을 개선하고자 등장한 국제십진분류법(Universal Decimal Classification)9)은 물론 듀이로부터 나왔지만, 관점과 관계를 지시해주는 결합 기호를 사용해서 범위, 심도, 융통성을 부가시키려고 애썼다. 듀이십진분류법의 약점을 많이 보완했지만 그 결과는 그리 향상된 것은 아니었다.

오늘날 기록 문헌의 양이 급속히 증가하고 새로운 형태의 출판물이 출현하는 상황에서, 전통적인 도서관 분류법으로는 이러한 문제를 해결할 수 없으며 기본 구조에 대해 아무리 개정이나 변경을 하더라도 이러한 실패에서 벗어날 수 없다. 도서관에서 주제 내용으로 안내를 하게 됨에 따라서, 도서관 분류들은 본질적으로 의미를 갖지 못하게 되었다. 분류에 익숙한

---

9) 1895년 벨기에의 브뤼셀에서 개최된 국제서지학회에서 제창되어, 국제도큐멘테이션연맹에 의해 유지·관리되고 있다. 듀이의 십진분류법을 기초로 하고, 이것을 다시 정밀하게 전개한 것인데, 모든 지식 분야를 대상으로 하는 서지분류용 일반분류표이다. 기본적으로 숫자에 의한 십진기호법을 채용하고 있으나 숫자 이외에 각종 보조 분류기호나 조합기호를 사용하여 이를 합성하여 표현하는 복잡한 혼합기호법을 사용하고 있는데, 주제를 상세하게 표현할 수 있다. 모든 주제의 문헌을 수집하는 종합적인 대규모 도서관에서 주로 사용된다.

사서들마저도 표기법을 단지 위치 안내로 사용하고 있을 뿐이며, 만들어질 때 의도했던 학문 간 관계를 드러내겠다는 목적까지도 무시하고 있다.

그러므로 이 문명의 기록들을 조직화하려는 시도의 성공 여부는 상당 부분 그 자료들의 사회적인 이용성을 최대화하는 방법으로 그 자료에 질서를 부여하는 체계를 고안해 내는 우리들의 능력에 달려있을 것이다. 또한 현재의 사고 구조와 같은 분류체계를 채택하기 위해서는 기록물들의 내적인 개념 배열을 분석해 내야만 가능할 것이다.

서지조직화의 도구

분류는 그 도서의 개념 내용이 도서의 물리적 실체(장정 형태)와 분리된 이후에야 서지조직화 도구로서의 완전한 목적을 달성할 수 있을 것이다. 일단 이 목적이 달성되고 그 출판물의 독특한 물리적 특성보다는 사고 단위가 분류의 주가 된다면, 도서분류에 있어서의 오래된 제한도 폐지될 것이며, 지식의 조직 그 자체가 최우선의 고려사항이 될 것이다. 따라서 서지체계의 결과들은 좀 더 정확하고 유용해질 것이다.

지식의 의미를 지닌 단위들을 통해서 분류에 접근하는 실용적인 접근은 어떤 단일 단위가 그때그때의 목적에 따라 몇몇 다른 관계 속에서 의미를 지닐 수도 있다는 사실을 기본으로 해야 한다. 그러므로 분류행위에 중요한 개념은 외적인 관계와 환경이다. 나무는 식물학자에게는 유기체이고, 건축설계사에게는 심미적인 개체이며, 신학자에게는 성스러운 자비심의 현시이고, 제재업자에게는 잠재적인 수입원이다. 게다가 실용주의적 분류는 나무의 '본질'이 실재한다는 것을 부인한다. 왜냐하면 각각의 나무의 서로 다른 속성들이 그 존재성을 나타내주기 때문이다.

제임스(William James)는 개념이란 어떤 특정한 계획이나 목적을 추구하는 인간에 의해서 창조된 것이라고 생각했다. 종이와 관련한 분류에 대해서 그의 말을 인용하면 다음과 같다.

내가 그것을 어느 하나의 측면에서 분류한다면, 나는 항상 부정확하고, 항상 부분적이며, 항상 독단적이게 되는 것이다. 나의 실수는 불가피한 것이다. …… 나는 한 번에 한 가지 일만을 할 수 있다. …… 어떤 한 가지 사물에 절대적으로 본질적인 속성이란 존재하지 않는다(Shera & Egan, 1951: 86~87).

사물의 본질은 목적에 따라서 상이하게 표현될 수밖에 없는 것이며 지식 체계에 있어서 여러 분야에 해당하는 주제를 분류 및 학문 간 통합에 기여할 수 있도록 상호 참조 분류들이 출현할 것이다. 따라서 분류에 대한 새로운 접근은 각 단위들의 독립성과 정체성에서 시작되어야만 한다. 이러한 단위들은 어떤 분야에 대한 새로운 체계를 구성할 것이며 나중에는 자세하게 정의되어야 한다. 분류 과정의 상관성을 유지시키기 위해서는 그 학술적인 명칭이 혼란스럽고 혼동되거나 혹은 그 구성요소인 범주들이 너무 유사해서는 안 된다. 그러므로 의미론은 모든 분류의 기본 바탕이며 전문용어의 표준화는 그 성공을 위해서 필수 불가결한 것이다. 반드시 이루어져야 할 것은 현재의 분류의 한계를 극복하는 새로운 분류 이론으로, 적절히 훈련된 주제 서지가에 의해 현재의 서지 문제를 극복해 나가야 한다.

기계화와 사서

전통적으로 카드목록, 색인, 그리고 '출판된' 서지가 담당해 온 서지 기능을 좀 더 빠르고 효과적이며 더 적은 비용을 들여 수행할 새로운 도구의 개발에 대한 가능성이 높아지고 기계들은 서지적 요구를 충족시키기 위해서 수정 및 개조되고 발전되고 있다.

분류는 서지 조직화의 전체 문제와 관련해서 중심적이고 기본적인 것이다. 분류의 기계화는 기계에 종속되어 편목자와 서지가가 추락하는 것을 의미하지는 않는다. 이러한 기계화의 목적은 우리의 지적 처리과정들을 신속하게 하려는 것이지 그것들을 대체하려는 것이 아니다. 기계들은 빠

른 속도로 훨씬 더 많은 양의 자료를 처리할 수 있지만, 기계들이 생산해
내는 결과는 그것들이 설계되어 조정될 때 입력된 기술을 뛰어넘어서 생
산될 수 없다. 사서는 반드시 기계를 대신해 생각해야 하며 이는 과거보다
훨씬 더 높은 수준의 기술(주제 지식과 연구 능력을 포함해서)을 요구한다. 기
계화의 덕분으로 기술적 편목의 고역과 제멋대로인 도서의 서가배열로부
터 해방되었기 때문에, 편목자는 서지와 지식의 조직화에 있어 주제 전문
가가 될 수 있는 기회를 얻을 수 있게 된 것이다.

세라는 나아가 도서관학교의 교과과정에서도 분류는 더욱 중요하게 다
뤄질 것이고, 주제별 전문화된 서지에 능숙한 학생들에 대해서 지속적인
요구가 있을 것이라고 했다. 그러므로 "(a) 지식의 개념과 정체성, (b) 의미
의 변경 상황, (c) 다양하고 변화하는 이용 유형들, 이 세 가지에 대한 계획
과 지속적인 연구가 있어야 할 것이다"(Shera & Egan, 1951: 72~93)라고 언급
하여 지식을 조직화하는 사서가 분류에 대해 끊임없이 연구와 고민을 해
야 할 것을 강조했다.

사회와 도서관의 접점에서

세라는 도서관학의 본질 또는 기반을 규명하기 위하여 '사회인식론
(social epistemology)'이라는 새로운 학문을 소개했으며, 이를 도서관학과 연
계하여 고찰했다. 따라서 사회인식론이 소개된 배경으로서 사회 속에서의
도서관의 역할, 도서관과 불가분의 관계에 있는 지식을 점검하고, 사회인
식론의 학문적 성격, 도서관학과의 관계, 그리고 사회인식론과 지식사회학
(sociology of knowledge)의 차이에 대해 살펴본다(Shera, 1972: 109~134; 세라,
1984: 47~54, 75~97; 최성진, 1988: 68~82).

도서관과 사회

도서관의 목표는 개인의 향상뿐만 아니라 각 개인이 일원으로 되어 있는 사회의 개선에 있다. 따라서 사회와 도서관의 관계, 즉 사회질서 속에서 도서관의 위치를 생각해 보아야 한다.

사회 속에는 '일반적인 이해의 조직화 내지 통합' 또는 '인간의 이해와 신념의 총체'라고 할 수 있는 문화가 존재한다. 이러한 문화는 신념 혹은 이론, 물리적 장치, 그리고 사회조직으로 구성된다. 신념은 사회가 전개한 철학적 또는 이론적인 구성개념의 총체이며 사회의 경험에서 나온 것이다. 물리적 장치는 원시시대의 돌도끼부터 오늘날의 복잡한 전자적 기계장치에 이르기까지 문화를 지탱하는 도구를 말하는 것이다. 사회조직은 문화가 전개되는 체계로서, 제도일 수도 있고 혹은 기관일 수도 있다.

사회제도는 사회적 창조물, 즉 사회적 방편이며 이를 통해서 문화가 이루어지고 보존되는 것이며, 사회구조, 특히 문화구조의 기본적인 구성요소라고 할 수 있다. 사회기관 역시 사회적 방편으로서 제도를 이롭게 하기 위해서 만들어진 것으로서, 다시 말하면 바로 기관을 통해서 제도가 시행되는 것이다. 법, 종교, 지식 혹은 교육은 하나의 제도이고, 재판소, 교회, 그리고 학교, 대학, 도서관은 이에 따른 기관인 것이다. 따라서 도서관은 지식을 체계적으로 조직하여 전달·제공하는 사회기반으로서 그 존재의의를 가진다.

개인의 지식과 사회의 지식

지식은 크게 두 가지 형태, 즉 주로 개인적 경험을 통하여 개인에게 축적된 '내재적' 지식과 사람들이 이용할 수 있는 형태로 기록되어 사회에 축적된 '외재적' 지식이 존재한다.

개인이 가진 지식과 사회가 가진 지식 사이에는 유사한 점이 있다. 어떤 정보나 지식이 필요할 때 그것을 얻기 위하여 개인이 어떤 구체적 행동을 취하는 것처럼, 사회도 자체의 존립과 운용에 필요한 어떤 정보나 지식에 대한 요구가 일어날 때 그것을 얻기 위한 행동을 취한다. 만일 개인이 필요한 정보와 지식을 얻지 못하게 되면 점차 무능해지고 경쟁력을 잃게 될 것이다. 사회도 마찬가지다. 그러므로 사회가 계속 그 수준을 유지하고 발전하려면 끊임없이 새로운 정보와 지식을 수집해야 한다. 그러한 수집의 방법은 다른 사회에서 생산한 것을 입수하거나, 자체에서 생산하거나 혹은 양자의 결합일 수 있을 것이다.

하지만 개인의 지식과 사회의 지식 사이에는 분명히 다른 점도 있다. 사회의 지식은 그 수량에 있어서 확실히 어떤 개인이 가진 지식보다도 많다. 사회는 지금까지 그 안에서 간행된 모든 백과사전, 참고도서, 학회지 등의 내용을 총체적으로 알고 있다고 말할 수 있다. 사회는 어느 한 개인이 이제까지 가질 수 있는 것보다는 훨씬 많은 지식을 가지고 있는 것이다. 그렇지만 개인은 사회가 가진 것과는 또 다른, 어떤 의미에서는 더 가치 있는 지식을 가지고 있다. 일상의 크고 작은 여러 가지 개인적이고 정서적인 경험들은 개인만이 가지는 것이다. 그러한 경험들은 보통 사회가 이용할 수 있는 형태로 기록되지 않는다.

사서는 이러한 두 가지 지식 모두에 관심을 가지고 일해야 한다. 개인의 정보 요구와 지적 요구도 충족시키는 한편, 사회의 지적 요구도 만족시켜야 하는 것이다. 또한 자기가 전달하는 지식에 대해서, 그리고 다시 이 지식이 개인이나 사회에 모두 중요성을 갖고 있다는 데에 관심을 가져야 한다.

사회인식론의 정의

어느 사회에서나 그 사회에 필요한 지식이 생산되거나 외부에서 입수되어 그것이 전달·이용·축적되고, 그렇게 축적된 지식은 후에 새로이 생산되거나 외부에서 들어온 지식으로 대체 또는 수정된다. 끊임없이 진행되는 이러한 지식과 정보의 생산·축적으로 각 사회의 지식은 발달하고 증가하는 것이다. 이간을 비롯한 몇 명의 연구자들은 사회 안에서의 지식의 발달과 흐름에 관련된 몇 가지 중요한 일반적 유형을 발견하여 제시하고 있다.

심리학자들은 행동을 개인의 행동과 관련시켜 연구해왔으며, 인식론학자들은 지식의 기원·생성·발전을 연구해왔는데, 그것도 개인과 연관시켜 거론해왔다. 사회학자들은 집단에 있어서 인간의 행동을 연구해왔으나, 행동에 미치는 지식의 영향에 관해서는 많은 관심을 가지지 않았다. 다시 말하면, 인식론은 지식에 대한 개인만을 연구했으며, 사회행동 및 사회행위의 총체에 관련해서는 논의하지 않아 왔다. 사회에서 지식의 역할을 더 잘 이해하도록 하기 위한 연구 분야로서의 사회인식론이 나타나게 된 이유가 여기에 있다. 인식론은 지식 그 자체에 대한 연구이며, 사회인식론은 사회에서의 지식의 연구라고 할 수 있다. 사회인식론은 한 개인이 신경계통을 통하여 필요한 지식을 수집·이용·축적·검색·갱신하는 것처럼 한 사회가 도서관을 포함한 몇 개 관련 사회기관들로 형성된 커뮤니케이션 체제를 통하여 그 사회에 필요한 지식을 생산 또는 수집하여 이용·축적·검색·갱신하는 것을 관찰하고 연구하는 것이다.

사회인식론과 도서관학

사회인식론은 당연히 그 고유의 이론을 정립해 나가야 하지만, 사회학·인류학·언어학·경제학·생리학·심리학·정보학·수학 등의 분야와 밀접하게 관련되는 학제적 성격을 지니고 있다. 또한 사회인식론은 단지 한 사회 안에서 어떻게 지식이 생산 또는 입수되어 각 분야의 활동에 이용되고, 후일의 이용에 대비하여 축적되는지에 대한 호기심을 충족시키며 탐구되는 학문만을 위한 학문이나 이론적인 학문만은 아니다. 사회인식론은 실제적인 분야에 이론적인 기초를 제공하는 것이며, 가장 실제적인 응용의 한 분야가 바로 도서관학이다. 사서들은 대개 인식하지 못하지만 도서관의 여러 가지 봉사 활동이 사회인식론의 기초 위에 마련되기 때문이다. 어느 도서관이나 그 목적은 공통적으로 특정 집단의 구성원들에게 필요한 정보와 지식을 입수하여 제공하고 축적하는 것이며, 이는 도서관이 사회 안에서 정보와 지식을 생산·이용·축적되는 더 크고 복잡한 체제의 일부임을 의미하는 것이다.

사서가 인간과 기록물 사이에서 효과적인 중개인이 되기 위해서는 이용자가 원하는 문헌을 정해진 서가에서 찾아주고, 도서관의 자원을 관리하는 기술이 필요하다. 사서직에 있어서 그러한 기술이 중요하다는 것은 이론의 여지가 없다. 그러나 기술은 반드시 이론에 근거해야 하며, 기술과 이론은 반드시 조화를 이루어 발달하여야 한다. 유능한 사서는 그가 다루는 기록된 지식의 성질에 대해 철저히 이해해야 할 뿐만 아니라, 그가 속해 있는 사회에서 지식이 담당하는 역할에 대해서도 이해해야 한다. 그러한 이해의 기초 위에 고안된 문헌의 기술 형식이나 문헌의 조직만이 인간의 이용 습관에 맞을 것이다. 인간의 문헌 이용 습관에 꼭 맞게 문헌을 조직하고 도서관의 활동체제를 설계할 수 있으려면 사서는 적어도 다음과 같은 사회인식론의 제 문제에 대해 이해하고 있어야 한다.

① 개인이 사물을 인식하는 문제(The problem of cognition—how man knows)
② 사회가 사물을 인식하는 문제(The problem of social cognition)
③ 사회가 인식하는 방법과 개인의 지식이 사회의 지식으로 변환되는 사회심리적 체제(sociopsychological system)의 성질
④ 시간의 흐름과 다양한 문화 속에서 진화해 온 지식의 역사와 본질 문제(The problem of the history and philosophy of knowledge)
⑤ 현행 서지조직, 체제와 실제적인 커뮤니케이션 과정 및 인식론적 탐구 결과의 상관 정도의 문제(The problem of existing bibliographic mechanisms and systems and the extent to which they are in congruence with the realities of the communication process and the findings of epistemological inquiry)

세라는 이처럼 사회인식론에 대한 도서관의 실제적인 응용을 고찰했으며, 사회인식론에서 도서관학의 이론적 기초를 찾을 수 있음을 강조했다.

결국, 사회인식론은 도서관직과는 어떠한 관계가 있는 것입니까? 도서관학에 관해서 많은 말들이 있었습니다. 즉, 도서관학이란 것이 있을 수 있는 것인가, 그렇지 않은 것인가에 대해서 많은 논쟁이 있었습니다. "도서관학이 요컨대 학(學)인가?"라는 것입니다. 문제는 '도서관학이 하나의 학문이냐'가 아니라 '정말로 도서관학이 어떠한 학문인가' 하는 데 있습니다. 이것이 바로 기본적인 문제점이라고 생각합니다. 여기서 나는 사회인식론이 도서관직에 있어서 그 기반이 되는, 즉 그렇게도 오랫동안 우리들이 추구해 온 그 지적 기초를 제공할 수 있다고 말씀드리고 싶습니다. …… 사서의 책임은 기록된 것, 즉 보울딩(Keneth Boulding)의 말을 빌리자면, 사회가 그 사회 자체에 대해서 알고 있는 것과 자기가 살고 있는 세계에 대해서 알고 있는 전부를 기술한 기록물에 대해서 효과적이고도 효율적으로 관리하는 일입니다. 그리고 사서의 책임에는 사회의 조직체가 알고 있는 것, 그것의 사실뿐만 아니라 그것의 가치, 그것의 현실뿐만 아니라 동시에 그것의 이상도 포함되어 있습니다. 사서는 동시에 역사적이면서도, 현세적이고 미래를 예측하는 자입니다. 그러니까 개인 및 사회에 있어서 인식과정을 이해하고, 그 이해를 봉사로 이행할 수 있을 때, 비로소 사서는 그의 사회적 책무를 최대한 효과적으로 수행할 수가 있습니다. 이것이 바로 도서관학의 참다운 지적 기반이라고 말씀드리고 싶으며, 내가 여기서 줄곧 지켜본 이 학문의 발전에 있어서, 일단 어느 정도는 전진과 발전을 가져온 이상, 이제 도서관학이 존재할 수 있느냐 없느냐에 관해서 더 이상 염려할 필요는 없을 것입니다(세라, 1984: 97).

지식사회학[10)

앞서 살펴본 사회인식론은 한 사회 안에서 어떻게 그 사회에 필요한 지식이 창출 또는 입수, 전달, 축적되고 이용되어 궁극적으로 각 사회 각 분야의 활동에 영향을 미치는지에 관한 일반적인 현상을 발견하는 것이다. 지식사회학은 사회인식론의 역개념이라고 볼 수 있다. 즉, 사회인식론은 지식이 사회에 미치는 영향을 분석하지만 지식사회학은 사회에 지식이 미치는 영향을 분석하는 것이다. 두 분야는 이름이 비슷하여 혼동하기 쉽고 때로는 사회인식론이 지식사회학의 종속 분야처럼 생각하기 쉬우나 사실은 그렇지 않다. 두 분야는 서로 관련되어 있기는 하지만 한쪽이 다른 쪽에 종속되어 있는 것은 아니며 각각 독자적 학문 체계로 발전하고 있는 것이다.

지식사회학은 인간의 사고에 영향을 미치는 사회적 요인들을 규명하려는 학문 분야이다. 지식사회학은 인간의 어떤 사상이나 생각이 어느 위대한 천재의 개인적 영감에서 나오는 것이 아니라 그가 속한 집단의 전체적 경험에서 나오는 것이라는 가정을 전제로 한다. 역사상의 모든 위대한 발명이 천재들에 의해서가 아니라 그때그때의 사회적 요구에 의하여 이루어졌다는 것이 지식사회학 연구자들의 시각이다. 즉, 어느 사회의 집합적 경험, 능력 및 요구가 그 사회에서 ― 주로 개인들을 통하여 ― 생산되는 지식의 범위, 내용 및 형식을 결정한다는 것이 지식사회학자들의 주장이다.

예술 양식 속에서 역사상 특정 시기에 일어난 상황들의 영향을 읽을 수 있는 것처럼 지식의 내용이나 형식 속에서도 그 지식이 생겨나서 발달한 사회의 역사적 배경에 관련된 요소를 볼 수 있다. 이러한 점에서 지식과 정보는 분명하게 구별된다. 즉, 정보에는 지식이 가지고 있는 그러한 사회사적 요소는 없다. 정보는 생물학자가 쓰는 의미든지, 사서가 쓰는 의미든지

---

10) 가치관이나 사고구조, 사상내용 등을 사회적 위치, 계급, 제도 등에 귀속시킴으로써, 사고와 사회현실 간의 관계를 탐구하는 사회학의 한 분야이다. 지식사회학은 사회와 사회에 관한 이론적 지식 사이의 관계를 연구대상으로 한다는 점에서, 사회학적 진술의 타당성을 보장하고 사회학의 사회적 지위와 과제에 대한 통찰을 제공해주는 '사회학의 사회학'으로서의 지위를 동시에 갖는다(전태국, 1994: 3).

동일하게 '사실'을 뜻하는 것으로, 우리가 받아들이는 지적 실재이고 지식을 쌓아올리는 소재인 것이다.

반면 지식은 논리 체계나 지적 체계 혹은 그것을 받아들이는 개인의 학문 체계를 통한 여과과정을 거친 사실이라 할 수 있으며, 따라서 각각의 상황에 따라 달라지는 것이다. 어느 개인에게 있어서는 아무렇지도 않은 사실이 다른 사람에게는 지식이 될 수 있다는 것이다.

도서관학과 정보학의 복잡한 관계

세라는 스크립스 재단과 전략활동국(OSS)에서 초기 형태의 컴퓨터들을 접했으며, 정보검색을 위한 실험도 수행했다. 이러한 경험들로 시작된 기계에 대한 관심은 도서관에 있어서의 활용에까지 확장되었으며, 케이스웨스턴리저브대학교 재직 시에는 그의 가장 큰 업적으로 평가받고 있는 도큐멘테이션·커뮤니케이션연구센터(CDCR)를 설립하여 정보저장과 검색 등에 있어서 많은 연구와 개발을 주도했다. 또한 도큐멘테이션과 정보학에 관해서도 많은 논문을 저술했다.

그러나 세라는 기계나 정보학 분야의 연구가 도서관학의 전부이며 최상의 것이라고 생각하지 않았다. 도서관에 컴퓨터 활용의 가능성을 예견하고 정보학을 보급한 선구자이지만, 도서관학은 인문학이며 과학적으로 통제하거나 설계될 수도 설계되어서도 안 된다고 생각했다. 또한 정보학이 도서관의 목적을 달성하는 데 유용하기는 하지만, 그것 자체가 도서관의 목적을 달성하는 것은 아니라고 믿었다(Wright, 1988: 1).

도큐멘테이션과 정보학의 출현과 발전
도큐멘테이션은 19세기 말 유럽에서 나타난 연구 분야로 급격히 증대되는 문헌들 속에서 산업활동과 과학 분야의 연구활동에 필요한 정보를 쉽게 검색할 수 있는 수단을 마련하려는 연구자들의 노력이 결정하여 형성된 분야이다.

1892년 라퐁텐(Henri La Fontaine)과 오틀레(Paul Otlet)는 세계의 과학 및 기술 관계 문헌들을 편목하고, 초록할 뿐 아니라 체계적이고 세분된 주제 아래 분류하여 열거함으로써 과학자와 기술자가 필요에 따라 어느 주제의 관련 문헌이든 한번에 모두 찾을 수 있게 하기 위하여 새로운 활동을 시작했고, 이것이 도큐멘테이션의 시작이 되었다. 처음에는 그들의 활동을 '서지(bibliograpy)'라 불렀으나 얼마 후에는 '도큐멘테이션(documentation)'이라고 명명했다.

1895년 국제서지학회(International Institute of Bibliography, 이하 IIB)가 설립되었고, 이후 유럽의 많은 과학도서관 안에 또는 그 부설 기구로서 도큐멘테이션센터가 설립되었다. IIB는 1931년 국제도큐멘테이션기구(International Institute of Documentation)로 개칭되고, 1938년 다시 국제문헌정보연맹(Fédération Internationale de Documentation, 이하 FID)으로 바뀌었다. 1966년 영문표기가 Interanational Federation for Documentation으로 바뀌었다. FID는 주로 국제십진분류법의 완성과 국가 간의 위원회 활동, 학술회의 개최, 출판 활동 등을 통하여 문헌 관리 활동의 방법과 기술에 대한 국제적 합의와 표준화를 위하여 노력해왔다.

미국의 경우 기존 도서관학의 소외된 영역이었던 산업에 대한 도서관 봉사의 중요성이 강조되었고, 최초로 뉴저지 공공도서관에 산업부(New Jersey Public Library, Business Branch)를 두었던 데이나(John Cotton Dana)의 주도로 미국전문도서관협회(Special Libraries Association, 이하 SLA)가 설립되었고, 1937년에는 데이비스(Watson Davis)를 주축으로 ADI가 설립되었다. 이 기구는 본래 학자들의 서지 활동에 대한 새로운 과학적인 후원을 권장하고 발전시킬 목적으로 미국 내 여러 학술단체의 대표자들로 조직한 것이나 회원 중 가장 영향력이 있는 회원들이 새로운 방식의 사진복제(photographic reproduction), 특히 마이크로필름에 많은 관심을 가지고 있었기 때문에, 미국에서의 도큐멘테이션은 곧 마이크로사진술(microphotography)과 같은 의미로 사용되었다. SLA는 1949년 산하에 토브(Mortimer Taube)를 위원장으로 하는 도큐멘테이션위원회(documentation committee)를 구성하여 도큐멘테이션 개념을 확정하고, ADI와의 통합방안을 포함하여 도큐멘테이션 분야의 활동을 강화하고자 했다. 그러나 SLA와 ADI의 통합 방안은 별다른 호응을 얻지 못하고, SLA는 1956년 도큐멘테이션위원회를 해산한 다음 독자적으로 도큐멘테이션부서(documentation division)를 설립하여 관련 활동을 추진했다. 한편 ADI는 1960년을 전후하여 언어학, 기계번역, 인공지능, 정보검색과 같은 분야의 발달에 영향을 받으면서 도큐멘테이션이라는 명칭 대신 정보학(Information Science)이라는 명칭을 검토하기 시작했으며, 그 결과 1968년 미국정보학회(American Society for Information Science)로 명칭을 변경했다.11)

정보학은 순수과학적인 측면에서는 정보의 행태와 정보전달 과정의 본질을 연구하고, 응용과학적인 측면에서는 실제적으로 정보를 수집·평가하여 적절한 지적 도구와 기술을 통해 배포하는 것을 연구하는 학문이다. 제2차세계대전 후 군사 목적으로 연구 개발된 성과들을 평화적으로 이용하는 문제를 논의하는 과정에서 그 독자적 체계와 연구방법이 정립되었고, 주로 미국의 도큐멘테이션 연구자들이 정보검색 시스템의 새로운 설계법을 개발하는 과정에서 그 기본적인 틀이 형성되었다(최성진, 1988: 363~374; 사공철 등, 2001: 286~287).

도서관학과 도큐멘테이션

도큐멘테이션 운동자들은 각종 연구보고서와 학술지 속에 흩어져 있는

---

11) ASIS는 2000년 American Society for Information Science & Technology로 다시 개명했다.

과학적 발견이나 발명의 기록을 한곳에 모으고자 했고, 또한 도큐멘테이션 활동의 주요 수혜자들이 과학자와 기술자였기 때문에 미국의 경우 도큐멘테이션 활동은 전통적으로 자료처리기계, 복사기계, 마이크로폼 등의 개발과 사용을 강조해왔다. 유럽에서의 도큐멘테이션 연구는 FID 활동을 통해 주로 국제십진분류법을 제정하고 그것을 증보·완성하는 것이었다. 이렇게 도큐멘테이션이 그 정보 처리 과정에 있어서 새로운 기계와 기술을 이용하고 새로운 분류법을 이용하는 것이지만 그것은 어디까지나 문헌의 세계와 이용자의 세계를 효율적으로 연결하기 위한 것이고, 따라서 세라가 보는 도큐멘테이션은 도서관 기술의 한 측면에 지나지 않는 것이며, 원기가 왕성하고 민감한 도서관학(librarianship in a high key)이라고 말할 수 있는 것이다(세라, 1971: 13). 다시 말하면 세라가 생각하는 도서관학의 본질은 문헌과 이용자의 효과적인 연계를 통해 문헌의 사회적 활용도를 극대화시키는 모든 기구·운영·기술·원칙과 관련된 것이고, 그렇게 본다면 도큐멘테이션은 당연히 도서관학에 포함되는 것이다. 즉, 도큐멘테이션은 도서관학의 한 가지 분야를 좀 더 특수한 방법으로 깊이 있게 연구하는 것이라 할 수 있다.

도서관은 문헌을 다루는 모든 측면에 관련된 원칙과 문제를 광범위하게 연구하지만, 도큐멘테이션 활동은 학술지, 연구보고서 등에 포함된 원자료, 즉 발견과 발명의 기록을 이용하기 편리하게 한곳에 등록하여 보여주는 것이다. 그런데 도큐멘테이션이 처리하는 문헌들의 양이 방대하므로 처리 방법은 보통 도서관에서 사용하는 것보다 더 구체적이고 정확한 것일 필요가 있다. 도큐멘테이션이 그것에 맞는 특수한 기계, 기술, 분류법을 연구하고 마련하는 이유가 여기에 있다(최성진, 1988: 386).

도서관학과 정보학

정보학은 무엇이며 도서관학과의 관계는 어떻게 규정해야 하는 가는 오랫동안 많은 학자들의 논란의 대상이었다. 정보학이 도서관학과는 관계없는 별도의 학문이라고 주장하는 사람들도 있지만, 세라는 정보학은 도서관학의 실무를 위한 이론적인 근거이며 상호보완적인 관계라고 말하면서 별도의 학문이라는 의견을 비판했다.

리(Alan Rees)와 사라세빅(Tefko Saracevic)은 전문도서관협회(SLA) 1967년 연차총회에서 청중에게 행한 발표 가운데 정보학은 "도큐멘테이션이나 정보검색이나 도서관학 혹은 다른 어떠한 것과도 비교될 수가 없다. 마치 물리학이 공학을 여압(제압)하지 못하는 것 이상으로 정보학은 자극적이며 달콤한 정보검색이나 도서관학은 아니다"라고 말했다. …… 필자는 리와 사라세빅이 정보학을 하나의 전문직 현상으로 추구하기를 거부할 때, 정보학은 사회적 요구를 충족시키지도 못할뿐더러 운용상의 봉사업무에 관련을 갖지도 못하고 있다는 사실을 들어 그들을 논박할 수 있다. 그들이 말하는 정보학은 조금도 이론적인 근거를 가지고 있지 못하다는 비판도 면치 못할 것이다. 그러나 그들이 말하는 정보학도 인간 대 인간, 인간 대 인간환경으로 인간을 이해하고자 하는 사회의 요구는 충족시키고 있다. 하나의 전문직이라 하면 그 전문직이 반드시 '운용상의 봉사(operational service)'에 관련이 되어야 한다는 말은 곧 순수과학의 모든 분과와 꼭 순수과학이 아니더라도 이론적인 배경을 지닌 다른 형태의 모든 학문의 모든 분과에 그 전문직적 현상을 부여함을 인정치 않는다는 뜻이다. 정보학은 아직 이론적인 근거를 가지지 못해 정보학이 기여하고 있는 여러 학문 가운데 하나로부터 이를 끌어내리려고 안간힘을 쓰고 있는 중이며, 이 점을 도서관학과 관련지어 본다면 정보학은 도서관학의 실제(실무)를 위한 이론적인 근거이기도 하다. …… 정보학은 그러고 보면 도서관학에 대해 정반대되는 것이 아니다. 즉, 그 반대로 도서관학과 정보학은 천생연분의 맹우이다. 그러므로 사서가 이 새로운 지적 짝을 거역하지도 말아야 하고 정보가(情報家)가 사서를 멸시하지도 말아야 한다(세라, 1971: 13~14).

하지만 정보학이 도서관학의 지적·이론적 기초를 제공하리라는 1960년대 무렵의 그의 생각은 1980년대에 이르러서는 바뀌게 된다. 작고하기 이전 만년에 작성된 논고로 생각되는 「도서관학과 정보학(Librarianship and Information Science)」에서 세라는 도서관학에 있어 기술중심 경향을 비판하고, 당시의 그의 생각이 잘못이었음을 분명히 밝히고 있다.

> 20년 전에 나는 현재 정보학이라고 일컬어지고 있는 것이 도서관학의 지적·이론적 기초를 제공하리라고 생각했으나 오늘날에는 잘못이었다고 확신하고 있다. …… 도서관학과 정보학 사이에 진정한 학제적 관계가 있는지 여부에 많은 의문이 있다. …… 사서는 너무나도 지나치게 '처리'에 집착하여 본질과 수단을 혼동해 버렸다. 데이터 처리는 기계로도 할 수 있으나, 지식의 처리나 정보의 처리까지도, 그것을 가능하게 하는 것은 인간의 마음뿐이다(Shera, 1983: 383~384).

사서의 역할

세라는 누구보다도 사서의 역할을 강조해왔으며, 따라서 도서관학의 전문적 교육에 대해서도 관심이 많았다. 세라는 사서의 역할은 사회의 이익을 위해 문헌의 활용을 극대화시키는 일이라고 생각했다. 이러한 기능은 〈그림 1-1〉의 삼각형을 통해 더욱 확실히 설명할 수 있다.

도서관학은 본래 전문직 활동의 하나로서, 수많은 문헌들을 인간의 능력으로 할 수 있는 한 사회에 유용하게 하는, 다시 말하면 인류를 위하여 문헌의 사회적인 활용화를 최대화하는 것에 기여하는 모든 기구, 운영, 기술, 원칙과 관련된 것이다.

〈그림 1-1〉에서 삼각형의 한 변은 문헌, 다른 한 변은 이용자, 밑변은 도

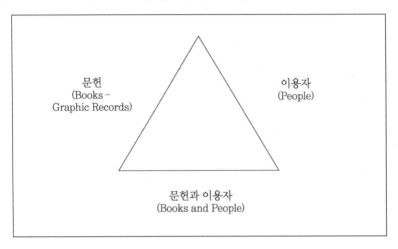

문헌
(Books -
Graphic Records)

이용자
(People)

문헌과 이용자
(Books and People)

서관의 활동으로 이용자와 문헌이 만나는 것, 즉 사서의 사회적 역할을 보여준다. 즉, 사서가 하는 일은 문헌과 이용자들을 연결해주는 것이고, 또한 문헌이라는 매체를 통하여 시간과 공간을 넘어서 인간 상호 간의 의사소통을 가능케 하는 것이다. 그러므로 사서의 전문적 지식은 모두 다음의 두 가지 핵심적 지식과 관련된 것이라고 볼 수 있다.

첫째는 문헌의 내용이다. 이것은 인간의 지식과 경험을 기록한 모든 형태와 종류의 문헌 내용이다. 도서관의 기능이 문헌이라는 매체를 통하여 이루어지는 사람들 사이의 커뮤니케이션을 증진시키는 것이므로 사서는 문헌의 물리적 특성보다도 문헌의 지적 내용을 잘 알아야 한다. 또한 사서는 어느 문헌이 어느 이용자 또는 어느 이용자 집단에게 필요한지도 알아야 한다.

둘째는 이용자의 문헌 요구이다. 이것은 인간의 지식과 경험을 기록한 문헌 속에 포함되어 있는 다른 사람들의 지식과 경험을 독서를 통하여 자기 것으로 하려는 사람들의 욕구이다.

〈그림 1-2〉 사서에게 요구되는 기본적 전문지식

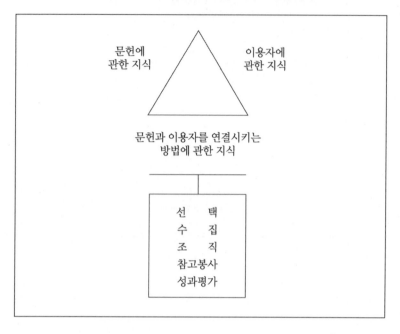

문헌에
관한 지식

이용자에
관한 지식

문헌과 이용자를 연결시키는
방법에 관한 지식

선　　택
수　　집
조　　직
참고봉사
성과평가

　사서가 문헌 또는 문헌에 관한 정보를 이용자에게 전달하는 데 필요한
전문적인 지식도 〈그림 1-2〉와 같이 나타낼 수 있다.
　그러나 사서가 이러한 지식을 완전하게 이해했더라도 이를 활용할 수
있는 기술이 없다면 무의미한 것이다. 외과의사가 수술법을 잘 알고 있어
도 실제로 집도하여 환부를 도려낼 수 없다면 그 지식이 무가치한 것과 마
찬가지이다. 법의 이론과 철학을 잘 아는 변호사라도 소송에 이기지 못하
면 무능한 변호사이다. 마찬가지로 사서의 지식이 아무리 깊고 넓더라도
그 지식으로 이용자에게 효과적인 도서관 봉사를 제공하지 못하면 무의미
한 것이다. 다른 전문직과 마찬가지로 사서직도 이론과 실무, 즉 지식과 기
술이 결합하여 이루어지는 것이다(Shera, 1972: 204~207; 최성진, 1988: 302~
305).

학습은 평생 계속되어야 한다

세라는 1956년 카네기 재단의 지원에 힘입어 16년 동안이나 연구한 결과, 1972년『문헌정보학의 교육기반』이라는 저서를 발표했다. 그는 이 저서를 통해 1950~1960년대의 그의 도서관 이론을 집약했고, 사서들을 양성하는 지적 기반 전반을 고찰했으며, 도서관학 교육에 관한 역사와 교과과정, 제도 등을 논했다. 세라는 서문에서 사회에서의 총체적 커뮤니케이션 체제(total communication system)로서의 도서관의 역할과 도서관 전문직(library profession)의 역할이 갖는 의미를 살펴보고, 그리고 대학원에서의 전문적 교육을 통해 이러한 역할을 충분히 감당할 수 있도록 하기 위한 조건들을 고찰하고자 했다고 밝히고 있다. 따라서 신경학적·심리적 구조와 연관된 인간의 커뮤니케이션 체제, 학습, 언어와 독서 등 개인과 관련된 문제들을 먼저 검토하고, 사회에서의 문화, 커뮤니케이션 체제와 그러한 체제에서의 도서관의 위치 등을 살펴보았다.

또한 도서관학 교육의 개선을 위해서는 전문직의 역사적 기원과 발전을 반드시 알아야 한다고 전제하고, 도서관의 기원 및 도서관 교육의 역사에 대하여 고찰했으며, 마지막으로 대학원 전문 교육의 교과과정, 연구의 기능과 역할, 도서관학 대학원에서의 교수와 일반 행정 등을 상세히 분석했다.

비슷한 시기에 발표된 세라의 다른 저작(Shera, 1970; Shera, 1976)에서도 도서관학 교육에 대하여 다루고 있다.

도서관학 교육의 중요성과 방향

도서관학 교육은 도서관의 일상업무를 처리하기 위해서 그에 필요한 일손을 마련하는 일이 아니며, 또한 관리자를 양성하는 일이 아니다. 도서관학 교육의 본질적인 기능은 문헌을 조직하고, 그것을 이용자에게 가장 생산적인 방법으로 봉사할 수 있는 훌륭한 자격을 겸비한 미래의 사서를 양성하는 일이다. 미래의 도서관은 그것을 맡아서 운영할 미래의 사서들이 어떤 자질이나 태도를 가졌느냐에 따라서 큰 영향을 받게 되므로 미래의 사서를 양성하는 일, 즉 도서관학 교육을 적절하게 계획하여 실행하는 일은 도서관 발전에 있어서 대단히 중요한 과제이다.

도서관학 교육을 계획하는 데는 일반적으로 두 가지 어려운 문제가 제기된다. 첫째, 미래의 도서관이 어떤 것이 될 것인지를 정확히 예측할 수 없고, 둘째, 너무 미래의 상황에 치중하다 보면 현실과 동떨어진 교육을 하게 되어 당장에는 쓸모없는 사서가 배출된다는 것이다. 현대 사서들 중에는 첨단 기술이나 정보학은 잘 아나 도서를 어떻게 선택·편목·축적·제공하는지에 대하여는 아무것도 모르는 사서가 있다.

도서관학 교육은 미래를 위하여 수행되어야 하나 현재를 소홀히 하여서는 안 되며 과거에 대하여도 상당한 주의를 기울여야 한다. 그렇지 않으면 사서직은 역사적 진화과정을 거쳐서 발달된 이론과 기술이라는 전문직의 중요한 요소를 간과하게 될 것이다.

교육의 목적은 어느 상황에서나 최적 대안을 선택할 수 있는 능력을 함양하여 환경의 변화에 슬기롭게 대처할 수 있도록 하는 것이다. 즉, 앞으로 도서관 안팎에 일어날지도 모를 변화들을 제시하여 미리 살펴봄으로써 미래의 사서들이 그러한 변화를 예견할 수 있게 하고, 그 변화에 맹목적으로 반발하거나 외면하지 않게 하는 것이다. 오히려 변화된 상황을 바르게 이해하고 거기에 맞게 전통적 방식들을 개혁하여 대처하는 적극적 자세를 취할 수 있게 하는 것이다.

교육이라는 것이 단지 규칙이나 기술을 학생들에게 이해시키는 것이 아니다. 도서관학 교육자들은 이론과 원리가 중요하다고 하면서도 실제로는 오랫동안 규칙과 기술을 주로 가르쳐왔다. 기술에 치중된 교육의 효과는 오래갈 수 없다. 규칙은 개정되고 기술은 변하기 때문이다. 따라서 기술은 이론적 기초 위에서 이해되어야 진정한 의미가 있는 것이다.

학부과정에서의 도서관학 개설의 문제

학부과정에서 도서관학을 개설하는 것은 도서관학 교육에 있어서 바람직한 방향이 아니다. 학부과정에서는 사회에 대한 폭넓은 이해와 탐구를 위하여 훌륭한 교양교육과 전문 주제 분야 교육에 힘써야 할 것이다. 학부과정과 마찬가지로 공개강좌나 통신교육과정(correspondence) 등도 경계해야 할 교육의 유형이다.

학부과정에 도서관학을 개설하는 것을 반대하는 것은, 첫째, 이러한 과정은 학부 학생들의 귀중한 4년간의 교육을 아깝게도 빼먹기 때문이며, 이 세월은 도서관의 직업교육 과정으로 허비하기에는 너무나도 귀중하기 때문입니다. 또한 이러한 과정에 반대하는 것은 이 과정이 지적으로 가장 낮은 수준에서 행해지기 때문입니다. 실제로 그것은 조금도 지적이라고 말할 수 없으며, 단지 도서관학을 기본적으로 기술로서만 가르치려는 것입니다. 기술 제공에 지나지 않는 직업교육은 로봇을 훈련시키는 그 이상의 것은 할 수 없습니다. 그런데 도서관에서는 로봇을 원하지 않습니다. 적어도 인간 로봇은 필요 없다고 생각합니다. 로봇은 기계에 맡깁시다. 결국은 이러한 학부과정은 자동화의 도래로 말미암아 제일 먼저 실직되기 쉬운 도서관의 일자리이며, 이러한 자리를 위해서 사람을 양성하는 셈이 됩니다. 즉, 미래의 자동 기계장치가 틀림없이 이어받게 되리라고 생각되는 바로 이런 직종을 위해서 학생들을 훈련시키는 것이나 다름없습니다. 그래서 만일 어느 시기 동안 이 과정을 시행한다면, 이미 있지도 않은 일자리를 위해서 사람들을 훈련시킨 셈이며, 부적합한 사람들을 양성해 내고 있었음을 곧바로 알 것입니다.

그래서 학부 시절은 일반교육과 전문 주제 분야 및 관련 분야의 학문들을 위해 쓰여져야 하지 않겠는가 하는 것입니다. 학생들의 흥미를 북돋워 주고, 학생들은 좋은 성적을 올린다면 전공 분야가 무엇이든 상관없습니다. 말하자면, 학부 시절은 지적 자극과 성장의 시기가 되어야 합니다(세라, 1984: 129).

도서관학 교육에 있어서의 박사학위와 연구

박사학위를 무조건적으로 선호하거나 인정하는 현상은 바람직하지 못하다. 학위는 그 가치나 중요성을 일단 떠나서 하나의 권위로 인정받고 있기 때문에 도서관직에 있어 매우 강조되고 있다. 그러나 학위를 중요시하는 경향에 대한 무비판적 수용은 결국 많은 사람들을 능력도 못 미치고 마음에 없는 연구 활동에 매달리게 하는 결과를 낳는다. 이런 사람들은 연구에 관심도 없으며 연구를 어떻게 해 나가야 하는지도 모르고 있다. 그리고 나중에 실무를 맡게 됐을 때는 아예 연구를 계속하지도 않는다. 박사과정은 당연히 연구를 하려는 사람들이 이수하여야 하며, 박사학위도 연구자에게 붙여져야 하는 칭호이다.

상당히 많은 사람들이 하나의 명목상 자격으로 노동조합원증을 가져야 하는 것처럼, 근래에는 박사학위를 격하시키는 경향마저 있어 매우 한심스럽기 짝이 없습니다. 또한 많은 사람들이 그 자격을 취득할 수 있게끔 그 수준은 오히려 낮아지고 있습니다. 악화가 양화를 구축(驅逐)하는 것과 마찬가지로, 일종의 학원 내의 그레샴 법칙(Gresham's Law)이라고 내가 자주 말해온, 즉 싸구려 교육이 양질의 교육을 구축하는 이른바 그레샴 법칙이 교육에도 그대로 작용되고 있어서, 훌륭한 교육의 기준을 유지하기 위한 끊임없는 투쟁은 결코 끝날 수가 없는 것입니다. 박사학위에 대한 현재의 이와 같은 압력은 적어도 우리나라에서는 우리가 생각할 수 있는 것보다도 훨씬 더 합니다. 교육자격을 높인다는 구실 아래 실제로 학위의 질을 떨어뜨리고 있습니다. 형편없는 박사학위(Ph.D.)보다 훌륭한 석사학위(M.A.)가 더 낫습니다(세라, 1984: 136).

기본적으로 연구는 의문에 대한 해답이라고 할 수 있다. 그런데 도서관학과 관련되어 수행된 연구들 중에서 그다지 중요한 질문들을 하지 않은 연구들이 많다. 진정한 연구로서의 의미를 지닌 것보다는 단지 사소한 질문들에 관한 답을 얻기 위해 노력했다는 것이다. 또한 연구의 원래 목적보다는 연구하는 방법에 너무 치중하는 경향도 있다. 이와 같은 조류는 도서관학 연구에 있어 바람직하지 못하며, 따라서 연구의 원래 목적, 즉 진리 추구를 통하여 인간의 지식을 완성시키고자 하는 것임을 다시 한 번 되새기며 그 방향을 재정립하여야 할 것이다.

계속교육

도서관직에서의 환경의 변화는 그 어느 전문직보다도 민감하게 대처해야 할 문제이다. 정보의 양이 증가하고 내용도 세분화되며, 새로운 기술과 방법이 끊임없이 출현하는 환경에서 사서는 그들의 능력을 개발하여 유능하고 역량 있는 전문가가 되어야 할 것이다. 능력 있는 사서를 통해서 이용자에게 효율적인 도서관 봉사를 제공할 때, 도서관의 궁극적인 목적도 달성될 수 있다.

사서는 자기의 전문직 교육이 학위를 취득한 순간에 끝나버리는 것이 아니라는 점을 기억해야 합니다. 학습의 과정은 평생토록 계속해 나가지 않으면 안 됩니다. 케이스웨스턴리저브대학교에 있는 한 친구는 모든 졸업증서는 10년이 지나면 아주 희미하게 지워져 버리는 잉크로 인쇄되어야 한다고 말한 적이 있습니다. 그때쯤이면 학생은 학교에 다시 돌아와 교육과정을 다시 이수해야 할 것이라는 말입니다. 이것은 하나의 기대이지, 이를 주창하는 사람들을 포함해서 우리들 중 누구도 다시 와서 배우고자 하지는 않을 것 같습니다. 그러나 이 말은 교육이 그 밖의 다른 것들과 마찬가지로, 환경, 문화, 문화적 상황이 변화하고, 변경되어서 자기 표현을 위한 새로운 책임, 새로운 기회를 만들게 될 때에는 이미 낡아버린다는 것을 흔히 잊어버리고 있다는 사실을 강조한 것입니다. 이러한 변화가 아주 빨리 일어나고 있는 도서관직의 경우에 있어서는 확실히 맞는 말입니다(세라, 1984: 134).

도서관학의 이론적 체계를 정립하며

세라의 다양한 분야에 걸친 많은 연구들은 도서관학의 본질을 규명하려는 노력이었으며, 도서관학의 이론적 체계를 정립하는 데 커다란 공헌을 했다. 세라는 도서관학의 학문 및 교육적 기반을 마련하는 데 크게 기여한 위대한 학자이자 사상가로 평가받고 있다. "세라의 공헌의 정도를 논의할 때 위대한 철학자인 프란시스 베이컨과 동등하다(Goldwin, 1982: 4)"라는 골드윈의 평가는 그의 연구와 사상이 가지는 의의를 가장 명료하게 보여주고 있다.

서지이론의 영향

세라는 서지이론을 통해 보다 효과적인 도서관 봉사를 위하여 서지에 대한 분석적이며 수량적인 연구가 필요하고 제안했다. 브룩스(B. C. Brookes)는 이러한 제안에 대하여 당시에는 거의 관심을 보이지 않았으나, 그의 서지이론에 대하여 발전이 이루어지고 있다고 언급했다. 즉, 세라가 수행하지 못했던 서지이론을 수량화하여 적용하는 연구가 수행되고 있으며, 그 대표적 사례로 '고프만의 지식 전파에 있어서의 전염병 이론(Goffman's epidemiological theory of dissemination)'과 '브래드포드의 분산법칙(Bradford's law of scattering)'을 들고 있다.

고프만의 이론은 지식이 전파되는 방법이 전염병이 퍼져나가는 것과 유사하다는 것으로, 즉 새로운 병원균이 일정한 잠복기를 거쳐 유행병으로 발전되는 것처럼 새로운 생각이나 지식도 단지 그것이 훌륭하다고 해서 전파되는 것은 아니며, 일정한 최소기준치에 도달해야 비로소 널리 받아들여진다는 것이다. 고프만은 이러한 이론을 입증하기 위해 과학 분야의 서지를 망라한 데이터로 실험했고 수학적 방법을 사용했다.

브래드포드 분산법칙은 여러 과학학술잡지에 분산되어 출판되는 논문들이 공통적인 분포 양상을 보임을 관찰하고 이를 서술적 법칙과 그래프적 법칙의 형식으로 제시한 것으로, '소량의 학술지가 관련 주제 분야에서 많은 양의 논문을 생산하고, 대다수의 학술지들은 단지 소량의 논문을 생산한다'라는 사실을 밝힌 것이다(Brooks, 1973: 241~ 244; 사공철 등, 2001: 165). 이와 같이 서지의 수량적 분석을 통하여 문헌을 이용한 지식의 배포 및 소통과정, 그리고 문헌을 통해 표출되는 지식의 온갖 속성과 행태를 연구할 수 있게 되었다.

사회학적 관점의 영향

세라는 도서관학에 있어서의 '사회'의 의미를 항상 역설했고, 따라서 수많은 저서를 통해 사회 속에서의 도서관, 사회 속에서의 지식을 강조했다. 또한 사회학, 인류학, 심리학 등 도서관학과 연관된 타 학문과의 교류도 주장했다. 이러한 그의 사상은 문헌정보학(도서관학)은 사회과학이며 그 본질을 사회과학의 틀 속에서 찾아야 한다는 커다란 맥을 형성하는 데 큰 영향을 끼쳤으며, 지금도 문헌정보학의 본질을 고민하고 그 방향을 찾고자 하는 사람들에게 직·간접적으로 그 해답을 제시하고 있다.

문헌정보학의 본질은 사회과학이며, 경우에 따라서는 인문학이나 과학기술적인 측면, 또는 종합과학적 성격이 보완적인 차원에서 가미될 수 있다. …… 문헌정보학이 학문으로서의 역사가 길지 않으며, 도서관이라는 구체적인 현장의 실천성을 강조한 탓으로 하나의 '학'으로 정립하는 데 어려움이 많았으며, 다른 영역의 학문과 구분되는 뚜렷한 이론과 방법의 개척이 쉽지 않았음도 인정한다. 그러나 지금부터라도 사회과학으로서의 문헌정보학이 가지는 제반 조건들을 탐구하고, 실천가능한 이론과 방법의 개발이 요구된다고 하겠다. 사회과학으로서의 문헌정보학은 인간과 사회의 정보추구행위나 지식형성과정을 다루며, 도서관이 그와 같은 인간의 행위나 과정에 대해 어떠한 방법으로 대응해야 하는지, 그것이 사회구조와 어떠한 연관성이 있는지 등에 대해 관심을 가져야 한다. 또한 사회과학 학문이 가지는 일반적인 관심과 문헌정보학의 관심은 무엇이 같으며 어떻게 다른 것인지에 대한 구분도 있어야 한다(이수상, 1997: 144~147).

도서관학 정체성에 끼친 영향

도서관학, 도큐멘테이션, 정보학에 대하여는 그 정의와 상호 간의 관련성에 대하여 많은 논란이 있어왔다. 이에 대한 세라의 초기 주장은 앞서 살펴본 바와 같이 도큐멘테이션과 정보학은 크게 도서관학에 포함되는 것이며, 특히 정보학은 도서관학과 상호보완적인 관계가 있다는 것이다. 이 같은 세라의 사상은 큰 주류로 자리 잡아 많은 학자들에게 영향을 끼쳤다.

최성진은 도서관학, 도큐멘테이션, 정보학 삼자는 모두 사회에서 생산되는 각종 문헌들을 수집·관리하며 궁극적으로 이용자들이 그 속에서 필요한 지식과 정보를 찾아 활용할 수 있도록 하는 데 관련된 원리와 기술을 규명하고 개발하는 것이며, 다른 것은 다만 도큐멘테이션과 정보학이 각각 새롭고 독특한 방법과 도구로 이용하는 것 뿐이라고 생각했다. 그리고 삼자의 관계를 의학과 의학에서 파생된 방사선 의학이나 물리요법의 관계에 비유했다. 즉, 방사선 의학과 물리요법도 의술에 관한 연구라는 점에서 일반 의학과 다를 것이 없지만 그 방법과 도구는 새롭고 다른 것이라는 의미이다(최성진, 1988: 363~364).

또한 1990년대 들어 한국의 도서관학은 '문헌정보학'으로 그 학명을 변경했는데, 명칭 변경의 근본 목적 중의 하나가 정보학을 도서관학에 통합시킨 개념을 나타내기 위한 것이었다.

도서관정보학이라는 학명은, 두 개의 학문이 하나의 체계로 통합한 새 학문의 이름으로서는, 더구나 재래의 도서관학이 정보학을 융합시켜 새로이 체계화한 학문의 이름으로서는 너무 도서관학과 정보학이 대등하게 병립적으로 내재해 있는 것 같이 보여 좋지 않다. 마치 '영어영문학'의 구조와 같이 느껴지는 것이다. 영어영문학이라 함은 영어학과 영문학의 두 개의 병립된 학명을 편의상 축약해서 부르는 것이지 결코 하나의 학문으로 통합한 것을 지칭하는 것은 아니다. 이에 비해 '문헌정보학'이란 학명은, 이 정보학을 도서관학으로 융합시켜 하나화한 학문의 이름으로서도, 상기 후지카와(勝川)가 정의를 내린 학문 내용을 개념화해서 표상한 학명으로서도 다 같이 어울리는 것이 아닌가 생각하는 것이다(리재철, 1994: 25).

세라는 도서관학이 의학이나 법학처럼 학문 내의 모든 전문 분야에 공통되는 일반적인 원칙과 이론을 발전시키지 못했음을 안타까워 했다. 그래서 그는 많은 논문들을 통해 도서관학의 본질을 규명하려는 원론적인 입장에서 이론을 전개시켰으며, 이러한 이론이 도서관학 교육에서 필수 요소임을 강조했다.

그는 어느 학자들보다 많은 논문과 저서를 발표했는데, 그것들이 대부분 도서관학의 본질을 규명하려는 이론들로서 당시 기술 중심의 미국 도서관계에서 확실하게 정착되지 못했을 뿐만 아니라 업적으로 크게 인정받지 못했던 때도 있었다. 그러나 이론 구성이라고 하는 것은 산발적이라 하더라도 그것이 모임으로써 하나의 체계가 성립될 수 있는 것이고 시간이 더할수록 그 가치가 더해지는 것이다. 따라서 그의 논저들은 오늘날 문헌정보학의 개론 내지 입문적 이론으로서 통독해야 할 기본적인 철학서로 인정받고 있다(남태우 공편, 2001: 6).

문헌정보학에 대한 포괄적이고 명료한 성격 규명, 사회 속에서의 도서관의 역할, 본질을 규명하기 위한 사회과학적 접근과 필요성, 문헌정보학 교육의 중요성과 문제점 등에 대한 그의 사상과 이론은 오늘날의 학문을 배우고 가르치는 사람들과 사서직으로 종사하는 사람들이 반드시 되새겨 볼 필요가 있다고 여겨진다.

9 영국과 세계의 공공도서관
발전에 헌신적인 공헌을 한

맥콜빈

고인철*

라이오넬 로이 맥콜빈(Lionel Roi McColvin)은 영국의 사서로서 오랜 기
간 공공도서관, 영국도서관협회(Library Association, 이하 LA), 국제도서관연
맹(International Federation of Library Associations and Institutions, 이하 IFLA) 등
에서 헌신적으로 활동했다. 특히, 영국 공공도서관의 개편을 주장하는 방
대한 조사보고서를 발표함으로써 영국 공공도서관의 개편, 확충의 토대를
마련했다.

또한 어린이를 위한 도서관 봉사의 중요성을 강조하여 어린이도서관의
건립과 전문적인 봉사를 추진하고, 공공도서관 및 어린이도서관과 관련된
연구논문과 발표문을 꾸준히 저술하는 등 도서관계의 발전을 선도했다.

이와 함께 제2차세계대전 후의 어려운 상황에서도 도서관계의 문제 및
도서관 설비의 개선에도 크게 공헌했다.

---

* 국회도서관 참고봉사국장, 연세대학교 박사과정.

지치지 않는 연사, 정력적인 저술가

맥콜빈은 1896년 11월 30일에 북동 잉글랜드에 위치한 뉴캐슬 어펀 타인(Newcastle upon Tyne)의 타인(Tyne) 강이 흐르는 히튼(Heaton) 마을에서 인물화가의 3남 2녀 중 셋째로 태어났다.

초등학교 졸업 후 런던 광역시(Great London) 크로이던(Croydon)으로 이주한 맥콜빈가의 삼 형제는 학업 후 모두가 공공도서관 업무에 종사했으며, 맥콜빈은 1915년에 지원병으로 입대하여 4년간 제24연대에서 근무했다.

맥콜빈에게는 어려서부터 경미한 언어장애가 있었는데 'R' 자 발음을 하는 데 어려움이 있었고, 때때로 말을 더듬기도 했다고 한다. 이야기하기를 좋아했고 헌신적인 사서였던 맥콜빈은 건장한 체격의 소유자로 걸음걸이가 매우 빠르고 씩씩했으며, 런던 시의 중심가에서 안전하게 차량을 피해 다니기도 했고 움직이는 버스에 재빨리 올라타기도 했다. 또한 피아노 연주를 좋아했고 맥주와 파이프 담배를 좋아했으며 지치지 않는 연사였고 정력적인 저술가였다.

그는 회의석상과 의회나 위원회에 참석하여 매우 설득력 있게 자신의 의견을 개진했는데, 먼저 사실들을 자신 있게 나열한 뒤 효과적인 방식으로 문제를 처리했으며, 논쟁에 빠지는 것을 싫어했지만 자신의 의견에 반대하는 사람을 존중할 줄 알았다(Harrison, 1983: 122~123).

맥콜빈의 단점은 자신의 마음을 좀처럼 바꾸려 하지 않았다는 것으로 자신의 평가기준을 충족시키지 못하는 직원은 도서관의 한직으로 보냈다. 그러나 깊은 인상을 심어준 직원의 경우에는 물심양면의 지원을 아끼지 않았다(Harrison, 1983: 134~141).

맥콜빈은 포틀랜드로드 초등학교(Portland Road Primary School)를 졸업했으며, 크로이던시립남자중(고)등학교(Croydon Council Boy's Secondary School)를 졸업했다.

1919년 군에서 제대한 맥콜빈은 만 24세에 1920/1921년도 '영국도서관 협회시험(Library Association Examinations)'에 합격했으며, 만 27세에는 영국 도서관협회의 수료증(Diploma)[1]을 취득했다.

독학자였던 맥콜빈은 이에 따른 장점과 약점을 모두 가지고 있었다. 50 년 전의 많은 사서들은 경제적인 이유 때문에 공식적인 전문교육을 받을 기회를 갖지 못하기도 했는데, 맥콜빈은 사서들이 영국도서관협회 시험을 통해 전문사서의 자격을 갖추지 못한 것에 대해서 상당히 냉정했다. 웨스트민스터도서관에서 함께 근무했던 직원들 중에는 성실하게 근무하는 훌륭한 직원들이 있었음에도 불구하고 그들이 영국도서관협회 회원이나 특별회원 자격을 획득하지 못했다는 이유로 맥콜빈은 그들을 승진이나 보직 이동 시 혜택에서 제외시키기도 했다.

맥콜빈은 뛰어난 공공도서관 사서로서 1930년대 중반부터 그가 은퇴하던 1961년까지 영국에서뿐만 아니라 세계적으로 공공도서관 분야에 지대한 영향력을 미친 인재였다.

맥콜빈이 만 15세인 1911년에 말단직원으로 처음 근무를 시작한 곳은 런던 광역시 자치구였던 크로이던에 있는 크로이던공공도서관(Croydon Public Library)이었으며, 그의 형 노우드(Norwood McColvin)도 이 도서관에서 3년간 근무했다. 당시 그의 업무는 우편요금을 절약하기 위해서 하루 중 반은 정리된 우편물이나 책을 분관으로 배달하는 것이었다[2].

빠른 승진을 거듭한 그는 1921년 영국 북서쪽의 위간공공도서관(Wigan

---

1) Diploma는 정식 학위는 아니지만 일정 기간의 교육과정을 마치면 받는 일종의 수료증으로 과정에 따라 논문을 제출해야 하는 경우가 있었는데, 맥콜빈이 수강한 과정은 논문 제출을 요구했다. 맥콜빈은 「공공도서관에서의 음악(Music in Public Libraries)」이라는 제목의 논문을 제출하여 통과되었는데, 이 논문은 1924년에 그의 최초의 출판물로 정식 출판되었다.

2) 후에 아들 케네스 로이 맥콜빈(Kenneth Roy McColvin)도 공공도서관 사서가 되었다.

Public Library)의 부관장이 되었으며, 28세였던 1924년에는 영국 동부의 입스위치공공도서관(Ipswich Public Library)의 관장으로 임명되었다. 28세 이전에 부관장과 관장에 임명된 사실은 영국에서는 매우 이른 나이에 속하는 것이었다. 맥콜빈은 입스위치공공도서관에서 7년간 근무한 후에는 런던 북부의 햄스테드공공도서관(Hampstead Public Library)의 관장이 되어 1938년까지 7년간 근무했으며, 42세인 1938년도에는 영국 공공도서관직에서 요직으로 손꼽히는 웨스트민스터시립도서관(Westminster City Library)[3] 도서관장으로 임명되어 정년퇴임일인 1961년 11월 30일까지 23년간 재직했다.

맥콜빈은 시립도서관장이 된 직후인 1939년에 발발한 제2차세계대전 중에는 현역으로 참전했던 제1차세계대전과는 달리 1945년까지 민방위 부서의 요직을 담당하기도 했으며, 민방위 통제실의 책임자로 근무하기도 했다. 더욱이 버킹엄궁가(Buckingham Palace Road)의 지하에 위치한 도서관의 지하실이 민방위보고통제소로 개편되었음에도 불구하고 제1차 세계대전과는 달리 휴관하지 않고 도서관 봉사업무를 계속 수행했다.

맥콜빈은 64세인 1960년 12월 크리스마스 직후 뇌졸중으로 기억력을 상실했기 때문에 정년퇴직 연도인 1961년의 대부분은 병가 상태였다. 그의 기억상실증은 10분 내지 15분 이상 경과된 일에 대해서는 기억하지 못하는 특이한 병으로, 이 때문에 그는 말년에 단편소설이나 뉴스 위주의 신문 읽기를 즐겼다. 그러나 다행히도 이 병은 16년 이상 지속된 은퇴생활을 즐기는 데 육체적인 제약을 주지는 않아 거동에는 전혀 지장이 없었다. 그는 1976년 1월 16일 80세의 나이에 런던에서 사망했다.

---

3) 1901년 설립된 웨스트민스터 시의회는 전 도시를 관장하는 도서관의 주관기구이며, 현재 웨스트민스터시에는 참고도서관(Westminster Reference Library) 등 12개의 도서관이 있다.

맥콜빈의 전성기와 맥콜빈 메달

1938년 맥콜빈은 웨스트민스터시립도서관의 도서관장에 취임했으나 제
2차세계대전의 발발로 도서관체제의 현대화 등을 위한 구상은 전쟁이 끝
날 때까지 연기할 수밖에 없었다. 그는 제2차세계대전 중에 영국도서관협
회의 요청과 웨스트민스터 시의회의 동의를 받아 공공도서관에 대한 단독
조사에 착수하여 영국 각지를 방문·조사했다.

이 조사결과는 1942년에 맥콜빈 보고서인『영국의 공공도서관 체제(The
Public Library System of Great Britain: A Report on Its Present Condition with
Proposals for Post-war Reorganization)』로 출판되어 당시 공공도서관계에 대
단한 논쟁의 계기가 되었고, 이후 지방정부 및 공공도서관을 재편하게 되
는 계기가 되었음은 물론, 현대 공공도서관 정책의 기초가 되었다.

맥콜빈은 전쟁이 끝난 1945년부터 비로소 시립도서관의 현대화 계획을
착수했는데, 직원들이 맥콜빈의 이러한 개혁작업을 현실화시키는 데 필요
한 능력이 부족하다고 판단하여 1946년과 1947년에 여러 명의 상위 간부
및 중견 직원을 외부에서 영입했다.

이때부터 도서관계에서의 맥콜빈의 전성기가 시작되었다고 할 수 있는데,
그는 웨스트민스터시립도서관의 개혁작업을 착수하여 불과 3년 동안에 중
앙대출도서관(Central Lending Library) 개관, 중앙참고도서관(Central Reference
Library) 건립, 중앙음악도서관(Central Music Library) 건립, 어린이도서관의 개
관, 배달봉사업무의 시작 등 여러 가지 주요 사업을 실시했다. 1947년에 어린
이도서관을 개관하고 지방연구자료(시립공문서자료·도서·지도·인쇄물·기타 지
역자료 등)를 버킹엄궁가에 있는 도서관으로 통합했으며, 배달봉사업무도 시
작했다. 1948년에 체링크로스가(Charing Cross Road)에 음반자료를 포함한 중
앙대출도서관을 개관하는 한편, 음악단체와의 긴밀한 관계를 바탕으로 버킹
엄궁가에 있는 건물에 중앙음악도서관을 건립했다.

이러한 작업들은 다른 대부분의 공공도서관들이 주로 전쟁 이전의 상태로 복구하는 작업에 집중하고 있을 때 이루어졌는데, 웨스트민스터시립도서관의 발전은 맥콜빈의 전성시대에 이루어졌다고 할 수 있다.

1950년대에는 중앙참고도서관 및 각 분관의 재편작업에 열중하여 영국박물관도서관과는 별도로 다른 27곳의 런던 자치구들이 제공하는 것보다 큰 규모의 중앙참고도서관을 건립하려는 목적으로 기존에 있던 네 곳의 참고도서관을 통합하여 성마틴스가(St. Martin's Street)에 있는 오래된 저택 부지에 중앙참고도서관[4]을 건립하고, 양질의 참고자료 선정을 위해 자신이 직접 선임한 참고사서들을 동원했다.

또한 웨스트민스터시립도서관에 번호표 대출제도를 도입했는데, 당시에는 전후 공공도서관 이용 열풍이 절정에 달하여 점심시간에는 두 시간에 5,000권을 처리하기도 했다. 점심시간에 자료 대출을 요청하는 이용자는 대부분 도시에 근무하는 교외 통근자들로 이 시간에 중앙대출도서관의 대출 행렬이 도서관 옆의 개릭 극장(Garrick Theatre)을 지나 시청의 출입문을 가로막는 사태를 초래하자 맥콜빈은 토큰 대출제도를 실시하여 이 문제를 해결했다.

맥콜빈은 이와 함께 도서관 대출표의 호환사용도 실시했는데, 이는 런던 시내 소재 도서관에서 발행한 대출표를 타 도서관에서도 사용할 수 있도록 '런던대도시도서관장협회(Association of Metropolitan Chief Librarians)'에서 채택한 방법이었다. 즉, 번호표 대출제도에서 더 나아가 웨스트민스터시립도서관은 물론, 영국에서 발행된 모든 대출표를 취급하기로 결정했

---

4) 공공도서관이 교양·오락물 등의 가벼운 도서자료를 수집하여 시민에게 관외대출 등의 이용에 제공하는 데 비하여 참고도서관은 참고도서나 학술자료, 대형본·귀중서 등 대출에 적합하지 않은 자료를 관내에서 열람하게 하고, 쾌적한 열람시설과 설비를 갖추어 이용자의 문헌조사 및 상담에 봉사하는 직원을 두었다(http://www.nwpl.new-westminster.bc.ca/index.htm).

다. 그 결과 직원들은 각양각색의 형태와 크기를 가진 대출표를 처리하고 반납이나 대출기일이 지난 책을 멀리까지 가서 회수해 오는 고역을 치러야 했지만, 맥콜빈이 사업을 추진하는 과정에서 보여준 상상력과 폭넓은 이상과 의무를 회피하지 않는 용기는 존경하지 않을 수 없었다. 이러한 번호표 대출제도는 위험한 발상이었고, 주로 비거주자를 대상으로 대출봉사를 실시하는 부서는 고생이 막심한 제도였다고 할 수 있겠으나 맥콜빈의 이러한 이용자 중심의 봉사정신은 선구자적인 발상이었다.

또한 맥콜빈은 어린이의 활동과 관련된 어린이 전문사서를 직제에 추가 편성하는 한편, 1950년대 말에는 처칠 공원(Churchill Gardens)에 어린이도서관을 설립했다.

한편, 맥콜빈이 웨스트민스터시립도서관의 도서관장으로서 남긴 뛰어난 공헌 중의 하나는 직원에 대한 진정한 전문 직업의식의 후원과 함양을 들 수 있는데, 재직 중 웨스트민스터시립도서관을 영국 공공도서관 조직 중에서뿐만 아니라 사서들의 평가에서도 최고의 위치와 가장 높은 급료를 받는 위치로 올려놓았다는 것이다.

협회활동

맥콜빈은 평생 LA 활동에 적극적이었는데, 24세이던 1920년 LA 회원(LA Associate of the Library Association)이 된 후 29세인 1925년에 협회 평의원(councilor)으로 선임되었으며, 1934년부터 1951년까지는 협회의 명예간사(honorary secretary)로 일했고, 1952년에 LA 회장으로 선임되었으며, 1961년부터는 명예회원으로 추대되었다.

전쟁 중에는 명예간사로 활동하면서 당시 문교부 차관이자 LA의 전임 간사였던 웰스포드(Percy J. Welsford)와 유대관계를 돈독히 했는데, 이는 영국 도서관직에 많은 성과를 가져다 준 유익한 실무관계였다. 웰스포드의 권유에 따라 전시 공공도서관의 봉사를 조사하면서 전국을 방문하는 계기가 되었기 때문이다.

LA에서는 1936년 협회를 대표하여 맥콜빈을 도서관 경영의 조사·연구를 목적으로 미국으로 파견하기도 했고, 공공도서관의 제도 개선을 위해 맥콜빈을 포함한 고위 사서들을 영국 순회출장에 파견하여 도서관을 조사·보고하도록 했다. 그것은 당시 영국의 대부분의 공공도서관 체제가 50년 이상 경과하여 대규모의 개혁이 필요한 시기였기 때문이었다.

제2차세계대전으로 인해 도서관의 철저한 개선에 대한 움직임은 중단되었으나 맥콜빈은 LA의 업무를 관리하고 웰스포드와 친밀 관계를 유지했으며, LA에서는 어려운 이 기간 중 맥콜빈에게 공공도서관에 대한 단독조사에 착수할 것을 요청했고, 웨스트민스터 시의회는 맥콜빈의 조사를 위해 시립도서관장의 직무를 면제하는 데 동의했다.

맥콜빈은 1950년대부터 IFLA에서 활동을 시작하여 국제적인 수준에서 공공도서관에 대한 관심을 불러일으키기 위해 활발한 활동을 했다. IFLA 공공도서관 분과위원장으로 IFLA 공공도서관 봉사 및 시설의 표준안을 입안하기 위해 많은 노력을 했다. 이 외에도 호주, 뉴질랜드, 중동, 미국, 독일, 터키, 스칸디나비아 등지를 방문하여 공공도서관의 건립·봉사활동에 대해 조언했으며, 스웨덴의 미스터공공도서관 사서인 헬름비스트(Bengt Hjelmqvist)와 함께 1958년부터 3년마다 개최되는 '영국·스칸디나비아공공도서관회의(Anglo-Scandinavian Public Library Conference)'를 창설했다.

저술활동

맥콜빈은 30여 권의 책을 저술했는데, 최초의 저서는 입스위치공공도서관장으로 처음 임명된 28세였던 1924년에 출간한 『공공도서관에서의 음악(Music in Public Libraries)』으로 앞에서 언급한 것과 같이 이 책은 그의 졸업논문이었다. 그 뒤를 이어 1925년 『도서선택이론(The Theory of Book Selection)』, 1936년 『도서관장서 및 이용자 지원(Library Stock and Assistance to Readers)』, 1937년『도서관과 대중(Libraries and the Public)』, 1939년『도서관 직원(Library Staffs)』, 1946년『영국 도서관(British Libraries)』, 1949년『공공도서관 확장(Public Library Extension)』, 1957년『어린이를 위한 공공도서관 봉사(Public Library Services for Children)』, 1961년『어린이를 위한 도서관(Libraries for Children)』 등 주로 공공도서관 및 어린이도서관에 관련된 주제의 책들을 저술했다.

맥콜빈의 뛰어난 책으로는 1937~1938년 해롤드 리브스(Harold Reeves)와 공저한『음악도서관(Music Library)』, 1949년『공공도서관 확장(Public Library Extension)』, 1953년『개인도서관(The Personal Library)』, 1956년『독서의 기회(The Chance to Read)』 등을 들 수 있으며, 이 외에도 전문 학술지에 많은 논고를 발표했다.

1947년에 발간한『호주의 공공도서관(Public Libraries in Australia)』에는 맥콜빈이 웨스트민스터시립도서관의 도서관장이자 LA 명예간사를 담당하고 있던 1946년 12월에서 1947년 2월까지 중동, 호주, 뉴질랜드, 미국의 도서관을 방문하고 많은 도서관 직원 및 공무원들과 토의하며 각종 방법 및 정책에 대해서 조언한 내용이 포함되어 있다. 이 책은 호주국립도서관, 의회도서관, 6개 주립도서관 및 시드니대학교 등 7개 대학도서관, 기타 공공도서관 등을 방문한 후 호주 정부의 요청에 따라 호주 공공도서관의 현상과 미래의 가능성 등을 조언한 보고서로서 유익한 여행경험을 반영한 여러 개의 강연을 게재하고 있으며, 멜버른대학에서 출판했다. 그는 이 책에서 도서관 봉사가 왜 필요하며 어떤 종류의 도서관 봉사가 가장 유익한가, 공공도서관 봉사의 기본원칙과 일반적 구조의 설명과 더불어 호주의 입장에서 어떤 종류의 도서관과 도서관 봉사가 필요한가를 조언하고 있다.

전임 웨스트민스터시립도서관의 도서관장이었던 해리슨은 그의 글에서 『개인도서관』과『독서의 기회』를 맥콜빈이 발표한 최고의 책이라 평하고 있다(Harrison, 1983). 이 두 책에는 세계여행의 경험, 많은 국가들의 도서관 발전에 관한 인상적인 지식, 전후 세계에 모습을 드러낸 신생국가들의 도서관 봉사의 필요성 등 주요 관심사들이 포함되어 있다.

또한 맥콜빈은 1941년부터 1945년까지 LA의 기관지인 ≪영국도서관협회보(Library Association Record)≫를 편집했는데 초기 사설에서 다음과 같이 자신의 의견을 피력했다.

> 독자 개인에게 있어 좋은 도서관은 인류의 업적과 영감에 대한 축도이자 지도이다. 도서관은 문화, 문명, 삶의 풍요로움을 통해 우리가 의도하는 것을 자세히 설명해 준다. 인류가 경주하는 노력의 다양성, 가능성, 차별성, 통일성을 적절하게 통찰할 수 있는 다른 방법은 없다(Harrison, 1976: 88).

한편 1968년 LA는 『대중을 위한 도서관(Libraries for the People)』이라는 제목으로 맥콜빈을 위한 기념논문집을 출간했는데, 웨스트민스터시립도서관의 부관장이었던 볼란스(Robert F. Vollans)가 편집했으며 세계적인 사서들의 기고문도 게재되어 있다.

맥콜빈 메달

LA에서 주관하여 시상하는 맥콜빈 메달(McColvin Medal)은 일 년간 영국에서 출판된 뛰어난 참고도서에 수여되는 상으로 수상작의 선출은 출판자(출판사 및 개인)가 제출한 참가서를 심사하여 결정하며, 선정위원들은 자료의 권위, 범위, 배열, 정보의 최신성, 색인의 질, 참고자료의 적합성, 물리적 형태, 독창성과 가치를 평가하여 판단한다.

이 참고도서상은 영국에서 발간된 우수 참고도서상과 전자형태자료상의 두 종류로 나누어 다음 해 4월 말까지 선정·발표하는데, 1970년 이래 참고도서 출판의 촉진, 내용 향상 및 산업표준의 적용에 뛰어난 역할을 수행하고 있다.

맥콜빈 메달의 수상자에게는 금메달, 증명서 및 500파운드가 부상으로 수여되는데, 2001년 9월 12일 LA는 올해의 우수 전자참고자료로서 ≪세계 셰익스피어 서지 온라인(The World Shakespeare Bibliography Online)≫을 맥콜빈 메달의 수상작으로 선정·발표했다.

이와 같이 맥콜빈 메달을 만들어 수상하는 것만 보아도 영국 도서관계에서 그가 미친 영향과 업적을 미루어 짐작할 수 있다.

공공도서관의 확장을 생각하다

웨스트민스터시립도서관의 도서관장으로 임명된 맥콜빈은 당시의 영국 공공도서관 체제가 규모와 재원이 유사한 도서관 주관기구들의 난립으로 비효율적이라고 지적했다. 또 지방정부의 관할권 영역을 재편함으로써 주관기구의 수를 줄이고 규모를 확대시키는 구조조정 방안을 조사·보고함으로써 지방 공공도서관 체제를 확대·개편하는 토대를 마련했다.

맥콜빈은 유네스코 공공도서관 편람 제2권(*UNESCO Public Library Manuals, vol. 2*)인 『공공도서관 확장』에서 공공도서관의 사명, 문제점, 확충방안을 구체적으로 밝히고 있다. 이 책에서 공공도서관의 확장은 도서나 참고봉사 등 도서관의 통상적 업무와 관련된 영역을 확장하는 것이 아니라 가능한 한 많은 사람들에게 서비스를 제공할 수 있도록 공공도서관의 봉사를 확장하는 것을 의미한다고 밝히고 있다. 즉, 국민 전반에 대한 도서관 봉사의 기획과 방법의 마련, 특히 지역사회와 도서관 봉사의 관계, 해결되지 않으면 안되는 현안문제 등에 대해 주로 언급하고 있다. 이를 위해 조직의 문제로서 국가, 지방 등 각종 정부기관들이 공중에 대한 봉사기관으로서의 도서관 발전에 책임을 갖고 봉사해야 한다는 것과 도서관 직원의 응용능력의 문제로 조직 내에서 근무하는 방법이나 수단의 개선을 설명했다. 공공도서관 확충

방안에 있어 하나의 정책이란 없으며, 도서관 봉사업무와 국민의 요구를 최고로 결합되게 하는 것이 최상이며 공공도서관의 본질적 사명이라고 했다.

도서관 봉사의 조직화와 전국적 조직으로의 확충을 위한 네 가지 조건으로는, ① 적절한 자료의 정비 및 자료의 갱신, ② 경영적 측면에서 도서관 경영자의 책무로서의 이용자 유치, ③ 정보봉사 및 조사봉사, ④ 공중에 대한 정부의 지원을 들고 있다. 또한, 구체적인 도서관 확충계획으로는 봉사기구, 건물 및 직원의 확충, 장서구성, 순회문고 등 대민 직접봉사의 실시, 지방도서관 조직과 방법 등에 대한 지방자치단체와의 협력 등을 제시했다.

맥콜빈은 IFLA 공공도서관 분과위원장으로 IFLA 공공도서관 봉사 및 시설의 표준안을 입안하는 등 공공도서관 분야의 개척자였다.

맥콜빈의 IFLA에서의 활동은 1950년대부터 시작되었다. 그때까지 IFLA는 공공도서관 지향적이지 못했으므로 이를 개선하는 데 착수하여 1953년 IFLA '공공도서관분회(Section of Public Libraries)' 위원장으로 선임되었다. 이때 독자적으로 공공도서관 봉사 및 시설의 국제적 표준을 입안했는데, 이는 1958년에 ≪리브리(Libri)≫에 발표되었으며 IFLA 『공공도서관을 위한 기준(Standards for Public Libraries)』의 출발점이 되었다. 당시 IFLA의 동의를 얻지 못한 이 안은 가드너(Frank Gardner)가 회장으로 있던 IFLA 공공도서관분회로 이관되었고, 1973년에 IFLA가 이를 전면 수정·발표했다.[5]

---

5) 공공도서관분회는 1973년에 전 세계적으로 통용될 수 있는 공공도서관을 위한 양적 기준, 지침, 주요 원칙을 마련하여 「공공도서관을 위한 기준(Standards for Public Libraries)」으로 발표했다. 이 기준은 1977년에 약간의 수정을 거쳐 1986년에 「공공도서관을 위한 지침(Guidelines for Public Libraries)」으로 발표되었다. 한편 유네스코는 1994년에 「유네스코 공공도서관 선언(UNESCO Public Libraries Manifesto)」을 발표했다. 이는 공공도서관 봉사의 주요 기본원칙에 대한 성명서로 사서들과 정책 결정권자들이 공공도서관 봉사를 개발하는 데 사용할 수 있는 상세하고 실제적인 지침과 기준이 필요했다. 따라서 공공도서관분회에서는 1998년부터 1986년에 채택된 「공공도서관을 위한 지침」에 대한 개정

어린이를 위한 도서관

맥콜빈은 어린이를 위한 도서관 봉사의 중요성을 강조하고 처칠 공원에 어린이도서관을 설립했을 뿐만 아니라 직제에 전문사서를 추가 편성했다. 또 어린이도서관에 관해 두 권의 책을 발간하여 어린이를 위한 도서관 봉사의 촉진과 발전을 피력하는 등 어린이를 위한 공공도서관의 역할 수행을 시작한 어린이도서관의 선구자였다. 맥콜빈은 다음의 두 권의 책에서 어린이를 위한 도서관 봉사의 중요성과 방법을 제시하고 있다.

맥콜빈은 『어린이를 위한 도서관』(1961)에서 어린이가 책을 읽어야만 하는 이유와 어떤 종류의 책이 유익한가하는 점을 제시하며 어린이를 위한 도서류를 설명하고, 이 자료들을 제공하는 어린이도서관의 형태 및 공공봉사의 유형을 제시하고 있다. 또한 어린이도서관의 업무활동 및 특수아동을 위한 업무, 어린이 유치를 위한 업무확장과 이러한 업무수행을 위한 이동도서관 직원의 자질 등을 설명했다. 이 외에도 어린이도서관 건물, 학교도서관의 검토를 통해 어린이전용 도서관의 필요성 등 어린이를 위한 도서관 봉사의 촉진과 발전을 피력했다.

유네스코 공공도서관 편람 제9권(UNESCO Public Library Manuals, vol. 9)인 『어린이를 위한 공공도서관 봉사』(1957)에서 맥콜빈은 도서관 봉사에 대한 책임과 본질, 봉사업무의 제 규칙 및 규정, 자료의 분류, 배가, 그리고 개인 및 집단에 대한 지도·조언, 어린이도서관의 설계, 지역사회에 대한 계획과 직원의 자격, 근무조건 등을 설명했다. 특히, 제5장의 「어린이도서관 건물 및 설비부문」에서는 도서관의 분위기 조성, 건물의 위치 선정, 어린이부문(장식, 서가, 조명, 책상, 냉난방 설비 등)까지 세밀하게 언급하고 있다.

작업을 시작했으며, 제64, 65, 66차 IFLA 총회에서 세 차례 지침안에 대한 논의를 거쳐 수정한 최종안이 IFLA 출판물 총서 제97권으로 2001년에 출판되었다.

또한, 장서선택의 원칙과 책임을 강조하여 장서의 편성과 유지에 균형을 확보하고 매력적인 장서유지와 적절한 정기간행물의 확보를 역설했다. 이 외에도 학교교사와 사서의 긴밀한 접촉의 필요성, 청소년에 대한 대책, 지역사회 도서관의 개관 및 아동에 대한 도서관 무료제공 등의 제반문제를 빠짐없이 다루고 있다.

맥콜빈은 특히, 어린이를 위한 도서관 봉사는 모든 어린이가 도서자료와 충분하게 접할 수 있고 즐길 수 있도록 보완하는 데 그 목적이 있으며, 인류는 이 목적달성을 위해 여러 가지 방법을 강구하여야 하며, 어느 곳에서나 채택되어지는 표준적이고 정상적인 모형이란 있을 수 없다고 강조했다.

어린이를 위한 도서관 봉사의 주 형태는, ① 공공도서관, ② 교육기관, ③ 각종 단체이며, 도서관 봉사는 성인보다 어린이에게 더 중요하고, 어린이에게는 더 직접적인 봉사가 필요하다고 했다.

그는 공공도서관 봉사는 지역사회의 기본적인 요소로 공공도서관은 그 지역사회의 예산으로 그 지역의 모든 주민이 자유롭고 충분하게 이용하도록 운영되어야 하며, 책임 있는 지역사회는 어느 개인에게만 가치 있는 것이 아니라 지역사회 전체의 복리를 위한 요소가 되므로 의사전달의 적절한 방법, 공중의 건강, 교육을 준비하고 확보하는 데 의무를 다하는 것과 같이 정확하게 공공도서관 봉사를 준비하도록 그 의무를 다해야 한다고 역설했다. 결과적으로 도서관 봉사는 편견이나 제한 없이 인종, 종교, 기타 어느 조건에라도 지역사회의 모든 부분에 이익을 주도록, 유익한 형태의 자료와 접할 수 있게 충분한 기회를 마련하여야 하며, 도서관은 공통의 이익을 고려하여 도서관위원회와 행정당국에 의해 운영되어야 한다. 또한, 국가 전역에 도서관 봉사가 확보되지 않고, 전 주민에게 적절한 봉사를 약속한 일이 없다고 해도 도서관은 이용자의 거주지에 관련 없이 전 주민에게 최선의 봉사를 제공하는 것이 기본적인 목표가 되어야 한다고 했다.

영국 공공도서관의 개척자

맥콜빈은 영국국가도서관과는 별도로 지방 참고도서관을 건립하고 각
종 지방자료는 물론, 다양한 참고자료를 수집하여 이용자의 편리를 도모했
고, 중앙대출도서관을 확장하여 이용자에게 다가가는 이용자 중심의 봉사
제도를 도입한 이용자 지향적 봉사정신의 소유자였다. 또한 사서들을 위한
영국 최초의 권익보호활동이라고 할 수 있는 시·주립도서관장협회(Society
of Municipal and County Chief Librarians)를 창설하여 사서의 지위와 대우에
관한 권익보호활동을 추진하고, 새로운 공공도서관법을 제정하여 사서직
에 대한 전문직업의식의 후원, 함양에 노력하는 등 사서직의 권익보호에
앞장선 자긍심을 가진 지도자였다.

민첩하고 건장한 체격의 소유자였던 맥콜빈은 50여 년간 영국의 공공도
서관 및 웨스트민스터시립도서관에서 헌신한 영국 공공도서관의 개척자
이자 웨스트민스터시립도서관의 현대사라고 말할 수 있다.

웨스트민스터시립도서관 도서관장으로 재직 시에는 영국 공공도서관의
개혁을 추진했으며, 시립도서관의 조직을 개편하여 중앙참고도서관, 중앙
음악도서관, 중앙대출도서관 등을 설립함으로써 제2차세계대전 후 폭주하
는 대중의 자료요구 및 정보문의에 대하여 이용자의 입장에서 봉사업무를
수행했다. 또한 그는 IFLA 공공도서관분회에서 활동했고 1973년에 전 세
계적으로 통용될 수 있는 공공도서관을 위한 양적 기준, 지침, 주요원칙을
발표하여 『공공도서관을 위한 기준』의 기반을 마련했다.

이러한 맥콜빈의 사상은 도서관이 진정 대중의 입장에서 도서관 봉사를
제공하게 하고, 도서관 직원들이 자긍심을 갖고 전문직업의식을 높여갈 수
있는 전문가가 되도록 도움을 주고 있다.

제2부 현대의 도서관 사상가

랭커스터, 고먼, 라인

10 정보학과 도서관 정보 시스템의 선도자

랭커스터

김태경*

　영국에서 출생한 미국의 문헌정보학자인 프레드릭 윌프리드 랭커스터 (Frederick Wilfrid Lancaster)는 정보 시스템 관련 분야와 도서관·정보센터의 서비스 평가 분야에서 매우 중요한 영향을 끼쳐왔다. 그의 연구는 시스템 의 설계 혹은 컴퓨터 관점에서의 기술적인 측면을 다루기보다 주로 정보 검색 시스템의 지적 문제와 개념의 구조화를 강조하고 있다. 그의 주요한 연구 분야는 어휘통제, 이용자와 시스템 간의 상호작용, 시스템의 효율성 평가 등이며, 그의 후반 연구는 미래사회의 도서관을 위한 진보된 정보 시 스템과 밀접한 관련이 있다. 랭커스터는 발전하는 과학기술의 영향으로 인한 도서관 환경의 변화를 주로 다루면서 전자 시대에서 더욱 중요시되 는 정보에 대한 요구를 이해하고 정보 전문가로서 사서의 위상을 굳건히 확립할 것을 강조했다.

---

* 서울여자대학교 문헌정보학과 강의초빙교수, 연세대학교 박사과정.

정보학 전반에 걸친 광범위한 관심

랭커스터는 1933년 9월 4일 영국의 더럼(Durham)에서 출생했다. 그는 1950년부터 1954년까지 영국 뉴캐슬의 도서관학교(Newcastle-upon-Tyne School of Librarianship)에서 공부했으며, 1969년에 영국도서관협회의 회원이 되었다.

랭커스터는 1953년부터 영국의 뉴캐슬공공도서관(Newcastle-upon-Tyne Public Libraries)의 선임조무원(senior assistant)으로 근무하면서 도서관계에 입문했다. 그 후 미국으로 건너가 오하이오 주 아크론공공도서관(Akron Public Library)에서 과학기술부서(Science and Technology)의 선임사서(senior librarian)로 근무했으며, 워싱턴 D.C.의 허너사(Herner and Company)에서 시스템 평가부서의 상근상담자이며 부서 책임자(resident consultant and head)로 일했다. 그뿐만 아니라 미국국가의학도서관(National Library of Medicine)에서 정보 시스템 전문가로, 웨스테이트 연구소(Westat Research, Inc.)에서 정보검색 서비스의 책임자로 근무했다. 또한 미중앙정보국(Central Intelligence Agency, 이하 CIA)과 응용언어학센터(Center for Applied Linguistics), 미국국가의학도서관(National Library of Medicine), 국제연합(UN)의 많은 기관들, 캐나다의 국제개발연구센터(International Development Research Center) 등을 위한 자문을 하기도 했으며, 국제연합교육과학문화기구(United Nations Educational, Scientific and Cultural Organization, Unesco)를 위하여 많은 보고서와 정책을 준비하는 데 참여하기도 했다(Hewitt, 1993: 434).

랭커스터는 1972년부터 일리노이대학교의 문헌정보학 대학원의 교수로 근무했으며, 현재는 명예교수로 있다. 또 1986년부터 이 대학 문헌정보학 대학원에서 발행하고 있는 ≪도서관 동향(Library Trends)≫의 편집자로 일하고 있다.

랭커스터는 정보학 분야에서 교육, 연구, 자문, 저술활동으로 매우 많은 기여를 해왔다. 그는 많은 저서를 저술했으며, 여러 권의 책을 편집했고,

또한 많은 학술지 수록논문과 기술보고서들을 작성하기도 했다. 그는 1970년대 이래로 특히 주제분석과 정보검색에 관하여 많은 논문을 발표했으며, 그와 관련하여 많은 저서를 출간했다. 그의 저서들은 정보학 전반에 걸친 광범위한 그의 관심을 보여주고 있다.

그가 펴낸 저서로는 『온라인 정보검색(Information Retrieval Online)』(1973), 『도서관 서비스의 측정과 평가(The Measurement and Evaluation of Library Services)』(1977), 『종이 없는 정보 시스템을 향하여(Towards a Paperless Information System)』(1978), 『정보검색 시스템: 특징, 시험, 평가(Information Retrieval Systems: Characteristics, Testing and Evaluation 2nd edition)』(1979), 『문헌정보학에서의 연구조사방법론(Investigative Methods in Library and Information Science)』(1981), 『전자시대에 있어서의 도서관과 사서(Libraries and Librarians in an Age of Electronics)』(1983), 『도서관정보 서비스 평가론(If You Want to Evaluate Your Library)』(1993), 『색인 초록의 이론과 실제(Indexing and Abstracting in Theory and Practice)』(1991), 『정보검색을 위한 어휘통제(Vocabulary Control for Inforamtion Retrieval)』(1992), 『정보기술과 도서관 정보 서비스(Technology and Management in Library and Information Services)』(1997), 『당신 자신만의 데이터베이스를 구축하라(Build Your Own Databases)』(1999), 『도서관에서의 인공지능: 도서관과 정보 서비스 환경에서의 지능기술(AI in the Libraries: Intelligent Technologies in Library and Information Service Applications)』(2001) 등으로 정보학 전반에 걸친 광범위한 그의 관심을 보여주고 있다. 이 중 여러 권이 국내에서도 번역되어 널리 읽히고 있다.

종이 없는 정보사회에 대하여

문헌정보학의 교육자이며 문헌정보 시스템과 도서관 서비스 평가의 전문가로서 랭커스터는 특히 정보학 전 분야에 걸쳐 매우 폭넓고 광범위한 연구를 진행해왔다.

랭커스터가 문헌정보학계에서 널리 알려진 것은 1970년대 중반 CIA에서의 자문활동 중에 '종이 없는 시스템(paperless system)'에 대한 개념을 확립하여 1978년에 저서 『종이 없는 정보사회에 대하여』에 발표하면서부터이다. '종이 없는 시스템'이란, ① 입수된 전자적 형태의 메시지를 지능 시스템 분석가의 컴퓨터 터미널에서 종이로 된 인쇄물을 생성하지 않고 직접 배포할 수 있으며, ② 시스템 분석가들은 입수된 정보를 온라인상에서 읽을 수 있고, 온라인으로 배포하거나, 나중을 위하여 시스템에 저장하거나, 다른 분석가들에게 열람시키고, 자신의 전자 파일에 저장시키거나, 가능한 방법으로 색인을 만들어 놓거나, 초록할 수 있고, ③ 분석가들은 다른 분석가들과 온라인으로 의사소통을 할 수 있고, ④ 개인의 전자파일이 인쇄본 카피를 대체할 수 있으며, ⑤ 분석가들은 온라인 터미널을 통해 자신의 정보파일이나 모기관의 정보파일, 혹은 기타 다른 데이터베이스에 접근할 수 있으며, ⑥ 문서 파일들은 원문형태에서 검색할 수 있고, ⑦ 문서전달 시스템은 원문을 디지털이나 마이크로 형태를 통하여 이용자의 컴퓨터로 전송할 수 있으며, ⑧ 시스템의 이용자들은 컴퓨터 프로그램을 이용하여 문서파일들을 텍스트 데이터로 추출하거나, 다양한 방법으로 복제할 수 있고, ⑨ 분석가들이 문서 편집 기구의 도움으로 온라인 네트워크상에서 보고서들을 편집하고 배포할 수 있도록 하는 능력을 갖춘 시스템으로 정의되었다(Lancaster, 1978: 17~49). 이러한 시스템은 컴퓨터와 네트워크의 발달로 인하여 일상에서 유통되는 인쇄물의 감소와 전자적 데이터베이스의 일상적 활용과 유통 등을 예견한 것으로 당시로서는 획기적인 발표였다. 그는 우리가 종이가 필요 없는 사회로 급속하고도 불가피하게 움직이고 있으며, 컴퓨터 과학과 커뮤니케이션 기술의 발전은 연구보고서가 자동 작성되고, 출판되고, 배포되고, 그리고 완전히 전자방식화된 우주적인 시스템의 개념화를 가능케 한다고 보았다. 이러한 환경에서 종이는 절대로 존재할 필요가 없으며, 우리는 지금 종이에 인쇄하는 방식에서 전자방식으로 자연적으로 진화하는 중간 단계에 놓여있으나 대다수 발간물 이용자들이 컴퓨터 터미널을 이용할 준비가 갖춰지고 모든 이용자들이 컴퓨터용 파일을 완벽하게 이용할 수 있을 때 전자방식에 의한 정보원의 배포와 이용은 이루어질 것으로 예견했다(랭커스터, 1987: 366~376). 이후 랭커스터의 연구는 주로 정보 시스템에 대한 일관된 관심 속에 계속 진행되어 왔으며, 그의 연구는 정보 시스템과 정보검색 분야에 서 매우 중요한 성과로 자리매김하고 있다.

특히 1968년에 발표한 「MEDLARS의 정보검색 서비스 평가(Evaluation of the MEDLARS Demand Search Service)」는 문헌정보 시스템 연구 분야에서 하나의 획을 긋는 연구로 인정된다. 이 논문은 이후에 MEDLARS 시스템의 발전과 개발에 끼친 영향뿐만 아니라, 거의 모든 정보검색시스템 운영에 있어서 시스템의 성능을 실험·분석·평가할 수 있도록 정확한 응용방법들을 증명하고 설명한 것으로 매우 중요한 연구논문으로 인정되었다. '시스템 운영'이라는 개념은 1950년대 후반, 영국 크랜필드(Cranfield)의 항공대학(College of Aeronautics)에서 클레버던(C. W. Cleverdon)의 책임하에 수행된 크랜필드 연구(Cranfield Studies)에 의하여 최초로 생긴 개념으로서, 랭커스터는 시스템 운영의 개념을 재정의하고, 시스템 운영의 평가를 위한 기준과 절차를 개발하고 발전시킴으로써, 이 개념을 확대시키고 응용하는 데 매우 중요한 기여를 했다(Hewitt, 1993: 434).

1970년대 초반, 정보가 의사결정에 있어서 매우 중요한 수단으로 작용한다는 것을 인식하게 되면서 더욱 진보되고 향상된 정보 시스템에 대한 요구가 생겨나게 되었다. 정보 시스템은 컴퓨터가 정보를 취급하는 많은 과정에서 주요한 도구로 활용됨으로써 일대 혁신을 가하게 되었으며, 특히 정보검색 분야는 더욱 빠르게 변화하고 있었다. 온라인 시스템의 출현은 정보 서비스를 발전시킬 수 있는 새로운 가능성을 제시하기에 이르렀다. 랭커스터는 서지정보를 탐색하고 검색하는 온라인 시스템에 대하여 관심을 갖고, 특히 정보 서비스의 계획자이며 운영자의 관점에서 온라인 검색 시스템의 설계·평가·이용에 관한 측면을 중점적으로 연구했다(Lancaster, 1973). 그러한 그의 연구결과는 페이욘(Fayen, E. G.)과 함께 『온라인 정보검색』으로 발표했으며, 이 책은 미국정보학회(American Society for Information Science and Technology: ASIST)에서 수여하는 최우수 정보학 도서상을 수상했다.

이후 1970년대와 1980년대 초에 이르기까지 여러 해 동안 랭커스터는 종이 없는 사회와 과학기술로 인하여 진보된 정보환경에서의 도서관과 사서에 대하여 많은 글을 썼으며, 이를 학술지와 학술대회에서 발표하기도 했다. 이 시기의 그의 논문들은 도서관 시스템에 과학기술을 적용함으로써 도서관을 둘러싼 환경이 어떻게 변화할 것인가에 대해 주로 다루었으며, 여기에는 전자출판, 인쇄물 형태 자료의 감소로 인한 현상들에 대한 논의도 포함되어 있다. 과학기술의 영향으로 인한 전자시대의 도래로 사서의 위상에 대한 심각한 고찰이 일어나기 시작했으며, 랭커스터는 전자시대에 사서는 정보에 대한 요구를 이해하고 정보 전문가로서의 위상을 굳건히 확립해야 함을 강조했다(Lancaster, 1973).

그는 과학기술의 발달이 도서관 현장에 적용되어 실제로 이용자들에게 어떠한 방식으로 정보를 서비스하고 있으며, 그러한 과학기술의 적용이 서비스의 효율성과 효과성에 어떤 기여를 하는가에 깊은 관심을 가지고 있었다. 정보 서비스를 평가함으로써 좀 더 효율적인 이용자 서비스를 위한 정보기술의 개발을 생각하기도 했다. 랭커스터는 정보학자로서 도서관 정보 서비스에 대해 평가하면서 정보 서비스를 문제 해결과 의사결정을 위하여 유용한 데이터의 수집을 목적으로 계획된 일련의 활동으로 보았다. 또 평가과정과 절차는 정보 전문가로 하여금 그들이 제공한 정보 서비스의 질을 증진시키도록 하며, 더 효과적으로 정보원들을 배치하도록 도와준다고 인식했다. 그는 도서관 정보 서비스의 평가를 문헌전달 서비스(장서평가, 관내열람, 정기간행물, 목록 등의 활용에 대한 평가), 참고 서비스(질문에 대한 응답, 문헌탐색 서비스에 대한 평가), 비용에 대한 효과, 자원활용, 서지이용교육 등의 측면으로 구분하여 평가했다(Lancaster, 1993). 그의 이 분야에 대한 관심은 1977년부터 1993년에 이르기까지 여러 권의 책으로 출판되었다. 특히 『도서관 정보 서비스 평가론』은 이 주제와 관련하여 쓴 그의 대표적 저서로 이와 관련한 연구를 체계적으로 정리한 것으로, 문헌정보학을 전공하는 학생들을 위하여 수업의 교재로 쓰일 뿐만 아니라, 현장의 사서들에게는 이 책에 제시된 평가의 방법을 실제로 자기가 근무하는 현장에 적용해 볼 수 있도록 계획되었다. 이보다 앞서 도서관 서비스의 측정과 평가에 관심을 가져왔던 랭커스터는 1977년도에 『도서관 서비스의 측정과 평가』를 출간하기도 했다.

1980년대 후반 이후 그의 관심은 색인과 초록 연구로 이어졌다. 이 시기에는 전 세계적으로 온라인 목록이 확산되었으며, 정보자료의 증가에 따라 적절한 자료의 검색을 돕기 위하여 정보 시스템상에서의 정보표현의 중요성이 새롭게 인식되었다. 특히 이용자 요구에 대하여 적합한 정보검색의 결과를 제공하기 위해서는 정보자료의 내용을 분석하고 주요 개념을 추출하여 적절한 어휘로 변환시키는 색인과 초록의 효용성이 날로 고조되었다. 색인, 초록 분야의 연구개발은 제2차세계대전 이후 문헌정보학의 전문분야로 연구되기 시작한 이래로 지속적으로 발전하여 자동화를 추구하게 되고 문헌정보학 교과과정의 일부로 확립되기에 이르렀지만, 대부분의 교과서들은 수작업 위주의 편람 수준에 머물고 있는 상황에서 최신성이 부족하여 실제 학생들에게 색인과 초록을 가르치기에는 어려운 실정이었다(Lancaster, 1991). 그는 자신의 연구와 관심을 1991년 『색인 초록의 이론과 실제』로 정리하여 출간했으며, 이 책은 1992년 미국정보학회로부터 최우

수 정보학 도서상을 받았다. 이 책은 정보의 조직과 검색을 위한 제반활동
에 대하여 기본적인 원리를 이해시키고 실제적인 응용력을 기를 수 있도
록 서술되었다. 여기에는 인쇄본과 데이터베이스를 포함하는 이차 자료의
주제색인과 초록에 대하여 우리가 알고자 하는 모든 논제가 알기 쉽게 서
술되어 있다. 지난 40여 년간 출간되었던 이 주제에 대한 다양한 견해와 응
용 및 연구결과를 망라하고 있으며, 충분히 제시된 참고문헌은 연구를 더
욱 발전시키는 데 지침이 되고, 다양한 유형의 색인과 초록의 실례를 들어
교육과 학습에 도움이 되도록 구성되어 있다. 1998년에 출간된 개정판에
서는 기존의 내용에 멀티미디어와 인터넷 자원의 색인에 대한 내용을 추
가했고, 자동처리 방법과 텍스트 탐색 부분을 보완했다.

변화하는 세계, 도서관과 사서의 미래

이후 랭커스터의 관심은 도서관 및 정보센터의 운영에 정보기술의 도입
이 어떠한 영향을 미쳐왔으며, 미래의 도서관에서는 정보기술이 어떠한 역
할을 하게 될 것인가로 이어졌다. 1997년 출간한『정보기술과 도서관 정보
서비스』에서 정보기술의 도입으로 인해 야기되는 도서관 운영과 서비스상
의 필수적인 변화를 반영함으로써 이러한 관심을 표현했다. 그는 풍부한
인용 문헌과 다양한 사례를 통하여 도서관 및 정보센터의 정보기술과 이
에 따른 장단점, 긍정적인 면과 부정적인 면, 정보기술 도입에 대한 바람직
한 견해 등을 피력하고 있다. 기본적으로 도서관 및 정보센터와 관련하여
정보기술과 관리의 논리적인 측면을 다루고 있으며, 주요 취지는 정보기술
의 관리이지만 역으로 관리를 개선하고 향상시키기 위한 컴퓨터 및 관련
정보기술의 이용에 대해서도 논하고 있다(랭커스터, 1998). 특히 이 저서에
서 그는 정보기술의 발전과 변화에 따른 도서관과 사서의 미래에 대하여

도 다루고 있다. 이러한 내용을 좀 더 구체적으로 살펴보면 다음과 같다.

　정보기술을 이용하여 이전보다 더 다양한 정보를 산출할 수 있는 도서관 데이터베이스들과 전자 출판물들은 네트워크로 접근할 수 있는 자원으로서 미래의 도서관은 다양한 방법으로 정보원에 접근하도록 할 것이다. 이를테면, 원격 온라인 탐색을 통해서 또는 자체 시스템에 구축된 데이터베이스를 통하여 보다 광범위하게 정보원에 접근할 수 있도록 할 것이다. 정보기술은 이미 전통적인 도서관 서비스를 향상시켰고, 새로운 서비스를 도입하도록 했으며, 도서관 직원에 의해 수행되던 것을 이용자가 직접 하도록 했고, 다른 도서관의 자원에 쉽게 접근 할 수 있도록 해주었다고 전제하면서, 도서관의 미래에 대해 논하는 가운데 도서관에서의 정보기술 적용을 두 가지 단계로 보았다. 첫째 단계는 도서관이 다루는 중요한 자료, 즉 도서, 정기간행물, 기타 출판물은 전통적인 인쇄 형태로 유지되며 정보기술은 이러한 문헌들에 대한 전자적 레코드를 활용하기 위하여 또는 문헌을 전달하기 위하여 이용되었는데(예를 들면 팩스를 통해), 이 단계는 적어도 약 30년 동안에 걸쳐 이루어졌다. 둘째 단계는 자료 자체가 전자적 형태인 경우이다. CD-ROM 형태의 자료와 기타 전자적 형태의 자료를 수집하고 인터넷을 경유하여 출판물에 접근하는 도서관을 둘째 단계의 초기 부분에 있는 것으로 보았다. 비록 일부 사서들이 여전히 거부감을 나타내고 있지만 미래의 도서관에서 인쇄 형태의 자료 처리량은 점차 적어지게 될 것이고, 반면에 전자 형태로 된 출판물은 점점 더 많아지게 될 것이다. 그렇게 되면 이용자들은 집이나 사무실에 있는 워크스테이션을 통해서 스스로 전자 자원에 접근할 수 있게 될 것이다. 이렇게 되었을 때 도서관과 정보 전문가로서 사서의 역할에 대하여 랭커스터는 다음과 같이 논했다.

　랭커스터는 정보 전문가로서 사서는 이용자와 정보를 연결시켜 주는 중개자(intermediary)로서의 역할뿐 아니라 정보의 해석자(interpreter)가 되어야 하며, 지식공학자(knowledge engineer)로서 일하게 될 지도 모른다고 예견했다. 지식공학은 다소 과장적인 용어일지도 모르나 더 나은 검색도구, 더 나은 온라인 목록, 더 나은 인터페이스, 그리고 더 나은 데이터베이스의 구축자로서의 사서를 의미하며, 사서가 다른 사람들에 의해 만들어진 시스템을 사용하는 단순한 이용자라기보다는 정보 시스템의 설계 및 구축에 점점 더 많이 관여하는 전문가가 되어야 한다는 것이다. 사서들은 이용자가 최상으로 그 능력을 발휘할 수 있도록 정보의 조직·접근·검색 및 배포에 대한 새로운 도구를 구상하는 설계자로서, 미래의 사서는 여러 개의 네트워크로부터 다양한 전자자원을 검색한 후, 다운로드받은 정보를 각 개별 도서관에 소장시키는 작업을 할 것이고, 더 나아가서 최근 검색된 정보와 기존의 정보를 종합하여 새로운 전자자원을 만드는 일에 관여할 것이라는 것이다. 또한 그는 미래 사서들의 주요한 역할이 교사로서의 역할, 즉 사람들에게 정보를 효과적으로 이용하는 방법을 가르치는 업무가 될 것이라는 의견도 펼치고 있다.

랭커스터는 이러한 새로운 책임을 완수하기 위해서는 현재는 물론 앞으로도 계속 이전과 다른 새로운 형태의 교육이 필요함을 이야기하면서, 문헌정보학 교과과정의 초점이 더 이상 기관으로서의 도서관, 즉 그 기관의 활동과 서비스에 맞추어져서는 안 된다는 의견을 폈다. 그뿐만 아니라 사서는 미래의 정보 전문가로서의 역할을 수행하기 위하여 정보가 생산자로부터 고객에게 전달되는 정보 사이클을 완전히 이해해야 한다고 주장했다. 그리고 도서관 전문직과 관련된 진정한 지적 업무인 장서개발, 주제분석, 정보요구 해석, 탐색 전략 등과 같은 작업이 쉽게 기계에 위임되지는 않을 것이며, 물리적인 자료를 수집하는 기관으로서의 도서관에서 어떤 일이 발생하든 숙련된 사서의 전문적인 기술은 가까운 미래에 인공지능, 전문가 시스템 또는 다른 기술에 의해 대체되지 않을 것이라고 주장했다.

전자시대의 사서에게 필요한 것

　전문직으로서의 사서직에 대한 그의 생각은 1999년 ≪라이브러리 저널≫에 기고한 「종이 없는 사회에 관한 두 번째 생각(Second Thoughts on the Paperless Society)」이라는 글에서 그가 예견했던 '종이 없는 사회'가 우리의 현실이 되어가면서 직면하게 되는 문제점들을 논하는 데서 잘 나타나고 있다.

　이 글에서 그는 1950년대부터 현재에 이르기까지 도서관이 겪은 변화를, 도서관이 인류에게 존재했던 역사상의 어떤 시대보다 더 극적이고 엄청난 변화였음을 전제했다. 물론 이 변화란 컴퓨터와 통신 기술로 인한 것이며, 이러한 기술은 우리의 기록과 자료 유지 활동에 많은 영향을 주었으며, 도서관 간의 자원공유를 성공적으로 진보시키는 데 기여했다고 보았다. 이전에 예견했던 벽 없는 도서관은 이미 현실이 되었으며, 따라서 도서관은 자관에 소장하고 있지 않은 자료들에 대한 목록정보를 탐색할 수 있게 되었고, 원거리 이용자들의 경우에는 실제로 도서관에 방문하지 않고도 도서관의 목록이나 다른 정보를 이용할 수 있는 등 더 많은 서비스를 제공받게 된 것이 현실이다.

　그러나 그러한 기술이 도서관을 둘러싼 모든 문제를 해결해주지는 않는다. 그는 20여 년 전에 핀란드에서 개최되었던 한 학술회의에서 '종이 없는 사회'를 오늘날의 인터넷을 기반으로 한 환경의 특징을 많이 갖는 거대한 네트워크에 기초한 의사전달 시스템으로 설명했으며, 여러 저서와 글에서 전자시대의 도서관과 사서의 역할에 대해 다루었고, 종이에 기초한 의사전달 시스템이 전자적 요소에 기초한 그것으로 옮겨갈 것을 예견했던 것을 회고했다. 그는 그러한 전이가 현실로 일어나 진행된 지난 수년간 발전과 영향에 대해 과거 그것을 예견했던 때에 비해 덜 열정적이며, 솔직히 그것들에 대해 호의적이지는 않음을 밝혔다.

　물론 그는 기술의 발전은 많은 이익을 가져왔으나, 우리는 그러한 진보

만큼의 반대급부를 겪고 있다고 했다. 그는 그 대표적인 것으로 비인간화의 경향을 든다. 실제로 의사전달 시스템에서 경험하는 비인간화의 쉬운 예로 전화와 은행의 시스템, 인터넷과 텔레비전을 이용한 쇼핑 등을 들고 있다. 그러나 그는 이러한 일상생활의 비인간화뿐만 아니라 도서관에서 경험하게 되는 비인간화의 예는 더욱 심각하다는 데에 주목했다. 즉, 그는 사서, 자료검색, 자료조직, 가치 있는 자료의 유무, 서비스, 이용자에 대한 태도, 사서직의 교육 문제 등을 기술의 진보에 반하여 진행된 비인간화의 영역으로 들고 이를 다음과 같이 설명한다.

첫째로 사서의 문제에 대해서, 그는 맹종하는 사서들(uncritical librarians)을 지적하고 있다. 기술이 도서관에 많은 이익을 가져왔지만, 불행하게도 꽤 많은 사서들은 정보기술에 완전히 맹종한다. 그들은 컴퓨터를 그들이 바라는 목적을 달성하기 위한 수단으로 사용하기보다는 그것이 최종 목적인 것처럼, 완전히 컴퓨터에 매혹당한 것처럼 보인다는 것이다. 사서들은 더 많이 알아야만 하는데, 실제로는 그렇지 못하며, 도리어 컴퓨터라는 기술을 맹신하며 의존하고 있다는 것이다.

둘째로 자료검색에 대해서, 탐색을 하지만 찾지는 않는다는 표현으로 이 문제를 지적했다. 기술의 발달로 인하여 정보 전문가인 사서 혹은 일반 이용자, 주제 분야의 전문가들은 자유로이 정보를 찾아볼 수 있게 되었다. 그러나 도서관이 소장한 자료에서 특정한 주제에 가장 좋은 자료를 찾아보기 위하여 온라인 목록을 탐색하는 것을 보면, 그 탐색자가 사서든, 일반 이용자든, 주제 분야의 전문가이든 상관없이 그들은 단지 목록상에 존재하고 있는 자신이 찾아봐야 할 자료 중 일부분만을 탐색하고 있을 뿐이라는 것이다. 즉, 자신이 찾고자 하는 정보를 정확히 얻기 위해서는 수백 개의 자료들을 검색해 보는 것이 필요하기도 하나, 온라인 목록이라는 시스템에만 의존하여 쉽게 자료를 탐색하고 얻은 결과에 만족함으로써 진정 찾아보아야 할 자료들을 간과하는 경우가 많이 나타나고 있음을 지적하고 있다.

셋째로 그가 지적한 문제는 자료의 조직, 특별히 목록의 불완전성에 대한 것이었다. 전통적인 도서관의 목록은 주제접근에 있어서는 충분히 만족스러운 도구는 아니었다. 물론 도서관의 카드 목록이 전자 형태로 변화하면서 각 자료에 대한 접근점이 증가했다는 것은 진보일 수 있으나, 여전히 그것은 분류번호에서나 서명 키워드를 탐색 하는 데 조금 도움이 될 뿐이다. 서명에 있는 단어, 주제 표목, 분류번호에 의해서 제공된 주제접근점은 서로 다른 접근을 제공하는 것보다 중복되는 경향이 있으므로 큰 진전은 아니다. 물론 온라인 목록의 발전은 과거 카드 목록에서보다는 인쇄된 문서에 대한 물리적 접근의 면에서는 엄청난 진보를 이루었다고 평가할 수 있으나, 그것이 어떤 문헌의 내용에 대한 접근이라는 지적인 측면에서는 동일하게 평가받기는 힘들 것이며, 주제접근이라는 문제가 여전히 존재함을 기억해야 할 것임을 지적했다.

넷째 문제는 가치 있는 자료의 부재에 대한 것으로 결국 기술의 진보에 반한 사서직의 능력 저하를 지적했다. 불행하게도 대다수의 사서들은 더 많은 자료에 대한 접근과 이용을 더 나은 자료에 대한 접근과 이용으로 생각하는 것 같은데, 이것은 절대로 사실이 아니라는 것이다. 지난 30여 년 동안 연구해 오면서 그는 정보의 이용자들은 최선의 정보에 접근하여 이용하기를 원하는 모습을 볼 수 있었다고 한다. 그들은 필요 없고 가치 없는 것들로부터 양질의 가치 있는 정보를 구별해 낼 수 있는 도구나 전문가들의 능력을 희망해왔다는 것이다. 그런데 최근의 정보 전문직은 이러한 시야와 능력을 잃어가면서 전문직의 위상을 상실하고 있다는 것이다. 혹자는 기술이 사서의 위상을 향상시키는 하나의 방편이 될 것이라고 믿고 있으나, 실제로는 정보기술은 정보전문직을 위협하는 요소가 됨으로써, 전문직이 그가 가져야 할 지식과 서비스의 이상을 충족시키지 못하여 비전문화가 일어나고, 그것은 결국 전문가에 대한 필요성을 상실시킬 것이라는 점을 지적하고 있다.

다섯째는 공공서비스의 문제이다. 그는 약 50여 년간을 사서와 문헌정보학의 교육자로 활동하면서, 사서들이 잃어가는 것이 위에 언급한 지식의 문제뿐 아니라 공공에 봉사한다는 윤리의식 역시 점점 결여되어 가고 있다고 주장한다. 많은 글과 보고서에서 우리는 기술에 대한 지식과 그것을 추구하는 것에 대하여 다루지만, 이용자에 대한 관심과 연구가 상대적으로 빈약하다. 즉, 이용자의 요구, 태도, 이용자와의 관계에서 생겨나는 문제에 대한 지식, 공중을 위한 서비스 윤리에 대한 것은 이렇게 비인간화되어 가는 현대의 도서관에서 사서에게 더욱 필요한 것이 될 것이라는 점을 강조하고 있다.

여섯째로 위와 동일한 맥락에서, 이용자들에 대한 문제를 다루었다. 기술의 발달로 우리는 이용자를 알고자 하는 노력이나 그들에 대한 관심보다는 새로운 데이터베이스, 검색 엔진, 새로운 시스템, 프로토콜 등에 대한 지식을 갖는 것을 더 중요하게 여기는 것처럼 보이지만, 우리의 사고 속에서 도서관의 이용자 개개인을 가치 있고 중요하게 대해야 한다는 점이다.

마지막으로 그는 이러한 모든 문제는 사서직의 교육과 관련된다고 지적했다. 즉, 현재의 문헌정보학 교육에서 컴퓨터와 정보기술이 차지하는 비율이 과거에 비해 증가한 반면 인간에 대한 관심과 전문직 윤리의 측면, 그리고 서비스의 이상과 같은 부분은 반대로 감소했다는 것이다. 물론 공공도서관과 학교도서관에서 서비스의 이상은 여전히 존재하지만, 대학과 같이 전문화된 상황에서의 도서관은 원거리의 이용과 비인간화를 증가시키게 된다는 것이다. 기술만으로는 이용자에게 우리의 봉사의 가치에 대한 인식을 증가시킬 수 없다. 기술에 대한 우리의 맹신과 같은 우리가 지닌 선입관을 줄이고, 도서관 이용자 개개인의 요구와 그들에 대한 관심을 증가시킬 필요가 있으며, 공공서비스의 윤리가 우리 전문직 교육의 중심이 되어야 함을 인식해야 하며, 좀 더 따뜻한 사서가 되기 위하여 노력할 필요가 있다는 점을 강조한다(Lancaster, 1999b: 48~50).

즉, 사서로서의 입지를 다지고, 자신의 가치를 높이기 위해서는 기술의 발전에 대해서 기술을 맹신하고 추종하기보다는 이용자에 대한 관심과 정보 서비스의 윤리를 마음에 새기면서, 전문직으로의 실력과 능력을 갖추는 것임을 다시 한 번 강조하고 있는 것이다.

기술에는 한계가 있다

컴퓨터가 우리 생활에 필수적인 부분으로 대두되면서, 도서관에서는 기존 인쇄본 자료뿐만 아니라 전자 자료들을 데이터베이스로 구축하는 것에 관심을 갖게 되었다. 그는 하와이대학의 컴퓨터정보과학과(Information and Computer Sciences, Univ. of Hawaii)의 잭소(Jacso, Peter) 교수와 함께 기본적으로 좋은 데이터베이스를 만드는 방법을 설명하고자 하는 목적으로 1999년『당신 자신만의 데이터베이스를 구축하라』를 공저했다. 여기서 랭커스터는 데이터베이스를 개발할 때 고려해야 할 점들을 분석하여 제시함으로써 좋은 데이터베이스를 구축하기 위한 목적을 충족시키는 방법을 알려주고자 했다. 이 책은 두 개의 장으로 구성되어 있다. 첫째 장에서는 데이터베이스 설계와 관련하여 데이터베이스의 구조와 컨텐츠를 제시하고, 둘째 장에서는 데이터베이스 운영 소프트웨어의 특징과 능력을 포괄적으로 제시하고 있다. 레코드의 구조와 탐색방법 같은 데이터베이스 프로그램의 특별한 기능을 기술하고 있으며, 데이터베이스 프로그램에서 각 기능을 실행하여 그것을 어떻게 평가하는지에 관한 설명을 함께 제시한다. 또한 도서관 자동화 프로그램이나 서지 데이터베이스 운영 프로그램과 같은 소프트웨어 패키지들이 데이터베이스 프로그램의 기능을 설명하는 데 예로 제시된다.

서론에서는 이 책이 사서들과 이전에 데이터베이스 구축경험을 가진 사람들을 위하여 쓰여진 책이라고 말하고 있다. 그러나 데이터베이스 설계에 익숙하지 않은 사람들이 전자적인 정보를 생성하는 데 관련되는 일이 점점 더 많아지고 이에 따라 정보 접근성에 관련한 중요한 문제들을 지적할 수 있는 책에 대한 요구가 많이 있어왔으므로 그러한 상황에서도 이 책은 좋은 출발점이 될 수 있었다. 따라서 비록 이 책의 의도가 전통적인 서지 데이터베이스 혹은 원문 데이터베이스를 설계하는 것을 돕고자 하는데 있기는 하지만 이 책에서 제시하는 간단한 힌트들은 목록 데이터베이스, 논문 데이터베이스, 웹 페이지들 중 어떤 형태의 데이터베이스에라도 적절하게 적용될 수 있을 것으로 기대했다(Crum, 1999: 145).

이후 그의 관심은 도서관과 인공지능 시스템의 관계를 살펴보는 것에 집중되었다. 이러한 그의 연구와 관심은 2001년에 워너(Amy Warner)와 함께 발표한 『도서관에서의 인공지능: 도서관과 정보 서비스환경에서의 지능기술』에서 나타났다. 그는 인공지능과 전문가 시스템에 관련된 문헌을 조사하고, 이와 관련된 프로젝트 참여자들을 직접 접촉함으로써 도서관에서 인공지능과 전문가 시스템이 과거, 현재에 어떻게 이용되었으며, 그리고 가까운 미래에는 어떻게 이용될지를 예견하고자 했다. 인공지능과 전문가 시스템에 대해 일반적으로 받아들여지는 정의를 이용하고, 이론적이거나 추상적인 논문들을 배제함으로써 도서관 환경에서 기대되거나 예견되는 여러 응용방법들을 인지하고자 했다. 즉, 과학기술의 응용방법(목록, 주제색인, 수서, 장서개발, 참고봉사), 도서관 환경에서 발견되는 것들과 밀접하게 관련된 문제들을 해결하는 데 사용되는 응용방법(intelligent text processing, intelligent agents or 'knowbots'), 그리고 도서관 환경에서 사용될 수 있는 다른 분야에서 도입한 응용방법(help desk, groupware)들을 인지하는 것을 시도했다.

그들은 결론에서 도서관에서 시도되었던 가장 적절한 인공지능과 전문가 시스템 프로젝트들은 문제탐색에 있어서의 해결책임을 확고히 했다.

요즘 네트워크화된 정보원들을 개발하기 위하여 검색엔진을 구축하고 지능정보기관(intelligent agent)을 형성하는 데 상업적 관심이 쏠리고 있는 반면, 이러한 정보검색 기관이나 검색엔진의 구축이 도서관과 이용자의 요구와 항상 부합하지는 않을 것이라는 것 또한 지적하고 있다. 한마디로 사서들이 지능 기술에 한계가 있다는 것을 깨닫는 것이 매우 필수적이며 디지털 정보를 수집하고, 조직하고, 그리고 이용자에게 제공함에 있어서 인간 전문가로서의 그들의 역할을 과학기술에 쉽게 내주어서는 안 된다는 의견을 제시했다(Lancaster, 2001).

현장과 함께하는 학자

랭커스터는 문헌정보학의 여러 분야 중 특히 정보기술과 정보검색 분야에서 탁월한 능력을 보여왔다. 그의 초기의 연구는 어휘통제와 시스템 평가에 관한 것들로 정보 시스템을 설계하는 기술자를 위하여 실제와 이론 사이에서 연결 역할을 했으며, 그 후에는 도서관 서비스의 평가에 관심을 갖고 대형도서관의 도서관 전문직과 이제 성장하는 연구기관들 간의 도서관 시스템의 간격을 좁히는 데 기여했다.

정보학 분야에서의 그의 연구는 매우 폭넓게 이루어졌으며 실제로 도서관 전산화와 정보 시스템의 발전에 매우 많은 영향을 주었다. 과학기술의 발전으로 등장한 컴퓨터와 네트워크 및 관련된 정보기술들이 도서관과 정보센터에 정착하는 과정을 면밀히 관찰하고 실험하면서 끊임없이 진행된 랭커스터의 연구는, 도서관과 정보센터가 이러한 새롭게 등장한 도구들을 기반으로 하여 이용자들에게 더 쉽고 편리한 방법으로 자신들의 요구에 적합한 정보를 찾을 수 있는 방법을 제공하는 데 큰 공헌을 했다. 또한 도서관이 정보와 자료를 소장하는 소장처로서 정적이고 보수적인 성격의 기관에서 자신이 가지고 있는 정보를 이용자들에게 서비스하기 위하여 적극적으로 노력하는 동적인 기관으로 변모하는 데 중요한 역할을 했다.

그의 이러한 공헌으로 말미암아 도서관 환경에서는 점점 더 많은 시스템이 등장하는 등 많은 변화를 가져왔으며, 그것은 도서관이 기존에 소장하고 있는 정보를 과학기술의 힘을 이용하여 좀 더 효율적으로 조직함으로써 도서관의 이용자들로 하여금 자신의 정보요구에 적합한 정보를 쉽고 편리하게 찾을 수 있는 상황을 제시함으로써 도서관의 정보 서비스 분야에 크게 기여했다. 반면 도서관 환경에 종사하는 사서직의 입장에서는, 과학기술의 발달로 인하여 도서관을 둘러싼 제반 환경에 밀어닥친 급진적 변화의 물결을 그 중심에서 직접 맞게 되어 기존에 가지고 있었던 업무 능력 외에도 시스템 운영기술, 데이터베이스 탐색기술, 기타 전자 정보원에 대한 정보검색 능력과 기술을 갖추고 이용자에 대한 깊이 있고 폭넓은 정보 이용교육을 행해야 하는 부담감을 떠안게 되었다. 반면에 사서들로 하여금 많은 도전을 받게 하기도 했다.

그는 자신의 연구결과를 정리하여 많은 책을 저술했으며 이것은 실제로 문헌정보학 대학원에서 교재로 활용되어 학생들에게 정보학과 정보 시스템에 대하여 안내해주고, 현장에서 일하는 사서의 정보 시스템에 대한 이해를 도왔다.

그의 최근 연구는 도서관 환경에서 시스템의 중요성으로 인한 환경 변화를 여전히 논의하고 있기는 하나, 그보다는 과학기술과 정보 시스템을 어떻게 받아들여 정보 이용자들에게 서비스할 것인가 하는 측면에서 사서들이 전문가로서 기술의 한계를 깨닫고 자신의 역할을 과학기술 시스템에 양보해서는 안 된다는 쪽으로 변화된 의견을 제시하고 있다. 다시 말해 과학기술의 발전을 주도하는 인간 전문가의 중요성을 강조하고 있다는 측면에서 그가 정보 시스템뿐 아니라 사서의 전문성에도 큰 비중을 두고 있음을 알 수 있다.

랭커스터는 현장과 괴리되어 있는 학자가 아니라 실제 현장을 기반으로 자신의 연구를 진행하고 이론을 펼치고 있다. 이러한 그의 뛰어난 능력은 문헌정보학을 전공하는 학생들과 현장의 사서들로 하여금 진보된 정보검색 시스템의 개념을 쉽게 이해하도록 하는 데 기여하고 있다.

11 미래의 도서관과 사서직의 비전을 제시한

고먼

김태경

영미목록규칙 제2판의 공동편집자 마이클 고먼(Michael Gorman)은 대학 도서관의 사서로, 도서관 행정가로, 미국도서관협회 운영진의 일원으로, 문헌정보학을 가르치는 교육자로, 많은 학술대회와 회의에서의 연설가로 널리 알려진 문헌정보학계의 거물이다.

그는 현재 캘리포니아 주 프레스노의 캘리포니아 주립대학의 헨리매든 도서관(Henry Madden Library)의 관장을 맡고 있다. 수많은 단행본의 저자이고 편집자인 그는 서지제어와 목록 분야에서 100편 이상의 전문적이고 학술적인 논문을 집필했고, 도서관계에서 여러 가지 적극적이고 활발한 활동을 펴오고 있다. 그의 대표작 『영미목록규칙』 외에도 폭넓게 펼쳐지고 있는 그의 저술은 변화하는 도서관과 정보센터의 현장에서 사서들이 적극적으로 변화에 대처할 수 있는지와 관련된 내용으로 미래 도서관과 사서직에 관한 광범위한 그의 관심을 보이고 있다.

도서관과 문헌정보학에 대한 열정

고먼은 1941년 6월 영국의 옥스포셔의 위트니(Witney)에서 태어났다. 그는 1964년부터 1966년까지 영국의 얼링 기술대학의 도서관학교(School of Librarianship, Ealing Technical College, 현재의 Thames Valley University)에서 도서관학을 공부했으며, 1966년부터 1977년까지 영국도서관협회에서 사서로서 영국국가서지위원회(Council of National Bibliography)의 편목책임자(Head of Cataloguing)로, 영국국가도서관계획 사무국(British Library Project Secretariat)의 직원으로, 영국국가도서관의 서지표준(Bibliographic Standards) 부서의 책임자로서 일했다. 1979년에는 영국도서관협회의 회원(a Fellow of the Library Association)으로 선출되었다.

그 후 미국으로 옮겨와 1977년부터 1988년까지 얼바나-샴페인의 일리노이 대학 도서관(University of Illinois, Urbana-Champaigne)에서 기술봉사(Technical Service) 부장과 일반봉사(General Service) 부장으로 근무했다. 현재는 캘리포니아 주립대학 프레스노캠퍼스의 헨리매든 도서관의 관장을 맡고 있는 등 도서관 현장에서 꾸준한 경험을 쌓아왔다.

그는 자신의 이러한 현장 경험을 교수로서 학생들에게 전하기도 했는데, 캘리포니아 주 버클리의 캘리포니아대학교 문헌정보학 대학원 교환교수(visiting scholar)로, 텍사스여자대학에서 박사과정의 수업을 담당하는 등 미국과 영국의 여러 문헌정보학 대학원과 도서관학교에서 많은 강의를 했다. 이 외에도 여러 대학원의 문헌정보학과의 강의에서 특강을 하기도 했다(ALA, 1982: 179; Vita, 2004).

고먼은 미국의 도서관 관련 단체에서도 많은 활동을 하는 영향력 있는 인물로 알려져 있다. 미국도서관협회(ALA)는 도서관계에 종사하거나, 이 분야에 관심을 가지고 있는 약 6만 4,000명 이상의 회원이 모인 거대 전문직 단체로, 전 세계의 도서관계를 이끌어가고 있다고 해도 과언이 아니다. 그는

1998년 여름 워싱턴에서 개최되었던 ALA 정기총회에서 ALA의 한 분과인 도서관 및 정보기술협회(Library and Information Technology Association, 이하 LITA)의 부위원장, 1999년부터 2000년까지는 LITA의 위원장으로 선출되었으며, ALA의 집행이사회의 이사(2003~2006)와 ALA 평의회 의원(1991~1995, 2002~2006) 등 많은 단체와 위원회에 적극적으로 참여해왔다(Biography, 2004; Vita, 2004). 그뿐만 아니라 2004년 7월 ALA의 회장선거에서 2005년~2006년도 회장으로 선출되었다. 고먼은 2005년 7월 시카고에서 열리는 ALA 연례대회에서 회장으로 취임할 예정에 있다(ALA News, 2004).

고먼은 이미 알려진 대로 1978년의 『영미목록규칙』 제2판(Anglo-American Cataloging Rules, 2nd edition, 약칭 AACR2)과 1988년 『영미목록규칙』 제2판 1998 개정판(Anglo-American Cataloging Rules, 2nd edition, 1988 revision, 약칭 AACR2R)의 책임편집자(first editor)로서 목록 분야의 대가이다. 1997년에서 1999년까지 《미국의 도서관》의 객원편집자(contributing editor)로서 활동했으며, 1999년 '도서관의 과학기술에 대한 인간의 대응(Human Response to Library Technology)'이라는 주제로 발간된 《도서관 동향》의 공동편집자의 한 명이기도 했다. 그 외에 『현재와 미래의 기술봉사 제2판(Technical Services Today and Tomorrow, 2nd edition)』(1998)의 편집자이기도 했다. 그는 또 크로포드(Walt Crawford)와 함께 큰 반향을 불러일으킨 『미래 도서관: 꿈, 광기, 현실(Future Libraries: Dreams, Madness and Reality)』(1995)을 공저했다. 고먼의 최근 저서로는 2000년 ALA에서 출간한 『우리들의 영속적인 가치(Our Enduring Values)』, 2003년 ALA에서 출간한 『영속적인 도서관(The Enduring Library)』 등이 있다.

고먼은 도서관과 문헌정보학에 대한 열정으로 인하여 많은 상을 수상했다. 1979년 마거릿 맨 표창장(Margaret Mann Citation)을, 1992년에 멜빌 듀이 메달(Mevil Dewey Medal)을 수상했으며, 크로포드와 함께 저술한 『미래 도서관: 꿈, 광기, 현실』로 1997년에는 블랙웰 학술상(Blackwell's Scholarship

Award)을 수상했다. 또한 1999년에는 캘리포니아도서관협회의 수서·장서·
기술봉사부회상(Access, Collection, and Technical Service Section Award)을 수
상하기도 했다. 또한 2001년에는 2000년 ALA에서 출간한 『우리들의 영속
적인 가치』로 하이스미스 상(Highsmith Award, 이전의 G.K. Hall Award for
Library Literature)을 수상하기도 했다.

목록에 대한 연구

고먼의 관심 분야는 크게 목록에 대한 지속적인 연구와 도서관 현장에
서 근무하는 사서로서 과학기술의 발달로 인하여 변화하는 환경에 능동적
으로 대응하기 위한 연구, 두 가지로 나눌 수 있다.

먼저 그는 위에 여러 번 언급했던 바대로 『영미목록규칙』의 편집자이
다. 1968년도에 목록의 통일화를 위하여 『영미목록규칙』의 초판이 처음
발표된 이후, 약 10년 후인 1978년에 발표된 제2판과 이후 계속되는 개정
판에 이르기까지 그의 목록에 대한 연구는 지속되고 있다. 목록의 목적을
서지통정을 통하여 이용자들에게 정보에 대한 유용한 접근점을 제공한다
고 볼 때, 온라인 열람목록(Online Public Access Catalog, 약칭 OPAC)의 등장
과 함께 생겨난 기계가독형목록법(MARC)에서 전자적 형태의 문헌을 목록
화하는 문제를 논의하면서 고먼은 진보된 서지통정 시스템의 요구에 부응
하기 위하여 기존의 영미목록규칙 제2판와 MARC를 뛰어넘어 하이퍼마크
(HYPERMARC)의 개념을 정립했다.

고먼은 어떤 형태로든 표준화되고 형식화된 서지 레코드들이 예견 가능
한 서지통정 시스템의 중요한 부분이 될 거라고 확신했다. 따라서 그는 우
리가 형식화된 서지 레코드를 계속 만들어내고 사용해야 한다면, 우리가
작업해야 하는 범위 내의 주요한 구조는 MARC 포맷이라고 확신하고 있으

며, 이것이 AACR2의 급진적인 개정을 포함하는 새로운 목록법 시대로 이어지려면 MARC 같은 포맷에 실질적이고 긍정적인 변화가 가해져야 한다고 보았다. 모든 의도와 목적 면에서 MARC는 카드 목록을 모델로 한 전자 목록 카드라 할 수 있다. 이런 판단은 MARC의 필드와 서브필드가 목록 카드 데이터의 순서와 분석을 따른다는 데서 얻어진다. 따라서 목록 카드는 다양한 종류의 복합적 서지 데이터를 포함하는 물리적 대상을 위한 단위 레코드이므로 이와 동일한 설명이 MARC 레코드에도 적용된다 할 수 있다. 카드와 MARC 같은 이러한 단위적 레코드는 다른 레코드들과 거의 연결성을 갖고 있지 않다. 그것은 저작들의 실제적 연관성을 제대로 나타내 주지 못하고 있다. 또한 MARC 레코드가 1XX필드를 사용하고 있다는 사실은 20세기가 끝난 지금 목록자와 목록규칙이 아직도 책자형 목록에 뿌리를 둔 케케묵은 '기본저록'의 문제에 매달리고 있다는 반증이라 할 수 있다.

고먼은 만약 목록규칙이나 서지적 표준이 한 단계 높은 수준으로 발전하려면, MARC 포맷이 재평가되고 근본적으로 다시 만들어져야 한다고 믿었다. 그러나 그는 현실적인 면에서 이러한 주요한 변화가 이루어지기 어렵다고 보았다. 왜냐하면 이미 수백만 개의 MARC 레코드가 존재하고 있고, 그것에 기반을 둔 수많은 시스템과 프로그램이 그렇게 쉽게 변경되기는 어렵고, 게다가 무의미하게 보이는 그러한 레코드와 시스템의 영향은 시간이 지날수록 커질 것이고, 변화는 더욱 어려워질 것이기 때문이다.

고먼은 MARC 시스템이 더욱 진보된 서지통정 시스템의 요구에 맞게 개조되어야 하며, 기본적으로 그러한 변화는 복잡한 정보를 포함하면서 관련 단위 레코드들과 연계성을 거의 갖지 못하고 있는 MARC 레코드를 대체하는 것이 될 것으로 예견했다. 즉, 그 대체물은 각각의 물리적 대상과 대상물의 내용 중 지적으로 뚜렷한 부분, 그리고 저작을 위한 복합적 레코드에 기반을 둔 시스템이 된다. 이러한 레코드들은 간단한 데이터를 담고 있을 것이고, 명료하고, 복합적이고 정교한 방법으로 연결된다.

고먼은 이러한 개별적 레코드들은, ① 코드화된 데이터를 포함하는 기술(기술은 객체, 객체의 부분, 일련의 객체이다), ② 저자명 전거 데이터(저작의 생산자와 관련), ③ 통일서명 전거데이터(저작의 명칭과 관련), ④ 주제접근 데이터(데이터는 예컨대 DDC 번호, LC 주제명 표목, PRECIS 용어열 또는 개별 주제 전거 레코드를 포함하는 패키지가 될 수도 있다) 등의 요소들을 수용하게 될 것이라고 예견했다.

이러한 정교하고도 융통성 있는 시스템이 되기 위해서는 저작과 객체, 저작과 다른 저작, 서지기술과 객체를 기술하는 저작에 관련된 주제전거의 명시성, 관련된 서지기술 등 모든 서지적 관계의 구조를 표현할 수 있는 다양한 방법이 존재해야만 한다. 고먼은 만약 MARC가 이렇게 격렬하게 변화될 수 있다면, 그 방법은 AACR2의 급진적 개조를 위해 공개될 것이고, 그 결과는 단순히 AACR2의 개정을 넘어선 것으로 전망하고 있으나, AACR3의 형식은 아닐 것이며, 'HYPERMARC Record Preparation Manual-Bibligraphic'이라는 형태로 나타나는 것이 훨씬 적절할 것이라는 의견을 펼쳤다. 그는 이 매뉴얼이 AACR2와 같이 두 개의 부(part I, II)로 구성될 것이고, 그 부들은 기술과 접근에 관련된 것이지만, 그 각 부분의 내용과 내부적 조직은 서로 매우 다른 것이 될 것으로 전망했다.

매뉴얼의 제1부는 아직까지는 국제표준서지기술법(International Standard Bibliographic Description, 약칭 ISBD) 개념에 기초하고 있으며, 총론의 장이다. 그는 기본적으로 AACR2의 제1부와 유사하게 생각한다. 그러나 그것은 다음과 같은 네 가지 관점에서 중요한 차이가 있을 것으로 전망하고 있다. 첫째, 기록되고 있는 기술 데이터에 대한 HYPERMARC 지시자(태그와 코드들)를 부여하는 방법론에 대한 지시 부분이 될 것이다. 둘째, 기술의 본질이 되는 고정장 필드코드 등의 부여를 위한 규칙이 준비될 것이고, 셋째, 총서, 단행본 및 분출 수준 등으로 레코드를 작성할 때 이에 관한 규칙들을 더욱 철저하게 이해해야 한다. 완전한 레코드를 기술하는 데 있어서 여러 수준(level)의 기술방법과 각각에 맞게 링크하는 방법을 규정함으로써, 도서관에 따라 수준과 방법을 선택하여 사용할 수 있도록 한다. 넷째, 새로운 매뉴얼은 전자 텍스트의 기술에 대한 규칙을 포함할 것이다. 이것은 ISBD 프레임워크를 사용할 수 있으며, 기술의 정교성을 야기시킬 것이다.

매뉴얼의 제2부는 본질적으로 서지적 기술사항과 다른 패키지들에 대한 연결을 위해, 고정장 필드와 접근을 위해, 그리고 다른 MARC 코드들의 할당을 위해 저자명, 서명, 저자명/서명 패키지의 구축에 관한 일련의 규칙이 될 것이다. 예를 들면, 지리적 명칭에 관한 AACR2의 제23장은 명칭 접근 패키지의 모음에 관한 일련의 규칙들로 대체될 것이다. 또한 그것은 동일한 지명 중 선호하는 형태를 선택하는 방법, 지리적 범위 코드를 할당하는 방법과 시기, 그리고 이 모든 데이터를 기록하고 코드화하는 방법들을 포함할 것이다.

HYPERMARC는 기본저록의 무용성을 인식하고 있기 때문에 현재의 제21장에 대한 필요성은 없어질 것이다. 대신에 기술사항과 접근 패키지 간에 이루어져야 할 연결에 관한 장이 총칙으로 존재할 것이고, 특정 장들은 이러한 연결을 참조해야 할 것이다. 요컨대, 이러한 2부는 5개의 장으로 구성되리라 본다. 처음의 4개의 장은 다른 유형의 저자명과 서명 접근 패키지의 구축을 취급할 것이고, 마지막 장은 그러한 패키지들과 기술 레코드들이 링크되는 방법을 취급할 것이다. 또한 기본저록과 부출저록 사이의 구분이 사라지고 표목과 참조 사이의 구분은 감소될 것으로 보고 있다.

고먼은 이러한 미래의 목록법을 위한 개정은 세 가지의 과제를 갖고 있다고 보고 있다. 첫째는 AACR2와 AACR2R이 이전의 규칙으로부터 여전히 이어받고 있는 불필요한 파편들이다. 그중 가장 대표적인 것이 부록 A에 있는 "관사 다음에 오는 첫째 단어는 대문자여야 한다"라는 규칙이다. 둘째는 법률자료, 악보, 통일서명, 성경 들을 다루는 규칙들의 불합리한 정교함이다. 이는 규칙이 준법주의(판례)보다는 원칙을 기반으로 해야 한다는 루베츠키(Lubetzky)의 아이디어와도 상반되는 것으로써, 그런 준법주의 성향의 규칙은 그 뿌리가 뽑혀야 한다. 셋째 과제는 미래의 개정판이 새로운 과학기술에 의해 생겨날 변화를 용이하게 수용할 수 있어야 한다는 것이다.

고먼이 구상하고 있는 'HYPERMARC'와 'HYPERMARC Record Preparation Manual'은 다른 목록학자들이 제시한 것보다 상당히 구체적인 방안제시로 보이며, 적극적인 개정 의지를 보이고 있는 것이다.

결론적으로 고먼의 HYPERMARC 이론은 OPAC와 전자적 환경의 발전에 따라 현행의 목록규칙이 전향적으로 재검토되어야 한다는 주장이다. 우리는 대개 목록법이 목록을 만드는 기준이 되고, 그 목록이 이용자에게 제공된다는 순서의 개념을 갖고 있다. 이는 다분히 목록자나 관리자적 입장에서의 시각이다. 그러나 반대로 이용자가 없는 목록, 그리고 목록이 존재하지 않는 목록법은 아무런 의미를 갖지 못하고 생명력이 소멸된다는 사실을 우리는 절대 간과해서는 안 된다. 이러한 견지에서 볼 때, "서지통정의 미래는 도전과 기회, 그리고 약속으로 가득 차 있다. 목록법에는 미래가 있을 뿐만 아니라, 그 미래 속에서 서지통정이 감소하기보다는 오히려 문헌정보학의 진보에 더욱 중요한 중심이 될 것이라고 확신하고 있다"라고 하는 고먼의 주장은 결국 이용자의 입장에 바탕을 두고, 목록법의 실용성과 이용자의 편의성에 기반을 둔 것으로 판단된다(남태우, 2001).

미래 도서관에 거는 꿈

고먼은 목록에 대한 끊임없는 연구를 한 학자이며 사서였으나, 그의 관심은 단순히 목록 한 분야에 그치지 않았다. 과학기술의 발달로 도서관과 정보센터에서 목록을 도입하여 업무와 이용자를 위한 정보제공에 활용하고, 도서관을 둘러싸고 있는 환경의 변화와 그에 능동적이고도 적극적으로 대응하는 사서의 역할에 대해 끊임없는 고민과 관심을 두었다.

신도서관학 5법칙

고먼의 이러한 관심은 랑가나단이 제시했던 도서관학 5법칙에 대하여 사서직의 새로운 5법칙을 제시하게 되었다. 고먼이 새롭게 제시한 신도서관학 5법칙은 다음과 같다(Gorman, 1995: 784~785).

① 도서관은 인류에게 봉사한다(Libraries Serve Humanity).
② 지식을 전달할 수 있는 모든 형태를 도서관 자료로서 고려하라(Respect All Form by which Knowledge is Communicated).
③ 도서관 봉사를 확대하기 위하여 과학기술을 지적으로 이용하라(Use Technology Intelligently to Enhance Service).
④ 지식에 대한 자유로운 접근을 옹호하라(Protect Free Access to Knowledge).
⑤ 과거를 영광스럽게 여기고 새로운 미래를 창조하라(Honor the Past and Create the Future).

첫째 법칙은 국적·민족·인종·이념을 초월하는 인류의 보편성 원칙을 도서관의 봉사 이념으로 제시하고 있다. 둘째 법칙은 과거에는 정보를 전달하는 형식으로 책이라는 인쇄매체가 대표적이었으나 과학기술의 발달로 많은 전자매체가 다양하게 등장함으로써 여러 형태의 매체들에 저장된 정보 역시 책에 담긴 정보와 동일하게 중요시 여기고 수집매체를 다양화하여 이용자의 모든 정보요구에 적극적으로 대처해야 한다는 의미를 함축하고 있다. 셋째 법칙은 사서직의 발전과정은 기존의 프로그램 및 봉사활동에 신기술과 커뮤니케이션 수단을 성공적으로 접목시킨 결과로 향후에도 정보획득을 위하여 기존에 사용했던 정보검색의 여러 방법 외에도 컴퓨터와 인터넷 등을 기반으로 한 다양한 정보검색의 기술을 적절하게 활용해야 도서관의 봉사기능이 제고된다는 기술도입의 당위성을 피력하고 있다.
넷째 법칙은 도서관이 사회적·정치적·지적 자유의 중심기관인 이상, 장서
에 내재된 사상이나 의도가 무엇이든 자유로운 접근과 이용을 보장하는
사회적 책임성을 명시하고 인쇄물 형태의 정보뿐만 아니라 전자적 형태의
정보의 생산과 함께 이러한 정보를 자유로이 이용할 수 있어야 한다고 논
급하고 있다. 다섯째 법칙은 온고지신의 정신을 강조함으로써 미래의 도
서관은 무수한 지적 문화를 소장한 과거의 역사에서 출발할 수밖에 없으
며 양자는 불가분성을 지니고 있다는 것을 주장하고 있다(Gorman, 1995).

꿈, 광기, 그리고 현실

고먼은 1996년 동아대학교 도서관과 한국도서관정보학회의 초청으로
우리나라에 와서 "꿈, 광기, 그리고 현실"이라는 제목으로 강연했는데, 이
강연의 제목은 그가 1995년 크로포드와 함께 출간한 저서의 부제와도 같
았다. 그는 그가 새롭게 제시했던 사서직의 5법칙을 기반으로 하여, 기술
의 힘을 맹신하는 사람들이 도서관 현장을 대상으로 야기하는 환상을 진
단하고 이에 대해 현실을 대비하여 보여주는 방식으로 인쇄자료로서의 책
과 건물과 공간으로서의 도서관의 중요성을 역설했다. 이 강연에서 그는
우리에게 필요한 것은 현재와 과거를 냉정하게 성찰하고 오늘의 도서관과
도서관직이 당면하고 있는 실제적·경제적 현실이 무엇인가를 공정한 마음
으로 들여다보는 일이라는 전제하에, 미래의 도서관, 기록된 지식과 정보
의 보존, 도서관 장서, 기록된 지식과 정보의 조직, 출판의 미래, 지적 소유
권과 저작권, 장소로서의 도서관의 미래, 학습과 정보 숭배 집단 등에 관한
그의 생각을 구체적으로 펼쳤다.

그는 우리가 다양하게 이루어진 인류의 기록된 지식과 정보의 '형태'의
변화에 직면해 있으며, 그러한 변화는 새로운 형태의 것이 이전의 형태의
것을 말살해 버리는 것으로 그 말살 과정이 사회와 인간의 사고를 변화시

켜 그 부수적인 현상으로서 도서관을 변화시킬 것이라고 하는 주장에 직면해 있다고 했다. 그는 사서의 꿈, 오늘날 목격하는 디지털이 전부라고 떠들어대는 광기, 그리고 그 꿈의 수위를 조절하며 광기를 잠재우는 현실을 일반성과 특수성의 관점에서 직시함으로써 도서관과 도서관인의 현재와 미래의 가능성을 분석해 보고자 했다.

그가 이야기하는 미래 도서관에 거는 꿈은 모든 사람에게 자유스러운 접근이 가능하도록 하는 것으로, 모든 언어로 된 자료와 모든 나라의 모든 형태로 된 자료를 제공한다는 것이다. 그리고 숙련된 전문 사서로 하여금 이용자를 돕게 하며, 문명의 기록물을 제대로 이용할 수 있도록 가르치게 한다는 것이다. 이러한 도서관은 지역과 전국적 협력체제의 한 부분으로써 새로운 기술과 오래된 기술을 현명하게, 그리고 충분히 활용할 수 있어야 하고, 실물장서를 광범위하게 갖춘 장소로서의 도서관과 원격 자원에 대해 편리하고 자유로운 접근이 보장될 수 있도록 재정적 지원을 할 수 있어야 한다고 했다. 광기란 인류 역사상 처음으로 지식과 정보의 기록이 한 가지 형태로만 제공될 것이라고 하는 '신념'으로, 이 한 가지 형태가 다른 모든 형태를 대체할 것이라는 편벽된 비전 아닌 비전은 실현될 수 없으며 결코 그렇게 되지 않을 것임을 강조했다. 미래 도서관의 '현실'은 당연히 경제적 사정에 따라 영향을 받을 것으로 보고, 그 어느 곳도 완벽한 도서관 서비스가 요구하는 정도로 풍부한 도서관 자료의 구성을 감당할 만큼 재정이 넉넉한 경우는 없을 것이며, 더구나 이상적인 도서관 서비스가 요구하는 만큼 전문적인 직원을 충분히 공급할 수도 없을 것임을 예견하면서 균형의 문제를 지적했다. 즉, 어떻게 해야 '전통적인' 자원을 제공하면서 동시에 기술의 현명한 이용을 증대시켜 나가고, 기존의 인력 자원을 최대로 활용할 수 있으며, 장소로서의 도서관과 벽 없는 도서관을 동시에 충족시킬 것인지 등의 문제를 잘 해결하기 위하여는 결국 모든 도서관 자원의 합리적인 활용에 기술을 비용 대 효과에 맞게 안배하는 문제를 숙고하여 판단해야 할 것임을 강조했다.

또한 그는 정보와 기록의 보존에도 깊은 관심을 기울이고 있다. 그는 사서직의 핵심적 가치 중 하나가 인류의 모든 중요한 기록을 보존하여 후세에 전하는 것임을 생각하면서, 우리는 미래의 인류에게 모든 종류의 문헌에 담겨 있는 텍스트와 이미지를 보존하여 전해 줄 막중한 책임을 지니고 있음을 언제나 염두에 두어야 한다는 것을 강조한다. 보존과 보관의 문제에 있어서, 디지털화의 이면에서는 실제로 엄청난 양의 자료들이 자취를 감추고 사라지고 있다. 사라지는 필름이 있는가 하면 그 상태가 나빠 원형을 알 수 없는 것도 있다. 구형의 비디오 녹화물을 보는 데 필요한 기계는 더 이상 제작이 되지 않는다. 복원이 불가능하게 된 음반 레코드도 허다하다. 전자 기록은 깨지기 쉬우며 변질되고 손상을 입기가 쉽다는 점도 고려해야 한다. 많은 사람들이 디지털이 전부인 듯 현재 인류가 보유하고 있는 모든 기록된 지식과 정보는 디지털화될 것이며 그것들은 시공을 초월하여 보편적으로 접근할 수 있는 전자 아카이브에 저장될 것이라고 주장하지만, 그 모든 기록을 수집하고 디지털화하고, 그러한 전자 아카이브를 유지·보존하며, 이것을 잘 이용하기 위하여 소요될 엄청난 비용을 생각해 볼 때, 그 모든 기록을 완전히 디지털화하는 것이 과연 가능하며 실효성이 있는지 역시 깊이 생각해 보아야 한다는 것이다(김정근, 1997: 255~259).

고먼은 미래의 도서관에 대해 새로운 기술을 기존의 다양하고 풍부한 장서와 서비스에 통합하는 과업을 이루어 역사 속에 뿌리를 둔 실천과 가치 위에 새로운 것이 접합된 그 무엇을 창출해 낸다는 것과 도서관은 소멸한다는 두 가지 비전에 대해서, 전자야말로 사서직에게 도전과 보람을 동시에 주며, 이성과 냉철한 분석에 근거하는 것이라고 주장했다. 그는 이를 위해 기술 혁신을 해야 하며, 과거와 현재의 장점을 잘 살려 나아가야 하고, 문명의 기록 보존과 인류에의 봉사를 향한 이상을 추구해야 하며, 동시에 철저한 현실감 속에서 그와 같은 이상을 실현하기 위한 방법을 강구해야 한다고 주장했다. 또한, 이를 위해 작게는 지역사회에 봉사하고 서로 연대하여 사회 전체의 복지를 위하여 노력해야 하고, 더 나아가 국가 간의 협력의 중요성을 역설했다. 그는 그러한 국가 간의 협력에는 단순한 도서관 간의 자원 공유 형태의 협력뿐 아니라, 시스템과 표준의 공동개발, 문자와 언어의 문제, 직원의 교류, 훈련, 성장 프로그램 등의 영역에서 협력이 강화될 것으로 내다보았다(김정근, 1997: 281~282).

한없이 중요한 도서관

이후 계속적으로 사서직의 정체성과 가치, 그리고 과학기술의 발전으로 말미암아 많은 도전을 받게 된 도서관의 가치에 대한 고먼의 관심은 그의 저서들, 즉 2000년에 발행된 『우리들의 영속적인 가치』와 2003년에 발행된 『영속적인 도서관』에 잘 나타나 있다.

그는 『우리들의 영속적인 가치』에서 과학기술의 발달 속에서 사서직이 반드시 존재해야 하고 또 중요한 책임을 맡아야 할 이유, 즉 그의 말을 빌리면 사서직의 중추적인 가치 혹은 핵심 가치(central or core values)를 다음 여덟 가지로 요약하고 있다.

첫째는 사서직의 집사직(執事職, stewardship) 책무이다. 사서는 우리가 알고 있는 것을 다음 세대도 알게 하기 위하여 인류의 기록을 보존한다. 이러한 중요한 책무를 수행하기 위하여 사서직을 위한 교육을 배려하고 육성하여 우리의 가장 훌륭한 전문직적 가치와 실무경험을 이용한다.

둘째는 봉사이다. 우리의 모든 정책과 절차는 개인, 집단, 사회 및 후세에 대한 봉사의 윤리에 의해 생명력을 갖는다. 또한 우리의 정책과 절차는 봉사를 하나의 기준으로 삼아 평가한다.

셋째는 지적 자유이다. 자유 사회의 모든 시민이 읽고 보기를 원하는 것은 무엇이든지 읽고 볼 수 있어야 한다는 생각에 책무감을 갖는다. 그리고 지역사회 모든 구성원들의 지적 자유를 옹호한다.

넷째는 합리주의이다. 도서관 봉사를 합리적인 방식으로 조직하고 관리하며, 모든 도서관 절차와 프로그램에 합리주의와 과학적인 방법을 적용한다.

다섯째는 읽고 쓰기와 학습이다. 읽고 쓰기와 학습을 권장하고, 평생 중단 없는 독서를 권장한다.

여섯째는 기록된 지식과 정보에 대한 공평한 접근이다. 모든 도서관 자원과 프로그램은 모든 사람이 접근할 수 있어야 한다. 그리고 기술상, 금전상의 접근 장애를 극복한다.

일곱째는 사생활권이다. 도서관 이용 기록의 기밀성을 보장하고, 도서관 이용에 대한 기술상의 침해를 극복한다.

여덟째는 민주주의이다. 우리는 민주사회의 가치를 유지함에 있어서 우리의 직분을 다하고, 민주주의에 필수적인 교육받은 시민이 되도록 그 교육과정에 참여하며, 도서관 경영에 민주주의를 채택한다(Gorman, 2000b: 26~27).

요컨대 이러한 가치들은 사회에서의 도서관의 중요성과 도서관을 유지하기 위한 사서의 책무와 전문성에 대한 것이다. 고먼은 그의 책 『우리들의 영속적인 가치』의 말미를 「도서관은 미래가 있다(Libarary Have a Future)」라는 제목의 독자들에게 보내는 짧은 편지로 장식했다. 그는 이 편지에서 도서관과 사서는 그들의 역사적인 사명을 계속 수행할 것이라고 말하고, 우리 모두가 도서관의 새로운 황금기를 이루어내기 위해 노력하자며 도서관의 중요성과 사서직의 책무를 다시 한 번 강조했다(Gorman, 2000b: 176).

이후 그는 이러한 사서의 가치에 대한 중요성뿐만 아니라 웹이라는 환경에서 디지털도서관, 가상도서관에 대한 관심의 증대와 전통적인 도서관의 가치에 대한 불신에 대항하며 도서관의 끝없는 중요성을 토로했다. 그는 "우리는 획기적이거나 변형의 시기에 있는 것이 아니라 도서관의 발전과 진보에 있어서 중요한 시점에 있다"라고 했다(Gorman, 2003). 오늘날 우리가 맞고 있는 기술의 변혁에 대한 이해가 중요하다는 것을 강조했으며, 과거와 미래에 대한 적절한 이해 속에서 그러한 변화와 도전, 그리고 맞닥치는 문제들을 해결할 것을 강조했다.

사서의 가치와 전문성을 지켜야

책으로 대변되는 과거의 도서관에서 과학기술의 발달로 인하여 새롭게 등장한 많은 전자매체와 통신기술은 사서들에게 그들이 전통적으로 유지해왔던 전문성에 대해 많은 위협을 가하고 있다.

고먼은 도서관의 사서이며, 문헌정보학 교육자이며, 도서관 행정가로서, 그의 문헌정보학에 대한 관심은 사서로서 도서관 현장에서 일어나는 변화에 대하여 얼마나 잘 대응할 것인가와 깊은 관련이 있어왔으며, 과학기술이 대두되는 사회에서 사서직이 갖는 중요한 가치를 생각하면서 발전적인 비전을 제시하고자 노력했다.

그가 꾸준히 도서관의 기술 봉사에 관심을 쏟고 발전시켜온 영미목록규칙 은 우리나라를 비롯한 많은 나라의 목록규칙을 구성하고 확립하는 데 지대한 영향을 끼쳤으며, 독일을 비롯한 그 외 국가의 목록규칙과 비교되면서 후학들에게 연구하고 논의할 바를 제공해왔다.

2000년 워싱턴에서 개최된 새로운 세기의 서지제어에 대한 미국국회도서관회의에서 고먼은 "카드 목록으로부터 웹 목록으로(From Card Catalogues to WebPACS: Celebrating Cataloguing in the 20th Century)"라는 주제의 강연을 통하여 1900년부터 1999년의 약 100년간 이루어진 20세기의 목록의 역사에 대해 논하면서 목록의 이론과 실제 목록의 적용 면에서 많은 중요한 성취와 발전이 있었음을 강조했다. 그리고 계속 변화·발전하는 상황을 겪으면서 새롭게 웹 환경이라는 네트워크화된 정보 자원이 가능한 시대에 목록에 대해서도 열정을 가지고 능동적으로 대처할 수 있을 것을 기대하는 내용의 연설을 한 바 있다(Gorman, 2000a).

이 연설 역시 도서관을 둘러싼 환경의 변화에 대해 사서가 전문직으로서의 가치를 지키면서 나아갈 바를 생각하게 한다는 면에서 그의 지도자로서의 모습을 보여준다. 고먼은 적극적인 사고를 가지고 도서관과 정보센터를 둘러싼 환경의 변화에 대처하면서 도서관과 사서직의 발전을 위하여 노력하는 인물이라고 할 수 있다.

고먼은 현재도 문헌정보학계에서 많은 활동을 하고 있으며, 그 왕성한 활동 역량으로 말미암아 많은 영향을 주고 있는 생존의 인물로, 그의 역량과 도서관계에 미친 영향을 현재에 한하여 평가하는 것은 쉽지 않은 일이다.

이제 세계 최고의 도서관단체인 ALA의 수장으로서 그의 최근 저서『우리들의 영속적인 가치』와『영속적인 도서관』에서 밝힌 바와 같이 끝없이 계속될 전문직으로서의 사서의 가치와 전문성을 지키며, 인터넷과 전자적 매체의 기하급수적 등장에도 불구하고 한없이 중요한 도서관의 위상을 회복하고 그 역할과 기능을 극대화하기 위하여 최선을 다함으로써 도서관계의 발전을 위해 행할 그의 더 많은 활동과 기여를 기대해본다.

세 계 도 서 관 을 꿈 꾸 는
선 각 자

라인

고인철

　모리스 버너드 라인(Maurice Bernard Line)은 1950년부터 1988년까지 38
년간 영국의 대학도서관 및 국가도서관에서 봉사했고, 은퇴 후인 1988년
부터 2005년 현재까지 17년간 도서관 및 정보 분야 자문가로 활동을 지속
하고 있다.
　라인은 여러 대학도서관의 평사서, 사서과장, 부관장, 도서관장과 영국
국가도서관 대출관의 도서관장으로 실무 경험을 풍부하게 쌓은 대학도서
관 및 국가도서관 전문가이다. 또한 그는 도서관 현장의 문제를 새로운 시
각에서 개선하고 이를 현장과 후세에 전하려고 노력한 영국 도서관계의
지도자이자 선각자이다.
　라인은 현재까지 18권의 단행본과 400여 편의 학술논문을 발표하는 등
활발한 저술활동을 계속하고 있으며, 40여 국가의 국가도서관을 방문하고
세계도서관을 구상하는 등 도서관의 미래를 상당히 긍정적인 시각으로 내
다보면서 영국도서관계뿐만 아니라 전 세계 국가도서관의 발전을 위해 헌
신하고 있다.

도서관 안팎에서의 탁월한 활동

라인은 1928년 6월 21일 영국 런던 북쪽의 소도시 베드퍼드(Bedford)에서 출생했다. 유년 시절 말을 조금 더듬는 버릇으로 인해 늘 혼자서 외롭게 지낸 라인은 1950년 옥스퍼드대학 엑스터대학(Exter College)에서 영어영문학 학부과정을 마칠 때까지도 여전히 혼자만의 외로운 생활을 했다. 그러나 24세가 지나면서 자신이 외향적인 사람이라는 것을 깨닫고는 이 외로움에서 자연스럽게 벗어났다고 한다.

1950년 학부를 마친 라인은 견습사서(trainee librarian)로 9개월간 모교의 보들리안도서관(Bodleian Library)에서 근무했는데, 이것이 그가 도서관 및 정보 전문가로서의 삶을 택한 계기가 되었다. 모교 도서관에서 견습사서로 근무하는 동안 영어영문학으로 학문을 계속할 것인가를 고민한 라인은 결국 사서의 길을 택했는데, 그는 어려서부터 계속된 말 더듬는 버릇 때문에 교수가 되는 꿈을 포기한 것이 결정적인 이유였다고 밝히고 있다.

1951년 스코틀랜드에 있는 글래스고대학 도서관(Glasgow University Library)의 정규 사서가 되어 약 3년간 평사서로 근무한 라인은 그곳에서 일생의 반려자이자 편집 동료가 된 부인 조이스(Joyce Line)를 만났다. 제100대 영국도서관협회 회장이었던 화이트(Alan Grant Davidson White)는 라인이 영국의 도서관 및 정보 분야에 위대한 업적을 남기기까지는 부인 조이스의 영향이 많이 작용했다고 밝히고 있다. 라인은 많은 단행본과 보고서를 부인 조이스와 함께 저술하거나 편집·출판했는데 조이스는 자격을 갖춘 사서이자 전문 색인가였다. 이 외에도 조이스는 도서관 관련 자료집을 편찬하기도 했다.

라인은 런던대학(University College London)의 도서관학 과정과 영국도서관협회에서 개설한 몇 개의 시간제 과정이 있었음에도 이를 거치지 않고 사서가 되었다. 이를 통해 1950년대 영국에서 부분적이나마 도서관학 학위 없이 견습과정을 거쳐 사서가 될 수 있었음을 알 수 있다.

라인은 1954년 근무지를 스코틀랜드 반대쪽에 있는 잉글랜드 남쪽의 사우샘프턴대학 도서관(Southampton University Library)으로 옮겨 사서과장(Sub-librarian)으로 1965년까지 상당히 오랫동안 근무했다. 이것이 계기가 되어 라인은 1988년 이 대학으로부터 명예 이학박사 학위를 받았다. 그는 1965년 스코틀랜드에서 가까운 잉글랜드의 북부도시 뉴캐슬로 옮겨 뉴캐슬어펀타인대학 도서관(Newcastle-upon-Tyne University Library)에서 부관장(deputy librarian)으로 1968년까지 근무했다. 대학도서관 근무의 마지막은 잉글랜드 남쪽의 바스대학 도서관(Bath University Library)으로 이곳에서 도서관장으로 3년간(1968~1971) 근무했다.

1973년은 영국 도서관사에 있어서 중요한 해였다. 이때 현재의 영국국가도서관(British Library)이 영국박물관(British Museum)으로부터 독립하여 독자적인 기관으로 운영되는 변화를 맞이했는데 이 변화는 라인에게도 중요한 영향을 미쳤다. 라인은 영국국가도서관이 영국박물관으로부터 독립하게 되는 「영국국가도서관법(British Library Act of 1972)」이 발효되기 전까지 3년간(1971~1973) '국립중앙도서관(National Central Library)'의 관장으로 근무했는데 1916년에 런던에 설립되었던 이 도서관은 영국국가도서관법에 따라 잉글랜드 중북부에 위치하고 있던 '국립과학기술대출도서관(National Lending Library for Science and Technology, 1962년 설립)'과 통합하여 '영국국가도서관 대출관(British Library Lending Division)'으로 재편되었다. 라인은 대출관이 설립된 1년 후인 1974년부터 1985년까지 11년간 관장으로 도서관을 경영했으며, 이 기간 중에 알찬 논문을 다량으로 집필했다. 대출관은 1985년에 현재의 영국국가도서관 문헌제공센터(British Library Document Supply Center, 이하 BLDSC)로 변경되었다.

도서관장으로서의 마지막 근무처는 과학기술산업도서관(Director-General, Science, Technology and Industry)이었다. 이곳에서 1985년부터 만 60세로 정년퇴임 하는 1988년까지 근무했다.

라인은 도서관 현장에 있으면서 국내외의 각종 학회 및 협회 활동에도 적극적으로 참여하여 영국경영학회(British Institute of Management) 특별회원(companion), 정보과학자학회(Institute of Information Scientists) 특별회원(Fellow), 영국도서관협회(Library Association: 현재의 명칭은 Chartered Institute of Library and Information Professionals) 특별회원 및 명예회원으로 활동했으며, 특히 퇴임 후 영국도서관협회의 101번째 회장으로 선출되어 1년간(1990) 협회업무를 담당했다. 또한 그해 국제도서관연맹(International Federation of Library Associations and Institutions, 이하 IFLA)으로부터 도서관 및 정보 분야에서의 뛰어난 활동과 '출판물의 범세계적 이용(Universal Availability of Publications Programme, 이하 UAP)'과 관련된 공로로 금메달(Gold Medal of the IFLA)을 수상했다. IFLA로부터의 수상은 라인이 현장에 있으면서도 IFLA 활동에도 적극적으로 참여한 경력이 많이 참작되었던 것으로, 1972년부터 1977년까지 IFLA '국제대출부(Section on International Lending)' 서기, 1977~1988년까지 '국제대출국(Office for International Lending)' 국장, 1980~1989년까지 UAP 사무총장, 1985~1989년까지 IFLA 분과위원 및 1997~1999년까지 '도서관(학) 분야 정기간행물 편집장 원탁회의(Round Table on Editors of Library Journals)'의 의장을 각각 역임했으며 최근에도 여타 분과위원으로 활동하고 있다.

라인의 도서관 현장과 밖에서의 탁월한 활동은 영국도서관 및 타 학계에서도 인정을 받고 있는데, 1977년부터 현재까지 셰필드대학교(Sheffield University) 정보학과(Department of Information Studies)의 객원교수(Professor Associate),[1] 1986년부터 1992년까지는 러프버러대학교(Loughborough University) 문헌정보

---

1) 학과에서 학생들을 지도하지는 않지만 학과 교수로 예우되며, 미국의 부교수(Associate Professor)와는 전혀 다르다.

학과의 초빙교수(External Professor)로 활동했다.

또한, 1980년 스코틀랜드의 헤리엇-와트대학(Heriot-Watt University), 1988
년 사우샘프턴대학으로부터 국내외 도서관 및 정보 분야에서의 공로로 명
예 문학박사와 명예 이학박사 학위를 받았다. 1992년에는 버밍엄기술대학
(Birmingham Polytechnic)[2]으로부터 도서관 및 정보(학) 분야의 공로를 인정
받아 명예 연구원(Honorary Fellowship)으로 위촉되었다.

퇴임 직후인 1988년 라인은 오랜 경험을 바탕으로 도서관 및 정보센터
의 계획 수립, 직원교육훈련, 변화경영 분야에 대한 자문업을 시작하여 현
재까지 17년간 활동하고 있으며, 세계 16개국에 걸쳐 50건 이상의 도서관
및 정보사업에 대해 자문을 했다.

한편, 도서관 및 정보 분야에서도 왕성하게 활동하고 있는데 1989년부터
현재까지 잡지 ≪알렉산드리아: 국가 및 국제 도서관 문제 잡지(Alexandria:
the Journal of National and International Library Issues)≫의 편집을 맡고 있고,
1991년부터 2000년까지 ≪범세계 도서관직과 정보 업무(Librarianship and
Information Work Worldwide)≫의 편집장을 맡았으며, 1992년부터 2000년까
지 '알렉산드리아도서관의 영국후원회(UK Friends of the Alexandria Library)'
의 회장을 역임했다.

라인은 현재 그가 관장으로 근무했던 BLDSC가 위치하고 있는 북요크셔
(North Yorkshire) 지방의 보스턴 스파(Boston Spa)에서 가까운 소도시 해러
게이트(Harrogate)에서 부인 조이스 여사와 생활하고 있으며, 전형적인 영
국 사람답게 음악 감상, 산책, 그리고 사람을 만나 대화하는 것 등을 취미
로 여가를 보내고 있다.

---

2) University of Central England in Birmingham의 전신으로 이 대학에 문헌정보학과가 있다.

선견지명이 있는 사람

라인은 도서관 및 정보 분야의 현장에서 활동시기에는 물론, 은퇴 후에
도 오랜 실무 경험을 바탕으로 다양한 활동으로 많은 업적을 남겼다.

대학도서관 실무 및 경영

라인은 비록 대학에서 도서관학을 전공하지는 않았지만 '견습사서'에서
시작하여 네 곳의 대학도서관에서 일반사서, 과장, 부관장 및 관장으로 21
년간 근무하면서 실무를 바탕으로 도서관 및 정보센터에 대한 지식을 쌓
아갔다. 이러한 실무와 경영 경험은 그 후 영국국가도서관의 일 분야를 17
년간 성공적으로 경영3)하는 데 절대적인 영향을 끼쳤다고 하겠다. 라인은
이 기간 동안 실무에 전념했을 뿐만 아니라 실무과정에서 발생한 문제점
들을 대상으로 끊임없이 논문을 저술하여 대학도서관 봉사의 질을 향상시
켰고 업무의 개선을 촉진시켰다.

라인은 대학도서관 근무 기간 중 많은 업적을 남겼는데, 대학도서관 이
용자들의 정보이용과 관련해 영국에서 최초로 개인별 차별화된 정보 서비
스와 정보 이용교육을 실시했으며, 사우샘프턴대학 도서관에 근무하면서
대학생들의 도서관 이용에 관한 연구조사도 실시했다(Line, 1966; 1965;
1963). 또, 이 무렵 대학도서관들의 전통적인 도서관 운영정책을 비판하고
미래지향적인 도서관정책을 제시했는데, 대학도서관들은 타 대학도서관
들과 긴밀히 협력할 필요가 있고 타 대학도서관 이용자들에게도 자관의
이용을 허용해야 한다고 주장했다.

---

3) 영국도서관은 잉글랜드의 여러 지역에 분산되어 위치하고 있는 수개의 기능이 다른 도
　서관을 통칭하는 이름이며, 라인은 이 중 대출도서관 및 과학기술도서관을 경영했다.

도서관 전산화에 대한 관심과 연구

라인은 일찍부터 도서관 전산화에 많은 관심을 두었는데, 초창기 영국 도서관 전산화를 이끈 선구자 중의 한 사람이었다. 뉴캐슬어펀타인대학 도서관에서 부관장으로 근무할 당시(1965~1968) 도서관 전산화를 계획했는데 그의 도서관 전산화에 대한 지대한 관심은 당시로서는 워낙 획기적이라서 많은 사서들은 "왜 지금 우리가 목록을 전산화해야 하느냐?"라고 질문하기도 했으나 라인은 이에 대해 오히려 "왜 우리가 도서관에서 목록을 해야 하는가?"라고 반문했다. 이러한 질문과 반문을 통해 모든 도서관에서 하나의 자료에 대해서 똑같이 목록작업을 하는 것은 시간적·경제적 낭비이므로 공동편목을 작성해야 한다는 생각을 가졌다고 판단할 수 있다.

라인의 도서관 전산화에 대한 선구자적인 관심으로 1970년에 더 큰 사업인 '영국도서관 전산화'에 관한 연구를 수행하게 되었는데 이 연구결과에 따라 영국 국립중앙도서관은 3년 후에 도서관 전산화를 시작했다. 이와 같이 그는 도서관이 앞으로 나아가야 할 방향을 일찍부터 예측하고 준비한 사람이었다. 따라서 어떤 사람들은 그를 '선견지명이 있는 사람'이라고 평가했으며, 라인이 대학도서관을 떠나 국가도서관으로 진출하여 더 큰 도서관 및 정보센터를 경영하게 된 계기도 그의 이러한 선각자적인 능력이 인정되었기 때문이었다.

거시적 안목으로 큰 그림을 그리다

라인이 도서관 및 정보 분야 실무와 관련해서 남긴 의미 있는 또 하나의 업적은 국립중앙도서관 및 영국국가도서관 경영과정에서 찾아볼 수 있다. 옥스퍼드대학 도서관에서의 견습사서가 라인의 도서관 및 정보 전문가가 되기 위한 입문과정이었고 그 후 여러 대학도서관에서의 실무활동이 수련

과정이었다면, 국가도서관에서의 근무는 그 경험을 십분 발휘한 과정 또는
경험의 꽃을 피운 시기라고 말할 수 있다.

라인은 1971년 바스대학에서 국립중앙도서관 관장으로 자리를 옮겼는
데 그 계기는 바스대학에 있으면서 2년간(1970~1971) 수행한 연구사업 때
문이었다. 그는 당시 교육과학부(Department of Education and Science)의 지
원을 받아 '영국국가도서관의 전산화 적용 가능성(The Possible Applications
of the Automation to the British Library)'에 관한 연구사업을 수행했다. 이 연
구결과는 정부의 인정을 받아 국립중앙도서관 관장으로 임명되었다. 라인
은 또 이 연구사업을 수행하면서 후에 영국국가도서관으로 흡수되는 여러
기관들에 대해서 많은 지식을 쌓았는데 이 지식 또한 영국국가도서관의
일 분야를 경영하는 데 큰 힘이 되었다.

라인은 국립중앙도서관 관장으로 재직하는 동안 '영국국가도서관조직
위원회(British Library Organizing Committee)'의 위원으로 활동하면서 영국국
가도서관에 대한 계획을 수립하는 데 중추적인 역할을 했으며, 이 계획에
의해 1973년 영국국가도서관이 탄생했다. 라인은 이 도서관이 설립되고
15년간 영국국가도서관의 일 분야를 경영하면서 14년간 '영국국가도서관
이사회(British Library Board)'의 위원으로 활동했다.

영국국가도서관과 관련해서 라인이 남긴 중요한 업적은 세계적인 도서
관인 영국국가도서관이 독자적인 기관으로 탄생할 당시(1973) 한 부분의
초대경영자로 참여하여 그 기본 틀을 잡았다는 것이다. 라인은 영국국가
도서관의 출범과 함께 새롭게 설립된 '영국국가도서관 대출관'의 초대관장
을 맡아 이 도서관의 기초를 닦았는데, 오늘날 세계 최대의 정보 서비스를
제공하고 있는 BLDSC는 라인이 10여 년간 성공적으로 경영하여 기본체계
를 잡은 대출도서관의 기반 위에서 1985년도에 출발한 것이다. 이러한 경
력으로 그는 은퇴 후인 1991년에 시작된 '영국국가도서관 장기발전계획수
립위원회'의 위원으로도 참여하게 되었다.

국가도서관 연구 및 세계도서관 구상

대학도서관의 일반사서에서 국가도서관의 경영자까지 두루 거치면서 실무를 바탕으로 한 라인의 도서관 및 정보센터에 대한 경험은 이 분야에 대해 거시적인 안목을 갖게 했으며, 38년간 근무한 도서관 및 정보센터 현장을 떠날 무렵 그는 이 분야의 철학자가 되어 있었다. 그는 이 무렵부터 거시적인 안목을 갖고 큰 그림을 그리기 시작했는데, 특히 각국 국가도서관에 대해 많은 관심을 가졌고, 세계도서관(global library)에 관심을 기울이기 시작했다. 라인은 은퇴 후에만 40여 국가의 국가도서관을 방문했고, 이 중 15개 도서관에 대해 자문을 했다.

라인의 국가도서관과 관련된 철학을 살펴보면 먼저 두 가지가 국가도서관 경영의 핵심이 되어야 한다고 주장했다. 첫째, 자국 국가도서관의 목적을 분명히 정해야 한다. 둘째, '어떻게 더 나은 서비스를 제공할 것인가'에 경영의 초점을 두어야 한다.

첫째 문제와 관련해서 국가중앙도서관은 이용자를 정의하는 데 타 도서관(예를 들면 대학도서관, 전문도서관, 특수도서관)과 비교해서 많은 어려움이 있다면서 국가도서관의 개념을 다음과 같이 정의했다.

국가도서관은 한 나라의 모든 자료(다른 도서관들이 수집할 수 없는 자료 그리고 수집하기를 원하지 않은 자료까지도 포함)를 한 장소에 수집하고 그 자료들을 가능하면 효과적으로 이용시키는 역할을 수행하는 국가의 상징적 문화유적(pseudo-cultural monument)이다.

둘째 문제인 '어떻게 더 나은 서비스를 제공할 것인가'는 디지털화에 큰 기대를 걸 수 있을 것이라고 설명하고, 이 디지털화는 재정적 지원이 뒷받침되어야 하는데 이 점에서 정부를 설득하는 일이 큰 과제라고 했다.

라인은 국가도서관에 대한 이와 같은 우려에도 불구하고 전체적으로는

30년 전보다 국가도서관의 미래에 대해서 훨씬 낙관적이라고 말했다. 그 이유는 오늘날의 국가도서관들이 많은 어려움을 안고 있기는 하지만 문제점들을 잘 파악하고 스스로 해결해 나가고 있기 때문이라고 말하고, 특히 이러한 모습들은 과거에는 찾아볼 수 없었다고 피력했다.

라인은 도서관 및 정보 분야, 특히 영국국가도서관 경영 경험, 그리고 많은 타 국가들의 국가도서관을 방문하고 자문한 경험을 바탕으로 국가도서관의 미래 모습에 대해서도 아래와 같이 자신의 생각을 밝혔다.

첫째, 국가도서관은 다른 관종의 도서관과는 달리 완전한 디지털화는 이루어지지 않을 것이다. 다만, 전통적 국가도서관의 운영과 서비스가 디지털 요소에 의해서 확장되고 더 나은 모습으로 발전될 것이다. 한편 이러한 주장은 "벽 없는 도서관(libraries without walls)이 꼭 미래의 가장 이상적인 도서관이라고는 할 수 없다"라는 그의 근본 견해에 바탕을 두고 있다고 하겠다.

둘째, 미래의 국가도서관은 도서관이 일반대중에게 더욱 가까이 다가가기를 원한다면 더 많은 열람공간을 확보하고, 단지 학술서적뿐만 아니라 더 많은 일반도서를 열람시키는 방향으로 도서관을 경영해야 한다.

셋째, 미래의 국가도서관은 전통적인 기능 중의 하나인 '국가도서관 시스템의 조직 및 운영자'로의 기능을 더 이상 갖지 못할 것이다.

넷째, 국가도서관의 진정한 가치는 국가도서관의 경계를 넘어섰을 때 찾을 수 있다. 즉, 이제는 인류역사상 최초로 '초국가적인 가상도서관 (supernational virtual library)' 또는 '세계도서관'을 만들어야 할 때인데 이 세계도서관 체제하에서는 각국의 국가도서관이 그 주요 구성원으로서 활동하게 될 것이다.

라인의 국가도서관에 대한 지대한 관심은 편집장을 맡아 국립도서관, 국제도서관 및 정보 관련 문제들을 집중적으로 다루고 있는 잡지 ≪알렉산드리아: 국가 및 국제 도서관 문제 잡지≫(1989년 창간, 연3회 발행)에서도 잘 나타나 있다.

라인은 은퇴 후 세계도서관에 대해서 관심을 갖고 이 도서관의 설립을 제안하고 있는데, 그가 세계도서관에 대해서 관심을 갖게 된 배경은 크게 두 가지를 들 수 있다.

첫째, 세계를 대상으로 각종 자료를 수집하고 이를 전 세계인을 대상으로 서비스하는 영국국가도서관의 한 부분인 BLDSC를 15년간 경영하면서 세계도서관의 설립과 운영이 현실적으로 가능할 수 있다는 생각을 키워왔기 때문이다.

둘째, 일찍부터 도서관 운영과 서비스에 컴퓨터 기술을 도입하는 등 정보 서비스 시스템에도 지식이 해박한 라인은 인터넷 등 최근의 통신기술의 발달과정을 접하면서 더욱 세계도서관 운영의 가능성을 확신했다. 또, 1980~1989년까지 약 10년 동안 IFLA의 UAP 의장으로 활동하면서 세계도서관의 이상을 가져왔다고 생각된다.

문헌정보학 연구 및 저술 활동

현재까지 51년간 도서관 및 정보 전문가로서의 길을 걸어온 라인의 가장 의미 있는 업적 중의 하나는 현장에 있을 때나 은퇴 후에도 문헌정보학 분야와 관련된 수많은 학술서적과 보고서, 그리고 학술지 등에 많은 논문들을 기고했고 또 끊임없이 활발하게 저술활동을 하고 있다는 것이다.

현재까지 18권(편저 4권 포함)의 문헌정보학 관련 단행본을 저술했고, 40여 편의 연구보고서와 400여 편의 학술논문을 기고했다. 특히, 라인은 이러한 논문들을 통해서 실무과정에서 드러난 문제점에 대해서 실제적인 해결책을 찾으려 노력했다. 계량서지학, 문헌정보학 교육, 정보 시스템 설계, 국가도서관 설계, 전자출판, 그리고 도서관경영학에 이르는 그의 다양한 분야의 학술논문들이 세계 20여 개국에 번역되어 소개되었다.

이러한 연구실적을 시대별 및 주제별로 간략하게 살펴보면 다음과 같다. 전체적으로 라인은 1970년대와 1980년대 영국국가도서관의 경영자로 있을 때 단행본의 대부분을 저술했다. 그는 영국국가도서관에 몸담기 전인 1973년까지 단지 2권(각종 보고서 제외)의 단행본을 저술한 반면, 이후 영국국가도서관을 퇴직한 1988년까지 15년 동안 모두 10권의 단행본(공저 및 편저 포함)을 펴내는 등 활발한 저술활동을 했다. 또 은퇴 후인 1989년부터 현재까지 6권의 단행본(공저 및 편저 포함)을 저술했다. 이와 같이 대부분의 단행본 저술은 그가 영국국가도서관에 근무할 당시에 이루어졌고, 그가 펴낸 18여 권의 단행본 중 6권의 내용은 국가도서관에 관한 것이다.

라인은 단행본 외에 400여 편의 학술논문을 남겼는데, 이 중 41편은 대학도서관에서 근무할 때 쓴 것이다. 라인이 현장에 근무하면서도 얼마나 활발하게 저술활동을 했는지를 알아보기 위하여 그의 직급별 학술논문의 수를 살펴보았다.

학부과정 전공이었던 영어영문학을 포기하고 도서관계에 발을 들여놓은 후 글래스고대학 도서관에서 평사서로 근무하던 약 3년 동안 단지 한 편의 논문을 썼는데, 이것은 이 분야에 남긴 최초의 글로 3쪽으로 된 논문인 「악보 분류의 문제점(A Classified Catalogue of Music Scores: Some Problems)」이었으며, 이는 글래스고대학 도서관에서 분류업무를 하면서 부딪친 문제를 논문으로 정리한 것이다(Line, 1952: 362~364).

사우샘프턴대학 도서관에서 사서과장으로 근무할 당시인 1954년부터 1965년 사이에 본격적인 저술활동을 시작했는데, 이 기간 동안 총 8편의 논문을 썼다. 또, 뉴캐슬어펀타인대학 도서관에서 부관장으로 근무한 3년 (1965~1968)간에는 무려 17편의 논문을 써 매우 활발한 저술활동을 보였으며, 바스대학 도서관에서 관장으로 근무한 3년간에도 15편의 논문을 발표했다. 대부분의 논문의 주제는 근무지에서의 활동을 그대로 반영하듯 대학도서관과 관련 내용이 주를 이룬다. 라인은 대학도서관에서 근무하던 20년간 총 41편의 논문을 저술했다. 이는 평균 1년에 2편의 논문을 쓴 것으로, 도서관 실무자가 연평균 두 편의 논문을 썼다는 것은 대단한 활동이라고 평가할 수 있다.

20년간 대학도서관에서의 실무경험을 바탕으로 국립중앙도서관과 영국 국가도서관의 경영자가 된 라인은 대학도서관 근무 때보다도 더욱 활발한 저술활동을 보였는데, 이 기간(17년) 중 연평균 10.8편에 해당하는 총 184편의 각종 논문을 발표했으며, 논문들은 주로 BLDSC, 국가도서관 및 UAP와 관련된 주제들을 다루었다.

라인의 저술활동은 은퇴 후에 더욱 활발해졌는데 은퇴 후 현재까지 무려 연평균 13.75편, 총 165편의 논문을 발표했다. 이 기간 중에도 여전히 국가도서관과 UAP에 관한 논문을 많이 쓰고 있지만 그 외 대학도서관, 문헌정보학 교육뿐만 아니라 타 분야까지 관심을 쏟고 있다. 특히 이 기간 중 논문들의 내용과 관련해서 흥미 있는 점은 라인이 점차로 국가도서관을 넘어 초국가적 가상도서관이나 세계도서관에 대해서 관심을 보이기 시작했다는 것이다.

사람들은 라인이 도서관 및 정보(센터)의 현상 혹은 문제점을 분석하는 데 천부적인 자질을 타고났다고 말하는데, 이는 라인이 평생 동안 여러 건의 매우 중요한 연구사업을 성공적으로 수행했기 때문일 것이다. 라인은 1967년에 바스대학에서 '사회과학 분야의 정보요구에 대한 연구(Investigation into Information Requirements of the Social Sciences)'란 연구를 수행했는데, 이 연구는 1980년대 말까지 사회과학 분야에서의 정보요구에 관해 수행된 드문 연구 중의 하나이다. 이 외에도 영국도서관에서의 전산화 가능성, 국가 및 국제문헌의 준비와 제공에 관한 연구 등 매우 중요한 연구들을 수행했다. 라인의 학술 업적은 같은 분야에서 활동했던 사람들의 평을 통해서도 살펴볼 수 있는데 미국 뉴욕공공도서관 관장을 지낸 저나로(Richard de Gernnaro)는 『세계의 지도자들(Leaders of Men)』이라는 책을 쓴 월슨(W. Wilson)의 표현을 빌려 라인을 도서관 및 정보 분야의 세계적인 지도자라고 평가했다. 그는 진정한 지도자는 자신의 생각을 실천으로 옮기는 사람인데 라인이 바로 그런 사람이고 그가 다른 지도자와는 달리 많은 글을 남긴 사람이라고 다음과 같이 라인의 연구에 대해서 구체적으로 평가했다.

라인은 현장 실무를 통해서 많은 새로운 아이디어를 얻었고 그 아이디어를 잡지나 보고서 등을 통해서 도서관계에 소개했다. 또 라인의 논문들은 매우 독창적이고 유용한데 이것은 그의 논문들이 오랜 경험을 통해서 얻어진 실용적인 지식의 바탕 위에서 쓰여졌기 때문이다. 라인은 대학과 국가도서관에서 평생의 모든 실무 경력을 쌓았지만 그가 남긴 논문들이 꼭 이들 분야에 국한되지 않고 전혀 관계가 없는 타 주제 분야에 대해서도 많은 논문을 썼다. 그 몇 가지 예로 라인은 도서관 이용자 연구, 도서관 이용조사 방법론, 계량 서지학 등에도 많은 관심을 보였다.

도사관계의 선각자, 라인

38년간 도서관의 일반사서에서 정보센터의 최고 경영자를 역임한 라인은 현장을 떠난 후 영국도서관협회의 101번째 회장으로 추대되었으며, 재임 기간 동안 일선 도서관 및 정보센터 사서들의 사기 진작을 위해 많이 노력했다. 그는 사서직은 매우 중요하고 의미 있는 직업인데 많은 사서들, 특히 중간 간부 이하 사서들이 이러한 사실을 이해하지 못하는 것을 안타깝게 생각했다. 따라서 그는 사서직의 계층별 벽을 무너뜨리는 것이 매우 절실하다고 주장했으며, 일에 대한 열정과 자긍심, 그리고 적극적인 태도 등이 간부사서로부터 일반사서로 전달되어야 한다고 강조했다.

라인은 또 영국도서관협회 회장으로서 일선의 사서들을 만나 선배사서로서 그들의 고충을 듣는 것을 매우 중요하게 생각했으며, 이에 대한 실천

방안으로 회장 재임 동안 일방적으로 전달만 하는 강연회 대신에 실무자들의 관심과 생각을 더 많이 들을 수 있는 세미나 형식의 모임을 많이 갖고자 노력했다. 이러한 실천 의지는 자신이 도서관 및 정보 전문가로서 부족한 부분인 공공도서관에 대한 이해를 넓히고자 하는 노력의 일환이었으며, 영국도서관협회 회원 중에 공공도서관에 근무하는 사람이 가장 많으므로 협회 회장으로서 이들과 자주 만나는 것을 염두에 둔 것이었다.

또, 영국도서관협회 회장을 맡고 있는 동안 다른 나라, 특히 동유럽국가의 도서관을 지원하는 것을 과제로 삼았다. 이와 같이 라인이 영국도서관 및 정보 분야에 남긴 위대한 업적은 1989년 1년간의 영국도서관협회 회장의 임기를 마친 화이트가 신·구협회장 이·취임식에서 새 회장으로 취임하는 라인을 소개한 아래의 내용을 통해서도 이해할 수 있다.

　도서관 및 정보 분야의 많은 실무자와 연구자들 중에서, 그들이 일상 업무를 수행하고, 전문 학술서적이나 기사를 읽고 생각하고 활동하는 과정에서 라인의 오랜 경력, 영국국가도서관을 경영하고 광범위한 저술활동을 펼치며 공헌한 그의 영향을 받지 않은 사람은 거의 없을 것이다.

라인은 1972년부터 현재까지 IFLA의 각종 활동에 적극적으로 참여해 오고 있으며 이러한 IFLA에 대한 공헌은 연맹이 그에게 수여한 공로 메달로 잘 입증된다. 특히 약 10년 동안 IFLA의 UAP의 활동을 주도했는데, 이 UAP는 '자료의 세계 공유의 실현'을 근본목적으로 하고 있다. 이는 '세계 모든 지역, 그리고 모든 시대의 출판물은 그 자료를 원하는 세계 어느 지역의 사람에게도 이용이 가능하도록 한다'는 것으로 출판물과 관련하여 출판업자, 판매자, 그리고 사서들의 궁극적인 목적과 일치한다. 즉, 자료는 이용자에게 이용되기 위해 출판된다는 것이다.

라인은 1988년에 정년퇴직을 했으나 현장에서의 오랜 경험을 바탕으로 그해 곧바로 도서관 및 정보센터의 계획수립, 직원훈련 및 변화경영 분야에 대한 자문 및 조언활동을 시작했다. 현재까지 17년째 자문 활동을 계속하고 있는 라인은 세계 16개국에 걸쳐 50건 이상의 자문 및 조언을 수행했다. 라인의 지도자적인 면모를 열거하면 다음과 같다.

첫째, 라인은 항상 실무과정에서의 문제점들을 끊임없이 개선하고자 노력했으며, 이를 논문으로 발표하여 도서관 봉사의 질을 높이고 업무의 개선을 촉진시킨 도서관계의 개척자이다.

둘째, 미래지향적인 도서관 정책을 제시하고, 도서관 전산화를 추진하는 등 도서관이 나아가야 할 방향을 예측하고 준비한 선각자였다.

셋째, 영국국가도서관의 장기발전계획을 수립·시행하는 등 세계 최대의 정보봉사기관의 경영자로서 국가도서관 발전의 토대를 마련한 지도자이다.

넷째, 끊임없이 문헌정보학 분야의 저술활동을 지속하여 실무과정에서 드러난 문제점의 실제적 해결책을 찾으려 노력하고, 현장의 사서들에게 영향을 미친 탐구자이다.

다섯째, 사서로서 일에 대한 열정과 자긍심, 적극적인 태도 등을 가짐으로써 사서직이 중요하고 의미 있는 직업이라는 의식을 가질 수 있도록 일선 사서들의 사기진작과 고충처리를 위해 적극적인 자세를 견지한 자부심의 소유자이다.

여섯째, 국가도서관의 미래를 낙관적인 관점에서 접근하여 이용자 대상 확대, 더 나은 봉사 제공 등을 위한 국가도서관의 역할 재정립 및 전 세계인을 대상으로 한 세계도서관 설립의 이상을 제안한 낙관적 미래주의자이다.

이상에서 나타난 라인의 사상과 같이 도서관의 미래를 보다 낙관적으로 보장하기 위해서는, 넓은 시각과 긴 안목으로 미래사회의 본질과 정보요구를 면밀히 살피고 준비하여 깨어 있는 적극적 태도의 도서관인의 자세를 견지하여야 할 것이다.

참고문헌

제1장

국립중앙도서관. 1946~1950. 국립도서관학교 졸업대장.

_____. 1973. 『국립중앙도서관사』.

_____. 1995. 『21세기에 있어서 국립중앙도서관의 기능과 책임: 국립중앙도서관 50주년 기념 논문집』.

김진수. 1984. 「박봉석의 조선십진분류법 연구」. 한양대학교 교육대학원 석사학위 논문.

남태우. 1989. 「박봉석의 분류관」. 『전남대학교논문집』(사회과학 편), 34: 27~56.

박봉석. 1940. 「조선공공도서관도서분류표 사안」. ≪문헌보국≫, 6(11): 483~490.

박봉석. 1947. 『조선십진분류표』. 서울: 국립도서관.

박봉석 엮음. 1948. 『(조선)동서편목규칙』. 서울: 국립도서관.

박희영. 1968. 「한국의 도서관과 박봉석」. ≪도서관≫, 127: 9~13.

송돈자. 1985. 「박봉석의 동서편목규칙 연구」. 중앙대학교 석사학위논문.

오동근 엮음. 2000. 『도서관인 박봉석의 생애와 사상』. 서울: 태일사.

원종린. 1981. 「박봉석의 도서관 사상 연구: 그의 업적에 나타난 인간상을 중심으로」. ≪도서관 연구≫, 22(1): 3~52.

이철교. 2001. 「박봉석의 생애와 저작에 대하여」. ≪도서관≫, 56(3): 101~118.

조선도서관연구회. 1972. ≪조선지도서관(朝鮮之圖書館)≫ 영인본 제1권~제6권 목차 및 소고.

조선총독부도서관. ≪문헌보국(文獻報國)≫, 창간호 영인본.

제2장

北京大學信息管理系·南京大學信息管理系·甘肅省圖書館 合編. 1999. 『一代宗師: 記念劉
　　國鈞先生百年誕辰學術論文集』. 北京: 北京圖書館出版社.

劉國鈞. 1932. 「圖書館員應有之素養」. ≪浙江省圖書館月刊≫, 1卷 9期(11月).

_____. 1934. 『圖書館學要旨』. 上海: 中華書局(中華百科叢書).

_____. 1957. 「甚麼是圖書館學」. ≪中國科學院圖書館通迅≫, 1期.

_____. 1962. 「也談談圖書館工作的基本功」. ≪圖書館≫, 2期.

_____. 1975. 「馬爾克'計劃簡介 ― 兼論圖書館引進電子計算機問題)」, ≪圖書館工作≫,
　　試刊號.

_____. 1977. 「用電子計算機編制圖書目錄的幾個問題」. ≪圖書館工作≫, 2期.

제3장

廣東省中山圖書館杜定友記念室. 1987. 『杜定友先生逝世二十周年紀念文集』. 廣州: 廣東
　　省中山圖書館.

_____. 1988. 『杜定友學術思想研討會論文集』. 廣州: 廣東省中山圖書館.

吳仲强 主編. 1987. 『中國圖書館學情報學檔案學人物大辭典』. 香港: 亞太國際出版有限
　　公司.

王子舟. 1999. 「杜定友和中國圖書館學」. 武漢大學 博士學位論文.

이병목. 1993. 「중국의 도서관과 문헌정보학교육 동향」. ≪한국문헌정보학회지≫,
　　25: 15~50.

錢亞新·白國應. 1988. 『杜定友圖書館學論文選集』. 北京: 書目文獻出版社.

黃宗忠. 1984. 「무한대학 도서관학과 60년사」. 이병목 옮김. ≪도협회보≫, 25(5):
　　2~17.

제4장

圖書館情報學ハンドブック編纂委員會 編. 1988. 『圖書館情報學ハンドブック』. 東京:
　　丸善.

武居權內. 1976. 『日本圖書館學史序說』. 東京: 早川圖書.

334

彌吉光長. 1984. 「和田博士の圖書館學について」. 『圖書館學大綱』. 東京: 日本圖書館協會. 329~345頁.

波多野賢一. 1942. 「和田萬吉先生傳」. ≪圖書館雜誌≫, 268: 41~49.

_____. 1942. 「和田萬吉先生傳(2)」. ≪圖書館雜誌≫, 271: 25~32.

和田萬吉. 1922. 「圖書館運動の第二期」. ≪圖書館雜誌≫, 50: 2.

_____. 1933. 「創刊の辭」. ≪書誌學≫, 第1卷.

_____. 1942. 「圖書館職員の養成」(未發表遺稿『圖書館學槪論』第7章): 40~47.

和田萬吉 著, 彌吉光長 編·解說. 1984. 『圖書館學大綱』. 東京: 日本圖書館協會.

제5장

김태수. 2000. 『분류의 이해』. 서울: 문헌정보처리연구회.

매슈스(G. O. Matthews). 1990. 「Ranganathan의 生涯와 그의 基本的 分類理念」. 오동근 옮김. ≪도서관≫, 45(2): 77~91.

사공철. 1965. 「S. R. Ranganathan에 관하여」. ≪도협월보≫, 6(6): 11~13.

오동근. 1989. 「Ranganathan의 3단계 분류이론」. ≪숭의여전도서관학연구지≫, 14: 17~29.

_____. 1994. 「Ranganathan의 文獻分類에 관한 規範的 原則: 특히 분류의 3단계와 분류규준을 중심으로」. ≪圖書館學論集≫, 21: 195~229.

尹龜鎬. 1983. 「주제색인의 이론과 실제」. ≪圖書館學論集≫, 10: 95~131.

윤희윤. 2001. 『정보자료분류론』. 대구: 태일사.

이조혁. 1972. 「Ranganathan의 Colon 분류법」. ≪도서관≫, 27(6): 15~19.

_____. 1980. 「위대한 圖書館學者 Ranganathan 博士와 그의 分類法」. ≪도서관≫, 35(4): 5~11.

Binwal, J. C. 1992. "Ranganathan and the Universe of Knowledge." *International Classification*, 19(4): 195~200.

Chappell, Marcia H. 1976. "The Place of Reference Services in Ranganathan's Theory of Librarianship." *Library Quarterly*, 46(4): 378~396.

Current Biography. 1965. "Ranganathan, S(hiyali) R(amamrita)." 26(8): 27~30.

DRTC. "Shiyali Ramamrita Ranganathan." Retrieved 2001.9.14. from http://

www.isibang.ac.in/DRTC/srr/index.htm

Dudley, Edward. 1974. "S. R. Ranganathan 1892~1972." Papers given a Memorial Meeting on Thursday 25th January 1973. London: Library Association.

Finks, Lee W. 1992. "A Centennial Salute to Ranganathan." *American Libraries*, 23(7): 593~594.

Garfield, Eugene. 1984a. "Tribute to S. R. Ranganathan, the Father of Indian Library Science." Part 1. Life and Works. *Essays of an Information Scientist*, 7: 37~44. Retrieved 2004.8.19. from http://www.garfield.library.upenn.edu/essays/v7p037y1984.pdf

_____. 1984b. "Tribute to S. R. Ranganathan, the Father of Indian Library Science": Part 2. Contribution to Indian and International Library Science. *Essays of an Information Scientist*, 7: 45~49. Retrieved 2004.8.19. from http://www.garfield.library.upenn.edu/essays/v7p045y1984.pdf

Gopinath, M. A. 1978. "Ranganathan, Shiyali Ramamrita." In Allen Kent and Harold Lancour(eds.). *Encyclopedia of Library and Information Science*, vol.25: 58~86. New York: Marcel Dekker.

_____. 1993. "Ranganathan—A Profile in Relation to Librametry." *Herald of Library Science*, 32(1/2): 7~11.

Gupta, D. K. 1999. "User Focus Approach: Central to Ranganathan's Philosophy." *Library Science with a Slant to Documentation and Information*, 36(2): 123~128.

Kaula, P. N(ed.). 1965. "Library Science Today." *Ranganathan Festschrift*, v.1. New York: Asia Pub. House.

_____. 1967. "An Essay in Personal Bibliography." *Ranganathan Festschrift*, v.2. New York: Asia Pub. House.

Kaula, P. N. 1993a. "Impact of Ranganathan's Concepts and Techniques on International Librarianship." *Herald of Library Science*, 32(1/2): 36~43.

_____. 1993b. "Remembering Ranganathan—His Work in Delhi." *Herald of Library Science*, 32(1/2): 54~69.

_____. 1993c. "Some Episodes from Ranganathan's Life." *Herald of Library*

Science, 32(1/2): 69~84.

Kumar, G. 1992. "Creativity in the Thought of Dr. S. R. Ranganathan." *Annals of Library Science and Documentation*, 39(2): 46~51.

Kumar, T. V. R. and M. Parameswaran. 1998. "Chain Indexing and LISA." *Knowledge Organization*, 25(1/2): 13~15.

Kuronen, T. and P. Pekkarinen. 1996. "Ranganathan's Five Laws of Library Science Revisited." *Herald of Library Science*, 35(1/2): 3~16.

_____. 1999. "Ranganathan Revisited: A Review Article." *Journal of Librarianship and Information Science*, 31(1): 45~48.

Mishra, S., M. K. Joshi and M. K. Misra. 1992. "Relevance of Ranganathan's Contribution in the Age of Information." *Annals of Library Science and Documentation*, 39(2): 69~71.

Nair, R. R. 1993. "S. R. Ranganathan and the Public Library System." *Herald of Library Science*, 32(1/2): 21~29.

Olle, James G. 1978. "Sayers, William Charles Berwick." In Allen Kent and Harold Lancour(eds.). *Encyclopedia of Library and Information Science*, vol.26: 331~336. New York: Marcel Dekker.

Palmer, B. L. 1992. "Ranganathan, the Man and His Works: View through a Bibliography." *Library Science with a Slant to Documentation*, 29(2): 99~108.

Ranganathan, S. R. 1957. *The Five Laws of Library Science*. 2nd ed. Bangalore: Sarada Ranganathan Endowment for Library Science, New York: Asia Pub. House.

_____. 1961. *Reference Service*. 2nd ed. London: Asia Pub. House.

_____. 1964. *Classified Catalogue Code*. 5th ed. London: Asia Pub. House.

Rajagopalam, T. S. 1986. *Ranganathan's Philosophy: Assessment, Impact and Relevance*. New Delhi: Vikas Pub. House Pvt Ltd.

Raju, A. A. N. 1993. "Ranganathan—The Propounder of Dynamic Theory of Subject Classification." *Herald of Library Science*, 32(1/2): 17~21.

Satija, M. P. 1986. "Use of Colon Classification." *International Classification*, 13

(2): 88~92.

_____. 1992. S. R. *Ranganathan and the Method of Science.* New Delhi: Aditya Prakashan.

_____. 1993a. "Information Sources on the Life and Work of Ranganathan." *Herald of Library Science*, 32(1/2): 84~94.

_____. 1993b. "Ranganathan and Team Research." *Herald of Library Science*, 32(1/2): 11~17.

_____. 1996. "Birth-centenary Literature on Ranganathan 1991~1994: A Review." *Library Review*, 45(4): 48~59.

Sharify, N. 1993. "An Encounter with a Genius - A Sentimental Reflection on Ranganathan." *Herald of Library Science*, 32(1/2): 48~54.

Sharma, Ravindra N. 1986. I*ndian Academic Libraries and Dr. S. R. Ranganathan: A Critical Study.* New Delhi: Sterling Publishers.

Singh, G. 1993. "Dr. S R Ranganathan - Images and Echoes: Work on Documentation Standards." *Herald of Library Science*, 32(1/2): 3~7.

Srivastava, A. P. 1992. "Lasting Impact of Ranganathan." *Annals of Library Science and Documentation*, 39(2): 34~7.

Thillainayagam, V. A. 1995. "True Disciple of Dr Ranganathan." *Herald of Library Science*, 34(3/4): 177~180.

University of British Columbia. School of Library, archival and information studies. 2000. "Ranganathan: Ahead of His Century." Retrieved 2004.8. 19. from http://www.slais.ubc.ca/courses/libr517/winter2000/Group7/biblio.htm

Viswanathan, T. 1992. "A Reflection on Dr. Ranganathan's Fifth Law." *Annals of Library Science and Documentation*, 39(2): iii~v.

제6장

김세익. 1970. 「Melvil Dewey의 사상형성에 관한 연구초(研究抄): 도서관, 교육 그리고 이상세계」. 『이화여자대학교 창립 10주년 기념논문집』.

엄영애. 1997. 「미국, 영국, 한국 사서직 교육의 비교」. ≪도서관학논집≫, 27: 141
~170.

오구라 치카오(小倉親雄). 1990. 『美國圖書館思想의 硏究: Melvil Dewey의 思想과
그 業績』. 박희영 옮김. 서울: 아세아출판사.

오동근. 2001. 『DDC 연구』. 서울: 태일사.

이재철. 1967. 「한국에 있어서의 듀이십진분류법: 그의 역사와 전개 및 고쳐쓰기에
대한 고찰」. ≪국회도서관보≫, 4(7): 5~14, 78.

_____. 1985. 「연세대학교 백년사: 도서관학과편」. 『연세대학교 백년사』. 서울:
연세대학교 출판부.

최성진·윤병태·구본영. 1985. 「한국적 도서관학 교육과정 연구」. ≪도서관학≫,
12: 269~327.

한국십진분류법해설편찬위원회 엮음. 1997. 『한국십진분류법개설』 개정4판. 서울:
한국도서관협회.

Beck, Clare. 1996. "A 'Private' Grievance against Dewey." *American Libraries*,
27(1): 62~64.

Chan, Lois Mai. 1994. *Cataloging and Classification: An Introduction*. 2nd ed.
New York: McGraw Hill.

Childs, Ann Waybright. 1996. "'My Dear Aunties ……' Recollections of Mr.
Dewey's School." *American Libraries*, 27(1): 66~68.

Comstock, Ned. 1978. "The Dewey Dichotomy." *Willson Library Bulletin*, 52(5),
Jan: 400~407.

Dewey, Melvil. 1932. *Decimal Classification and Relativ Index*. 13th ed. Lake
Placid Club, New York: Forest Press.

_____. 1996. *Dewey Decimal Classification and Relative Index*. 21st ed. New
York: Forest Press.

Linderman, Winifred B. 1972. "Dewey, Melvil." *Encyclopedia of Library and
Information Science*, vol.7: 142~160. New York: Marcel Dekker.

Macrimmon, Barbara. 1975. *American Library Philosophy: an Anthology. Hamden*.
Connecticut: Shoe String Press.

Miksa, Francis L. 1986. "Melvil Dewey: the Professional Educator and His Heirs."

Library Trends, Winter: 359~381.

Ostler, Larry J. and Therrin C. Dahlin. 1995. "Library Education: Setting or Rising Sun?" *American Libraries*, Jul/Aug 26(7): 683~684.

Prescott, Sarah. 2001. "If You Knew Dewey…." *School Library Journal*, Aug 47 (8): 50.

Rider, Fremont. 1994. Melvil Dewey. Chicago: American Library Association.

Vann, Sarah. 1978. "Dewey, Melvil." *Dictionary of American Library Biography*. Littleton: Libraries Unlimited.

Vann, Sarah(ed.). 1978. *Melvil Dewey: His Enduring Presence in Librarianship*. Littleton: Libraries Unlimited.

Wiegand, Wayne A. 1996a. *Irrepressible Reformer: a Biography of Melvil Dewey*. Chicago: American Library Association.

_____. 1996b. "Dewey Declassified: A Revelatory Look at the Irrepreeible Reformer." *American Libraries*, 27(1): 54~60.

Wiegand, Wayne A. "Core Curriculum: A White Paper." Retrieved 2001.9.20. from http://www.ala.org/congress/wiegand_print.html

ALA. Retrieved 2001.9.20. from http://www.ala.org/work/awards/recogaw.html

DDC 홈페이지. Retrieved 2001.9.20. from http://www.oclc.org/dewey/about/index.htm

DDC 홈페이지. Retrieved 2001.9.20. from http://www.oclc.org/fp/

듀이의 업적들. Retrieved 2001.9.20. from http://istweb.syr.edu/~isdp561Dewey /activities.html

듀이의 전기. Retrieved 2001.9.20. from http://www.oclc.org/dewey/about/biog raphy.htm

사서직의 아버지 듀이. Retrieved 2001.9.20. from http://web.utk.edu/~abush/de wey.html

시라큐스 강의지원. Retrieved 2001.9.20. from http://istweb.syr.edu/~isdp561/D ewey/dui.html

앰허스트 도서관. Retrieved 2001.9.20. from http://www.amherst.edu/library/ archives/info/libhistory.html

앰허스트. Retrieved 2001.9.20. from http://www.amherst.edu/about_amh/history/

컬럼비아대학. Retrieved 2001.9.20. from http://www.columbia.edu/

librarybureau. Retrieved 2001.9.20. from http://www.librarybureau.com/aboutlb.html

libraryjournal. Retrieved 2001.9.20. from http://libraryjournal.reviewsnews.com

제7장

버틀러, 피어스. 1961. 『도서관학 개론』. 유영현 옮김. 서울: 연세대학교.

Buckland, Michael K. 1983. *Library Services in Theory and Context*. New York: Pergamon Press(http://sunsite.berkeley.edu/Literature/Library/Services/chapter5.html).

Butler, Pierce. 1933. *An Introduction to Library Science*. Chicago: University of Chicago Press.

_____. 1951. "Librarianship as a Profession." *Library Quarterly*, 11(October): 235~247.

Chicago University Graduate Library School. 1947. "Library Buildings for Library Service." Papers Presented before the Library Institute at the University of Chicago. Chicago: ALA.

Fussler, Herman H. 1947. *Library Buildings for Library Service*. Chicago: ALA.

Marquis Who's Who. *Who's who in America*. 1952~1953. Vol.27.

Pargellis, Stanley. 1952. "Pierce Butler—A Biographical Sketch." *Library Quarterly*, 22(3).

Richardson, Jhon V. and Pierce Buttler. 1992. *The Gospel of Scholarship: Pierce Buttler and a Critique of American Libararianship*. Metuchen, NJ: Scarecrow Press(http://dlis.gseis.ucla.edu/people/jrichardson/gospel.html).

The Doric Column. http://mbbnet.umn.edu/doric/books.html

http://www.gslis.utexas.edu/~landc/bookplates/19_4_Butler.htm

제8장

남태우·김상미 엮음. 2001. 『문헌정보학의 철학과 사상: 세라(J. H. Shera)의 사상을 중심으로』. 서울: 한국도서관협회.

리재철. 1994. 「문헌정보학의 학명에 대한 고찰」. 『한국 문헌정보학의 문제들』. 서울: 구미무역주식회사출판부.

세라(Jesse H. Shera). 1971. 「도서관학, 다큐멘테이션, 정보학에 관하여」. 이병목 옮김. ≪도협월보≫, 12(3): 9~14.

_____. 1984. 『도서관학의 사회학적 기반』. 윤영 옮김. 서울: 구미무역주식회사출판부.

이수상. 1997. 「한국문헌정보학의 성립구조에 관한 연구」. 부산대학교 문헌정보학과 박사학위논문.

전태국. 1994. 『지식사회학』. 서울: 사회문화연구소.

최성진. 1988. 『도서관학 통론』(증보판). 서울: 아세아문화사.

한성택. 1989. 「세-라(J. H. Shera)의 도서관학이론의 분석적 연구: 서지이론과 사회인식론을 중심으로」. ≪숭의논총≫, 12: 123~143.

"ALA Recognition Awards." Retievted 2001.11.17. from http://www.ala.org/work/awards/recogaw.html

"ALA. 2001. Jesse H. Shera Award for Distinguished Published Research." Retreived 2001.11.17. from http://www.ala.org/alaorg/ors/ shera1.html

"ALA. 2001. Jesse H. Shera Award for Excellence in Doctoral Research." Retreived 2001.11.17. from http://www.ala.org/alaorg/ors/shera1. html

"ASIS&T Award of Merit." Retrieved 2001.11.17. from http://www.asis.org/awards/award_of_merit.html

Association of College and Research Libraries. 1996. "Remembering Jesse Hauk Shera(1903~1982)." *College & Research Libraries News*, 57(11): 787.

Brookes, B. C. 1973. "Jesse Shera and the Theory of Bibliography." *Journal of Librarinship*, 5(4): 233~245, 258.

Champion, Brian. 1981. "Suggestions of Library Theory in Selected Writings of Pierce Butler Compared with Selected Writings of Jesse Shera." M. L. S. Thesis, Provo, Utah: Brigham Young University Press.

Cheshier, Robert C. 1978. "The Work and the Impact of Jesse Hauk Shera." *Herald of Library Science*, 17(2~3): 112~116.

Egan, Margaret E. and Jesse H. Shera. 1952. "Foundations of the Theory of Bibliography." *Library Quarterly*, 22(2): 125~137.

GaleNet Document. 2001. *Jesse Hauk Shera*, 1903~1982.

Goldwyn, Alvin J. 1982. "Dr. Jesse H. Shera-Scholar." *Herald of Library Science*, 21(1~2): 4~7.

Kaltenbach, Margaret. 1986. "Jesse H. Shera." *ALA World Encyclopedia of Library and Information Service*. Chicago: American Library Association.

Kathryn Luther Henderson. 2000. "History of Beta Phi Mu." Retrieved 2001.11. 17. from http://www.lis.uiuc.edu/betaphimu/history.html

Kaula, P. N. 1982. "Dr. Jesse H. Shera is No More." *Herald of Library Science*, 21 (1~2): 3~4.

Rawski, Conrad H. 1985. "Jesse H. Shera." *Encyclopedia of Library and Information Science*, vol.38, suppl.3: 348~371. New York: Marcel Dekker.

Rawski, Conrad H(ed.). 1973. *Toward a Theory of Librarianship: Papers in Honor of Jesse Hauk Shera*. Metuchen, N. J.: Scarecrow Press.

Ruderman, Laurie P. 1968. "Jesse Shera: Bio-Bibliography." Master's Thesis, Kent State Univerity.

Shera, Jesse H. 1949. *Foundations of the Public Library: The Origins of the Public Library Movement in New England 1629~1855*. Chicago: The University of Chicago Press.

_____. 1952. "On the Value of Library History." *Library Quarterly*, 22(3): 240~251.

_____. 1970. *Sociological Foundations of Librarianship*. Bombay: Asia Publishing House.

_____. 1972. *The Foundations of Education for Librarianship*. New York: Wiley-Becker and Hayes.

_____. 1976. *Introduction to Library Science: Basic Elements of Library*

Service. Littleton, Colo.: Libraries Unlimited.

_____. 1983. "Librarianship and Information Science." in Fritz Machlup and Una Mansfield(eds.). *The Study of Information: Interdisciplinary Approach*. New York: John Wiley.

Shera, Jesse H. and Margaret E. Egan(eds.). 1951. *Bibliographic Organization*. Chicago: The University of Chicago Press.

Wright, H. Curtis. 1985. "Shera as Bridge between Librarianship and Information Science." *Journal of Library History*, 20(2): 139~156.

_____. 1988. *Jesse Shera, Librarianship, and Information Science*. Provo, Utah: Brigham Young University Press.

제9장

맥콜빈, 라이오넬 로이(Lionel R. McColvin). 1978. 「어린이 圖書館의 建物과 施設」. 김효정 옮김. ≪正讀≫, 1: 71~81.

_____. 1979. 「어린이를 위한 圖書館奉仕의 模型과 原理」. 김효정 옮김. ≪圖書館 報≫, 8: 24~29.

American Library Association. 1986. *ALA World Encyclopedia of Library and Information Service*. Chicago: American Library Association.

Collison, Robert L. 1968. "Lionel Roy McColvin: A Bibliography of His Writings." in Lionel R. McColvin and Robert F. Vollans(eds.). *Libraries for the People: International Studies in Librarianship in Honour of Lionel R. McColvin*. London: Library Association.

Harrison, K C., L. McColvin, P. M. De Paris, R. L. Collison and W. R. Maidment. 1983. "McColvin: a Revision Study." *Library Review*, 32(2): 113~144.

Harrison, K. J. 1976. "Obituary: McColvin, Truly a Colossus of Librarian-ship." *Library Association Record*, 78(2): 88~89.

McColvin, Lionel R. 1947. *Public Libraries in Australia: Present Conditions and Future Possibilities*. Victoria: Melbourne University Press.

_____. 1949. *Public Library Extension*. Paris: Unesco.

_____. 1956. *The Chance to Read: Public Libraries in the World Today*. London: Phoenix House.

_____. 1957. *Public Library Services for Children*. Paris: UNESCO.

_____. 1961. *Libraries for Children*. London: Phoenix House.

McColvin, Lionel R. and James Revie. 1946. *British Libraries*. London: British Council.

Vollans, Robert F.(ed.). 1968. *Libraries for the People: International Studies in Librarianship*. London: Library Association.

Booktrust Homepage. Retrieved 2001.10.23. from http://www.booktrust.org.uk /prizes/mc-colvin.htm

Hampstead Public Library Homepage. Retrieved 2001.10.23. from http://www. hampstead.lib.nh.us/

The Library of Congress Information Bulletin. Retrieved 2004.8.23. from http:// www.loc.gov/loc/lcib/0012/librarians.html

Student Bookword Homepage. Retrieved 2004.8.23. from http://www.student bookworld.com/Index.asp

Wigan Libraries Homepage. "The Department of Information Studies at the University of Sheffield." Retrieved 2004.8.23. from http://www.wiganm bc.gov.uk

Westminster Reference Library Homepage. Retrieved 2004.8.23. from http:// www.westminster.gov.uk/libraries

제10장

랭커스터(F. Wilfrid Lancaster). 1987.『정보검색 시스템』. 김태승·윤구호 옮김. 서울: 구미무역.

_____. 1990.『도서관서비스 평가론』. 장혜란 옮김. 서울: 구미무역.

_____. 1999a.『색인초록의 이론과 실제』. 장혜란 옮김. 서울: 구미무역.

랭커스터(F. Wilfrid Lancaster)·베스(Beth Sandore). 1998.『정보기술과 도서관정보 서비스』. 최은주·김석영·서은경 옮김. 서울: 구미무역.

American Library Association. Retrieved 2001.10.3. from http://www.ala. org/

American Society for Information Science and Technology. Retrievted 2001.10.2. from http://www.asis.org/

Crum, Janet. 1999. "Do-It-Yourself Databases. [Review of the book] *Build Your Own Database* by Jasco and Lancaster." *Library Journal*, 124(12): 145.

Hewitt, Joe A. 1993. "Lancaster, F. Wilfrid." *World Encyclopedia of Library and Information Services*: 434. Chicago: ALA.

Lancaster, F. Wilfrid. 1978. *Toward Paperless Information Systems*. New York: Academic Press.

_____. 1979. *Information Retrieval Systems: Characteristics, Testing and Evaluation*. New York: Wiley.

_____. 1982. *Libraries and Librarians in An Age of Electronics*. Arlington, Virginia: Information Resources Press.

_____. 1986. *Vocabulary Control for Information Retrieval*. Arlington, Virginia: Information Resources Press.

_____. 1988. *If You Want to Evaluate Your Library*. London: Library Association Publishing Ltd.

_____. 1991. *Indexing and Abstracting in Theory and Practice*. Champaign, Illinois: University of Illinois, Graduate School of Library and Information Science.

_____. 1999b. "Second Thoughts on the Paperless Society." *Library Journal*, Septermber 15: 48~50.

Lancaster, F. Wilfrid and E. G. Fayen. 1973. *Information Retrieval: On-line*. Los Angeles: Melville Pub. Co.

Lancaster, F. Wilfrid and Peter Jacso. 1999. *Build Your Own Database*. Chicago: American Library Association.

Parry, Frank. 1999. "[Review of the book] *Indexing and Abstracting in Theory and Practice* 2nd ed. by F. W. Lancaster." *The Electronic Library*, 17(3): 193.

Swash, G. D. 1995. "[Review of the book] I*f You Want to Evaluate Your Library*

2nd ed. by F. W. Lancaster." *New Library World*, 96(1119): 38.

"The Publication Office: The Graduate School of Library and Information Science at the University of Illinois at Urbana-Champaign." Retrieved 2001.10.3. from http://www.lis.uiuc.edu/puboff/

제11장

김정근 엮음. 1997. 『디지털 도서관 꿈인가 광기인가 현실인가』. 서울: 민음사.

남태우. 「미래의 목록법 연구」. Retrieved 2001.10.3. from http://my.netian.com/ ~blmint61/ frames논문.htm#

ALA. 1982. "Gorman, Michael." *Who's Who in Library and Information Services*, 179. Chicago: ALA.

"ALA Candidates on the Record." 1995. *Library Journal*, 120(6): 56~57.

"Biography." 2004. Retrieved 2004.8.23. from http://mg.csufresno.edu/biography.htm

California Library Association Homepage. Retrieved 2001.10.3. from http://www.cla-org.net.

Gorman, Michael. 1988. "Call it AACR 1/2, or Apres la guerre, or Duaghter of a Dynamic Decade." *American Libraries*, 19(5): 387.

_____. 1994. "The Treason of the Learned." *Library Journal*, 119(3): 130~131.

_____. 1995. "Statement by Michael Gorman, Candidate for the ALA Presidency." *American Libraries*, 26(3): 277.

_____. 1995. "Five New Laws of Librarianship." *American Libraries*, 26(8): 784~785.

_____. 1997. "Meditations for Librarians." *American Libraries*, 28(8): 40~42.

_____. 2000a. "From Card Catalogues to WebPACS: Celebrating Cataloguing in the 20th Century." Retrieved 2004.8.23. from http://www.loc.gov/catdir/bibcontrol/gorman_paper.html

_____. 2000b. *Our Enduring Values: Librarianship in the 21st Century*. Chicago: ALA.

_____. 2000c. "Value of Steel in 30 days." *American Libraries*, 31(4): 39.

_____. 2001. "Human Values in a Technological Age." *Information Technology and Libraries*, 20(1): 4~11.

_____. 2001. "Technostress and Library Values." *Library Journal*, 126(7): 48~50.

Gorman, Michael and Mary R. Somervill. 1995. "Candidate for ALA President Share Thier Plans." *College and Research Libraries News*, 156(4): 267~268.

Gorman, Michael and Walt Crawroford. 1995. *Future Libraries: Dreams, Madness, and Reality*. Chicago and London : ALA.

"LITA Election Results." 1998. *Information Technology and Libraries*, 17(2): 1~2.

"Madden Library's Michael Gorman Elected American Library Association President." 2004. Retrieved 2004.8.23. from http://www.fresnostate news.com/2004/May/ Gorman.html

"Nominees for Council Join Presidential Candidates Somerville, Gorman." 1995. *American Libraries*, 25(11): 1030.

Rowan, C. 1995. "Overhyped Technophobia? [Review of the book] *Future libraries: Dreams, Madness, and Reality* by Gorman and Crawford." *Library Journal*, 120: 174.

Soaring to Excellence. 2001. "Human Values in a Technological Age with Michael Gorman." Retrieved 2001.10.3. from http://www.cod.edu/telec onf/Soaring/Michael%0Gorman/Participant%20Packet.htm

"Vita." 2004. Retrieved 2004.8.23. from http://mg.csufresno.edu/vita.htm

ALA News. 2004. "Gorman Elected ALA President for 2005~2006." Retrieved 2004.8.23. from http://www.ala.org/Template.cfm?Section=News&tem plate=/ContentManagement/ContentDisplay.cfm&ContentID=64430.

제12장

American Library Association. 1989. *Who's Who in Library and Information Service*. Chicago: ALA.

Anthony, L. J.(ed.). 1988. *Lines of Thought: Selected Papers of Maurice B. Line*.

London: Clive Bingley.

Barr, Keith & Maurice Line(ed.). 1978. 『英國における學術情報と圖書館』. 日本學術振興會 譯. 東京: 日本學術振興會.

Library Association. 1980. "Views on the User." *Library Association Record*, 82(10): 460.

_____. 1989. "Next Year's President." *Library Association Record*, 91(12): 2.

_____. 1990. "Investiture of 1990 President." *Library Association Record*, 92(1): 10.

Line, Maurice B. 1952. "A Classified Catalogue of Music Scores: Some Problems." *Library Association Record*, 54(11): 362~364.

_____. 1963. "Student Attitudes to the University Library: a Second Survey at Southampton University." *Journal of Document*, 19(3): 100~117.

_____. 1965. "The College Student and the Library." Report of a Survey in May 1964 of the Use of Libraries and Books in Five Teacher Training Colleges. Southampton: The University of Southampton Institute of Education.

_____. 1966. "Student Attitudes to the University Library: A Second Survey at Southampton University." *Journal of Document*, 22(2): 123~ 135.

_____. 1969. *Library Surveys: An Introduction to Their Use, Planning, Procedure and Presentation.* London: Clive Bingley.

_____. 1988. *A Little off Line: Irreverent Essays, His Friends and Colleagues.* Kings Repton: ELM Publications.

_____. 1990 "Libraries: Fifty Years On." *British Book News*, 1990(Mar.): 160~162.

_____. 1991. "Librarianship and Information Work in Context." in Graham Mackenzie and Ray Prytherch(eds.). *Librarianship & Information Work Worldwide 1991. An Annual Survey.* London: Bowker-Saur.

_____. 1999. "Social Science Information—The Poor Relation." 65th IFLA Council and General Conference Aug. 20~28, 1999. Booklet, 2: 60~63.

_____. 2001. "Changing Perspectives on National Libraries: a Personal View." *Alexandria*, 13(1): 43~49.

_____. 2001. "Editorial: How Well Are National Libraries Doing?" *Alexandria*, 13(2): 67~69.

Line, Maurice Bernard and Graham P. Cornish. 1988. *Line on Interlending: Selected Papers on Interlending and Document Supply*. Boston Spa: British Library Document Supply Centre.

Line, Maurice Bernard and L. J. Anthony(ed.). 1988. *Lines of Thought: Selected Papers of Maurice B. Line*. London: Clive Bingley.

Line, Maurice B. and Joyce Line(ed.). 1987. *National Libraries 2, 1977~ 1985*. London: Aslib.

Line, Maurice B. and Vickers, S. 1983. *Universal Availability of Publications (UAP): A Programme to Improve the National and International Provision and Supply of Publications*. London: Saur.

Vickers, Stepen C. J. 1983. *Guidelines for National Planning for the Availability of Publications*. Wetherby: IFLA International Office for UAP, British Library Lending Division.

"History of the British Library." Retrieved 2004.8.23. from http://www.bl.uk/about/history.html

"The Department of Information Studies at the University of Sheffield." Retrieved 2004.10.23. from http://www.shef.ac.uk/uni/academic/I-M/is/people/people.html

"The Library of Congress Information Bulletin." Retrieved 2004.10.23. from http://www.loc.gov/loc/lcib/0012/librarians.html

부록

제1장: 박봉석(朴奉石)

연보(1945.10.~1950.7.)[1]

1945.10.15.	국립도서관 개관(관장 이재욱, 부관장 박봉석, 정원 34명)
1945.11.23.	개성에 소개(疏開)된 도서 조사
1945.12. 8.	비본 정리에 착수하여 12월 11일 완료
1945.12.10.	미국인 총무과장 Mr. Matarasso 법률도서 이관에 관하여 협의차 내관
1945.12.21.	분관 설립 계획안 작성
1945.12.23.	학무과장 E. N. Locked, 예술종교과장 최승만, 미국인 과장 E. I. Knejevich 방문, 법무국 법률도서관 법률도서 이관문제와 도서관 학교 설립문제 협의
1946. 1. 2.	개성에 소개된 도서 화차 2량으로 서울로 이송
1946. 1. 9.	전국 도서관 실태조사에 착수
1946. 1.18.	여직원 16명을 신규 채용, 기구 개편
1946. 1.22.	분관 설립계획안 제출
1946. 2.19.	도서관학교 설립 결정
1946. 2.25.	도서관학교 신입생 모집공고 및 원서접수 개시
1946. 3. 1.	≪국립도서관보≫(월간) 발행 결정

---

1) 이 연보는 국립중앙도서관 엮음. 『21세기에 있어서 국립중앙도서관의 기능과 책임: 국립중앙도서관 개관50주년 기념논문집』(1995) 부록에 수록되어 있는 '국립중앙도서관 연표(1945~1995)'에서 발췌한 것이다.

1946. 3. 6.	비본 4,000권 열람개시
1946. 3.12.	《국립도서관보》 제1호 발행
1946. 3.20.	도서관학교 합격자 26명 발표
1946. 4. 1.	도서관학교 개교식 및 입학식 거행
1946. 4.30.	법제처 미국장교 1명, 한국인 직원 10명 법률도서관 접수차 방문
1946. 5. 1.	법률도서관 이관을 반대하여 요로에 진정
1946. 5. 7.	임진왜란통군대장사십대사유물 전람회 개최
1946. 5. 9.	열람회수권제 실시
1946. 5.11.	12시 30분 법률도서관안은 중지되었다고 특별 방송
1946. 5.26.	해방기념 제1회 조선문화 대강좌 개최
1946. 6. 4.	국립도서관 휘장 결정
1946. 6.10.	한말 외교문서전시회 개최
1946. 7.26.	활자 인쇄기 및 활자 구입
1946. 8.12.	해방 이후 출판물 전람회 개최
1946. 8.31.	도서관학교 제1회 졸업식
1946.10.11.	해인사에 소개한 도서 환원
1947. 1. 1.	《국립도서관보》를 문원으로 개제하고 활자 인쇄로 발행
1947. 4.22~30.	도서관 사업 강습
1947. 6.18.	영문도서실, 연구실, 이동도서실 신설
1947. 7.24.	수원 이동도서관 개시
1947. 8.23.~9.5.	인천 월미도 해수욕장에 임해문고 설치
1947. 8.25.	조선서지학회 창립
1947.10.14.	국민학교 국어교과서에 「도서관」 삽입
1947.11.	조선십진분류표 발간
1948.10.	조선목록규칙 발간
1948. 6.21~27.	조선서지관계도서 전람회
1948. 7.21.~8.25.	인천 월미도 해수욕장에 임해문고 설치
1948. 8. 2.	분관설치 내규 승인
1948. 9.20~28.	폭서(暴暑)점검 실시
1948. 2.24.	도서관 주제 아동 현상작품 당선자 발표
1948.10.12~16.	도서관 사업 강습 개최
1948.12. 1.	수원 직할문고 신설

1949. 1. 5.	수원문고 규칙 제정
1949. 5. 2.	국립도서관직제 공포
1949. 5.20.	오후 8시까지 개관
1949. 6.25.	국립도서관, 교통도서관, 서울대학교도서관 연합 배구대회 개최
1949. 7.11.	인천에 임해문고 설치
1949. 9.13.~21.	폭서점검 실시
1949.10. 3.	서울대학교 운동장에서 도서관연합 운동회 개최
1949.10.21~26.	도서관강습 개최
1950. 7. 3.	북한의 전권(全權)이 본관 점거
1950. 7.18.	이재욱 관장, 박봉석 부관장 행방불명

논저목록[2)]

단행본

『조선십진분류표(KDC)』. 국립도서관. 1947.

『조선동서편목규칙(KCR)』. 국립도서관. 1948.

『조선사정해』. 온문사. 1949.

『국사정해』. 박영사. 1949.

『원효대사전집』(전10책). 유인본·조명기 엮음. 동국대학교 불교사학연구실. 1949~
    1950.

논문·기사 등

「고려대장경판의 연구」(1~5). ≪조선지도서관≫, 제190~195호. 1933~1934.

「나의 과거와 신앙」. 조선총독부도서관 제22회 독서회 발표문 요약. ≪조선지도서
    관≫, 3권 1호. 1934. 23쪽.

「의촌 속장의 현존본에 대하여」. ≪조선지도서관≫, 3권 6호. 1934. 31~38쪽.

「고려장 고종판의 전래고」. ≪조선지도서관≫, 4권 3호. 1935. 4~11쪽.

「불조삼경주 해제」. ≪문헌보국≫, 2권 3호. 1936. 20~21쪽.

「경전 전수 소고」. ≪문헌보국≫, 2권 4호. 1936. 24~27쪽.

---

2) 이 목록은 이철교, 「박봉석의 생애와 저작에 대하여」, ≪도서관≫, 제56권 제3호(2001),
    108~118쪽 중, 115~117쪽에 수록된 '박봉석 선생 저작 연보'에서 주요 논저를 단행본과
    논문·기사 등으로 구분하여 발췌한 것이다.

「지방도서관에」. ≪문헌보국≫, 4권 5호. 1938. 1쪽.

「독서보급운동」. ≪문헌보국≫, 4권 8호. 1939. 6~28쪽.

「조선공공도서관 도서분류표 사안」(1~3). ≪문헌보국≫. 1940.

「독서보급운동」. ≪문헌보국≫, 5권 11호. 1941. 1쪽.

「이조시대에 있어서의 역법연구」. 제251회 관원연구발표회 요약. 1941. 17쪽.

「신라 찬술 불서 서목에 대하여」. ≪문헌보국≫, 8권 6~7합호. 1942. 7~17쪽.

「반도에 있어서의 의무교육」. ≪문헌보국≫, 9권 2호. 1943. 1쪽.

「야산 해인사 경판에 대하여」(상) (하). ≪문헌보국≫, 10권 3~4호. 1944.

「관보를 내면서」. ≪국립도서관보≫, 창간호. 1946. 2쪽.

「동서편목법」. 국립도서관학교 강의용 초안. 1946.

「동서도서분류표」. 국립도서관학교 강의용 초안. 1946.

「분류표의 통일 문제」. ≪문원≫, 제24호. 1948. 1쪽.

제2장: 류궈쥔(劉國鈞)

논저목록3)

단행본

『亞里斯多德)』. 秦羅 著. 劉國鈞(衡如) 譯. 上海: 中華書局. 1920.

『中國圖書分類法』. 南京: 南京大學圖書館. 1929.

『政治理想』. 羅素 著. 劉衡如·關蔚人 共譯. 上海: 中華書局. 9版(新文化叢書). 1930.

『中國圖書編目條例』. 北平: 中華圖書館協會. 1930.

『圖書館學要旨』. 上海: 中華書局(中華百科叢書). 1934.

『中國圖書分類法』(修訂版). 南京: 金陵大學圖書館. 1936.

『建安時代之政治思想』. 華西·金陵·齊魯三大學中國文化研究叢刊. 1941.

『可愛的中國書』. 北京: 建業書局(愛國主義小叢書). 1952.

『圖書怎樣分類』. 北京: 開明書店. 初版/上海: 中華書局. 再版. 1953.

---

3) 이 목록은 北京大學信息管理系·南京大學信息管理系·甘肅省圖書館 合編, 『一代宗師: 記念劉
國鈞先生百年誕辰學術論文集』(北京: 北京圖書館出版社, 1999), 부록 2에 수록되어 있는 張
雨生, 戴龙基, 楊臨明의 '劉國鈞先生著譯系年目錄'을 단행본과 논문·기사 등으로 구분하여
전재(轉載)한 것이다.

『中國書的故事』. 北京: 中國靑年出版社. 1955.

『圖書分類目錄編制法』. 安巴祖勉 著/劉國鈞 譯, 北京: 時代出版社. 1957.

『中國圖書分類法』(修訂版). 北京: 北京圖書館. 1957.

『圖書館目錄』. 劉國鈞·陳紹業·王鳳翥 著. 北京: 高等敎育出版社. 1957.

『中國書史簡編』. 北京: 高等敎育出版社. 1958.

『中國書的故事』. 北京: 外文出版社. 1958.

『蘇聯圖書館事業四十年』. 阿伯里柯沙娃 主編/劉國鈞 譯, 北京: 商務印書館. 1959.

『中國的印刷』. 北京: 高等敎育出版社 第1版/上海: 人民出版社 第2版. 1960.

『中國古代書籍史話』. 北京: 中華書局(知識叢書). 1962.

『中國書的故事』. 北京: 中國靑年出版社(歷史知識小叢書). 1963.

『中國書的故事』劉國鈞·鄭如斯 合著. 北京: 中國靑年出版社. 1979.

논문·기사 등

「近代圖書館之性質」. ≪世敎新潮≫(9月). 1919.

「動的圖書館」, ≪上海時報敎育周刊≫(7月). 1921.

「近代圖書館之性質及功用」. (1) ≪金陵光≫,12卷 12期(11月). (2) ≪浙江公立圖書館年
　　　　報≫, 第8號(7月). 1921.

「兒童圖書館和兒童文學)」. ≪中華敎育界≫, 11卷 6期(12月). 1921.

「兒童圖書館和兒童文學」. ≪敎育界≫, 10卷 6期(1月). 1922.

「美國公共圖書館槪況」. (1) ≪新敎育≫, 7卷 1期(9月). (2) ≪河南敎育公報≫, 3卷 1~3
　　　　期 合刊(8月). 1923.

「美國圖書館協會五十周年紀念」. ≪圖書館學季刊≫, 1卷 12期(6月). 1926.

「現時中文圖書館書籍評」. ≪圖書館學季刊≫, 1卷 2期(6月). 1926.

「美國圖書館學敎育之新發展」. ≪圖書館學季刊≫, 1卷 3期(9月). 1926.

「四庫分類法之研究」. ≪圖書館學季刊≫, 1卷 3期(9月). 1926.

「賣圖書庫目錄輯略」. ≪圖書館學季刊≫, 1卷 4期(12月). 1926.

「華爾德公共圖書館廣告術」. ≪圖書館學季刊≫, 1卷 4期(12月). 1926.

「中國現在圖書分類法之問題」. ≪圖書館學季刊≫, 2卷 1期(12月). 1926.

「本校圖書館過去一年之回顧」. ≪金陵周刊≫, 5期(1月). 1928.

「圖書館事業進行的步驟」. ≪現代評論≫, 7卷 156期(2月). 1928.

「圖書目錄略說」. ≪圖書館學季刊≫, 2卷 2期(3月). 1928.

「薛爾圖書分類法手鑑」. ≪圖書館學季刊≫, 2卷 2期(3月). 1928.

「日本青年圖書館員聯盟」. ≪圖書館學季刊≫, 2卷 3期(9月). 1928.

「圖書分類的初步」. ≪民衆教育月刊≫, 1卷 2期(12月). 1928.

「三十年來之美國國會圖書館」. 畢夏普 撰/衡 撮. ≪圖書館學季刊≫, 3卷 1~2合期(6月). 1929.

「十進分類法中之自然科學部與應用科學部」. 克萊 撰/衡 撮. ≪圖書館學季刊≫, 3卷 1~2合期(6月). 1929.

「特藏之搜羅與管理」. 苟岐絨 撰/衡 撮. ≪圖書館學季刊≫, 3卷 1~2合期(6月). 1929.

「圖書館對於大學教育之貢獻」. 畢夏普 撰/衡 撮. ≪圖書館學季刊≫, 3卷 1~2合(6月). 1929.

「圖書館對於公司之利益」. 白來提 撰/衡 撮. ≪圖書館學季刊≫, 3卷 1~2合期(6月). 1929.

「小學生自由閱讀之指導」. 于滌心 撰/衡 撮. ≪圖書館學季刊≫, 3卷 1~2合期(6月). 1929.

「有目的之讀書與無目的之讀書」. 桑得生 撰/衡 撮. ≪圖書館學季刊≫, 3卷 1~2合期(6月). 1929.

「博物館圖書館與地方文獻」 坡力特 撰/衡 撮. ≪圖書館學季刊≫, 3卷 3期(9月). 1929.

「工業及商業圖書館」. 耶斯德 撰/衡 撮. ≪圖書館學季刊≫, 3卷 3期(9月). 1929.

「近來大學圖書館建築」. 革爾特 撰/衡 撮. ≪圖書館學季刊≫, 3卷 3期(9月). 1929.

「圖書館學校中之特種編目法」. 曼女士 著/衡 撮. ≪圖書館學季刊≫, 3卷 3期(9月). 1929.

「芝加哥大學之圖書館學研究院」. 韋爾克斯 撰/衡 撮. ≪圖書館學季刊≫, 3卷 3期(9月). 1929.

「讀者自己管理圖書」. 衡 撮. ≪圖書館學季刊≫, 3卷 4期(12月). 1929.

「養成學校圖書館員之要素」. 柯克 撰/衡 撮. ≪圖書館學季刊≫, 3卷 4期(12月). 1929.

「中文圖書編目條例草案」. ≪圖書館學季刊≫, 3卷 4期(12月). 1929.

「弗稅謝爾流域地之巡回圖書汽車」. 貝慈孫 撰/衡 撮. ≪圖書館學季刊≫, 5卷 1期(3月). 1931.

「哥爾德齊黑圖書館之東方部」. 貝克滿 撰/衡 撮. ≪圖書館學季刊≫, 5卷 1期(3月). 1931.

「昆斯縣巡回書車之費用與流通書數」. 衡 撮, ≪圖書館學季刊≫, 5卷 1期(3月). 1931.

「亞克地亞大學之巡回書車」. 英格納罕 撰/衡 撮, ≪圖書館學季刊≫, 5卷 1期(3月). 1931.

「一個城市中的巡回圖書汽車」. 卜洛德 撰/衡 撮, ≪圖書館學季刊≫, 5卷 1期(3月). 1931.

「怎樣開始分類圖書」. ≪民衆教育月刊≫, 3卷 4~5期合刊(5月). 1931.

「兩漢時代道教概說」. ≪金陵學報≫, 1卷 1期(5月). 1931.

「圖書館內零星雜件之整理排列法」. 雷夏勃 撰/衡 撮, ≪圖書館學季刊≫, 6卷 2期(6月). 1931.

「圖書館內之參考事業」. ≪文華圖書科季刊≫, 3卷 3期(9月). 1931.

「反漢譯經錄」. ≪金陵學報≫, 1卷 2期. 1931.

「廣告術的研究」. 惠勒 撰/衡攝. ≪圖書館學季刊≫, 6卷 1期(3月). 1932.

「圖書館設計中之剛性與彈性」. 庫普門 撰/衡 攝. ≪圖書館學季刊≫, 6卷 1期(3月). 1932.

「圖書館中光線問題」. 麥克頓腦 撰/衡 攝. ≪圖書館學季刊≫, 6卷 1期(3月). 1932.

「小圖書館之參考工作」. 布郎 撰/衡 攝. ≪圖書館學季刊≫, 6卷 1期(3月). 1932.

「新建築一束」. 衡 攝. ≪圖書館學季刊≫, 6卷 1期(3月). 1932.

「學校內之圖書館學時」. 霞飛 撰/衡 攝. ≪圖書館學季刊≫, 6卷 1期(3月). 1932.

「指定參考書閉架公開制」. 希爾 撰/衡 攝. ≪圖書館學季刊≫, 6卷 1期(3月). 1932.

「圖書館員應有之素養」. ≪浙江省圖書館月刊≫, 1卷 9期(11月). 1932.

「三國佛典錄」. ≪金陵學報≫, 2卷 2期(11月). 1932.

「三國佛典錄」. ≪圖書館學季刊≫, 7卷 1期(3月). 1933.

「哈維的漢人心理」. ≪圖書評論≫, 2卷 6期(2月). 1934.

「老子王弼注校記」. ≪圖書館學季刊≫, 8卷 1期(3月). 1934.

「現代圖書館編目法序」. ≪圖書館學季刊≫, 8卷 1期(3月). 1934.

「今日中國圖書館之要及館員應有之準備」. ≪金陵大學校刊≫, 171期(11月 4日). 1935.

「老子神話考略」. ≪金陵學報≫, 4卷 2期(11月). 1935.

「圖書館與民眾教育」. ≪文華圖書館學專科學校季刊≫, 9卷 3~4期合刊(12月). 1937.

「圖書館與民眾動員」. ≪教育通迅≫, 24期(9月 3日). 1938.

「曹操與其時代之思想」. ≪斯文≫, 半月刊 1卷 3期(11月). 1940.

「營業目錄之參考價值」. ≪中華圖書館協會會報≫, 15卷 5期(4月). 1941.

「歷史哲學之需要」. ≪斯文≫, 半月刊 1卷 12期(3月). 1941.

「建安時代之人生觀─魏晉思想散記」. ≪斯文≫, 半月刊 1卷 22期. 1941.

「今後邊疆教育應取之方針」. ≪西南邊疆≫, 13期. 1941.

「文科教育之精神」. ≪學思≫, 1卷 1期(1月). 1942.

「金陵大學圖書館遷蓉經過及工作近況」. ≪中華圖書館協會會報≫, 16卷 3~4期合刊(2月). 1942.

「改進高等教育管見」. ≪學思≫, 1卷 6期(3月). 1942.

「史地教育與精神國防」. ≪學思≫, 2卷 10期(11月). 1942.

「中國文化之發展」. ≪斯文≫, 半月刊 2卷 8~9期. 1942.

「國家目錄圖書館籌備概況」. (1) ≪社會教育季刊≫, 1卷 3~4期 9~12期. (2) ≪中華圖書館協會會報≫, 18卷 1期. 1943.

「國立西北圖書館概況」. ≪社會教育季刊≫, 1卷 4期 (12月). 1943.

「西北今後之圖書教育」. ≪西北≫, 7期 (9月). 1944.

「中國圖書分類法簡表及其理論」. ≪文物參考資料≫, 8期. 1950.

「怎樣編制分類目錄」. ≪文物參考資料≫, 2期. 1953.

「書是怎樣生長起來的」. (1) ≪圖書館通迅≫(浙江), 8期. (2) ≪工人日報≫, 5月 20~27日.
　　　1953.

「關於大衆圖書館讀者目錄的組織」. 卡夫塔雪耶娃 著/劉國鈞 譯. ≪文物參考資料≫, 9期.
　　　1953.

「關於蘇聯共産黨第十九次代表大會資料的著錄法」. 華西里夫斯卡婭 等著/劉國鈞 譯, ≪文
　　　物參考資料≫, 9期. 1953.

「關於新中國圖書分類法的一個基本問題」. ≪圖書館通迅≫(浙江), 9期. 1953.

「蘇聯農村圖書館工作人員兩個月訓練班圖書館事業課程教學大綱」. 劉國鈞 譯, ≪文物參
　　　考資料≫, 10期. 1953.

「蘇聯區圖書館工作人員一個月進修班圖書館事業教學計劃與教學大綱」. 劉國鈞 譯, ≪文
　　　物參考資料≫, 10期. 1953.

「文藝書籍分類法譯後記」. ≪文物參考資料≫, 5期. 1954.

「圖書館員基本業務知識講話: ‘開場白’. ≪圖書館工作≫, 2期. 1956.

「圖書館員基本業務知識講話: 第二講‘圖書館工作和圖書館員的任務’. ≪圖書館工作≫, 4
　　　期. 1956.

「圖書館員基本業務知識講話: 第三講 ‘圖書分類’. ≪圖書館工作≫, 5期. 1956.

「圖書館員基本業務知識講話: 第四講 ‘圖書館目錄’. ≪圖書館工作≫, 5期. 1956.

「圖書館員基本業務知識講話:‘結束語’. ≪圖書館工作≫, 6期. 1956.

「莫斯科大學圖書館的目錄體系」. 維廉斯卡亞 著/劉國鈞 譯, ≪中國科學院圖書館通迅≫,
　　　9~10期. 1956.

「甚麼是圖書館學」. ≪中國科學院圖書館通迅≫, 1期. 1957.

「關於大型圖書館的編目工作組織」. ≪圖書館學通迅≫, 1期. 1957.

「喀山大學圖書館的書目工作」. 阿·格·卡里林 著/劉國鈞 譯, 『圖書館如何爲科研服務』. 北
　　　京: 中華書局(圖書館學飜譯叢書). 1957.

「苏联圖書館目錄体系」. 阿·符·克列諾夫 著/劉國鈞 譯, 『圖書館目錄』. 北京: 中華書局
　　　(圖書館學飜譯叢書). 1957.

「關於處理多語語文圖書的意見」. ≪圖書館學通迅≫, 3期. 1957.

「冒號分類法簡述」. (1) ≪中國科學院圖書館通迅≫, 11期. (2) ≪綜合科技動態≫, 情報

工作分冊 4期(1964). 1957.

「回憶雷達婭專家」. ≪圖書館工作≫, 1期. 1958.

「圖書分類淺說1~7」. ≪圖書館工作≫, 4~11期. 1958.

「≪圖書館學辭典≫校後記」. 盧震京 編. ≪圖書館學辭典≫, 北京: 商務印書館. 1958.

「圖書分類淺說(續完)」. ≪圖書館工作≫, 1期. 1959.

「我國圖書分類法發展的情況」. 劉國鈞·史永元 合著. ≪圖書館學通迅≫, 12期. 1959.

「俄羅斯聯邦文化部通過蘇聯新圖書分類法的基本序列」. 劉國鈞 譯, ≪圖書館學通迅≫, 9 期. 1959.

「關於我的資産階級圖書館學觀點的自我批判」. ≪北京大學批判資産階級學術思想論文集≫, 368頁~370頁. 1959.

「圖書館目錄體系問題的探討)」. ≪圖書館≫, 2期. 1961.

「取消圖書分類法中的傳記類」. ≪圖書館≫, 4期. 1961.

「也談談圖書館工作的基本功」. ≪圖書館 ≫, 2期. 1962.

「中國古代書籍制度史話—4」. ≪光明日報≫, 2月 17·20·22·24日. 1962.

「分類標題和目錄」. ≪圖書館≫, 4期. 1962.

「≪圖書の歷史と中國≫弁言」. 松見弘道 譯. 『中國書史簡編』. 東京: 理想社. 1963.

「敬悼洪范五先生」. ≪圖書館≫, 1期. 1963.

「分類法與標題法在檢索工作中的作用」. ≪科技情報工作≫, (6月). 1963.

「應當認眞貫徹執行檢索類出版物採用檢索方法的建議」. ≪科技情報工作≫, (5月). 1964.

「五年來我國圖書館事業的發展和成就(一九五九~一九六四)」. 劉國鈞·張樹華·紀國祥 合 著. ≪圖書館≫, 3期. 1964.

「'馬爾克'計劃簡介 ─ 兼論圖書館引講電子計算機問題」. ≪圖書館工作≫, 試刊號. 1975.

「用電子計算機編制圖書目錄的幾個問題」. ≪圖書館工作≫, 2期. 1977.

「現代西方主要圖書分類法評述」. ≪社會科學戰線≫, 1~2期. 1978.

「現代西方主要圖書分類法評述」. 長春: 社會科學戰線雜志社(社會科學戰線叢刊). 1979.

「論西方圖書分類法當前發展的趨勢」. ≪吉林省圖書館學會會刊≫, 1期. 1980.

「'馬爾克款式說明書資匯譯'引言」. ≪圖書館學通迅≫, 4期. 1980.

「一九六五年以來美歐圖書館學論文簡介」. ≪圖書館學通迅≫, 1期. 1981.

「圖書分類法的發展(討論稿)」. ≪圖書館學通迅≫, 2期. 1981.

「現在中國圖書館內圖書分類法的情況簡述」. ≪圖書館學通迅≫, 2期. 1981.

제3장: 두딩요(杜定友)

논저목록4)

단행본

『圖書館与市民教育』. 廣州: 市民大學出版部. 1921.

『世界圖書分類法』. 廣州: 廣東全省敎育委員會. 1922.

『編目法』. 廣州: 廣東全省敎育委員會. 1922.

『排字法』. 廣州: 廣東全省敎育委員會. 1922.

『統一圖書館管理法提案』. ≪中華敎育改進社第 一 次常年大會刊≫. 1922.

『四庫分類法』. 油印本. 1922.

『景堂圖書館目錄序』. 廣州: 廣東景堂圖書館. 1922.

『著書術』. 上海: 商務印書館. 1924.

『小學校圖書館管理法大綱』. 河南文化石印社. 1925.

『圖書館通論』. 上海: 商務印書館. 1925.

『圖書分類法』. 上海: 上海圖書館協會. 1925.

『漢子排字法』. 上海: 上海圖書館協會. 1925.

『圖書館學集要書』. 油印本. 1926.

『圖書目錄學』. 上海: 商務印書館. 1926.

『圖書選擇法』. 上海: 商務印書館. 1926.

『著者号碼編排法』. 1926.

『圖書館學槪論』. 上海: 商務印書館. 1927.

『革命文化分類法』. 廣州: 國立中山大學圖書館. 1927.

『學校圖書館學』. 上海: 商務印書館. 1928.

『校讎新義』. 上海: 中華書局. 1930.

『圖書管理學』. 上海: 中華書局. 1932.

『漢字形位排儉法』. 上海: 中華書局. 1932.

『圖書館与成人敎育』. 上海: 中華書局. 1933.

---

4) 이 목록은 廣東省中山圖書館杜定友記念室 編, 『杜定友先生逝世二十周年紀念文集』(1987), 부
록에 수록되어 있는 張世泰 編, '杜定友著作目錄 1916~1966'을 주로 참고하고, 王子舟의 박
사학위논문인 「杜定友和中國圖書館學」(1999)에 수록되어 있는 '主要參考文獻'과 '杜定友年
譜初編'을 발췌하여 보완한 다음, 이를 단행본과 논문·기사 등으로 구분한 것이다.

『圖書館票格与用品』. 上海: 商務印書館. 1933.

『圖書館表格與用品』. 第2版. 上海: 商務印刷所圖書館部. 1934.

『杜氏圖書分類法』. 上海: 中國圖書館服務社. 1935.

『鐵道圖書分類法』. 上海: 中國圖書館服務社. 1935.

『圖書館』. 上海: 商務印書館. 1936.

『杜氏圖書分類法』. 增訂 2版. 上海: 中國圖書館服務社. 1936

『國難雜作』 廣州: 國立中山大學圖書館. 1938.

『三民主義文化圖書館分類法』(簡本). 廣州: 廣東省圖書館. 1943.

『余業藝術』. 桂林: 時代圖書服務社. 1943.

『圖書館學概論』. 油印本. 廣州: 廣東省圖書館協會. 1947.

『國立中山大學圖書館圖書出納程序』. 油印本. 1948.

『三民主義中心圖書分類法』. 油印本. 廣州: 國立中山大學圖書館. 1948.

『廣東文化叢書』. 廣州: 廣東省立圖書館. 1949.

『新圖書館手冊』. 上海: 中華書局. 1951.

『小圖書館基本工作』. 廣州: 廣東人民圖書館. 1952.

『顏色書標制』. 廣州: 廣東人民圖書館. 1952.

『圖書分類方法』. 廣州: 廣東人民圖書館. 1953.

『檢字法』. 廣州: 廣東人民圖書館. 1953.

『開架式閱覽』. 廣州: 廣東人民圖書館. 1953.

『圖書館基本用具』. 廣州: 廣東人民圖書館. 1953.

『版本略』. 廣州: 廣東人民圖書館 . 1953.

『圖書加工工作』. 上海: 商務印刷所圖書用品部. 1954.

『圖書館借書法』. 上海: 商務印刷所圖書用品部. 1954.

『圖書館表格用品說明』. 上海: 商務印刷所圖書用品部. 1954.

『圖書館藏書的組織』. (蘇)格里科尔夫 著. 杜定友·朱鑛海 合譯. 上海: 中華書局. 1955.

『新著者号碼表』. 上海: 商務印刷所. 1955.

『參觀蘇聯和民主德國圖書館事業報告』. 杜定友·左恭 等 合編. 上海: 中華書局. 1958.

논문

「統一圖書館管理法提案」. ≪中華教育改進社 第 1次常年代會刊≫. 1922.

"Chineses Books and Libraries." 필리핀대학교 졸업논문. 1921.

「推廣廣東全省學校圖書館計劃書」. 廣州: 廣東全省教育委員會. 1921.

「圖書館与市民教育」. 廣州: 市民大學出版社. 1921.

「對孔子聖誕之感想-堤議重修孔廟建設圖書館」. 廣州 ≪群報.≫. 1922.1.17.

「推廣全國圖書館計劃案」. ≪中華教育改進社 第一次常年大會刊≫. 1922.

「景堂圖書館目錄序」. 『景堂圖書館目錄』. 1922.

「圖書館管理員養成所報告」. ≪廣東全省教育委員會 第一期報告≫. 1922.

「圖書館教育」. ≪廣東教育會雜誌≫. 1922.

「學校圖書館管理法」. ≪新教育≫, 4卷 5期. 1922.

「廣東圖書館教育計劃」. ≪廣東教育總刊≫, 3卷. 6期. 1923.

「How to study?」. ≪中華英文週報≫, 225~228期. 1924.

「南洋大學圖書館之將來」. ≪南洋周刊≫, 6卷 1期. 1924.

「大學圖書館的需要」. ≪中華教育界≫, 14卷 6期. 1924.

「一個緊急提案: 解決皆樣同學送札門題」. ≪南洋旬刊≫, 2卷 7期. 1925.

「民衆檢字心理論略」. ≪教育與民衆≫ 6卷 9期. 1925.

「中學圖書館的機個問題」. ≪中華教育界≫ 14卷 12期. 1925.

「上海圖書館協會圖書館雜誌發刊趣旨」. ≪上海圖書館協會圖書館雜誌≫. 創刊號. 1925.

「歡迎鮑士偉博士及我們所希望的機点」. ≪上海圖書館協會圖書館雜誌≫. 創刊號. 1925.

「國家主義与圖書館」. ≪中華教育界≫, 15卷 1期. 1925.

「圖書館与國家」. ≪中華教育界≫, 15卷 1期. 1925.

「圖書館學之研究」. ≪上海圖書館協會圖書館雜誌≫. 創刊號. 1925.

「讀書說」. ≪上海圖書館協會圖書館雜誌≫, 創刊號. 1925.

「小學圖書館問題」. ≪中華教育界≫, 15券 12期. 1926.

「圖書分類法出版以后之討論」. ≪圖書館學季刊≫, 1券 2期. 1926.

「南洋大學圖書館十年來概況」. ≪南洋旬刊≫, 3券 4期. 1926.

「皇朝通典提要」. ≪南針≫, 1期. 1926.

「四庫全書述略」. ≪南洋季刊≫, 1卷 1~2期. 1926.

「西洋圖書館目錄學史略」. ≪圖書館學季刊≫, 1卷 3期. 1926.

「圖書館學的內容和方法」. ≪教育雜誌≫, 18卷 9~10期. 1926.

「日本圖書館參觀記」. ≪教育雜誌≫, 19卷 1期. 1927.

「科學的圖書館建設法」. ≪東方雜誌≫, 24卷 第9号. 1927.

「中大圖書館添建書庫計劃」. ≪國立中山大學校刊≫, 22期. 1927.

「圕新字的商權(第一次)」. ≪圖書館學季刊≫, 2卷 1期. 1927.

「圖書館在社會上之特殊的地位」. ≪中山大學圖書館週刊≫, 4卷 2期. 1928.

「兒童參考書研究」. ≪敎育雜誌≫, 20卷 6期. 1928.

「一個緊急要求-建設革命文庫」. ≪革命政治≫, 5卷 1期. 1928.

「國立中山大學圖書館槪況」. ≪圖書館學季刊≫, 2卷 3期. 1928.

「圖書出納問題」. ≪交大三日刊≫, 1928.11.17.

「圖書統系与近代文化」. ≪東方雜誌≫, 26卷 第11号. 1929.

「書新字的商権(第二次)」. ≪圖書館學季刊≫, 3卷 4期. 1929.

「研究圖書館學指南」. ≪廣東省敎育會雜誌≫, 1卷 2期. 1929.

「一九三人到一九二九年之歐美敎育新書」(据 Book Review Digest 1928). ≪廣東省敎育
　　　會章誌≫, 1卷 3期. 1929.

「圖書館的新年話」. ≪交大三日刊≫, 1930.1.1.

「公共圖書館問題」. ≪中華敎育界≫, 18卷 5期. 1930.

「民衆圖書館問題」. ≪中華圖書館協會會報≫, 5卷 4期. 1930.

「省圖書館与省政府」. ≪南針≫, 3期. 1930.

「中國檢字問題」. 自刊. 1931.

「我与圖書館」. ≪中華敎育界≫, 19卷 6~7期. 1931.

「中國檢字法評略」. ≪學海≫, 1931.5.14. 1931.

「科學圖書館問題」. ≪學術月刊≫, 1卷 1期. 1931.

「民衆詞典編排问題」. ≪敎育与民衆≫, 3卷 3期. 1931.

「改良南洋大學圖書館目錄的方法」. ≪南洋周刊≫, 8卷 9~10期. 1931.

「銀行存户印鑑編排法」. ≪銀行周報≫, 15卷 25期. 1931.

「成人敎育的新領域」. ≪敎育与民衆≫, 3卷 2期. 1931.

「圖書館管理方法之新觀點」. ≪沕江圖書館季刊≫, 1卷 9期. 1932.

「上海与紐約的圖書館」. ≪華年週刊≫, 1卷 14期. 1932.

「圖書館迷」. ≪中國出版月刊≫, 1卷 1期. 1932.

「交通大學圖書年報摘要」(1931~1932). ≪圖書館學季刊≫, 6卷 3期. 1932.

「書新字之商権(第三次)」. ≪圖書館學季刊≫, 6卷 2期. 1932.

「公共圖書館与成人敎育」. ≪大聲週刊≫, 1卷 5期. 1933.

「中文圖書目錄檢查法」. ≪交大三日刊≫, 1933.2.22.

「通俗圖書館的需要」. ≪敎育与民衆≫, 4卷 7期. 1933.

「經濟恐慌中美國圖書館之新趨勢. ≪圖書館學季刊≫, 7卷 3期. 1934.

「中國史地圖書分類法商権」. ≪圖書館學季刊≫, 7卷 4期. 1934.

「圖書館員對于國家社會之貢獻」. 上海 ≪時事新報≫, 1934.6.6.

「圖書館用簡体字表」.≪工讀周刊≫, 創刊號. 1935.

"Public Libraries and Adult Education in China." *Public Library in China*. 1935.
       pp.129~132.

「民衆檢字心理論略」.≪教育与民衆≫, 6卷 9期. 1935.

「綴字形位排檢法修正商榷」.≪中華圖書館協會會報≫, 10卷 4期. 1935.

「圖書流通法序」. 戴兪素眛 著.『圖書流通法』.≪河大圖書館館報≫, 11卷 5期. 1936.

「國立中山大學圖書館二十七年度工作報告」.≪中華圖書館協會會報≫, 14卷 2~3期 合
       刊. 1939.

「大學圖書館問題」.≪中華圖書館協會會報≫, 15卷 1~2期 合刊. 1940.

「大學圖書館調查表」.≪中華圖書館協會會報≫, 15卷 3~4期 合刊. 1940.

「省立圖書館的計劃」.≪民族文化≫, 1卷 1期. 1941.

「怎样利用圖書館」.≪滿地紅≫, 3卷 15期. 1941.

「廣東文化与廣東文獻」.≪文化新聞≫, 1941.12.14.

「省立圖書館在政治上的地位」.≪廣東省立圖書館館刊≫, 第1号. 1942.

「圖書館与政治」.≪中華圖書館協會會報≫, 16卷 3~4期合刊. 1942.

「香港淪陷後与我國文獻之巨危」.≪中華圖書館協會會報≫, 16卷 5~6期合刊. 1942.

「圖書館分類原理」.≪廣東省立圖書館館刊≫, 第1号. 1942.

「三民主義圖書館」≪民族文化≫, 2卷 4期. 1942.

「三民主義索引述評」.≪民族文化≫, 2卷 7期. 1942.

「專業情神」.≪滿地紅≫, 4卷 13期. 1942.

「建議十一月十一日爲圖書館節」.≪中華圖書館協會會報≫, 17卷 1~2期合刊. 1942.

「圖書館与國防文化」.≪民族文化≫, 3卷 2~3期. 1943.

「讀書漫談.」≪滿地紅≫, 5卷 4~6期. 1943.

「國立中山大學圖書館概況」.≪中華圖書館協會會報≫, 18卷 2期. 1943.

「社會教育与民衆圖書館」.≪社會教育輔導≫, 第1卷 3期. 1944.

「圖書复員問題」.≪建國日報≫, 1945.10.10.

「情神糧食与緊急救濟」.≪民族日報≫, 1946.2.16~17.

「爭取讀者」.≪和平日報≫, 1946.7.25.

「廣東省立圖書館概況」.≪中華圖書館協會會報≫, 20卷 4~6期 合刊. 1946.

「廣東文化在那里?」.≪民族文化≫, 5卷 2~3期合刊. 1946.

「廣東圖書教育事業的展望」.≪廣東教育≫, 2卷 1期. 1947.

「三民主義与圖書分類」.≪廣東日報≫, 1948.11.13.

「杜氏圖書分類法簡表及理論」. ≪文物參考資料≫, 1950年 8期. 1950.

「圖書館展望」. ≪南方日報≫, 1950.1.1.

「新圖書分類法芻議」 ≪文物參考資料≫, 1950年 8期. 1950.

「圖書分類法意見」. ≪文物參考資料≫, 2卷 2期. 1951.

「圖書分類的理論體系」. ≪浙江圖書館通訊≫, 2卷 12期. 1951.

「簡單著者號碼編制法」. ≪浙江圖書館通訊≫, 3卷 1期. 1952.

「小數點与著者碼」. ≪浙江圖書館通訊≫, 3卷 2期. 1952.

「人民圖書分類表」. ≪浙江圖書館通訊≫, 3卷 4期. 1952.

「科技圖書分類問題」. ≪浙江圖書館通訊≫, 3卷 5期. 1952.

「新編圖書分類表的研究」. ≪浙江圖書館通訊≫, 3卷 7期. 1952.

「史地圖書分類問題」. ≪浙江圖書館通訊≫, 3卷 7期. 1952.

「関于人民圖書分類表的修正」. ≪浙江圖書館通訊≫, 3卷 7期. 1952.

「明見式目錄」. ≪圖書館通訊(浙江)≫, 1953年 2月号.

「集中与分散-圖書分類問題之一」. ≪浙江圖書館通訊≫, 1953年 4月号.

「目錄的改善」. ≪圖書館通訊(浙江)≫, 1953年 9月号.

「目錄的體系」. ≪圖書館通訊(浙江)≫, 1953年 9月号.

「檢字問題的根本解決辦法」. ≪中國語文≫, 1953.12.

「分類与偏目」. ≪圖書館通訊(浙江)≫, 1953年 12月号.

「字形檢字法」. ≪語文知識≫. 總26期. 1954年 6月.

「古書會被作度嗎?」≪語文知識≫. 總29期. 1954年 9月.

「談部首」. ≪光明日報≫, 1956.1.19.

「對圖書館工作機個問題的意見」. ≪光明日報≫, 1956.7.14.

「科技圖書分類問題」. ≪圖書館學通訊≫, 1957年 3期.

「圖書分類法述語簡說」. ≪圖書館工作≫, 1957年 5~7期.

「圖書分類法史略」. ≪圖書館工作≫, 1957年 8~9期.

「查字法問題的基本知論」. ≪光明日報≫, 1961.6.14.

「建設採用"字形檢字法"」. ≪文滙報≫, 1961.6.6.

「圖書分類法的路向」. ≪圖書舘≫, 1962年 2月.

「字形查字法」. ≪文字改革≫, 1962年 2月.

「科學分類与圖書分類」. ≪光明日報≫, 1962.4.23.

「檢字史活斷片」. ≪廣東圖書館學刊≫, 1964年 4期.

제4장: 와다 만키치(和田萬吉)

연보5)

1865. 8.	岐阜縣 大垣市 郭町에서 출생
1869. 7.	제1고등중학교 졸업
1890. 7.	제국대학 문과대학 졸업(국문과 수료)
1890. 11.	제국대학 도서관 근무 발령
1892. 3.	일본문고협회 창립에 참여
1893. 11.	제국대학 서기에 임명되어 제국대학 도서관 근무. 동 도서관 관리대행에 임명
1894. 3.	일본문고협회 간사에 취임
1896. 7.	제국대학 문과대학 조교수에 임명, 제국대학 도서관 관리에 임명
1897. 6.	동경제국대학 도서관 관장에 임명
1904. 3.	일본문고협회장에 임명
1907. 7.	동경제국대학 사서관에 임명
1909. 6.	구미 각국에 파견되어 견학
1910. 4.	귀국
1916. 12.	일본도서관협회 회장에 선출
1918. 3.	동경제국대학 문과대학교수에 겸임되어 국어학 국문학 제1강좌 분담하여 강의
1918. 12.	일본도서관협회 회장 퇴임
1919. 3.	동경제국대학 총장에 추천되었고 문학박사 학위가 수여됨
1919. 7.	교과용 도서조사위원회 검사위원직에 임명됨
1920. 10.	陞叙高等官 2등 대학교수에 임명됨
1920. 11.	陞叙高等官 3등 대학 사서관에 임명됨
1921. 5.	도서관 연구에 종사할 것을 명령받고 국어국문학 제1강좌 분담 강좌를 담임할 것을 명령받음, 문부성 도서관원 교습소 강사에 촉탁직원으로 임명됨

---

5) 이 연보는 ≪도서관잡지(圖書館雜誌)≫, 제18호(1943.12.)에 수록되어 있는 내용을 이용하여 작성한 것이다. 와다 만키치의 약력은 和田萬吉 著, 彌吉光長 補註·解說, 『日本文獻史序說』(1983)에도 소개되어 있다.

1923. 5.	일본도서관협회 명예회원에 추천됨
1923. 12.	일본도서관협회 고문으로 추천됨
1924. 2.	동경제국대학 문학부 강사에 촉탁직으로 임명, 敍勳 3등 端寶章에 서훈됨. 동경상과대학 예과강사에 촉탁직으로 임명
1924. 11.	동경제국대학 도서관장직을 의원면직함
1927. 3.	일본천황으로부터 컴맨드 크론 훈장을 수령, 國學院大學 강사에 촉탁직으로 임명
1928. 4.	法政大學 문학부 강사에 촉탁직으로 임명
1930. 4.	성심여자학원 고등전문학 교수직에 촉탁직으로 임명
1931. 4.	東洋大學 강사로서 촉탁직으로 임명
1934. 11.	東京市本鄉區 자택에서 별세

논저목록6)

단행본

『東京帝國大學圖書館和漢書分類目錄』. 東京. 1893.

『圖書館管理法大綱』. 東京: 丙午出版社. 1922.

『圖書館小識』. 和田萬吉 (等)共編. 東京: 丙午出版社. 1922.

『馬琴日記: 天保二年』. 瀧澤馬琴 著, 和田萬吉 校訂. 東京: 丙午出版社. 1924.

『モンタヌス日本誌』. モンタヌス 著, 和田萬吉 譯. 東京: 丙午出版社. 1925.

『國性爺合戰: 鑓の權三中帷子』. 近松門左衛門 作, 和田萬吉 校訂. 東京: 巖波書店. 1925

『浮世床』. 式亭三馬 作, 和田萬吉 校訂. 東京: 巖波書店. 1928.

『東海道中漆栗毛』. 十返舍一九 作, 和田萬吉 校訂. 東京: 巖波書店. 1928.

『胡蝶物語』. 曲亭馬琴 作, 和田萬吉 校訂. 東京: 巖波書店. 1929.

『椿說弓張月』. 曲亭馬琴 作, 和田萬吉 校訂. 東京: 巖波書店. 1930, 1931.

『西鶴諸國□出 : 本朝櫻陰比事』. 井原西鶴 作, 和田萬吉 校訂. 東京: 巖波書店. 1932.

『讀本傑作集』. 東京: 大日本雄辯會講談社. 1935.

『圖書館史』. 東京: 藝艸會. 1936.

『日本書誌學槪說』. 東京: 有光社. 1944.

---

6) 이 목록은 和田萬吉 著, 彌吉光長 編·解說, 『圖書館學大綱』(1984)에 수록되어 있는 關野眞吉 編 '和田家所藏和田萬吉先生著作目錄' 및 同開係著作을 포함한 分類順目錄'을 이용하여 다시 작성한 것이다.

『古活字本研究資料』. 京都: 淸閑舍. 1944.

『讀本傑作集』. 東京: 講談社. 1970.

『竹取物語·今昔物語·謠曲物語』. 東京: 名著普及會. 1981.

『日本文獻史序說』. 和田萬吉 著, 彌吉光長 補註·解說. 武藏村山: 靑裳堂書店. 1983.

『圖書館學大綱』. 和田萬吉 著, 彌吉光長 編·解說. 東京: 日本圖書館協會. 1984.

『和田萬吉博士の今澤慈海氏宛書翰集(抄)』(日本圖書館協會百年史·資料·第1輯). 彌吉光
　　　長, 栗原均 編. 東京: 日本圖書館協會. 1985.

『和田萬吉博士宛書翰集(抄)』(日本圖書館協會百年史·資料·第3輯). 日本圖書館協會. 東
　　　京: 日本圖書館協會. 1987.

논문·기사 등

「圖書館と學校との關連」. ≪圖書館雜誌≫, 第13号. 1901. 17~22頁.

「人民の自修機關としての圖書館」. ≪早稻田講演≫, 第1卷 第5号. 1910. 22~52頁.; 第6
　　　卷 第1号. 1910. 1~35頁.

「日本の書目について」. ≪圖書館雜誌≫, 第19号. 1914. 54~78頁.

「我國圖書館の沿革」. 『日本百科大辭典』, 第7卷. 東京: 三省堂. 1916.

「我國圖書館の沿革略」. ≪圖書館雜誌≫, 第26号. 1916. 9頁.

「米國における圖書館學校の發達」. ≪圖書館雜誌≫, 第44卷. 1921. 1~9頁.

「自修機關としての圖書館」. ≪圖書館雜誌≫, 第45号. 1921. 1~7頁.

「圖書館の最近施設」. 『比叡山夏期大學講演集 第1回』. 大津: 比叡山延曆寺. 1922.

「賢人は他人の經驗で學ぶ」. ≪社會と敎化≫, 第2卷 第9号. 1922. 7~9頁.

「讀書場としての圖書館」. 『市立名古屋圖書館講演集 第1回 其一』. 名古屋: 市立名古屋
　　　圖書館. 1924.

「我國圖書館の懷古」. ≪圖書館雜誌≫, 第63号. 1924. 2頁.

「圖書館と敎育, 讀書の習慣」. ≪朝日新聞≫, 1926.11.28.

「我が國刊書の沿革」. ≪書物春秋≫, 第21号. 1933. 4~22頁.

「圖書館職員の養成」. ≪圖書館雜誌≫, 第35号 第9号. 1941. 40~47頁.

제5장: 시야리 라맘리타 랑가나단(S. R. Ranganathan)

연보7)

1892.	인도 마드라스 주 탄주르(Tanjur) 지방의 시야리(Shiyali)에서 8월 9일 출생(현재 공식적으로 사용 중인 달력으로는 8월 12일 출생), 아버지는 N. Ramamritam Ayyar(1866~1898), 어머니는 Sitalakshmi (1872~1953)
1897~1908.	시야리의 S.M. 힌두고등학교(Sabhanayaka Mudaliar's Hindu High School)
1907. 7.	루크마니(Rukmani, 1896~1928)와 결혼
1909.	대학 입학시험 합격
1909~1916.	마드라스기독교대학(Madras Christian College) 수학(修學)
1913.	수학 학사학위 취득
1916.	수학 석사학위 취득
1916~1917.	마드라스 사이다페트의 사범대학(Teachers' College) 수학(修學)
1917.	LT 학위(교사자격증) 취득
1917~1920.	망갈로르(Mangalore)의 정부대학(Government College) 수학과 강사(Assistant Lecturer)
1920.	코임바토르(Coimbatore)의 정부대학 수학과 강사(Assistant Lecturer)
1921.	마드라스의 프레지던시대학(Presidency College) 수학과 조교수
1924~1944.	마드라스대학교 초대 도서관장
1924~1925.	런던대학(University College, London)의 도서관학교(School of Librarianship) 수학(修學), 명예사서자격증(honors certificate of librarianship) 취득, 세이어스(W. C. Berwick Sayers)의 지도로 크로이던 공공도서관 실습, 영국 100여 개 도서관 연구 시찰
1928.	마드라스도서관협회(Madras Library Association) 창립
1929.	마드라스도서관협회의 도서관학교(School of Librarianship, 1929 ~1931) 설립

---

7) 이 연보는 Edward Dudley. *S. R. Ranganathan: a Chronology*(1974), pp.33~40과 P. N. Kaula. *Chronology and Facts about S R Ranganathan*[Appendix 3](1965), pp.779~792에 수록되어 있는 랑가나단 연표의 내용 일부를 발췌하여 재구성한 것이다.

1929. 11.	사라다(Sarada, 1908~1985)와 결혼
1931~1944.	마드라스대학교(University of Madras) 도서관학과 교수
1932. 3. 12.	아들 요게스워(T. Ranganathan Yogeshwar) 출생
1935.	인도정부로부터 Rao Sahib상 수상
1945~1947.	바나라스힌두대학교(Banaras Hindu University)의 사서와 도서관학과 교수 겸임
1947~1955.	델리대학교(University of Delhi)의 도서관학과 교수
1948.	맨체스터의 UNESCO 국제공공도서관직학회 교수 임원
1948~1957.	마드라스도서관협회 부회장
1948.	영국문화원의 초청으로 영국 도서관 시찰
1948.	UN 국제도서관전문가위원회의 임원
1948. 7.	FID 총회(Hague) 참석
1948.	런던 IFLA 총회 참석
1948.	델리대학교로부터 명예박사학위 수여 받음
1949~1953.	인도성인교육협회(Indian Adult Education Association) 간사
1949.	델리공공도서관(Delhi Public Library)의 설립을 위해 UNESCO와 협력
1950.	UNESCO와 협력해서 인도국가과학도큐멘테이션센터(Indian National Scientific Documentation Center, INSDOC) 설립을 위한 실험 프로젝트 참여
1950. 5~9.	록펠러재단의 초청으로 미국 시찰
1950.	델리에 도서관연구동아리, 델리대학교에 도서관학세미나 결성
1951.	INSDOC의 자문위원회 임원
1951~1961.	FID/CA Rapporteur General
1951~1953.	UNESCO의 국제서지자문위원회(International Advisory Committee on Bibliography) 임원
1953~1956.	FID 부회장
1954~1963.	인도도서관협회(Indian Library Association) 회장
1956.	마드라스대학교 '사라다 랑가나단 도서관학 강좌' 창설
1956.	동독 도서관 시찰
1957.	인도정부로부터 Padmashri 상 수상
1957.	FID 명예 임원

1957~1959.	우자인(Ujjain)의 비크람대학교(Vikram University) 도서관학과 객원 교수
1958.	미국, 캐나다, 일본 문헌정보학과 및 도서관 강연
1958~1961.	FID 부회장
1958.	마드라스도서관협회 회장
1961.	'사라다 랑가나단 도서관학 기금' 창설
1962~1972.	방갈로르(Bangalore)의 도큐멘테이션연구·훈련센터(DRTC) 명예 교수
1964. 6.	미국 피츠버그대학교(University of Pittsburgh)로부터 명예박사학위 수여받음. 피츠버그대학교에서 방문교수로 강의
1964. 6~7.	피츠버그대학교, 시카코대학교(University of Chicago), 컬럼비아 대학교(Columbia University) 도서관학과에서 강연
1965.	정부로부터 인도 도서관학 국가연구교수직(National Research Professorship)이란 칭호를 받음
1970.	미국도서관협회로부터 마거릿 맨 분류편목상(Margaret Mann Citation in Cataloging and Classification) 수상
1972. 9. 27.	사망

논저목록8)
일반

Education for Leisure. 1st ed. New York: Asia Pub. House. 1931.; 4th ed. 1961.

The Five Laws of Library Science. Madras: Madras Library Association. 1931.; 2nd ed., 1957.

Preface to Library Science. Delhi: University of Delhi. 1948.

Rural Adult Education. 1st ed. Bkunt: Indian Adult Education. 1949.

Library Tour 1948: Europe and America, impressions and reflections. Delhi: Indian Library Association. 1950.

---

8) 랑가나단은 저서 60여 권과 연구논문 2,000여 편을 남겼는데, 여기서는 단행본만 수록했다. 이 논저목록은 LC WebOPAC, OCLC WorldCat, 방갈로르 도서관들 종합목록인 IISC OPAC 검색결과와 M. A. Gopinath(1978, 81~85)의 랑가나단 논저목록을 참고로 해서 작성했다.

Social Education Literature for Authors, Artists, Publishers, Teachers, Librarians and Governments. Delhi: Atma Ram. 1952.

Library Service for All. Ranganathan, S. R. and A. Neelameghan(eds.). Bangalore: Mysore Library Association. 1966.

Physical Bibliography for Librarians. 2nd ed. Assisted by A. Neelameghan. New York: Asia Pub. House. 1975.

도서관 조직화

Model Library Act. 1931.

Model Public Library Bill. 1941.

Post-war Reconstruction of Libraries in India. Lahore: Modern Librarian. Punjab Library Association. Forman Christian College Library. 1944.

National Library System: A Plan for India. Lahore: Indian Librarian. 1946.

Suggestions for the Organization of Libraries in India. Madras: Indian Branch; New York: Oxford Univ. Press. 1946.

Library Development Plan, with a Draft Library Bill for the Province of Bombay. Aundh[India]: Aundh Pub. Trust. 1947.

Library Development Plan with a Draft Library Bill for United Provinces. 1949.

Library Development Plan: Thirty-year Programme for India with Draft Library Bills for the Union and the Constituent States. Delhi: University of Delhi. 1950.

Indian Library Directory. Ranganathan, S. R., S. Das Gutpa and Magnanand. Delhi: Indian Library Association. 1951.

Library Legislation, Handbook to Madras Library Act. Madras: The Madras Library Association. 1953.

Library Personality and Library Bill: West Bengal. Calcutta: Bengal Library Association, Central Library, University of Calcutta. 1958.

Report of the Public Libraries Bill Committee. 1963.

Library Development Plan with a Draft Library Bill for Kerala State. Trivandrum: S.G.p.Govt. Press. 1966.

Free Book Service for All: An International Survey. Ranganathan, S. R.(ed.). Bombay: Mysore Library Association; New York: Asia Pub. House.

1968.

Education and Library System of the Nation. Bangalore: Mysore Library
Association. 1971.

*Public Library System: India, Sri Lanka, U.K., U.S.A.: Comparative Library
Legislation.* Based on the Papers and Proceedings of the All-India
Seminar on Public Library System, Bangalore, 28 to 30 April 1972.
Ranganathan, S. R. and A. Neelameghan(eds.). 1972. Bangalore:
Sarada Ranganathan Endowment for Library Science.

Indian library manifesto. New Delhi: ABC Pub. House. 1990.

도서선택

Library Book Selection, 1st ed. Delhi: Indian Library Association. 1952.; 2nd
ed., 1966.

분류

Colon Classification, 1st ed. Madras: The Madras Library Association, London:
Goldston. 1933.; 7th ed., 1987.

Prolegomena to Library Classification, 1st ed. Delhi: University of Delhi. 1937.;
3th ed., 1967.

Library Classification: Fundamentals and Procedure. Madras: The Madras Library
Association, London: E. Goldston. 1944.

Classification of Marathi Literature. 1947.

Classification of Telugu Literature. 1947.

Classification and International Documentation. La Haye: Bureau de la reaction.
(FID publication, No.227). 1948.

Classification, Coding, and Machinery for Search. Paris: UNESCO. 1950.

Classification and Communication. Delhi: University of Delhi. 1951.

Philosophy of Library Classification. Copenhagen: E. Munksgaard, New York:
Hafner. 1951.

Depth Classification and Reference Service & Reference Material: Papers for
Discussion at the Tenth All-India Library Conference, Hyderabad, 1~4 June
1953. Ranganathan, S. R.(ed.). Delhi: Indian Library Association. 1953.

Descriptive Account of the Colon Classification. London: Asia Publishing House. 1965.

편목

Classified Catalogue Code, 1st ed. Madras: The Madras Library Association, London: E. Goldston. 1934.; 5th ed., 1964(Assisted by A. Neelameghan).

Theory of Library Catalogue. Madras: The Madras Library Association, London: E. Goldston. 1938.

Dictionary Catalogue Code, 1st ed. Madras: Thompson, London: Grafton. 1945.; 2nd ed., 1952.

Library Catalogue: Fundamentals and Procedure. London: Madras Library Association. 1950.

Heading and Canons: Comparative Study of Five Catalogue Codes. Madras: S. Viswanathan. 1955.

Conflict of Authorship: Corporate Body vs Corporate Body, Ranganathan, S. R. and G. Bhattacharyya. Bangalore: Sarada Ranganathan Endowment for Library Science. 1970.

Difficulties of Government Documents, James Childs, Gilbert Mudge Award (1971). Bangalore: Sarada Ranganathan Endowment for Library Science. 1972.

참고봉사 및 서지

Reference Service & Bibliography. Ranganathan, S. R. and C. Sundram. Madras: The Madras Library Association. 1940.

Bibliography of Reference Books and Bibliographers. Ranganathan, S. R. and K. M. Sivaraman. 1941.

Social Bibliography or Physical Bibliography for Librarians. Delhi: University of Delhi. 1952.

Reference Service, 2nd ed. London: Asia Pub. House. 1961.

도서관경영

Library Administration, 1st ed. Madras: The Madras Library Association, London:

E. Goldston. 1935.; 2nd ed., 1959.

Library Manual. Ranganathan, S. R. and K. M. Sivaraman. Delhi: Indian Library Association. 1951.

Library Manual, for Library Authorities, Librarians, and Honorary Library Workers, 2nd ed., completely re-written. New York: Asia Publishing House. 1960.

도큐멘테이션

Public Library Provision and Documentation Problems: Papers for Discussion at the Ninth All-India Library Conference, Indore, 11~14 May 1951. Ranganathan, S. R.(ed.). Delhi: Indian Library Association, London: G. Blunt & Sons. 1951.

Documentation and Its Facets. Ranganathan, S. R.(ed.). London: Asia Pub. House. 1963.

Documentation: Genesis and Development. Delhi: Vikas Pub. House. 1973.

관종별 도서관

Library Development Plan for the University of Allahabad. 1947.

Social Science Research and Libraries: Papers and Summary Proceedings. Ranganathan, S. R. and Girja Kumar(eds.). Bombay: Asia Pub. House. 1959.

Education and Library System of the Nation. 1971.

New Education and School Library: Experience of Half a Century. Assisted by P. Jayarajan. Delhi: Vikas Pub. House. 1973.

School and College Libraries. Madras: The Madras Library Association, London: E. Goldston. 1942.

기 타

Ramanujan: the Man and the Mathematician. London: Asia Publishing House. 1967.

제6장: 멜빌 듀이(Melvil Dewey)

연보9)

1851. 12. 10	뉴욕 주 제퍼슨 카운티(Jefferson County)의 아담스 센터(Adams Center)에서 조엘(Joel)과 엘리자 그린 듀이(Eliza Green Dewey)의 둘째 아들로 태어남.
1867.	헝거포드학교(Hungerford Collegiate Institute) 입학
1869.	오니다(Oneida)로 이사, 오니다학교 입학
1870.	앰허스트대학(Amherst College) 입학
1873.	3종의 기원논문(Three Genetic Paper) 제출
1874.	학사학위 취득
1874.	앰허스트대학 도서관 사서
1876.	앰허스트대학 도서관 사서 사임, 보스턴으로 이주
1876.	듀이십진분류법(Dewey Decimal Classification) 출판
1876.	ALA가 창설된 필라델피아 회의 개최를 주도
1876.	ALA(American Library Association) 창설 주도
1876.	≪아메리칸 라이브러리 저널(American Library Journal)≫을 창간하고 1881년까지 편집장으로 일함
1876.	철자법개혁협회(Spelling Reform Association) 창립
1876.	미국미터법사무소(American Metric Bureau) 창립
1877.	앰허스트대학에서 석사학위 취득
1877.	ALA 제1차 연례회의 참석
1878.	애니 갓프리(Annie Godfrey)와 결혼
1879.	RWEC 창설
1880.	RWEC 사장 사임
1881.	도서관 비품 및 용품 회사인 '라이브러리 뷰로(Library Bureau)' 설립
1883.	컬럼비아(Columbia)대학 도서관 관장으로 임명됨

---

9) 이 연보는 Sarah Vann(eds.), *Melvil Dewey: His Enduring Presence in Librarianship*(1978)와 Wayne A. Wiegand, *Irrepressible Reformer: a Biography of Melvil Dewey*(1996)에 수록되어 있는 내용을 정리하여 재구성한 것이다.

1885.	뉴욕 라이브러리 클럽(New York Library Club) 창립
1885.	미국성공회교회에 소속됨
1887.	컬럼비아대학 도서관학교(The School of Library Economy) 창설
1887.	아들, 갓프리 듀이(Godfrey Dewey) 출생
1888.	뉴욕주립도서관 관장, 뉴욕주립대학 평의회 서기장으로 임명됨
1889.	뉴욕 주 올바니로 이주
1889.	도서관학교를 컬럼비아에서 올바니로 옮김
1890.	뉴욕주도서관협회를 창설하고 초대 회장으로 선출됨
1890.	ALA 회장으로 선출됨
1891.	ALA 회장 사임
1892.	ALA 회장으로 재선출됨
1895.	레이크 플레시드 클럽(Lake Placid Club) 창설
1897.	런던에서 열린 국제도서관회의에 미국대표로 참가
1899.	뉴욕주립대학평의회 서기장 사임
1902.	시라큐스(Syracuse)대학과 알프레드(Alfred)대학에서 명예박사학위 취득
1905.	뉴욕주립도서관 관장 사임, 뉴욕주도서관학교장직 사임
1906. 1. 1.	공식적으로 모든 공직에서 사임함
1922.	애니 사망
1924.	에밀리 멕케이 빌(Emily McKay Beal)과 재혼
1931.	뇌출혈로 12월 26일 사망

논저목록10)

단행본 및 단행본 수록물

A Classification and Subject Index for Cataloguing and Arranging the Books and Pamphlets of a Library. Amherst. Mass. 1876.

"A Decimal Classification and Subject Index." In U. S. Bureau of Education. *Public Libraries in the United States of America: Their History, Condition and Management.* Special Report. Part 1. Washington: Government Printing

---

10) 이 논저 목록은 Sarah Vann(eds.). *Melvil Dewey: His Enduring Presence in Librarianship* (1978): 233~266에 수록되어 있는 내용을 재정리한 것이다.

Office. 1876. pp.623~648.

"Autobiographic Sketch." In *Jesse F. Forbes, 1874~1884: The Chronicles of '74 Since Graduation from Amherst College*. Warren, Mass.: H. M. Converse, Printer. 1885. pp.15~18.

Decimal Classification and Relativ Index for Arranging, Cataloging and Indexing Public and Private Libraries, and for Pamflets, Clippings, Notes, Scrap Books, Index Rerums, etc., 2nd ed. Boston: Library Bureau. 1885.

Descriptive Circular and Sample Pages of the Decimal Classification and Relativ Index. 2nd ed. Boston: Library Bureau. 1885.

Library Abbreviations. Boston: Library Bureau. 1885?

Librarianship as a Profession for College-Bred Women. An Address Delivered before the Association of Collegiate Alumnae, on March 13, 1886. Boston: Library Bureau. 1886.

Libraries as Related to the Educational Work of the State. Albany, N.Y. 1888.

"Libraries as Related to the Educational Work of the State." In U.S. Bureau of Education. "Report of the Commissioner of Education, 1887~1888." in U.S. Dept. of the Interior. *Report of the Secretary of the Interior; Being Part of the Messages and Documents Communicated to the Two Houses of Congress at the Beginning of the Second Session of the Fiftieth Congress*. Vol.5. Washington: Government Printing Office. Chapter XX. 1888. pp.1031~ 1039.

"Rules for Author and Classed Catalogs as Used in Columbia College Library." Boston: Library Bureau. 1888. Published later as *Library School Card Catalog Rules*, 2nd ed.

Tables and Index of the Decimal Classification and Relativ Index for Arranging and Cataloging Libraries, Clippings, Notes, etc., 3rd ed. Boston: Library Bureau. 1888.

"The Extension of the University of the State of New York." In New York(State) University. *Proceedings of the Twenty-Seventh Annual Convocation, Held July 9~11, 1889*. Albany: James B. Lyon, 1889.

Library School Card Catalog Rules, With 52 Facsimiles of Sample Cards for Author and Classed Catalogs, 2nd ed. Boston: 1889.

"Libraries as Related to the Educational Work of the State." In New York(State) University. *Regents' Bulletin*, No.3. Albany. 1890. pp.[107]~125.

Library School Rules. Boston: Library Bureau, 1890.

"Statistics of Libraries in the State of New York Numbering Over 300 Volumes." In New York(State) University. *Regents' Bulletin*, No.3. Albany. 1890. pp.151~173.

Decimal Classification and Relativ Index for Libraries, Clippings, Notes, etc., 4th ed. Boston: Library Bureau. 1891.

"The Relation of the Colleges to the Modern Library Movement." In College Association of the Middle States and Maryland. *Proceedings of the Second Annual Convention.* Held at Princeton College, N.J., Nov. 28th and 29th, 1890. Globe Printing House. 1891. pp.78~83.

Library School Rules, 2nd ed. Boston: Library Bureau. 1892.

Decimal Classification and Relativ Index for Libraries, Clippings, Notes, etc., 5th ed. Boston: Library Bureau. 1894.

Library School Rules, 3rd ed. Boston: Library Bureau. 1894.

Abridged Decimal Classification and Relativ Index for Libraries, Clippings, Notes, etc. Boston: Library Bureau. 1895(1894c).

American Library Association. "Papers Prepared for the World's Library Congress [Held at the Columbian Exposition, Chicago, 1893. Edited by Melvil Dewey]." In U.S. Bureau of Education. *Report of the Commissioner of Education for the Year, 1892~1893.* Washington: Government Printing Office. v.1, parts I and II, Chapter ix. 1895. pp.691~1014.

"The Field of the Library Department: The Relation of the Librarian to the Teacher." [Remarks by Dewey]. In National Educational Association. *Journal of Proceedings and Addresses of the Thirty-Fifth Annual Meeting Held at Buffalo, N.Y., July 3~10, 1896.* Chicago: University of Chicago Press. 1896. p.1004.

"The New Library Department of the National Education Association." In National Educational Association. *Journal of Proceedings and Addresses of the Thrity-Fifth Annual Meeting Held at Buffalo, N.Y., July 3~10, 1896.* Chicago: University of Chicago Press. 1896. pp.998~1003.

U.S. Congress. Joint Committee on the Library. *Condition of the Library of Congress*. [Washington: Government Printing Office. 1897]. (54th Congress, 2nd Session. Senate Report no.1573). Hearings held in 1896. [Consult index for references to Dewey's testimony].

"Relation of the State to the Public Library." In *Internatinal Library Conference, 2nd, London, 1897. Transactions and Proceedings. July 13~16, 1897.* London: Printed for Members. 1898. pp.19~22.

Simplified Library School Rules. Boston: Library Bureau. 1898.

Decimal Classification and Relativ Index for Libraries, Clippings, Notes, etc., 6th ed. Boston: Library Bureau. 1899.

Library School Rules, 4th ed. Boston: Library Bureau. 1899.

"Application for Admission to the New York State Library School." In *New York(State) Library, Albany, Bulletin* 66, Library School 9. 1901. pp. 383~384.

Traveling Libraries. Field and Future of Traveling Libraries. Albany: University of the State of New York. 1901.

Library Editing and Printing. Albany?. 1902.

A.L.A. Catalog: 8,000 Volumes for a Popular Library, With Notes, 1904. Prepared by the New York State Library and the Library of Congress Under the Auspices of the American Library Association Publishing Board. Editor: Melvil Dewey. Washington: Government Printing Office. 1904.

"Libraries." In *The New International Encyclopedia.* New York: Dodd, Mead, v.12. 1904. pp.193~206.

Library School Rules, 5th ed. Boston: Library Bureau. 1905.

"American Library Association, Organized 1876, Incorporated 1879." In *National Educational Association, Fiftieth Anniversary Volume, 1857~1906.* Winona, Minn. 1907. pp.486~487.

Abridged Decimal Classification and Relativ Index for Libraries, Clippings, Notes, etc., 2nd ed. Lake Placid Club, N.Y.: Forest Press. 1912.

"The Genesis of the Library School." In New York(State) Library School, Albany, *The First Quarter Century of the New York State Library School, 1887~1912.* Albany: New York State Library School. 1912. pp.12~23.

"Office Efficiency." In H. P. Dunham. *The Business of Insurance*. v.3. New York: Ronald Press. 1912. pp.276~316.

Decimal Classification and Relativ Index for Libraries, Clippings, Notes, etc., 8th. ed. Lake Placid Club, N.Y.: Forest Press. 1913.

Decimal Classification: Corrections and Additions to Editions 5, 6, and 7. Lake Placid Club, N.Y.: Forest Press. 1914.

Decimal Classification and Relativ Index for Libraries, Clippings, Notes, etc., 9th. ed. Lake Placid Club, N.Y.: Forest Press. 1915.

Editor's Note on Agriculture Scheme for Decimal Classification. Lake Placid, N.Y. 1918.

Decimal Classification and Relativ Index for Libraries, Clippings, Notes, etc., 10th. ed. Lake Placid Club, N.Y.: Forest Press. 1919.

Abridged Decimal Classification and Relativ Index for Libraries, Clippings, Notes, etc., 3rd. ed. Lake Placid Club, N.Y.: Forest Press. 1921

Outline Decimal Classification and Relativ Index for Libraries, Clippings, Notes, etc., Lake Placid Club, N.Y.: Forest Press. 1921.

Decimal Classification and Relativ Index for Libraries and Personal Use, in Arranjing for Immediate Reference, Books, Pamflets, Clippings, Pictures, Manuscript Notes and Other Matierial, 11th. ed. Lake Placid Club, N.Y.: Forest Press. 1922.

Decimal Classification and Relativ Index: Extracts 651, Offis Economy and 658, Business Methods, Industrial Management, to Which is Prefixt 331, Labor and Laborers, Employers, Capital, from Decimal Clasification, 11th. ed. Lake Placid Club, N.Y.: Forest Press. 1924.

Decimal Classification and Relativ Index for Libraries and Personal Use in Arranjing for Immediate Reference, Books, Pamflets, Clippings, Pictures, Manuscript Notes and Other Matierial., 12th. ed. under Direction of Dorcas Fellows, Editor. Semi-centennial(ed.). Lake Placid Club, N.Y.: Forest Press. 1927.

Abridged Decimal Classification and Relativ Index for Libraries and Personal Use in Arranjing for Immediate Reference, Books, Pamflets, Clippings, Pictures, Manuscript Notes and Other Matierial., 4th. ed. Lake Placid

Club, N.Y.: Forest Press. 1929.

"Herbert Putnam." In *Essays Offered to Herbert Putnam* by His Colleagues and
Friends on His Thirtieth Anniversary as Librarian of Congress, 5 April 1929,
pp.22~23. Edidted by William Warner Bishop and Andrew Keogh. New
Haven: Yale University Press. 1929.

*Decimal Classification and Relativ Index for Libraries and Personal Use in
Arranjing for Immediate Reference, Books, Pamflets, Clippings, Pictures,
Manuscript Notes and Other Matierial.*, 13th ed. Dorcas Fellows, Editor,
Myron Getchell. Associate Editor. Memorial ed. Lake Placid Club, N.Y.:
Forest Press. 1932.

American Library Journal 기사

"Notes and Queries." 1. 1876. pp.23~24, p.194, pp.232~233, pp.266~267, pp.300~
301, pp.377~378, p.410, p.447.

"Notes and Queries." 2. 1877. pp.81~82, pp.308~309.

"The Profession." 1. 1876. pp.5~6.

"Public Documents." 1. 1876. pp.10~11.

"The American Library Association." 1. 1877. pp.245~247.

"Book Selection." 1. 1877. pp.391~393.

"The Coming Catalogue." 1. 1877. pp.423~427.

"Co-operative Cataloguing." 1. 1877. pp.170~175.

"Defacing Books." 1. 1877. pp.326~328.

"The English Conference." 1. 1877. pp.433~434.

"A Model Accession-Catalogue." 1. 1877. pp.315~320.

"Sizes, Committee on: Report of the." 1. 1877. pp.171~181.

Library Journal 기사

"The Accession Catalogue Again." 3. 1878. pp.336~338.

"The Amherst Classification." 3. 1878. pp.231~232.

"Book Supports." 3. 1878. p.192.

"Charging Systems: A New Combined Plan and Various Details." 3. 1878. pp. 359~
365.

"Charging Systems Based on Accounts with Borrowers." 3. 1878. pp.252~255, pp.285~288.

"Colored Guide-Blocks." 3. 1878. p.192.

"Delinquent Notices and Check-Boxes." 3. 1878. pp.370~371.

"Experiment and Experience." 3. 1878. pp.301~302.

"Injuries to Books." 3. 1878. pp.259~260.

"Manila Paper in Libraries." 3. 1878. p.159.

"Mr. Cutter's Bulletins and the Coming Catalog." 3. 1878. pp.269~270.

"Numbering: Rejoinders to Mr. Schwartz." 3. 1878. p.339.

"Principles Underlying Charging Systems." 3. 1878. pp.217~220.

"Size of Books Without Marks." 3. 1878. p.372.

"The Use of Colors in Libraries." 3. 1878. p.65.

"Apprenticeship of Librarians." 4. 1879. pp.[147]~148.

"Arrangement on the Shelves-First Paper." 4. 1879. pp.117~120.

"Arrangement on the Shelves-Second Paper." 4. 1879. pp.191~194.

"Book and Reader Accounts." 4. 1879. p.131.

"Duplicating Processes" 4. 1879. p.165.

"Library Hours." 4. 1879. p.449.

"The Mass. State Library Bill." 4. 1879. p.130.

"Months in Brief Entries." 4. 1879. p.93.

"Planes for Numbering, with Especial Reference to Fiction: a Library Symposium." 4. 1879. pp.38~47.

"Principles Underlying Numbering Systems-First Paper." 4. 1879. pp.7~10.

"Principles Underlying Numbering Systems-Second Paper: a New Numbering Base." 4. 1879. pp.75~78.

"The Schwartz Mnemonic Classification." 4. 1879. p.92.

"Special Favors to Trustees or Faculty." 4. 1879. p.448.

"Alfabeting Catalog Cards." 5. 1880. pp.176~177.

"Blank-Book Indexes." 5. 1880. pp.318~320.

"Book Sizes Again." 5. 1880. pp.177~179.

"Care of the Eyes." 5. 1880. p.175.

"Clearing-House for Duplicates" 5. 1880. pp.216~217.

"Clippings from Periodicals" 5. 1880. pp.146~147.

"Consulting Librarianship." 5. 1880. pp.16~17.

"The Future of the A.L.A." 5. 1880. p.321.

"Incorporation of the A.L.A." 5. 1880. pp.307~308.

"An Indexing Bureau." 5. 1880. p.215.

"Libraries in the Census." 5. 1880. p.318.

"More About Charging Systems: a Symposium." 5. 1880. pp.72~75.

• "A New Boston Idea." 5. 1880. pp.82~83.

"Past, Present, and Future of the A.L.A." 5. 1880. pp.274~276.

"Slip-Indicator." 5. 1880. pp.320~321.

"A Text-Book Department." 5. 1880. p.279.

"Useless Words" 5. 1880. p.321.

"Van Everen Numbers." 5. 1880. pp.316~318.

"Washington Conference." 5. 1880. pp.306~307.

"Heating Libraries." 6. 1881. pp.31~34.

"Numbering Books." 6. 1881. p.53.

"Mr. Perkins's Classification." 7. 1882. pp.60~62.

"School of Library Economy [Proposal for]." 8. 1883. pp.C285~C286, pp.C293~
   C294.

"School of Library Economy at Columbia College" 9. 1884. pp.117~120.

"The A.L.A. Catalog." 10. 1885. pp.73~76.

"The Cost of Cataloguing." [Comment by Dewey]. 10. 1885. p.323.

"Electric Lights." [Comment by Dewey]. 10. 1885. pp.333~334, p.335.

"A New Method of Size Notation, by Jacob Schwartz." [Comment by Dewey]. 10.
   1885. p.396.

"Shelves." [Comment by Dewey]. 10. 1885. pp.331~332.

"Buckram and Morocco." 11. 1886. pp.161~162.

"Close Classification vs. Bibliography." 11. 1886. pp.350~355.

"The Decimal Classification. A Reply to the 'Duet'." 11. 1886. pp.100~106, pp.132~
   139.

"Eclectic Book-Numbers." 11. 1886. pp.296~301.

"In Memoriam: Frederick Jackson." 11. 1886. p.478.

"Library Co-operation and the Index to Periodicals" 11. 1886. pp.5~6.

"Public Libraries as Public Educators." 11. 1886. p.165.

"The Attendance and the Excursions [of the Thousand Islands Conference]." 12. 1887. pp.457~458.

"The Nova Scotia Excursion [of the Thousand Islands Conference]." 12. 1887. pp.459~460.

"Our Cheap and Effectiv Catalog of Sale Duplicates." 12. 1887. pp.440~441.

"School of Library Economy." 12. 1887. pp.78~80.

"Umlaut." 12. 1887. p.544.

"Monthly vs. Quarterly Indexes." 13. 1888. p.172.

"New Library [Bureau] Headquarters." 13. 1888. p.236.

"Sale Duplicate Slip-Catalog." 13. 1888. pp.284~286.

"Civil Service Examinations for New York State Library." 14. 1889. pp.118~ 121.

"The Library and the State." 15. 1890. p.135.

"New York Library Association." 15. 1890. pp.267~268.

"Notes on American and State Library Associations." 16. 1891. pp.169~170.

"Pamphlets Ruined by Rolling." 16. 1891. p.202.

"Records of Current Public Interests." 16. 1891. p.328.

"Gathering Them In." 17. 1892. p.47.

"Library Museum in London." 17. 1892. p.444.

"Notes on Some Continental Libraries." 17. 1892. pp.121~122.

"Publications of the New York State Library." 17. 1892. p.444.

"Too Full Name." 17. 1892. pp.443~444.

"Better Bookmaking for Libraries." 18. 1893. p.142.

"Bibliography in Colleges." 18. 1893. p.422.

"Business Skill in Library Management." 18. 1893. p.145.

"[Tribute to William Frederick Poole]." 19. 1894. pp.C169~C170.

"[Address at the Twenty-First Anniversary of the Association]." 22. 1897. pp. 117~ 119.

"A.L.A. Conference Notes. Two Weeks' Work for the A.L.A" 23. 1898. pp. 242~243.

"Comments on Dieserud's Suggested Classification." 23. 1898. pp.609~610.

"Free Employment Registry." 23. 1898. p.563.

"The Function of the Library as a Bookstore." 23. 1898. p.C152.

"Library Examinations and Credentials." 23. 1898. p.137.

"Library Postcards." 23. 1898. pp.240~241.

"Library Schools and Training Classes: New York State Library School." 23. 1898. pp.C59~C60.

"The New Printed Cards for Current Serials." 23. 1898. p.48.

"Dangers of Over-Organization." 24. 1898. pp.C159~C160.

"The Ideal Librariarn." 24. 1898. p.14.

"Paris Library Exhibit." 24. 1898. p.660.

"Suitability of the Decimal Classification." 24. 1898. p.C154.

"What a Library Should Be and What It Can Do." 24. 1898.pp.C119~C121.

"Changing Size of Catalog Cards." 25. 1900. p.350.

"Library Schools, Committee on: Report of." 25. 1900. p.C112.

"Revision of the Decimal Classification." 25. 1900. pp.684~685.

"Cooperation Between Teachers and Librarians." 26. 1901. p.C121.

"Libraries in the Twentieth Century. A Symposium. Development and Evolution." 26. 1901. pp.121~123.

"The Relationship of Publishers, Booksellers and Librarians." 26. 1901. pp. C137~ p.C139.

"Some Principles of Book and Picture Selection." 26. 1901. pp.C124~C125.

"A.L.A. Exhibit at Louisiana Purchase Exposition. Committee on: Report of." 27. 1902. pp.C140~C142.

"Chaning Catalog Rules." 27. 1902. p.C196, pp.C201~C202.

"The Cheap Library Post Movement." 27. 1902. p.754.

"The Function of the Trustee." 27. 1902. pp.C217~C219.

"Duplicate Pay Collections of Popular Books." 28. 1903. p.C156, p.C159.

"A National Headquarters for the Library Association: Some Suggestions and Opinions. Scope and Opportunities." 28. 1903. pp.757~759.

"A.L.A. Catalog." 29. 1904. pp.23~24.

"A.L.A. Exhibit at Louisiana Purchase Exposition, Committee on [Report of]." 29. 1904 p.C204..

"For an American Library Academy." 29. 1904. p.300.

"State Aid to Libraries." 29. 1904. pp.C211~C215.

"The Traveling Library School." 29. 1904. p.371.

"Worcester (Mass.) F.P.L., [Management of]." 29. 1904. pp.422~423.

"[American Library Association] Committee on A.L.A. Academy." 30. 1905. p.289.

"A.L.A. Catalog." 30. 1905. pp.86~87.

"A.L.A. Exhibit, Report on." 30. 1905. pp.C143~C144.

"[American Library Institute]." 30. 1905. p.C179.

"[Functions of the State Library and of the State Library Commission]." 30. 1905.
        p.C151, p.C152.

"The Ideal State Library in an Ideal Location." 30. 1905. pp.C248~C249.

"[Library Training]." 30. 1905. pp.C172~C173.

"Traveling Libraries as a First Step in Library Development." 30. 1905. pp. C158~
        C159, p.C162.

"Unity and Cooperation in Library Work." 30. 1905. pp.C180~C184.

"The Future of Library Commissions [Reference to]." 31. 1906. p.C204.

"The Ideal Relations Between Trustees and Librarian." 31. 1906. p.C44.

"American Library Institute." 33. 1908. p.18.

"Take Books to Readers." 39. 1914. p.416.

"Decimal Classification Beginnings." 45. 1920. pp.151~154.

"Libraries as Book Stores." 45. 1920. pp.493~494.

"May Seymour, August 31, 1857~June 14, 1921." 46. 1921. pp.606~607.

"Temporary Fads [non-use of book numbers]." 49. 1924. p.[38].

"Adult or Home Education?" 51. 1926. p.185.

"Cards! [Corrects error made in referring to card size as 3x5 in. instead of
        7.5×12.5cm.]." 54. 1929. p.223.

"Library Colony at Lake Placid." 56. 1931. p.551.

"Outline of Library Development." 57. 1932. p.42.

Public Libraries 기사

"The A.L.A. Meeting for 1898." 1. 1896. p.174.

"Libraries as Educational Forces." 1. 1896. pp.268~269.

"The New Library Department of the National Education Association." 1. 1896.

pp.183~185.

"[The Librarians' Influence]." 2. 1897. p.267.

"Library Department of the N.E.A. [Milwaukee Meeting]." 2. 1897. p.176.

"Recommendations for Library Positions." 2. 1897. pp.493~494.

"American Library Association. Large Library Section, with Special Reference to Branches and Deliveries." 3. 1898. p.129.

"Duplicate Clearing House." 3. 1898. pp.255~256.

"The New Printed Cards for Current Serials." 3. 1898. p.82.

"New York: To Would-Be Librarians [and] To Inquirers Regarding Positions in the New York State Library." 3. 1898. pp.359~360.

"Waste in Trifles." 3. 1898. p.348.

"[Classification]." [Summary of Dewey's comments]. 4. 1899. pp.265~266.

"Dangers of Over-Organization." 4. 1899. pp.277~279.

"Letter Copying." 4. 1899. p.401.

"Bibliography and Library Economy Bulletins." 4. 1899. p.153.

"Rank of University Librarians." 4. 1899. p.106.

"Too Many Organizations." 4. 1899. pp.56~57.

"What a Library Should Be and What It Can Do." 4. 1899. pp.269~271.

"Changing Size of Catalog Cards." 5. 1900. p.243.

"Does a Bindery Pay?" 5. 1900. p.322.

"Free Library vs. Fees." 5. 1900. pp.430~431.

"The Paris Exhibit." 5. 1900. p.326.

"Trade Catalogs as Library Books." 5. 1900. p.425.

"Traveling A.L.A. Exhibit." 5. 1900. p.324.

"A.L.A. Meeting for 1902." 6. 1901. p.420.

"Illustrated Lectures on Libraries." 6. 1901. p.606.

"Private Postcards." 6. 1901. p.409.

"Science in Printing." 6. 1901. pp.110~111.

"To What Extent Should a State Library Lend Its Books to the Citizens of the State at Large?" 6. 1901. pp.34~35.

"Capacity of Book Stacks." 7. 1902. pp.28~29.

"Classification of Library Economy and Bibliography." 7. 1902. p.271.

"Cost of Duplicate Card Catalog of National Library." 7. 1902. pp.240~241.

"Department Libraries." 7. 1902. p.227.

"Library Clause in City Charters." 7. 1902. p.184.

"Library Schools of Doubtful Value." 7. 1902. pp.119~120.

"Should the Local Library Have a Museum Department?" 7. 1902. p.148.

"Size versus Decoration." 7. 1902. p.121.

"Competition of Architects on Library Plans." 8. 1903. pp.63~64.

"The Future of the Public Librarian." 8. 1903. pp.327~328.

"Accession Book, Card Shelf-List and Full Names." 9. 1904. pp.281~282.

"American Library Academy." 9. 1904. pp.238~239.

"A.L.A. Catalog." 9. 1904. p.78.

"Future of the Library in the Social System." 9. 1904. p.340.

"Indian Boys' Library." 9. 1904. p.329.

"Library Conditions in America in 1904." 9. 1904. pp.363~365.

"Library Institutes." 9. 1904. p.458.

"National Library Institute." 9. 1904. pp.16~18.

"Traveling Library Schools." 9. 1904. pp.443~444.

"A.L.A. Catalog [Errors in]." 10. 1905. p.94.

"A.L.A. Catalog, Omissions from." 10. 1905. pp.118~119.

"The Future of Library Schools." 10. 1905. pp.435~438.

"New York Library Club Dinner." 10. 1905. p.363.

"Relation of School Libraries to the Public Library System." 10. 1905. pp.224 ~225.

"State Libraries in Education Work." 10. 1905. pp.29~30.

"A.L.A. Motto, Origin of." 11. 1906. p.55.

"Broadening of State Libraries." 11. 1906. p.22.

"Tribute to Mr. Crunden." 16. 1911. pp.437~438.

"Take books to Readers." 19. 1914. pp.154~155.

"The Growth of Librarianship." 21. 1916. p.270.

"'No Fiction During the War.'" 23. 1918. p.78.

"[A.L.A. Motto: Response to an Inquiry]." 30. 1925. pp.79~80.

"As It Was in the Beginning [Tribute to Florence Woodworth]." 30. 1925. pp. 482~484.

"Shorthand for Librarians." 30. 1925. pp.540~541.

그 밖의 잡지 기사

"On Library Progress." The Library, 1. 1889. pp.367~376.

"Among the Libraries." The Bookman, 1. 1895. pp.203~205.

"The Hon. Whitelaw Reid on Fonetik Refawrm." The Bookman, 3. 1896. pp. 410~411.

"New York State Library." Harper's Weekly, 40. 1896. pp.178~181.

"Exact Reference to Printed or Manuscript Pages." The Bookman, 5. 1897. pp. 174~175.

"Qualifications of a Librarian." Library World, 2. 1899. pp.96~98.

"The Faculty Library" The Library, ser.2, 2. 1901. pp.238~241.

"Printed Catalogue Cards from a Central Bureau." The Library, ser.2, 2. 1901. pp.130~134.

"Library Institutes [in New York State]." The Library, ser.2, 3. 1902. pp. 103~ 112.

"Qualifications of a Librarian." In New York(State) Library. Bulletin 75, Library School 12 (October). 1902. pp.91~96.

"Field Libraries." Dial, 40. 1906. pp.75~77.

"Man-a-Month Volunteers." ALA Bulletin, 1. 1907. pp.1~3.

"What the A.L.A. Was Intended to Be and to Do." Wisconsin Library Bulletin, 13. 1917. pp.41~49.

"What the Lake Placid Club Offers for Library Week." New York Libraries, 7. 1921. pp.110~111.

"Our Next Half-Century." ALA Bulletin, 20. 1926. pp.309~312.

"To A.L.A." ALA Bulletin, 20. 1926. p.102.

"[New York] Library Week, 1927: Melvil Dewey Speaks." New York Libraries, 11. 1927~1929. p.259.

제7장: 피어스 버틀러(Pierce Butler)

연보

1886. 12. 19.	미국 일리노이 주 클래런던 힐에서 출생
1903.	펜실베니아 주 디킨슨대학 입학
1906.	동 대학에서 문학사 학위 취득
1907.	버지니아 주 오렌지카운티 소재 로커스트데일 예비 군사학교 (Locustdale Military Academy)에서 교사생활
1910.	신학사 학위 취득(하트퍼드 신학대학, 유니온 신학대학 입학 2년 후 1909년 편입학하여 수학)
1910.	펜실베이니아 주 디킨슨대학 문학석사 학위 취득
1910~1912.	하트퍼드 신학대학 연구 장학생
1912.	하트퍼드 신학대학 철학박사 학위 취득
1916.	시카고 뉴베리도서관 참고사서로 취업
1917~1919.	시카고 뉴베리도서관 수서과장
1919~1931.	뉴베리도서관 인쇄사 연구 윙재단 관리인 겸무
1927.	시카고대학에 도서관학 대학원 설립시 인쇄사(The History of Printing) 강좌 최초 개설 추진
1926. 6.	루스 여사와 결혼
1928~1931.	시카고대학 도서관학 대학원에서 강의
1931.	시카고대학 도서관학 대학원 정교수 임명(도서관사 담당)
1938~1944.	프로테스탄트 감독교회 목사 시무
1944.	펜실베니아주 디킨슨대학 문학박사 학위 취득
1946.	시카고대학 도서관학연구소 주최 논문발표회에서 여러 발표자와 함께 특수 자료(Special Materials) 연구 발표
1952.	시카고대학 도서관학대학원 교수 정년퇴임
1953. 3. 28.	노스캐롤라이나주 채플힐에서 자동차 사고로 사망(68세)

논저목록[11]

단행본

Check List of Incunabula in the Newberry Library. Chicago: Newberry Library. 1919.

Dante: A Select List of Books Prepared in Connection with an Exhibits. Compiled by Pierce Butler. Chicago: Newberry Library. 1921.

Check List of Books Printed during the Fifteenth Century. Compiled by Pierce Butler. Chicago: Newberry Library. 1924.

The First Fifty Years of the Printed Book, 1450~1500: Notes Descriptive of an Exhibition. Compiled by Pierce Butler. Chicago: Newberry Library. 1925.

The Petition of Aldus Manutius to the Venetian Senate on the Seventeenth of October, 1502, Imploring Legal Protection for His Types against Base Imitation of False Counterfeiters. Translated by Pierce Butler. Chicago: American Institute of Graphic Art. 1927.

The Last Will and Testament of the Lake Nicolas Jenson. Translated by Pierce Butler. Chicago: Ludlow Typograph Co. 1928.

Virgil: An Exhibition of Early Editions and Facsimiles of Manuscripts. Compiled by Pierce Butler. Chicago: Newberry Library. 1930.

The Vollbehr Collection. By Dr. Ernst Schulz. Translated by Dr. Powell Spring. Foreword by Pierce Butler. Mount Vernon, N.Y: William Edwin Rudge. 1930.

A Check List of Fifteenth Century Books in the Newberry Library and in Other Libraries of Chicago. Chicago: Newberry Library. 1933.

An Introduction to Library Science. Chicago: University of Chicago Press. 1933.

The Literary History of Scholarship. Chicago: Chicago Classical Club. 1937.

The Origin of Printing in Europe. Chicago: University of Chicago Press. 1940.

The Reference Function of the Library: Papers Presented before the Library Institute at the University of Chicago, June 29 to July 10, 1942. Edited by Pierce Butler with a Foreword by Louis R. Wilson. Chicago: University of

---

11) 이 목록은 *The Library Quarterly*, vol.22, no.3(July, 1952), pp.165~169에 수록되어 있는 "Bibliography of Pierce Butler"를 단행본과 논문·서평 등으로 구분하여 정리한 것이다.

Chicago Press. 1943.

Scholarship and Civilization. Chicago: University of Chicago. Graduate Library School. 1944.

Books and Libraries in Wartime. Edited by Pierce Butler. Chicago: University of Chicago Press. 1945.

William A. Kittredge: A Memorial Address. Chicago: R. R. Donnelley & Sons. 1945.

Report on a Survey of German University and Scholarly Libraries. By Pierce Butler, Redmond Burke, C. S. V., and Edwin Wibracht. Bad Nauheim, Germany: United States Military Government for Germany(For limited circulation). 1949.

Culture and Communication through the Ages. By Pierce Butler and Redmond Burke, C. S. V. Mimeographed syllabus(Prelim. ed.). Chicago: University of chicago. Graduatd Library School. 1952.

논문·서평 등

"A Typographical Library." *Papers of the Bibliographical Society of America* XV, part II. 1921. pp.73~87.

"Bibliography and Scholarship." *Papers of the Bibliographical Society of America* XVI, Part I. 1922. pp.53~63.

"Extending the Active Life of Books." *Publishers' Weekly* CXI, April 2. 1927. pp.1399~1401.

"Incunabula Markets of Europe." *Publishers' Weekly*, March 5. 1927 pp.1~5.

"The Library, a Laboratory or a Warehouse?" *Illinois libraries*, IX October. 1927. pp.49~52.

"The Dentition of Equus Donatus." *Library Quarterly*, I April. 1931. pp.204~ 211.

"The Way to Wealth for Indigent Bookmen." *The Colophon*, Part V, No.2. 1931.

"Review of *British Museum Catalogue of Books Printed in the Fifteenth Century*, Part VI." *Library Quarterly*, I January. 1931. pp.116~117.

"Review of *Gesamtkatalog der Wiegendrucke*, Vol.IV." *Library Quarterly*, 1931.

"Review of *Materials for the Life of Shakespeare*, comp.[Dean] Pierce Butler." *Library Quarterly*, I April. 1931. pp.229~230.

"Review of *The Mirror of the Parisian Bibliophile*, by Alfred Bonnardot; trans. Theodore Wesley Koch." *Library Quarterly*, July. 1931. pp.371~372.

"Review of *The Organization of Knowledge and the System of the Sciences*, by Henry Evelyn Bliss." *Library Quarterly*, January. 1931. pp.92~94.

"Review of *Paper of the bibliographical Society of America*, Vol.XXIV, Parts I and II." *Library Quarterly*, October. 1931. pp.498~499.

"Review of *Prices of Incunabula*, by Max Sander." *Library Quarterly*, January. 1931. pp.116~117.

"Review of *The Student's History of Printing*, by Merritt Way Haynes." *Library Quarterly*, July. 1931. pp.360~361.

"Review of *Die Typen der Inkunabeleit*, by Ernst Consenttus." *Library Quarterly*, January. 1931. pp.116~117.

"Review of *Vergiliana*, comp. and ed. John Willam Spaeth, Jr.." *Library Quarterly*, April. 1931. pp.230~231.

"Review of *The Book-Collector's Quarterly*, No.4(October, 1931)." *Library Quarterly*, II April. 1932. pp.172~173.

"Review of *Gutenberg Jahrbuch*, 1931, ed. A. Ruppel." *Library Quarterly*, II January. 1932. pp.85~87.

"Review of *Censorship and the Public Library, with Other Papers*, by George F. Bowerman." *Library Quarterly*, II April. 1932. pp.168~169.

"Review of *A Chart of the History of Printing in Europe*, by R. T. Aitceison." *Library Quarterly*, January. 1932. pp.85~87.

"Review of *Editiones saeculi XV plercecue bibliographis ignotae*, by Thomas Accuti." *Library Quarterly*. 1932.

"Review of *Handbuch der Bibliothekis-senschaft*, ed. Fritz Milkau." *Library Quarterly*. 1932.

"Review of *The Huntington Library Bulletion*, No.1." *Library Quarterly*. 1932.

"Review of *The Huntington Library Bulletion*, No.2." *Library Quarterly*, April. 1932. pp.171~172.

"Review of *Incunabula and Americana(1450~1800)*, by Margaret Bingeam Stillwell." *Library Quarterly*, January. 1932. pp.85~87.

"Review of *Incunabula medica in the Huntington Library*, comp. Herman Ralph

Mead." *Library Quarterly.* 1932.

"Review of *Jahrbuch der deutschen Bibliotheken*, Jahargang 21~22." *Library Quarterly*, April. 1932. pp.167~168.

"Review of *Some Noteworthy Firts in Eurpe during the Fifteenth Century*, by E. Miriam Lone." *Library Quarterly*, January. 1932. pp.85~87.

"College Student's Reading." *Bulletin of the American Association of American Colleges*, XIX, No.3, November. 1933. pp.337~345.

"Fifteenth Century Editions of Arabic Authors in Latin Translation." in *The MacDonald Presentation Volume*, ed. Willlam G. Shellabear and Others. Princeton University Press, 1933.

"Review of *Introduction to the History of Science*, by George Sarton." *Library Quarterly*, III January. 1933. pp.123~124.

"Review of *Philobiblion: Zeitschrift fur Bucherliebhaber*, Jahrgang VI, Heft 5." *Library Quarterly*, July. 1933 pp.325~326.

"Review of *The Rockefeller McCormick New Testament*, ed. Edgar J. Good-speed et al." *Library Quarterly*, April. 1933. pp.208~212.

"James Christian Meinich Hanson." *Library Quarterly*, IV April. 1934. pp.127~ 130.

"A Moral Philosophy for Catalogers." *Catholic Library World*, VI, No.7, March 15. 1935. pp.55~57.

"Review of *Materials for a Life of Jacopo da Varagine*, by Ernest Cushing Richardson." *Library Quarterly*, V July. 1935. pp.351~352.

"Review of *Some Aspects of Co-operative Cataloging*, by Ernest Cushing Richardson." *Library Quarterly.* 1935.

"Review of *Theory and History of Bibliography*, by Georg Schneider, trans. Ralph Robert Shaw." *Library Quarterly*, April. 1935. pp.240~241.

"Review of *A Union World Catalog of Manuscript Books*, Vols. I, II, and IV, by Ernest Cushing Richardson." *Library Quarterly*, July. 1935. pp.351~ 352.

"Irvingism as an Analogue of the Oxford Movement." *Church History*, VI, No.2, June. 1937. pp.101~112.

"Review of *Lexikon des gesamten Buchwesens*, by Karl Loffler and Joachim Kirchner, Band I." *Library Quarterly*, VII January. 1937. pp.146~147.

"Opportunities for Historical Research in the Chicago Area." in *Proceeding of the*

Conference of State and Local Historical Societies. Chicago: Conference of Historical Societies, December 28. 1938. pp.10~14.

"Review of *Lexikon des gesamien Buchwesen*, by Karl Loffler and Joachim Kirchner, Band II." *Library Quarterly*, VIII July. 1938. p.418.

"Review of *Lexilon des gesamten Buchwesens*, by Karl Loffler and Joachim Kirchner, Band III." *Library Quarterly*, IX october. 1939. pp.517~518.

"Review of *Paper in Honor of Andrew Keogh*, by Staff of Yale University Library."*Library Quarterly*, January. 1939. pp.101~102.

"The Cultural Import of Typography." *Bulletin of the Louisiana Library Association*, III, No.4 June. 1940. pp.3~9.

"The Research Worker's Approach to Books- the Humanist." in *The Acquisition and Cataloging of Books.* Chicago: University of Chicago Press. 1940. pp. 270~283.

"The Present Doctrinal Crisis." *Anglican Theological Review*, XXIII, No.4, October. 1941. pp.275~285.

"Review of *Ancient Libraries*, by James Westfall Thompson." *College and Research Libraries*, VI June. 1941. pp.257~258.

"A Possible Field for Book Conservation." *Library Quarterly*, XII July. 1942. pp. 399~403.

"The Gutenberg Celebration of 1940: A Survey of the Literature." *Library Quarterly*, XIII January(Review article). 1943. pp.63~67

"Survey of the Reference Field." in *The Reference Function of the Library.* Chicago: University of Chicago Press. 1943. pp.1~15.

"Review of *Force and Freedom*, by Jacob Burckhardt." *Lirary Quarterly*, XIV January. 1944. p.68.

"Review of *Man the Measure*, by Erich Kahler." *Library Quarterly*, April. 1944. pp.162~163.

"The Gutenberg Celebration of 1940." *Library Quarterly*, XV October(Review article). 1945. pp.347~351.

"War in Library History." in *Books and Libraries in Wartime.* Edited by Pierce Butler. Chicago: University of Chicago Press. 1945. pp.9~27.

"Review of *Shakespeare and Jonson*, by Gerald Eades Bentley." *Library Quarterly*,

XV July. 1945. pp.268~269.

"The Professor and the Campus Library." *School and Society*, Vol.IXV, No.1686, April 19. 1947. pp.273~276.

"The German Scholarly Libraries during the War." *Library Quarterly*, XVIII April(Review article). 1948. pp.120~123.

"Review of "Religion and the Rise of Western Civilization," by Christopher Dawson." *Faith and Thought*(Monthly Bulletin of the Episcopal Church Council and the Canterbury Club at the University of Chicago), April, 1950.

"Librarianship as a Profession." *Library Quarterly*, XXI October. 1951. pp.235~ 247.

"The Cultural Function of the Library." *Library Quarterly*, XXII April. 1952. pp. 79~ 91.

"The Bibliographical Function of the Library." *Journal of Cataloging & Classification* Vol.9 No.1, March. 1953. pp.3~11.

제8장: 제시 호크 세라(Jesse Hauk Shera)

연보12)

1903. 12. 8.	오하이오 주 옥스포드 출생
1921.	옥스포드 소재 윌리엄 맥구피 고등학교 졸업
1925.	마이애미대학교 영어학 전공 학사학위 취득
1927.	예일대학교 대학원 영문학 전공 석사학위 취득
1927.	마이애미대학교 도서관 직원
1928~1938.	인구문제 연구소 스크립스 재단의 사서 및 연구보조원
1938.	시카고대학교 도서관학대학원 박사과정 입학
1940~1941.	미국국회도서관의 인구조사사업(Census Library Project)의 책임

---

12) 이 연보는 Margaret Kaltenbach, "Jesse H. Shera", *ALA World Encyclopedia of Library and Information Science*(1986); Conrad H. Rawski, "Jesse H. Shera", *Encyclopedia of Library and Information Science*, vol.38, suppl.3(1985); H. Curtis Wright, "Shera is Bridge between Librarianship and Information Science", *Journal of Library History*, 20(2)(1985)를 참고하여 작성한 것이다.

	자(chief)
1941~1944.	전략활동국(Office of Strategic Service)의 중앙정보부(Central Information Division)의 책임자(department chief)
1944.	시카고대학교 도서관학 전공 박사학위 취득
1944~1947.	시카고대학교 도서관 부관장
1947~1952.	시카고대학교 도서관학대학원 부교수
1952~1970.	웨스턴리저브대학교 도서관학대학원장
1952.	미국도큐멘테이션기구(American Documentation Institute) 재조직
1953.	American Documentation의 편집인
1955.	도큐멘테이션·커뮤니케이션 연구센터(Center for Documentation and Communications Research: CDCR)설립
1956.	웨스턴리저브대학교 도서관정보학 분야의 박사과정 설립
1967.	케이스웨스턴리저브대학교로 학교명칭 변경
1970~1971.	텍사스대학교 도서관학대학원 초빙교수
1972~1982.	케이스웨스턴리저브대학교 명예교수
1982. 3. 8.	오하이오 주 클리브랜드에서 사망

논저목록13)
단행본(Books)

Foundations of the Public Library: The Origins of the Public Library Movement in New England 1629~1955. Chicago: University of Chicago Press. 1949.; Reprinted. Hamden, Conn: Shoestring Press. 1965 and 1974.; Chaps. 3 and 7 reprinted in M. H. Harris. Readings in *American Library History.* Washington. D.C.: NCR Microcard Editions. 1971.

Bibliographic Organization: Papers Presented before the Fifteenth Annual Conference of the Graduate Library School July 24~29, 1950. Shera, Jesse H. and Margaret E. Egan(eds.). Chicago: University of Chicago Press. 1951.

Historians, Books, and Libraries. Cleveland: Press of Western Reserve University.

---

13) 이 목록은 Conrad H. Rawski, "Jesse H. Shera," *Encyclopedia of Library and Information Science*, vol.38, suppl.3(1985), pp.348~371에 수록되어 있는 세라의 저작 가운데 단행본, 단행본의 일부로 포함된 저술, 학술지 논문만을 발췌한 것이다.

1953.

The Classified Catalog: Basic Principles and Practices. Shera, Jesse H. and
   Margaret E. Egan(eds.). Chicago: American Library Association. 1956.

Information Systems in Documentation. Shera, Jesse H., Allen Kent and James W.
   Perry(eds.). New York: Interscience. 1957.

Information Resources: A Challenge to American Science and Industry. Shera,
   Jesse H., Allen Kent and James W. Perry(eds.). Cleveland: Press of Western
   Reserve University. 1958.

Libraries and the Organization of Knowledge. : Collected Essays D. J. Foskett(ed.).
   London: Crosby Lockwood.; Hamden, Conn.: Archon Books. 1965.

Documentation and the Organization of Knowledg. : Collected Essays D. J. Foskett
   (ed.). London: Crosby Lockwood.; Hamden, Conn.: Archon Books. 1966.

The Sociological Foundations of Librarianship. Bombay, India, and New York:
   Asia Publishing House. 1970. Sarada Ranganathan Lectures. No.3. 1967.
   Russian transl. by Victor A. Polushkin. Moscow. 1973.; Persian transl. in
   Journal of the Iranian Library Association. Vol.10, No.1. Spring. pp.1~21
   1977.; Lahore: Urdu transt. 1980.

The Compleat Librarian. : Selections from the Columns published in the Wilson
   Library Bulletin under the title "Without Reserve." Cleveland: Press of Case
   Western Reserve University. 1971.

The Foundations of Education for Librarianship. New York: Wiley-Becker and
   Hayes. 1972.

Knowing Books and Men: Knowing Computers, Too. : Collected Essays. Littleton,
   Colo.: Libraries Unlimited. 1973.

Introduction to Library Science: Basic Elements of Library Service. Littleton,
   Colo.: Libraries Unlimited. 1976.

Dictionary of American Library Biography. Shera, Jesse H., George S. Bobinski
   and Bohdan S. Wynar(eds.). Littleton, Colo.: Libraries Unlimited. 1978.

단행본 수록 저술(Parts of Books: Papers, Articles, Commentary)

"Libraries and Museums." in Seba Eldridge(ed.). *Development of Collective Enterprise:*
   Dynamics of an Emergent Economy. Lawrence: University of Kansas Press.

1943. pp.183~207.

"The Center of Documentation-A Regional Approach." in Philadelphia Biographical Center and Union Library Catalogue. *Documentation on a Regional Basis: Symposium on Post-War Activities.* Philadelphia.: The Center(mimeographed). 1944. pp.vi~ix.

"Administration of the Library-Technical Operations." in Margaret E. Egan (comp.). *Survey of the Saginaw Library System.* Chicago: The Author. 1948. pp.103~127.

"A Summary of the Historical Background of Classification Theory" in U.S. Research and Development Board. Special Committee on Technical Information, *Symposium on Special Classification Systems.* Washington, D. C.: U. S. Research and Development Board(mimeographed). 1949. pp. 1~6.

"The Training of Librarians and Documentalists in the United States." in Shera, Jesse H. and Margaret E. Egan. Suzanne Briet(comp.). *Enquiry Concerning the Professional Education of Librarians and Documentalists:* Report to the Joint Committee of the International Federation of Library Associations and of the International Federation for Documentation. Paris: UNESCO. 1951.

"The Beginnings of Systematic Bibliography in America. 1642~1799." in Frederick R. Goff(ed.). *Essays Honoring Lawrence C. Wroth.* Portland, Maine: Anthoensen Press. pp.263~278. 1951. Reprinted in Vito J. Brenni(ed.). *Essays on Bibliography.* Metuchen, N. J.: Scarecrow Press. 1975. pp.110~122.

"Classification: Current Functions and Applications to the Subject Analysis of Library Materials." in Maurice F. Tauber(ed.). *The Subject Analysis of Library Materials.* New York: Columbia University School of Library Service. pp.29~42. 1953. Reprinted in Ann F. Fainter(ed.). *Reader in Classification and Descriptive Cataloging.* Washington, D.C.: NCR Microcard Editions. 1973. pp.68~76.

"A Review of the Present State of Librarianship and Documentation." in S. C. Bradford(ed.). Shera, Jesse H. and Margaret E. Egan. *Documentation,* 2nd ed. London: Crosby Lockwood. 1953. pp.11~45. Spanish transl., "Examen del estado actual de la biblioteconomia y de la documentation." *Centre de*

Documentacion e Informacion de Asuntos Municipales. Argentina: Santa Fe. 1965.

"The Role of the College Library-A Reappraisal." in *Library-Instructional Integration on the College Level, ACRL Monographs* No.13. Chicago: Association of College and Reference Libraries. April. 1955. pp.6~17.

"Preface." in Eunice Keen,. *Manual for Use in the Cataloging of Audio-Visual Materials for a High School Library*. Lakeland, Fla.: The Author. 1965. p.iii.

"Foreword." in James W. Perry, Allen Kent, and Madeline M. Berry. *Machine Literature Searching*. New York: Press of Western Reserve University and Interscience Publishers. 1956. pp.v~vi.

"Foreword." in James W. Perry and Allen Kent. *Documentation and Information Retrieval*. Cleveland: Press of Western deserve University and Interscience Publishers. 1751. pp.iii~v.

"Pattern, Structure, and Conceptualization in Classification." in *Proceedings of the International Study Conference on Classification in Information Retrieval*. Dorking 1957. London: ASLIB. 1957. pp.15~27.

"What Lies Ahead in Classification." in Thelma Eaton and Donald E. Strout (eds.). *The Role of Classification in the Modern American Library*. Champaign, Ill.: Illini Union Bookstore. 1960. pp.116~128.

"Communicating Office of Education Statistics." in U.S.Office of Education Advisory Committee of Users of Educational Statistics, *Report*, U.S. Department of Health, Education, and Welfare, Washington. D.C. 1960. pp.33~41.

"Present Day Methods fur the Storage and Retrieval of Information." in Margaret I. Rufsvold and Carolyn Guss(eds.). *Proceedings of a Work Conference on Bibliographic Control of Newer Educational Media*. Bloomington: Indiana University. 1960. pp.42~55.

"Common Languages in Librarianship and Documentation" in Allen Kent(ed.). *Information Retrieval and Machine Translation*, Part II. New York: Interscience. 1961. pp.1051~1060.

"Developments in Machine Literature Searching." in Edward A. Tomeski, Richard W. Westcott and Mary Covington(eds.). *The Clarification, Unification, and*

Integration of Information Storage and Retrieval: Proceedings of February 23, 1961, Symposium. New York, Management Dynamic; Lincoln Square Chapter, Systems and Procedures Association, Science Technology Division; New York Chapter, Special Libraries Association. 1961. pp.22~34.

"Automation Without Fear." in D.J. Foskett and B.I. Palmer(eds.). *The Sayers Memorial Volume: Essays in Librarianship in Memory of William Charles Berwick Sayers.* London: The Library Association. 1961. pp.168~181.

"Objectives of the School of Library Science." in *Western Reserve University, School of Library Science, Academic Year 1961~1962.* Cleveland: WRU SLS. 1961. pp.1~5.

"College and University Libraries." in *Encyclopedia Americana.* Shera, Jesse H. and Barbara Denison. New York: Americana Corporation. 1962. pp.385~ 388.

"The Propaedeutic of the New Librarianship." in Wesley Simonton(ed.). *Information Retrieval Today: Papers Presented at the Institute.* Conducted by the Library School and the Center for Continuation Study, University of Minnesota, September 19~22, 1962, Center for Continuation Study. Minneapolis: University of Minnesota. 1963. pp.5~19.

"The Book Catalog and the Scholar-A Reexamination of an Old Partnership." in Robert E. Kingery and Maurice F Tauber(eds.). *Book Catalogs.* New York: Scarecrow Press. 1963. pp.1~12.

"Libraries, History of." in *Encyclopedia International.* New York: Grolier. 1964. pp.521~522.

"Librarianship as a Career." in *World Topics Yearbook.* Lake Bluff Ill.: United Educators. 1964. pp.207~217.

"Staffing Library Service to Meet Student Needs-Library Education." in American Library Association. *Student Use of Libraries: An Inquiry into the Needs of Students, Libraries, and the Educational Process,: Papers of the Conference Within a Conference, July 16~18, 1963.* Chicago: ALA. 1964. pp.122~ 133.

"Library." in Shera, Jesse H. and Barbara Denison. *America Educators Encyclopedia,* Vol.9. Lake Bluff, Ill.: United Educators. 1964. pp.L-124~L-151.

"Introduction and Welcome." in A. J. Goldwyn and Alan M. Rees(eds.). *The Education of Science Information Personnel: Proceedings of an Invitational Conference, 1964.* Cleveland: WRU, CDCR SLS. 1965. pp.1~5.

"Changing Concepts of Classification: Philosophical and Educational Implications." in P.N. Kaula(ed.). *Library Science Today: Ranganathan Festschrift*, Vol.1. New York: Asia Publishing House. 1965. pp.37~48.

"The Problem of Finance: Working Paper No.4." in Sarah R. Reed(ed.). *Problems of Library School Administration: Report of an Institute. April 14~15, 1965.* Washington, D.C.: U.S. Department of Health, Education, and Welfare, Office of Education. 1965. pp.33~45.

"The Present State of Education and Training in Documentation, Information Science, and Special Librarianship in the United States." in *Proceedings of the 31st Meeting and Congress of the International Federation for Documentation in Cooperation with the American Documentation Institute.* Washington, D.C.: Spartan Books. 1966. pp.27~37.

"Automated Information Exchange for Business and Industry." in R*eport of a Rochester Area Conference on Technology Transfer and Innovation in Business and Industry, University of Rochester and the State Technical Services Administration.* Rochester. N.Y.: New York, Department of Commerce. 1967. pp.21~24.

"Comments." in Barbara Denison, Robert G. Cheshier and Alan M. Rees(eds.). *Proceedings of a Conference on Regional Medical Library Service, Cleveland Medical Society Library and Western Reserve University.* Cleveland: SLS. 1967. pp.38~52.

"The Library Profession." in *Introduction to Peterson's Career and Adviser's Booklet to Librarianship and Information Science.* Princeton: Peterson's Guides. 1967.

"Information Storage and Retrieval-Libraries." in David L.Sills(ed.). *International Encyclopedia of the Social Sciences*, Vol.7. New York: Macmillan-Free Press. 1968. pp.314~318.

"Libraries." in George D. Stoddard(ed.). *Living History of the World: 1968 Yearbook.* New York: Stravon Publishers. 1968. pp.316~319.

"Federal Support for Income and Expenditures of Library Education Programs." in
Frank L. Schick(ed.). *North American Library Education Directory and
Statistics, 1966~1968.* Chicago: ALA. 1968. pp.1~4.

"An Epistemological Foundation for Library Science." in Edward B. Montgomery(ed.).
The Foundations of Access to Knowledge: A symposium. Syracuse, N.Y.:
Syracuse University Press. 1968. pp.7~25.

"Preface." in Gorgonio D. Siega(ed.). *Librarianship as a Profession in the Philippines:
Proceedings of the First Regional Seminar of College and University
Librarians: Bisayas and Mindanao Areas, November 11~13, 1968.*
Dumaguete City P1.: Silliman University Library. 1969. pp. iii~ⅴ.

"Libraries." in George D. Stoddard(ed.). *Living History of the World: Yearbook,
1969.* New York: Stravon Educational Press and Parents' Magazine. 1969.
pp.314~315.

"Professional Aspects of Information Science and Technology." in Carlos A.
Cuadra(ed.). Shera, Jesse H. and Anne S. McFarland. *Annual Review of
Information Science and Technology,* Vol.4. Chicago: Encyclopaedia
Britannica. 1969. pp.439~471.

"The Library and Social Change." in *World Topics Yearbook, 1970.* Lake Bluff, Ill.:
United Educators. 1970. pp.257~263.

"Case Western Reserve University: School of Library Science." in Allen Kent and
Harold Lancour(eds.). *Encyclopedia of Library and Information Science,*
Vol.4. New York: Dekker. 1971. pp.220~228.

"Research Needs Relating to the Aims and Needs of Graduate Library Education." in
Harold Borko(ed.). *A Study of the Research Needs of Library and
Information Science Education:* Final Report, Institute of Library Research.
Los Angeles: University of California at Los Angeles. 1970. pp.21~46.

"Libraries." in *World Topics Yearbook,* 1971. Lake Bluff, Ill.: United Educators.
1971. pp.299~302.

"Libraries." in *World Topics Yearbook,* 1972. Lake Bluff, Ill.: United Educators.
1972. pp.270~272.

"Aims and Content of Graduate Library Education." in Harold Borko(ed.). *Targets
for Research in Library Education.* Chicago: ALA. 1973. pp.9~30.

"Libraries." in *World Topics Yearbook, 1973.* Lake Bluff, Ill.: United Educators. 1973. pp.305~306.

"The Public Library in Perspective." in Ralph W. Conant and Kathleen Molz (eds.). *The Metropolitan Library.* Cambridge, Mass.: MIT Press. 1973. pp.101~122.

"Libraries." in *World Topics Yearbook, 1974.* Lake Bluff, Ill.: United Educators. 1974. pp.273~275.

"So Use in Literature." in Morris Gelfand(ed.). Shera, Jesse H. and Margaret Edna Anderson. *Access to the Literature of the Social Sciences and the Humanities.* Flushing, N.Y.: Queens College Press. 1974. pp.165~171.

"Libraries." in *World Topics Yearbook, 1975.* Lake Bluff, Ill.: United Educators. 1975. pp.278~117.

"Administration off Library School." in Mary B. Cassata and Herman L. Totten(eds.). *Administrative Aspects of Education for Librarianship: A Symposium.* Metuchen, N. J.: Scarecrow Press. 1975. pp.294~318.

"Libraries" and "Librarian of Congress." in *World Topics Yearbook, 1976.* Lake Bluff. Ill.: United Educators. 1976. pp.326~332a.

"Libraries." in *World Topics Yearbook, 1977.* Lake Bluff, Ill.: United Educators. 1977. pp.268~269.

"Foreword" and "Introduction." in Anand P. Srivaslava. *Ranganarthan: A Pattern Maker: Syndetic Study of His Contribution.* PVT, New Delhi: Metropolitan Book Co. 1977.

"History and Foundations of Information Science." in Martha E. Williams(ed.). Shera, Jesse H. and Donald B. Cleveland. *Annual Review of Information Science and Technology,* Vol.12, White Plains. N. Y.: ASIS-Knowledge Industry Publications. 1977. pp.249~275.

"Libraries." in *World Topics Yearbook, 1978.* Lake Bluff, Ill.: United Educators. 1978. pp.289~271.

"Foreword." in C. H. Lowe. *Notable Books on Chinese Studies: A Selected, Annotated, and Subject Divided Bibliographic Guide.* Taipei. Taiwan: China Printing. 1978. pp.14~22.

Response to Kenneth W Thompson's "The Last Quarter-Century: Change, Challenge as Catastrophe." Allerton Park Institute, 1976. in *Changing Times: Changing Libraries*(George S. Bonn and Sylvia Faibisoff(eds.). University of Illinois. Graduate School of Library Science, Urbana. 1978. pp.14~22.

"Libraries" and "Libraries and Proposition 13." in *World Topics Yearbook, 1979.* Lake Bluff, Ill.: United Educators. 1979. pp.297~299.

"Butler, Pierce." in Robert Wedgeworth(ed.). *ALA World Encyclopedia of Library and Information Serivces.* Chicago: ALA. 1980. pp.105~106.

"Librarianship, Philosophy of." in Robert Wedgeworth(ed.). *ALA World Encyclopedia of Library and Information Services.* Chicago: ALA. 1980. pp.314~317.

"Hooded Candles: Wilmarth Sheldon Lewis." in *Rowfant Club Yearbook 1980.* Cleveland: Rowfant Club. 1981. pp.66~68.

"Libraries." in *World Topics Yearbook, 1980.* Lake Bluff, Ill.: United Educators. 1980. pp.274~277.

"Libraries." in *World Topics Yearbook, 1981.* Lake Bluff, Ill.: United Educators. 1981. pp.289~291.

"The Pathfinder's Burden." in Metcalf, Downs, Kaser, and Shera at Eastern Illinois University, April 10, 1981, *Library Journal Special Report* No.21. New York: Bowker. 1981.

"Librarianship and Information Science." In *The Study of Information: an Interdisciplinary Approach.* Fritz Machlup and Una Mansfield(eds.). New York: John Wiley. 1983.

학술지 수록 논문(Journal Articles)

"Handmaidens of the Learned World." *Lib. J.*, 56(1), January. pp.21~22. 1931.

"The Age Factor in Employment-A Bibliography." *Bull. Bibliogr.*, 14(5), May~ August. 1731. pp.100~101.; 14(6), September~December. 1931. pp. 128~ 129.; 14(7), January~April. 1932. pp.154~155.; 14(8), May~August. 1932. pp.175~177.; 14(9), September~December. 1932. pp. 193~195.

"The Place of Library Service in Research: A Suggestion." *Libraries*, 36(9), November. 1931. pp.387~390.

"The Librarian's 'Changing World'." *Lib. J.*, 58(4), February. 15, 1933. pp. 149~152.

"Recent Social Trends and Future Library Policy." *Lib, Q.*, 3(4), October. 1933.

pp.339~353.

"Viewpoint Shift in Reference Work." *Special Lib.*, 25(9). November. 1934. pp. 235~237.

"An Eddy in the Western Flow of American Culture: The History of Printing and Publishing in Oxford, Ohio, 1872~1841." *Ohio State Archaeol. Hist. Q.*, 44(1), January. 1935. pp.103~137.

"The 'Unaffiliated' Member and the SLA." *Special Lib.*, 26(5), May~June. 1935. pp.124~125.

"The College Library of the Future." *Am. Lib. Assoc. Bull.*, 30(6), June. 1936. pp.494~501.

"Richmond-and Beyond!" *Wilson Lib. Bull.*, 10(10). June, 1936. pp.648~649.

"College Librarianship and Educational Reform." *Am. Lib. Assoc. Bull.*, 31(3), March. 1937. pp.141~146.

"Training for 'Specials': A Prologue to Revision." *Special Lib.*, 28(5), May~June. 1937. pp.139~144.

"Barred Gates: A Librarian's Plea for Freedom." *PMLA Q.*, 1(4), July. 1937. pp.54~55.

"Training for 'Specials': The Status of the Library Schools." *Special Lib.*, 28(9), November. 1937. pp.317~321.

"Swan-song of a Junior." *Am. Lib. Assoc. Bull.*, 32(1), March. 1938. pp.181~184.

"The Strength of the Pack." Cincinnati Chapter, *Special Libraries Association, Newsletter*, December. 1935. pp.2~3.

"Accent on Youth: The Significance of ALA Reorganization for the Young Librarian." *Wilson Bull.*, 13(5), January. 1939. pp.312~313, 324.

"Special Library Objectives and Their Relation to Administration." *Special Lib.*, 35(3), March. 1944. pp.91~94.

"The Literature of American Library History." *Lib. Q.*, 15(1), January. 1945. pp.1~24. Completely revised 1973.

"Documentation in the United States." Shera, Jesse H. and Margaret E. Egan. *Am. Doc.*, 1(1), January. 1950. pp.8~12.

"The UNESCO Conference on the Improvement of Bibliographic Services: A Preliminary Report." *Am. Doc.*, 1(3), August. 1950. pp.144~146.

"The United States Report in National and International Bibliographic Problems." Shera, Jesse H. and Margaret E. Egan. *Am. Doc.*, 1(3), August. 1950. pp.146~151.

"Documentation: Its Scope and Limitations." *Lib. Q.*, 21(1), January. 1951. pp.13~26.

"The Present State of Bibliography in the United States: A Condensation of the U.S. Report of National and International Bibliographic Problems." Shera, Jesse H. and Margaret E. Egan. *ALA Bull.*, 45(2), February. 1951. pp.52~55.

"The UNESCO Conference on the Improvement of Bibliographic Services." *U.S. Department of State Bull.*, 24(617), April 30. 1951. pp.707~709.

"Bibliographic Management." *Am. Doc.*, 2(1), Winter. 1951. pp.47~54.

"Effect of Machine Methods on the Organization of Knowledge." *Am. Doc.*, 3(1). Winter. 1952. pp.15~20.

"The Preservation of Local illinois Newspapers: A report of the Committee on Local Illinois Newspapers." *ILA Rec.*, 5(3), March. 1952. pp.49~52.

"Foundations of a Theory of Bibliography." Shera, Jesse H. and Margaret E. Egan. *Lib. Q.*, 22(2), April. 1952. pp.125~137. Reprinted in Vito J. Brenni(ed.). *Essays on Bibliography.* Metuchen, N.J.: Scarecrow Press. 1975. pp.110~122.

"On the Value of Library History." *Lib. Q.*, 22(3), July. 1952. pp.240~251. Reprinted in Michael H. Harris. *Readings in American Library History.* Washington, D. C.: NCR Microcard Editions. 1971. pp.5~14.; and Dianne J. Ellsworth and Norman Stevens(eds.). *Landmarks in Library Literature 1876~1976.* Metuchen. N.J.: Scarecrow Press. 1976. pp. 153~171.

"Special Librarianship and Documentation." *Lib. Trends*, 1(2), October. 1952. pp.189~179.

"Emergence of New Institutional Structure for the Dissemination of Specialized Information." *Am. Doc.*, 4(4), Fall. 1953. pp.163~173.

"Education for Librarianship-an Integrated Approach." *ALA Bull.*, 38(3). March. 1954. pp.129~130, pp.169~173.

With Barbara Denison, "Preliminary Planning Conference on Information Processing and Correlation." *Am. Doc.*, 6(3). July. 1955. pp.162~166.

"Training the Chemical Librarian: A Challenge and an Opportunity." *Special Lib.*, 47(1). January. 1956. pp.8~16.

"Librarianship in a High Key" *ALA Bull.*, 5(2). February. 1956. pp.103~105.

"Research and Training in Documentation at Western Reserve University." *Microcosm*, 2(1), Spring. 1956. p.3.

"Mirror for Documentalists." *D. C. Lib.*, 27(2), April. 1956. pp.2~4.

"On the Teaching of Cataloging." *J. Cataloging Classification*, 12(3), July. 1956. pp.130~132.

"Putting Knowledge to Work-The Reaffirmation of a Credo: A Rededication to the Faith." *Special Lib.*, 47(7), September. 1956. pp.322~326.

"Knowledge Goes Berserk." *Saturday Rev.*, December 1. 1956. pp.69~71.

"The Librarians' New Frontier." *Lib. J.*, 82(1). January 1. 1957. pp.26~28.

"Research and Development in Documentation." *Lib. Trends*, 6(2), October. 1957. pp.187~206.

"Classification at Dorking: The International Study Conference on Classification for Information Retrieval." *Lib. Resources Tech., Serv.*, 2(1). January. 1953. pp.33~43.

"Background Courses in Education for Librarianship." *Assoc. Am. Lib. School Bull.*, June. 1958. pp.20~22.

"Education for Documentation." *Special Lib.*, 49(8), October. 1958. pp.389~ 370.

"The Place of Bookbinding in the Library School Curriculum." *Rub-Off*, 10(1), January~February. 1957. pp.1~3.

"Isis and the Librarian's Quest for Unity." *OLA Bull.*, 29(2), April.1959. p.19, 21.

"New Tools for Easing the Burden of Historical Research." *Am. Doc.*, 10(4), October. 1959. pp.274~277.

"Theory and Technique in Library Education." *Lib. J.*, 85(9), May 1. 1960. pp.1736~1739.

"The Changing Philosophy of Bibliographic Classification." *Rev. Doc.*, 27(4), November.. 1960. pp.139~140

"Social Epistemology, General Semantics, and Libraries." *Yearbook Inst. Gen. Semantics*, Nos. 26~27. 1960. pp.19~21.

"An Educational Program for Special Librarians." *J. Educ. Librarianship*, 1(3),

Winter. 1961. pp.121~128.

"Social Epistemology, General Semantics, and Libraries." *Wilson Lib. Bul.*, 35(10). June. 1961. pp.767~770.

"The Librarian and the Machine." *Lib. J.*, 86(12), June 15. 1961. pp.2250~ 2254.

"How Much Is a Physicist's Inertia Worth?" *Phys. Today*, 14(8), 42~63(August 1961). Reprinted in Michael M. Reynolds(ed.). *Reader in the Academic Library.* Washington, D.C.: NCR Microcard Editions. 1969. pp.190~ 192.

"Automation Without Fear." *ALA Bull.*, 55(9). October. 1961. pp.787~794.

"What Is Librarianship?" *Louisiana Lib. Assoc.*, 24(3), Fall. 1761. pp.95~97. Reprinted in Barbara McCrimmon(ed.). *American Library Philosophy.* Hamden, Conn.: Shoestring Press. 1975. pp.165~171.

"The Dignity and Advancement of Bacon." *College Res. Lib.*, 23(1), January. 1962. pp.18~23.

"On Keeping Up with Keeping Up." *UNESCO Bull. Lib.*, 16(2), March~April. 1962. pp.64~72.

"How Engineers Can Keep Abreast of Professional and Technical Literature." *ASME Design Eng. Conf.*, 1962. pp.49~53.

"The Book Catalog and the Scholar-A Reexamination of an Old Partnership." *Lib. Resources Tech. Serv.*, 6(3), Summer. 1962. pp.210~216.

"Little Girls Don't Play Librarian." *Lib. J.*, 87(2), December 15. 1962. pp. 4483~4487

"The Library of the Future." *UNESCO Courier*, 16, January. 1963. pp.11~13. Translated into French, Spanish. German, Russian, Japanese. Portuguese.

"Toward a Program for Ohio Librarians." *Rub-Off*, 14(2), March~April. 1963. pp.1~3.

"Toward a New Dimension for Library Education." *ALA Bull.*, 57(4), April. 1963. pp.313~317.

"Library of the Future." *Indian Librarian*, 18, June. 1963. pp.20~24.

"Staffing Library Services to Meet Student Needs-Library Education." in *An Inquiry into the Needs of students, Libraries, and the Educational Process, Papers of the ALA Conference within a Conference, 1963*(separate).

"S. R. Ranganathan-One American View" *Pakistan Lib. Rev.*, 4(3/4), November ~December. pp.6~8. 1962. Also in *Herald Lib. Sci.*(India). 2(4). 1963. pp.210~213.

"O! Medium, O! Media." *Lib. J.*, 88(19), November 1. 1963. pp.4149~4151.

"In Defense of Diversity." *J. Educ. Librarianship*, 4(3). Winter. 1964. pp.137~ 142.

"Introduction(to special issue on documentation and automation)." *Wilson Lib. Bull.*, 38(9), May. 1964. pp.741~742.

"Dimensions of the Master's Program." *ALA Bull.*, 35(6), June. 1964. pp.519~ 5B2.

"Automation and the Reference Librarian." *RQ*, 3(6). July. 1964. pp.3~7.

"Darwin, Bacon, and Research in Librarianship." *Lib. Trends*, 13(1), July. 1964. pp.141~149.

"Western Reserve University Library School." *Ohioana: Of Ohio and Ohions*, 7(4). Winter. 1964. pp.131~133.

"Machine Retrieval Systems and Automated Procedures. Part A. Use of Automated Systems." *J. Med. Educ.*, 40(1), January. 1965. pp.46~49.

"Librarians' Pugwash. or Index on the Cape." *Wilson Lib. Bull.*, 40(4), December. 1965. pp.357~362.

"The Library as an Agency of Social Communication." *J. Doc.*, 21(4), December. 1965. pp.241~243.

"Introduction(to special issue on bibliographic organization)." *Wilson Lib. Bull.*, 40(8). April. 1966. pp.703~705.

"The Library: Institutional Deep-Freeze or Intellectual Accelerator?" *Outlook, Western Reserve University*, 3(4). Summer. 1966. pp.6~9.

"The Beginning of a Great Career." *SOLTAS News*, Florida State University Library School. 21(4). September. 1976. pp.3~4.

"Foundations of a Theory of Reference Service." R*eference, Research and Regionalism, Suppl. to Texas Lib. J.*, 1966. pp.13~20.

"The Changing Role of the Reference Librarian." *Reference, Research and Regionalism, Suppl. to Texas Lib. J.*, 1966. pp.21~34.

"The Library: Institutional Deep-Freeze or Intellectual Accelerator?" *Lib. Binder*, 14(2). December. 1966. pp.25~32.

"Beyond 1984: What Is Past Is Prologue." *ALA Bull.*, 61(1). January. 1967. pp.35~ 47.

"Librarians against Machines." *Science*, Vol.156, No.3776. pp.746~750. For revised version, see the following item.

"Librarians against Machines." *Wilson Lib. Bull.*, 42(1), September. 1967. pp.65
~73. Revised version of the above item.

"More Library Schools." *Ohio Lib. Assoc. Bull.,* October. 1967. pp.5~9.

"The Diagram Is the Message." Shera, Jesse H. and Conrad H. Rawski. *Lib.
Resources Tech. Serv.*, 11(4). Fall. 1967. pp.487~498. For revised version,
see *J. Typogr. Res.*, 2(2), April. 1968. pp.171~188.

"What Librarianship Is of Most Worth?" *Ohio Assoc. School Librarians Bull.*, 20(1).
January. 1968. pp.4~9.

With Conrad H. Rawski, "The Diagram Is the Message." *J. Typogr. Res.*, 2(2), April.
1968. pp.171~188. Revised version of *Lib. Resources Tech. Serv.*, 11(4).
Fall. 1967. pp.487~498.

"On the Importance of Theory" *Rub-Off*, 19(3). May~June. 1968. pp.2~4.

"Of Librarianship.Documentation. and Information Science." *UNESCO Bull. Lib.*,
22(2), March~April. 1968. pp.58~65. Reprinted in Arthur W. Elias(ed.). *Key
Papers in Information Science.* Washington. D.C.: ASIS. 1971. pp.4~11.

"The Cerebral Foundations of Library Science." *Lib. School Rev.*, Kansas State
Teachers College, October. 1968. pp.3~6.

"The Quiet Stir of Thought, or What the Computer Cannot Do." *Lib. J.*, 94(15).
September 1. 1969. pp.2875~2880. First issued as a separate by the State
University of New York (SUNY) at Geneseo, as the Richardson Lecture for
1969, at the School of Library Science. Geneseo. N. Y. 1969. Reprinted in
Lib. Assoc. Rec., 72(2), February. 1970. pp.37~42.

"Twelve Apostles and a Few Heretics." Short Version, *ALA, Library Education
Division, News Lett.*, No.68, February. 1969. pp.24~26.

"Twelve Apostles and a Few Heretics." Full Version, *J. Educ. Librarianship*, 10(1).
Summer. 1969. pp.3~10.

"The Hungry Sheep Look Up'; A Prolegomena to a Theory of Education for
Librarianship." *Lib. School Rev.*, Kansas State Teachers College. 1969.
pp.3~7.

"The New Constituency and Library Education in the '70s." *Florida Lib.*, 20(4),
December. 1969. pp.185~192.

"The School of Library Science at Case Western Reserve University." *Lib. Binder,*

17(2), December. 1969. pp.20~24.

"Plus ca Change." *Lib. J.*, 95(6), March 15. pp.979~986. 1970. Reprinted in Bill Katz
    and Joel Schwartz(eds.). *Library Literature: The Best of 1970.* Metuchen,
    N.J.: Scarecrow Press. 1971. pp.349~368.

"The Readiness Is All." *Ohio Lib. Assoc. Bull.*, 40(2). April. 1970. pp.4~9.

"What Is a Book That a Man May Know It?" *Bull. Cleveland Med. Lib.*, 17(2). April.
    1970. pp.32~43.

"The Library School and Its Dean." *Rub-Off*, 21(3), May~June. 1770. pp.30~ 33.

"President's Message." *Beta Phi Mu Newst*, No.30. November. 1970. pp.1~2.

"The Sociological Relationships of Information Science." *J.ASIS.* 22, March~ April.
    1971. pp.76~80.

"President's Message." *Beta Phi Mu Newst*, No.31. April. 1971. pp.1~3.

"Special Librarianship-How Special?" *SLA, Texas Chapter, Bulletin.* 22(4). August.
    1971. pp.10~11.

"Toward a Theory of Librarianship and Information Science." Address at the Center
    for the Study of Democratic Institutions, Santa Barbara, Calif., November 1.
    1972. *Ciencia da informacao*, 2(2). 1973. pp.87~96.

"For Whom Do We Conserv, or What Can You Do with a Gutenberg Bible?" Address
    to the Caxton Club, Chicago. 1972.

"Apologia pro vita nostra: The Librarian's Search for Identity." *Inst. Prof. Librarians
    Ontario (IPLO)Q.*, 14(1), July. 1971. pp.7~19.

"Two Decisive Decades: Documentation into Information Science." Am. Lib., 3(7).
    July~August. pp.785~790. 1972. Reprinted in William E. Hug (ed.).
    Strategies for Change in Information Programs. New York: Bowker.
    Chap.19. 1974.

"The Self~Destructing Diploma." *Ohio Lib. Assoc.* (OLA) Bull., 42(42), October.
    1972. pp.4~8.

"Mechanization, Librarianship, and the Bibliographic Enterprise." *J. Doc.*, 30(2),
    June. 1974. pp.153~169.

"The Physician and the Librarian: The Living Body and the Living Word." *Hartford
    Hosp.Bull.*, 30(2). June. 1975. pp.56~62. Reprinted in abbreviated form in
    Bull. Cleveland Med. Lib., 22(3), July. 1776. pp.60~63.

Shera, Jesse H. and Margaret E. Anderson. Education for Librarianship in the U.S. and Canada, Liverpool Polytechnic. Dept. of Library and Information Science, Liverpool, Canada, Occasional Paper No.6, 1975.

"Failure and Success: Assessing a Century." *Lib. J.*, 101(1), January 1. 1976. pp. 281~287.

"Two Centuries of American Librarianship." *ASIS Bull.*, 2(8), March. 1976. pp.39~ 40.

"The Up-side-down Library." *Utah Lib.*, 21(1), Spring. 1978. pp.11~19.

"And Gladly Teach." *J. Educ. Librarianship*, 14(1), Summer. 1978 pp.60~67.

"Education for Librarianship: An Assessment and a Perspective." Review article, *Lib. Q.*, 49, July. 1979. pp.310~316.

"The Spirit Giveth Life: Louis Round Wilson and Chicago's Graduate Lirary School." *J. Lib. Hist.*, 14(1), Winter. 1979. pp.77~83.

"King of Miami: An Appreciation." *Ohio Lib. Assoc. (OLA) Bull.*, 50(1), January. 1980. pp.14~18.

"Louis Round Wilson (1876~1979): The Last of the Pioneers." *J. Lib. Hist.*, 17(1), Winter. 1982. pp.65~77.

제9장: 라이오넬 로이 맥콜빈(Lionel Roi McCovin)

논저목록14)

단행본

Music in Public Libraries: A Guide to the Formation of a Music Library, with Select Lists of Music and Musical Literature. London: Grafton & Co. 1924.

The Theory of Book Selection for Public Libraries. London: Grafton. 1925.

Euterpe: or, The Future of Art. London, New York: K. Paul, Trench, Trubner & Co.; E. P. Dutton & Co. 1925.

Library Extension Work & Publicity. London: Grafton & Co. 1927.

Quartet Ensemble: A Play in One Act. London: H. F. W. Deane. 1931.

---

14) 이 목록은 맥콜빈의 저술 가운데 단행본만을 선정하여 작성한 것이다.

How to Use Books and Enjoy Them. [London]: H. Toulmin. 1933.

How to Enjoy Music. [London]: H. Toulmin. 1934.

Library Stock and Assistance to Readers, a Textbook. McColvin, Lionel R. and Eric Raymond McColvin. London: Grafton & Co. 1936.

Libraries and the Public. London: George Allen & Unwin. 1937.

British Civilization and Institutions: A List of Books. McColvin, Lionel R. and British Council. [London: The Council]. 1937.

Music Libraries. Vol.I: Their Organisation and Contents; with a Bibliography of Music and Musical Literature. McColvin, Lionel R. and Harold Reeves. London: Grafton & Co. 1937.

Music Libraries. Vol.II : Their Organisation and Contents; with a Bibliography of Music and Musical Literature. McColvin, Lionel R. and Harold Reeves. London: Grafton & Co. 1938.

A Survey of Libraries: Reports on a Survey Made by the Library Association During 1936~1937. McColvin, Lionel R. and Library Association. London: The Libraty Association. 1938.

Library Extension Work & Publicity. McColvin, Lionel R. and Walter A. Briscoe. London: Grafton & Co. 1939.

Library Staffs. London: George Allen & Unwin. 1939.

The Public Library System of Great Britain: A Report on Its Present Condition with Proposals for Post-war Reorganization. London: Library Association. 1942.

British Libraries. McColvin, Lionel R. and James Revie. London: British Council. 1946.

Public Libraries in Australia: Present Conditions and Future Possibilities. Victoria: Melbourne University Press. 1947.

How to Use Books. 2nd ed. London: Pub. for the National Book League by Cambridge Univer. Press. 1947.

Public Library Extension. Paris: Unesco. 1949.

Reference Library Stock: an Informal Guide. London: Grafton. 1952.

The Personal Library: a Guide for the Bookbuyer. London: Phoenix House. 1953.

The Chance to Read: Public Libraries in the World Today. London: Phoenix

House. 1956.

Public Library Services for Children. Paris: UNESCO. 1957.

History, Travel & Description. London: Clark. 1959.

Libraries in Britain. London: Longmans. Green & Co. 1961.

Libraries for Children. London: Phoenix House. 1961.

The Librarian Subject Guide to Books. v.1~3. London: J. Clarke. 1959~1967.

Music Libraries, Including a Comprehensive Bibliography of Music Literature and a Select Bibliography of Music Scores Published Since 1957. McColvin, Lionel R. and Harold Reeves. completely re-written, rev. and extended by Jack Dove. London: Longmans. 1965.

Libraries for the People: International Studies in Librarianship in Honour of Lionel R. McColvin. McColvin, Lionel R. and Robert F. Vollans. London: Library Association. 1968.

제10장: 프레드릭 윌프리드 랭커스터(F. W. Lancaster)

연보

1933. 9. 4.	영국의 더럼(Durham)에서 출생
1950~1954.	영국 뉴캐슬어펀타인 도서관학교(Newcastle-upon-Tynee School of Librarianship) 수료
1969~	영국도서관협회 회원
1953~	영국의 뉴캐슬어펀타인 공공도서관(Newcastle-upon-Tyne Public Libraries)의 선임조무원(Senior Assistant)
1969.	JASIST 최우수 연구논문상(Best JASIST Paper Award)15) 수상: "MEDLARS: Report on Evaluation of its Operation Efficiency"

---

15) 미국정보학회의 학술잡지인 *JASIST*(Journal of the American Society for Information Science and Technology)에 발표된 논문 중 매우 뛰어난 것으로 인정되는 논문에 주는 상이다. 1969년부터 수여하기 시작했으며, 1997년부터는 출판사인 존 와일리 앤 선(John Wiley and Sons)의 후원으로 수상자에게 1,500달러의 상금과 미국정보학회 연래 총회 참석비용 500달러를 지원하고 있다.

1970.	미국정보학회(American Society for Information Science and Technology: ASIST)의 최우수 정보학 도서상(Best Information Science Book Award) 수상16): 『정보검색시스템; 특징, 시험, 평가(Information Retrieval system: Characteristics, Testing and Evaluation)』(1968)
1972~	일리노이 대학교의 문헌정보학 대학원 교수
1974.	미국정보학회의 최우수 정보학 도서상 수상: 『온라인 정보검색(Information Retrieval: On-line)』(1973)
1975.	풀브라이트 재단의 연구지원금 수혜자(Fulbright Fellowships) 선정
1978.	미국도서관협회에서 랄프 쇼 상(Ralph Shaw Award) 수상: 『도서관서비스의 측정과 평가(The measurement and Evaluation of Library services)』(1977)
1980.	미국정보학회와 과학정보협회(Institute for Scientific Information)의 우수 정보학 교육자상(Outstanding Information Science Teacher Award)17)의 수상
1985.	풀브라이트 재단의 연구지원금 수혜자(Fulbright Fellowships) 선정
1986~	Library Trends 편집자
1988.	미국정보학회의 메릿 상(Award of Merit)18) 수상
1989~1992.	일리노이 대학교에서 대학 학자(University Scholar)
1989.	미국도서관협회의 홀 상(G. K. Hall Award) 수상
1992.	미국정보학회의 최우수 정보학 도서상 수상: 『색인초록의 이론

---

16) 미국정보학회에서 1969년에 제정하여 수여하는 상으로, 매년 정보학 분야에서 가장 뛰어난 책을 쓴 저자에게 수여하는 상이다.

17) 1980년에 제정된 상으로 미국정보학회와 과학정보협회가 함께 수여하는 상으로 훌륭한 정보학 분야의 교육자에게 수여하는 상이다. 정보학교육에서 지속적으로 뛰어난 능력을 보인 개인에게 1,000달러의 상금을 부상으로 수여한다. 전문가로서의 활동과 연구에의 기여도뿐만 아니라, 특히 정보학 분야에서 뛰어난 교육자로서의 능력이 수상자 선정에 있어서 중요한 요소로 작용한다.

18) 1964년 미국정보학회의 델라웨어 밸리 지회(Delaware Valley Chapter)에서 제정된 상이다. 미국정보학회에서 가장 명예로운 상으로서 정보학 분야의 발전에 있어서 주목할 만한 기여를 한 개인에게 수여되는 상이다.

과 실제 (Indexing and Abstracting in Theory and Practice)』(1991)

현재   일리노이 대학교의 문헌정보학 대학원 명예교수

논저목록19)

단행본 및 보고서

"Project SHARP (SHips Analysis and Retrieval Project) Information Storage and Retrieval System: Evaluation of Indexing Procedures and Retrieval Effectiveness." Lancaster, F. Wilfrid and Walter Johanningsmeier. Washington, D. C.: Dept. of the Navy, Bureau of Ships. 1964.

"Modular Content Analyses: Final Report to the National Science Foundation." Lancaster, F. Wilfrid, Saul Herner and Mary Herner. Distributed by the Clearinghouse for Federal Scientific and Technical Information. 1965.

Towards Total Sytems Ealuation: the Relationship Between Operating Efficiency and Economic Efficiency. 1965.

"Evaluation of the MEDLARS Demand Search Service." Washington, D. C.: U.S. Dept. of Health, Education, and Welfare, Public Health Service. 1968.

Evaluation of the MEDLARS Demand Search Service. Lancaster, F. Wilfrid. and National Library of Medicine(U.S.). Bethesda, Md. 1968.

"Evaluation of the Operating Efficiency of MEDLARS: Final Report." Washington, D. C.: National Library of Medicine. 1968.

Conceptual Alternatives to the Scientific Journal: a Study Conducted for the American Geological Institute. Lancaster, F. Wilfrid and Anita A. Brown. Bethesda, Md.: Westat Research. 1969.

Proceedings of the 1972 Clinic on Library Applications of Data Processing: Applications of On-line Computers to Library Problems: Papers Presented at the 1972 Clinic on Library Applications of Data Processing. April 30~May 3, 1972(9th : University of Illinois). London: Bingley. 1972.

Vocubulary Control for Information Retrieval. Washington, D. C.: Information Resources Press. 1972.

---

19) 이 목록은 OCLC Firstsearch로 OCLC Worldcat과 Library Literature를 검색하여 작성한 것 이다.

Information Retrieval: On-line. Lancaster, F. Wilfrid and E. G. Fayen. New York: John Wiley and Sons. 1973.

Systems Design and Analysis for Libraries. Urbana, Illinois: University of Illinois Graduate School of Library Science. 1973.

Proceedings of the 1973 Clinic on Library Applications of Data Processing: Networking and Other Forms of Cooperation: Papers Presented at the 1973 Clinic on Library Applications of Data Processing, April 29~May 2, 1973(10th: University of Illinois). London: Bingley. 1974.

"Guidelines for the Evaluation of Training Course, Workshops and Seminars in Scientific and Technical Information and Documentation." Paris: United Nations Educational, Scientific and Cultural Organization. 1975.

Vocabulary Control for On-line, Interactive Retrieval Systems; Requirements and Possible Approaches. S.l.: s.n. 1975.

Factors in the Planning of a National Information System for Renewable Energy. Lancaster, F. Wilfrid, John W. Kuipers and Rodney W. Thorpe. Bedford, Mass.: QEI, Inc. 1976.

The Dissemination of Scientific and Technical Information: Toward a Paperless System. Urbana-Champaign, Illinois: University of Illinois, Graduate School of Library Science. 1977.

The Measurement and Evaluation of Library Services. Washington, D. C.: Information Resources Press. 1977.

Review of Options Regarding the Future Operation of the DOE/RECON System and the Marketing of Information Products of the DOE Technical Information System. Lancaster, F. Wilfrid, John Kuipers and R. W.Thorpe. Bedford, Mass.: QEI. 1978.

Seminar Materials for : Measurement and Evaluation of Library Services [13~14 MAR '78~Rodeway Inn]. Lancaster, F. Wilfrid and Vernon E. Palmour. Rockville, Md.: King Research, Inc. 1978.

Toward Paperless Information Systems. New York: Academic Press. 1978.

Information Retrieval Systems : Characteristics, Testing, and Evaluation. 2nd. ed. New York: Wiley. 1979.

Problems and Failures in Library Automation: Clinic on Library Applications of

Data Processing(15th: 1978: University of Illinois at Urbana-Champaign). Urbana-Champaign, Illinois: University of Illinois, Graduate School of Library Science. 1979.

The Role of the Library in an Electronic Society: Clinic on Library Applications of Data Processing(1979: University of Illinois at Urbana-Champaign). UrbanaChampaign, Illinois: University of Illinois, Graduate School of Library Science. 1979.

"The Impact of a Paperless Society on the Research Library of the Future." Lancaster, F. Wilfrid, Laura Drasgow and Ellen L. Marks. Springfield, Va.: National Technical Information Service, U.S. Dept. of Commerce. 1980.

The Impact of a Paperless Society on the Research Library of the Future. Lancaster, F. Wilfrid, Laura Drasgow and Ellen L. Marks. Champaign-Urbana: Library Research Center, Graduate School of Library Science, University of Illinois. 1980.

Investigative Methods in Library and Information Science: an Introduction. Lancaster, F. Wilfrid and John Martyn. Arlington, Va.: Information Resources Press. 1981.

The Library Without Walls: Paper Prepared for a Meeting Organized by the Public Library of Columbus & Franklin County and OCLC, Inc., held in Columbus, March 23~24. 1981.

"Compatibility Issues Affecting Information Systems and Services: a Report prepared for the Division of the General Information Programme of Unesco." Lancaster, F. Wilfrid and Linda. C. Smith. Paris: United Nations Educational, Scientific and Cultural Organization. 1982.

Libraries and Librarians in an Age of Electronics. Arlington, Va.: Information Resources Press. 1982.

Materials for Methods of Measuring the Effectiveness of Library Services. St. Louis, Mo.: St. Louis Regional Library Network. 1982.

"Guidelines for the Evaluation of Training Courses, Workshops, and Seminars." Paris: Bureau of Studies and Programming, Unesco. 1983.

Library Automation as a Source of Management Information: Clinic on Library Applications of Data Processing(19th: 1982: University of Illinois at

Urbana-Champaign). Champaign, Illinois: Graduate School of Library and Information Science, University of Illinois at Urbana-Champaign. 1983.

The Role of The Information Specialist in the Dissemination of Agricultural Information. Lancaster, F. Wilfrid and A. Sattar. Urbana-Champaign, Illinois: Graduate School of Library and Information Science, University of Illinois. 1984.

Thesaurus Construction and Use: a Condensed Course. S.l.: s.n. 1984.

"Thesaurus Construction and Use: a Condensed Course." Paris: General Information Programme and Unisist, Unesco. 1985.

Vocabulary Control for Information Retrieval. Arlington, Va.: Information Resources Press. 1986.

What is User Friendly? [Meeting] Clinic on Library Applications of Data Processing(23rd: 1986: University of Illinois at Urbana-Champaign). Urbana-Champaign, Illinois: University of Illinois, Graduate School of Library and Information Science. 1987.

Bibliometric Methods in Assessing Productivity and Impact of Research. Bangalore, India: Sarada Ranganathan Endowment for Library Science. 1991.

Ethics and the Librarian. [Meeting] Allerton Park Institute (31st: 1989: Monticello, Ill.). Urbana-Champaign, Illinois: University of Illinois, Graduate School of Library and Information Science. 1991.

Indexing and Abstracting in Theory and Practice. Urbana-Champaign, Illinois: University of Illinois, Graduate School of Library and Information Science. London: Library Association. 1991.

The Measurement and Evaluation of Library Services. Lancaster, F. Wilfrid and Sharon L. Baker. Arlington, Va.: Information Resources Press. 1991.

Artificial Intelligence and Expert Systems: Will They Change the Library? Lancaster, F. Wilfrid and Linda C. Smith. Urbana-Champaign, Illinois: Graduate School of Library and Information Science. 1992.

Information Retrieval Today. Lancaster, F. Wilfrid and Amy J. Warner. Arlington, Va.: Information Resources Press. 1993.

If You Want to Evaluate Your Library. London: Library Association Publishing Ltd.

1993.

Libraries and the Future: Essays on the Library in the Twenty-first Century. New York: Haworth Press. 1993.

Information Superhighway: The Role of Librarians, Information Scientists, and Intermediaries. Lancaster, F. Wilfrid and A. H. Helal. 17th International Essen Symposium, 24~27 Oct. 1994. Edited by Heal, Ahmed H. and Joachim W. Weis. Essen: Essen Universität Bibliothek. 1995.

Networked Scholarly Publishing. Urbana-Champaign, Illinois: University of Illinois, Graduate School of Library and Information Science. 1995.

Out in the Cold: Academic Boycotts and the Isolation of South Africa. Lancaster, F. Wilfrid and Lorraine J. Haricombe. Arlington, VA: Information Resources Press. 1995.

Technology and Management in Library and Information Services. Lancaster, F. Wilfrid and Beth Sandore. Urbana-Champaign, Illinois: University of Illinois, Graduate School of Library and Information Science. 1997.

Indexing and Abstracting in Theory and Practice. 2nd ed. Urbana-Champaign, Illinois: University of Illinois, Graduate School of Library and Information Science. London: Library Association Publication. 1998.

Build Your Own Database. Lancaster, F. Wilfrid and Peter Jacso. Chicago: American Library Association. 1999.

Intelligent Technologies in Library and Information Service Applications. Lancaster, F. Wilfrid and Amy J. Warner. Medford, N.J.: American Society for Information Science and Technology by Information Today. 2001.

Indexing and Abstracting in Theory and Practice. Urbana-Champaign: University of Illinois.. 2003.

학술지 수록 논문

"Evaluation of Expert Systems in Reference Service Applications." Lancaster, F. Wilfrid and Shiao-Feng Su. *RQ*, 35(Winter). 1972. pp.219~228.

"The Electronic Librarian." *Journal of Library & Information Science*(Taipei, Taiwan), 10(Apr.). 1984. pp.8~12.

"Some Publication Patterns in Indian and Japanese Science: a Bibliometric

Comparison." Lancaster, F. Wilfrid, Rashmi Mehrotra and Kiyoshi Otsu. *International Forum on Information and Documentation*, 9(Oct.). 1984. pp. 11~16.

"Bibliometric Techniques Applied to Issues Management: a Case Study." Lancaster, F. Wilfrid and Ja-Lih Lee. *Journal of the American Society for Information Science*, 36(Nov.). 1985. pp.389~397.

"Computers and Libraries: the Response of Library Education." *Illinois Libraries*, 67(May). 1985. pp.469~472.

"The Evaluation of Information Services." *Open*, ,17(Oct.). 1985. pp.428~434.

"The Paerless Society Revisited." *American Libraries*, 16(Sept.). 1985. pp.553~555.

"Synchronous Versus Diachronous Methods in the Measurement of Obsolescence by Citation Studies."Lancaster, F. Wilfrid and E. Ray Stinson. *Journal of Information Science*, 13(2). 1987. pp.65~74.

"Obsolescence, Weeding, and the Utilization of Space." *Wilson Library Bulletin*, 62(May). 1988. pp.47~49.

"Evaluation of a Scholarly Collection in a Specific Subject Area by Bibliographic Checking: a Comparison of Sources." Lancaster, F. Wilfrid and Maria A. Porta. *Libri*, 38(June). 1988. pp.131~137.

"The Law of Constant Accessibility of Information." Lancaster, F. Wilfrid and Li Jindong. *Bulletin of the American Society for Information Science*, 15 (Dec./ Jan.). 1989. pp.24~25.

"Electronic publishing." *Library Trends*, 37(Winter). 1989. pp.316~325.

"Image 2090: the Brain in Control." *Wilson Library Bulletin*, 63(June). 1989. p.50.

"Whither Libraries? or, Wither Libraries." *College & Research Libraries*, 50(July). 1989. pp.406~419.

"Evaluation as a Management Tool." *Public Libraries*, 29(Sept./Oct.). 1990. pp. 289~294.

"Looking at a Collection in Different Ways: a Comparison of Methods of Bibliographic Checking." Lancaster, F. Wilfrid and Cheryl Asper Elzy. *Collection Management*, 12(3~4). 1990. pp.1~10.

"The Relationship Between Literature Scatter and Journal Accessibility in an Academic Special Library." Lancaster, F. Wilfrid, Valerie Gondek and Sherry

부록 423

McCowan. *Collection Building*, 11(1). 1990. pp.19~22.

"The Use of Shelflist Samples in Studies of Book Availability." Lancaster, F. Wilfrid and Roger Edward Stelk. *Collection Management*, 13(4). 1990. pp. 19~24.

"The Use of Textbooks in Evaluating the Collection of an Undergraduate Library." Lancaster, F. Wilfrid, Terry L. Weech. and Bryce L. Allen. *Library Acquisitions*, 14(2). 1990. pp.191~193.

"Evaluating Reference Service in a Large Academic Library." Lancaster, F. Wilfrid, Cheryl Asper Elzy and Alan Nourie. *College & Research Libraries*, 52 (Sept.). 1991. pp.454~465.

"Identifying Barriers to Effective Subject Access in Library Catalogs." Lancaster, F. Wilfrid, Tschera Harkness Connell and Nancy Bishop. *Library Resources & Technical Services*, 35(Oct.). 1991. pp.377~391.

"What has Unesco Achieved in Education and Training for the Information Professions?" *Journal of Education for Library and Information Science*, 32(Summer-Fall). 1991. pp.69~76.

"Ranganathan's Influence Examined Bibliometrically." Lancaster, F. Wilfrid, Mary Jo Zeter and Laura Metzler. *Libri*, 42(July/Sept.). 1992. pp.268~ 281.

"The Reference Librarian as Mediator: Predicting Accuracy Scores from User Impressions." Lancaster, F. Wilfrid, Kurt M. Joseph and Cheryl Asper Elzy. *The Reference Librarian*, 37. 1992. pp.143~159.

"Ranking of Journals in Library and Information Science by Research and Teaching Relatedness." Lancaster, F. Wilfrid and Belen Altuna Esteibar. *The Serials Librarian*, 23(no.1~2). 1992. pp.1~10.

"The Evolution of Guidelines for Thesaurus Construction." Lancaster, F. Wilfrid and David A. Krooks. *Libri*, 43(Oct./Dec.). 1993. pp.326~342.

"Libraries in the Year 2001." *Herald of Library Science*, 32 (July/Oct.). 1993. pp.163~171.

"The Corporate Library and Issues Management." Lancaster, F. Wilfrid and Jane Loescher. *Library Trends*, 43(Fall). 1994. pp.159~169.

"Searching Databases on CD-ROM: Comparison of the Results of End-User Searching with Results from Two Modes of Searching by Skilled Intermediaries." Lancaster, F. Wilfrid, Cheryl Asper Elzy and Mary Jo. Zeter. *RQ*, 33(Spring).

1994. pp.370~386.

"The Curriculum of Information Science in Developed and Developing Countries."
Libri, 44(Sept.). 1994. pp.201~205.

"Anatomy of a Book Boycott." Lancaster, F. Wilfrid and Lorraine J. Haricombe.
American Libraries, 26(July/Aug). 1995. pp.685~688.

"Attitudes in Academia Toward Feasibility and Desirability of Networked Scholarly
Publishing." *Library Trends*, 43(Spring). 1995. pp.741~752.

"The Evolution of Electronic Publishing." *Library Trends*, 43(Spring). 1995. pp.
518~527.

"Networked Scholarly Publishing." *Library Trends*, 43(Spring). 1995. pp.515~ 756.

"Evaluationof Interactive Knowledge-Based Systems: Overview and Design for
Empirical Testing." Lancaster, F. Wilfrid, Jacob W. Ulvila and Susanne M.
Humphrey. *Journal of the American Society for Information Science*, 47.
1996. pp.57~69.

"Types and Levels of Collaboration in Interdisciplinary Research in the Sciences."
Lancaster, F. Wilfrid, Qin Jian and Bryce L. Allen. *Journal of the American
Society for Information Science*, 48. 1997. pp.893~916.

"Redundancy and Uniqueness of Subject Access Points in Online Catalogs."
Lancaster, F. Wilfrid and Xu Hong. *Library Resources & Technical
Services*, 42(1). 1998. pp.61~66.

제11장: 마이클 고먼(Michael Gorman)

연보

1941. 6.	영국의 옥스포셔의 위트니 출생
1966~1977.	영국도서관협회에서 근무
1977~1988.	얼바나-샴페인의 일리노이대학 도서관에서 기술봉사부장과 일반 봉사부장 역임
1979~	영국도서관협회 회원
1979.	마거릿 맨 표창장(Margaret Mann Citation) 수상
1991~1995.	ALA 평의회 회원

1992.	멜빌 듀이 메달(Melvil Dewey Medal) 수상
1997.	블랙웰 학술상(Blackwell's Scholarship Award) 수상: 『미래 도서관: 꿈, 광기, 현실(Future Libraries Dreams, Madness & Reality)』 (1995)
1997.	텍사스 여자대학에서 박사과정 강의
1997~1999.	≪미국의 도서관(American Libraries)≫의 객원편집자
1998.	ALA의 LITA 부위원장
1999.	≪도서관 동향(Library Trends)≫의 공동편집자, 주제: 도서관의 과학기술에 대한 인간의 대응(Human Response to Library Technology)
1999.	캘리포니아도서관협회의 수서/장서/기술봉사부회 상(Access, Collection and Technical Service Section Award) 수상
1999~2000.	LITA의 위원장 역임
2001.	하이스미스 상 수상: 『우리의 영속적인 가치(Our enduring values)』 (2000)
2002.	캘리포니아도서관협회의 대의원회의 임원(Assembly Members-at-Large)으로 선출
2002~2006.	ALA 평의회 회원
2000~ 2006.	ALA 집행위원
2004.	ALA 2005~2006년도 회장으로 선출
2004.	캘리포니아 주립대학 프레스노 캠퍼스의 헨리 매든 도서관 관장

논저목록20)

단행본 및 보고서

"A Study of the Rules for Entry and Heading in the 'Anglo-American Cataloguing Rules, 1967 (British text)'." London: Library Association. 1968.

Standard Bibliographic Description: a Proposal for a Standard Comprehensive International System for the Recording of Bibliographic Data. S.l.: s.n. 1969.

Summary of British National Bibliography Cataloguing(author/title) Practice: in

---

20) 이 목록은 OCLC Firstsearch로 OCLC Worldcat과 Library Literature를 검색하여 작성한 것이다.

the Enumerative Order of the Revised Anglo-American Cataloguing Rules. London: British National Bibliography. 1970.

Description of the BNB/MARC Record: a Manual of Practice. London: British National Bibliography. 1971.

Anglo-American Cataloguing Rules. Gorman, Michael and Paul W. Winkler(eds.). Chicago: ALA. 1978.

The Concise AACR2 Being a Rewritten and Simplified. 2nd ed. 1981.

Library Lectures: Numbers thirty-one, thirty-two, and thirty-three, 1979~81. Gorman, Michael, Richard De Gennaro et al. Knoxville: The University of Tennessee. 1981.

Crossroads: Proceedings of the First National Conference of the Library and Information Technology Association, September 17~21, 1983, Baltimore, Maryland. Gorman, Michael and Library and Information Technology Association (U.S.). Chicago: ALA. 1984.

The Impact of Technology on the Organisation of Libraries. London: CLSI. 1985.

Library and Information Technology Standards: Papers Presented at a Session of the Second National Conference of the Library and Information Technology Association, Boston, Mass., October 26, 1988. Gorman, Michael and Library and Information Technology Association(U.S.). Chicago: American Library Association. 1990.

MARC Format Integration: Three Perspectives: Papers Presented at the Second National Conference of the Library and Information Technology Association, October 2~6, 1988, Boston, Massachusetts. Gorman, Michael and Library and Information Technology Association(U.S.). Chicago: American Library Association. 1990.

Videotechnology and Libraries: Papers Presented at a Session of the Second National Conference of the Library and Information Technology Association, Boston, Mass., October 26, 1988. Gorman, Michael and Library and Information Technology Association(U.S.). Chicago: American Library Association. 1990.

Californien: Henry Madden and the German Travelers in America. Gorman, Michael (ed.). Fresno: Friends of the Madden Library, California State

University, Fresno. 1991.

Future Libraries: Dreams, Madness, & Reality. Gorman, Michael and Walt Crawford. Chicago: American Library Association. 1995.

The Life of Print. El Paso: Texas Western Press, The University of Texas at El Paso. 1996.

Cataloguing, Chaos, and Cataloguing the Chaos. Denton, Tex.: School of Library and Information Studies, Texas Woman's University. 1997.

Our Singular Strengths: Meditations for Librarians. Chicago: American Library Association. 1998.

Technical Services Today and Tomorrow. Compiled by Gorman, Michael. Englewood, Colo.: Libraries Unlimited. 1998.

Anglo-American Cataloguing Rules. Gorman, Michael and Paul W. Winkler. Ottawa: Canadian Library Association, Chicago: American Library Association. 1998.

Concise Anglo-American Cataloguing Rules. London: Library Association. 1999.

The Concise AACR2, 1998 Revision. Chicago: Ottawa: London: American Library Association; Canadian Library Association; Library Association Publication. 1999.

Our Enduring Values: Librarianship in the 21st Century. Chicago: American Library Association. 2000.

Anglo-American Cataloguing Rules: Amendments. Gorman, Michael and Paul W. Winkler. Chicago: American Library Association. 2001.

The Enduring Library: Technology, Tradition, and the Quest for Balance. Chicago: American Library Association. 2003.

The Concise AACR2, 2004 Revision. Chicago: American Library Association. 2004.

학술지 수록 논문

"Microcomputers and Online Catalogs." *Drexel Library Quarterly*, 20(Fall). 1984. pp.25~33.

"Report on the Technical Services Directors of Large Research Libraries Survey of Minimal-Level Cataloguing." *Information Technology and Libraries*, 3(Dec.). 1984. pp.382~284.

"Cataloging and Classification." Gorman, Michael and Arnold S. Wajenberg. *The*

ALA Yearbook of Library and Information Services, 10. 1985.

"Dealing with Serials: a Sketch of Contextual/Organizational Response." *The Serials Librarian*, 10. 1985. pp.13~18.

"The Online Catalogue at the University of Illinois at Urbana-Champaign: a Hstory and Overview." *Information Technology and Libraries*, 4. 1985. pp. 308~311.

"Special Review of Aslib's Program." *Information Technology and Libraries*, 4(Sept.). 1985. pp.277~278.

"Toward the Tableless Society; a Brief Interview with E. Palfrey Bellingham." *Library Journal*, 110(Feb. 1). 1985. pp.45~47.

"My Dear, the Noise, the People!" Gorman, Michael and Timothy Gorman. *American Libraries*, 17. 1986. pp.620~621.

"Laying Siege to the Fortress Library: a Vibrant Technological Web Connecting Resources and Users Will Spell its End." *American Libraries*, 17. 1986. pp.325~328.

"Bibliographic Description: Past, Present and Future." *International Cataloguing*, 1. 1987. pp.43~44.

"Implementing Changes in Cataloging Rules." *Library Journal*, 112. 1987. pp. 110~112.

"A Librarian's Librarian: Hugh Craig Atkinson, 1933~1986." *Technical Services Quarterly*, 4. 1987. pp.1~4.

"Moveable Compact Shelving: the Current Answer." *Library Hi Tech*, 5. 1987. pp.23~26.

"Linking the Unlinkable." in *What is User Friendly?* University of Ill. at Urbana-Champaign. Graduate School of Library & Information Science. 1987.

"The Organization of Academic Libraries in the Light of Automation." *Advances in Library Automation and Networking*, 1. JAI Press. 1987.

"Ten Years after AACR 2: the Revision; Call it AACR 21/2 or Apr? la guerre, or Daughter of a Dynamic Decade." *American Libraries*, 19. 1988. pp. 387~388.

"90th Annual Calif. LA, Nov. 11~16; Exhilarating Diversity, Uncertain Finances." *American Libraries*, 20. 1989. p.81.

"AACR2R: Editor's Perspective." *Library Resources & Technical Services*, 33. 1989. pp.181~186.

"Yesterday's Heresy-Today's Orthodoxy: an Eessay on the Changing Face of Descriptive Cataloging." *College & Research Libraries*, 50. 1989. pp.626~634.

"A Bogus and Dismal Science; or, The Eggplant That Ate Library Schools." *New Zealand Libraries*. 46. 1990. pp.7~10.

"Descriptive Cataloguing: Its Past, Present, and Future." In *Technical Services Today and Tomorrow*. Libraries Unlimited. 1990.

"Academic Libraries and Society in 2001." *PNLA Quarterly*, 55. 1991. pp.20~23.

"The Academic Library in the Year 2001: Dream or Nightmare or Something in Between?." *The Journal of Academic Librarianship*, 17. 1991. pp.4~9.

"Scholarship, Teaching, and Libraries in an Electronic Age." *Library Hi Tech*, 9(1). 1991. pp.73~75.

"Send for a Child of Four! or, Creating the BI-less Academic Library." *Library Trends*, 39. 1991. pp.354~362.

"Practical Problems, Practical Solutions." *Research Strategies*, 10. 1992. pp.117~119.

"How Cataloging and Classification Should Be Taught." *American Libraries*, 23. 1992. pp.694.

"Does Literacy Matter?." *The Unabashed Librarian*, 93. 1994. p.7.

"The Treason of the Learned: the Real Agenda of Those Who Would Destroy Libraries and Books." *Library Journal*, 119. 1994. pp.130~131.

"An Administrator's View: Factors Influencing Organized Subject Access." *Technicalities*, 15. 1995. p.1.

"ALA Candidates on the Record." Gorman, Michael and Mary Somerville. *Library Journal*, 120. 1995. pp.56~57.

"The Corruption of Cataloging." *Library Journal*, 120. 1995. pp.32~34.

"The Domino Effect; or, Why Literacy Depends on All Libraries." *School Library Journal*, 41. 1995. pp.27~29.

"Five New Laws of Librarianship." *American Libraries*, 26. 1995. pp.784~785.

"Madness, & Reality: the Complicated World of Human Recorded Communication." *Aainst the Grain*, 8(Feb.). 1996. p.1.

"Does Literacy Matter?." *The Unabashed Librarian*, 104. 1997. p.11.

"International Conference on the Principles and Future Development of AACR2 (1997: Toronto)." *American Libraries*, 28: 24. 1997.

"Living and Dying with 'Information': Comments on the Report Buildings, Books, and Bytes." *Library Trends*, 46(1). 1997. pp.28~35.

"Meditations for Librarians." *American Libraries*, 28(Sept.). 1997. pp.40~42.

"Ownership and Access: a New Idea of 'Collection'." *College & Research Libraries News*, 7(July/Aug.). 1997. pp.498~499.

"Brave Music of Distant Drums." *American Libraries*, 29. 1998. p.54.

"The Five Laws of Library Science: Then & Now." *School Library Journal*, 44(7). 1998. pp.20~23.

"The Future of Cataloguing and Cataloguers." *International Cataloguing and Bibliographic Control*, 27(4). 1998. pp.68~71.

"Living and Dying with 'Information': Comments on the Report Buildings, Books, and Bytes." *Australian Public Libraries and Information Services*, 11(1). 1998. pp.22~27.

"A Plea for Balance." *Against the Grain*, 10(1). 1998. pp.40~42.

"Human Response to Library Technology." Gorman, Michael and Janice Kirkland. *Library Trends*, 47(4). 1999. pp.605~809.

"Avoiding the Seven Deadly Sins; or, Technology and the Future of Library Service in Academic Libraries." People Come First. *Association of College & Res. Libs.* 1999.

"International Conference on the Principles and Future Development of AACR2." *Herald of Library Science*, 38(1~2). 1999. pp.109~111.

"New Libraries, Old Values." *Australian Library Journal*, 48(1). 1999. pp.43~52.

"Seymour Lubetzky, Man of Principles." in T*he Future of Cataloging.* Chicago: American Library. Association. 2000.

"Values of Steel in 30 days." *American Libraries*, 31(4). 2000. p.39.

"Bibliographic Control or Chaos: an Agenda for National Bibliographic Services in the 21st Century." *IFLA Journal*, 27(5/6). 2001. pp.307~313.

"Human Values in a Technological Age." *Information Technology and Libraries*, 20(1). 2001. pp.4~11.

"Human Values in a Technological Age: a Librarian Looks 100 Years Forward and Backward." *Logos*, 12(2). 2001. pp.63~69.

"Technostress and Library Values." *Library Journal*, 126(7). 2001. pp.48~50.

"A Love Affair that has Lasted Fifty-five Years". *Logos*, 13(2). 2002. pp.88~89.

"Conference Call: Do Librarians with Tenure Get More Respect?" Gorman, Michael and Mark Y. Herring. *American Libraries*. 34(6). 2003. pp. 70~73.

"For Libraries, Digitization is a Factor, not the Future." *Logos*, 14(2). 2003. pp. 66~68.

"What Ails Library Education?." *The Journal of Academic Librarianship*, 30(2). 2004. pp.99~101.

"Meet the Candidates for ALA President: Vote in the Election This Spring." *College & Research Libraries News*. 65(3). 2004. pp.148~152.

제12장: 모리스 버너드 라인(Maurice Bernard Line)

연보
학력

1950.	옥스퍼드대학교(Oxford University) 엑스터대학(Exter College) 영어영문학 학사
1954.	옥스퍼드대학교 영어영문학 석사
1980.	해리엇-와트대학교(Heriot-Watt University) 명예 문학박사(DLitt.)
1988.	사우샘프턴대학교(Southampton University) 명예 이학박사(DSc.)
1992.	버밍엄기술대학(Birmingham Polytechnic) 명예 연구원

근무 경력

1950~1951.	옥스퍼드대학교 보들리안도서관(Bodleian Library) 근무
1951~1954.	스코틀랜드 글래스고대학 도서관 근무
1954~1965.	사우샘프턴대학 도서관 근무
1965~1968.	뉴캐슬어펀타인대학교(Newcastle upon Tyne University) 도서관 부관장
1968~1971.	바스대학교(Bath University) 도서관장
1971~1973.	영국 국립중앙도서관(National Central Library) 관장

1974~1985.	영국국가도서관 대출관(British Library Lending Division) 초대관장
1977~현재	셰필드대학교(Sheffield University) 정보학과 객원교수(Professor Associate)
1985~1988.	영국국가도서관 과학기술산업관(Science, Technology and Industry) 관장
1986~1992.	러프버러대학교(Loughborough University) 문헌정보학과 초빙교수(External Professor)

학회, 협회활동 및 기타 경력

1972~1977.	국제도서관연맹 국제대출부 비서
1975~1988.	국제도서관연맹 국제대출부 부장
1980~1989.	출판물의 범세계적 이용(Universal Availability of Publications Programme) 국제계획부 사무총장
1985~1989.	국제도서관연맹 국가도서관부회 의장
1987~현재	도서관관리연구소 위원, 영국도서관협회 회원, 정보과학자협회 명예회원
1990.	영국도서관협회 회장
1990.	국제도서관연맹 금메달 수상
1991~1999.	영국 기술정보주식회사 중역
1991~2000.	'세계도서관 및 정보업무(Librarianship and Information Work Worldwide)' 편집장
1997~1999.	'출판물의 범세계적 이용' 편집위원회 위원장
1988~	도서관 및 정보 분야 상담가, 직원능력개발 및 변화관리 전문가
1989~	≪알렉산드리아(Alexandria)≫ 편집장
1992~2000.	'알렉산드리아 도서관 영국후원회(UK Friends of the Alexandria Library)' 회장

현 연락처

10 Blackthorn Lane Burn Bridge, Harrogate, N. Yorks HG3 1NZ

United Kingdom

Tel. : 44-1423-872984, Fax. : 44-1423-879849

E-mail : mbl@hgte.demon.co.uk

논저목록
단행본 및 연구보고서

A Bibliography of Russian Literature in English Translation to 1900(excluding periodicals). London: Library Association. 1963.

"The College Student and the Library: Report of a Survey in May 1964 of the Use of Libraries and Books by Students in Five Teacher Training Colleges." [Southampton]: University of Southampton Institute of Education. 1965.

Library Surveys: An Introduction to Their Use, Planning, Procedure and Presentation. London: Clive Bingley. 1967. 2nd ed., revised by Sue Stone. London: Clive Cingley. 1982.

"Investigation into Information Requirements of the Social Sciences: Report on the Preliminary Stage." Newcastle upon Tyne, University of Newcastle upon Tyne. 1968.

Information Requirements of Researchers in the Social Sciences. Bath: Bath University of Technology Library. 1971.

"The Scope for Automatic Data Processing in the British Library: Report of a Study." London: H.M.S.O. 1972.

Bibliography of Russian literature in English Translation to 1945. Line, Maurice Bernard and Amrei Ettlinger. Totowa, N.J.: Rowman and Littlefield. 1972.

Patterns of Citations to Articles within Journals: a Preliminary Test of Scatter, Concentration and Obsolescence. Line, Maurice Bernard, A. Sandison and Jean MacGregor. Bath Bath University Library. 1972.

Essays on Information and Libraries. Urquhart, Donald, Keith Barr and Maurice Bernard Line(eds.). London: Bingley; Hamden, CN, Linnet Books. 1975.

"Interlibrary Lending in the United Kingdom: Report of a National Survey Carried out in February, 1977." Line, Maurice Bernard and R. J. Steemson. London: British Library. 1978.

National Interlending System: A Comparative Study of Existing Systems and Possible Model. Line, Maurice Bernard et al. Paris: UNESCO. 1978.

National Libraries. Line, Maurice Bernard and Joyce Line(eds.). London: Aslib. 1979.

National Interlending Systems: a Comparative Study of Existing Systems and

Possible Models. Paris : Unesco, General Information Programme. 1980.

The International Provision and Supply of Publications. Line, Maurice Bernard, Brian Kefford and Stephen Vickers. Paris: General Information Programme and UNISIST, United Nations Educational, Scientific and Cultural Organization. 1981.

Guidelines for National Planning for the Availability of Publications. Vickers, Stephen and Maurice Bernard Line. Wetherby: IFLA International Office for UAP. 1983.

Universal Availability of Publications(UAP): A Programme to Improve the National and International Provision and Supply of Publications. Line, Maurice Bernard and Stephen Vickers. München, etc.: K.G. Saur. 1983.

Improving the Availability of Publications: A Comparative Assessment of Model National Systems. Vickers, Stephen and Maurice Bernard Line. Wetherby: IFLA International Programme for UAP. 1984.

National Libraries 2: 1977~1985. Line, Maurice Bernard and Joyce Line(eds).. London: Aslib. 1987. *The World of Books and Information: Essays in Honour of Lord Dainton*. Line, Maurice Bernard(ed.). London: British Library. 1987.

The Impact of New Technology on Document Availability and Access. Rev. ed. Plassard, Marie-France, Maurice Bernard Line and Priscilla Oakeshott. Wetherby: IFLA International Programme for UAP. 1988.

Lines of Thought: Selected Papers of Maurice Line. Line, Maurice Bernard and L. Anthony(eds.). London: Bingley. 1988.

National Library and Information Needs: Alternative Means of Fulfilment, with Special Reference to the Role of National Libraries. Paris: General Information Programme and UNISIST, United Nations Educational, Scientific and Cultural Organization. 1989.

Academic Library Management: Edited Papers of a British Council Sponsored Course, 15~17 January 1989. Line, Maurice Bernard(ed.). Birmingham. London: Library Association. 1990.

The Changing Role of Nordic Academic, Research and Special Libraries. Esbo: Nordinfo. 1992.

National Libraries 3: A Selection of Articles on National Libraries, 1986~1994.
    Line, Maurice Bernard and Joyce Line. London: Aslib. 1995.
Librarianship and Information Work Worldwide. Editions: 1996/97, 1998, 1999,
    2000. General Editor: Line, Maurice Bernard. Loncon: Bauker Saur.
    1997~2000.

연속간행물21)

"Access as a Substitute for Holdings: False Ideal, Costly Reality?." *Interlending and
    Document Supply*, 23(2). 1995. pp.28~30.
"Back to Basics for National Libraries?(Editorial)." *Alexandria*, 7(1). 1995. pp.1~3.
"Do We Need National Bibliographies Any More?." *Catalogue & Index*, 15. 1995.
    p.4.
"Is Strategic Planning Outmoded?(Editorial)." *Alexandria*, 7(3). 1995. pp.135~ 137.
"Needed: a Pathway Through the Swamp of Management Literature." *Library
    Management*, 16(1). 1995. pp.36~38.
"The Road through Chaos: the Future Role of the University Library in the Creation
    of Knowledge." In S*erving the Scholarly Community: Essays on Tradition
    and Change in Research Libraries.* Presented to Thomas Tottie on July 3rd,
    1995. Uppsala: University Library. 1995.
"The Role of Paranational Libraries in National Information Provision." *Information
    Development*, 11(4). 1995. pp.225~228.
"Access Versus Ownership: How Real an Alternative Is It?." *IFLA Journal*, 22(2).
    1996. pp.35~41.
"Access to Library and Information Science Journals from Less Developed Countries
    and Countries with Non-European Languages." *Newsletter, IFLA Round
    Table of Editors of Library Journals*, 1(9). 1996. pp.3~5.
"But What Can Be Done about Our Bosses?." *Library Management*, 17(3). 1996.
    pp.32~37.
"Libraries and Information Services in Criminology in the UK." *ISTD Bulletin*, 26.
    1996. p.3.

---

21) 라인이 1995년부터 2004년까지 영문으로 작성, 발표한 주요 자료만을 조사·수록했다.

"Line's Five Laws of Librarianship... and One All Embracing Law." *Library Association Record*, 98(3). 1996. pp.144.

"Managing Change in Libraries." *Journal of Information, Communication and Library Science*, 2(3). 1996. pp.3~12.

"National Libraries and National Funding(Editorial)." *Alexandria*, 8(3). 1996. pp. 151~153.

"The Universal Library Report." *Library Management*, 17(1). 1996. pp.32~35.

"What Do People Need of Libraries, and How Can We Find Out?" *Australian Academic and Research Libraries*, 27(2). 1996. pp.77~86.

"Co-operation: the Triumph of Hope over Experience?" *Interlending and Document Supply*, 25(2). 1997. pp.66~72.

"Do Libraries Contribute to Wealth?" *Library Association Record*, 99(11). 1997. p.603.

"Organizational Styles and Structures in National Libraries(Editorial)." *Alexandria*, 9(3). 1997. pp.171~172.

"The Public Library in the Future: a British Response to Buildings, Books and Bytes." *Library Trends*, 6(1). 1997. pp. 68~82.

"Re-engineering Libraries for a Lifelong Learning Society." *Logos*, 8(1). 1997. pp. 35~41.

"Time to Think: an Imperative for Effective Functioning(Editorial)." *Alexandria*, 9(1). 1997. pp.1~2.

"World Librarians in Conclave: IFLA's Long Pursuit of Common Causes." *Logos*, 8(3). 1997. pp.153~158.

"An Information World Apart: the Royal Society Scientific Information Conference of 1948 in the Light of 1998." *Journal of Documentation*, 54(3). 1998. pp.275~283.

"Globalization, Society, Education and Libraries." *LaserLink*. 1998. pp.32~34.

"National Libraries: Hub, Apex, or What?" *Alexandria*, 10(2). 1998. pp.89~91.

"The Case for Retaining Printed LIS Journals." *IFLA Journal*, 24(1). 1998. pp. 15~19.

"What Do National Libraries Do in the Age of the Internet?." *Ariadne*, (13). 1998. p.360.

"What Exactly Is a National Collection?(Editorial)." *Alexandria*, 10(1). 1998. pp.1~2.

"Who Should Head a National Library, and How Should They Get There? (Editorial)." *Alexandria*, 10(3). 1998. pp.167~169.

"Critical Issues Facing LIS Journals: a Reader's View." *IFLA Journal*, 25(1). 1999. pp.12~15.

"Do National Libraries Have a Future?." *Logos*, 10(3). 1999. pp.154~159.

"Making Sure that National Collections Continue to Be Available.(Editorial)." *Alexandria*, 11(2). 1999. pp.81~83.

"Making the Nation's Whole Cultural Heritage Accessible(Editorial)." *Alexandria*, 11(3). 1999. pp.145~146.

"Maurice's Management Maxims." *Library Management*, 20(1). 1999. pp.10~11.

"National Libraries and Service to the General Public(Editorial)." *Alexandria*, 11(1). 1999. pp.1~2.

"Social Science Information-the Poor Relation." *INSPEL*, 33(3). 1999. pp.131 ~136.

"Types of Organizational Culture." *Library Management*, 20(2). 1999. pp.73~75.

"Bibliography of Writings by A. J. Meadows." *Journal of Documentation*, 56(4). 2000. pp.351~360.

"Is National Planning for Acquisitions and Document Supply Still Valid? (Opinion paper)." *Interlending and Document Supply*, 28(4). 2000. pp. 192~194.

"The Lifelong Learner and the Future Library." *New Review of Libraries and Lifelong Learning*, 1. 2000. pp.65~80.

"The Loneliness of the Long-distance Information Ranger." *Managing Information*, 7(2). 2000. pp.58~59.

"The Modem National Library: a Post-war Invention(Editorial)." *Alexandria*, 12(1). 2000. pp.1~2.

"The Next Ten Years in National Libraries: an Overview." *Alexandria*, 12(3). 2000. pp.199~200.

"Why is Interlending and Document Supply Still the Ugly Sister?(Opinion paper)." *Interlending and Document Supply*, 28(2). 2000. pp.91~92.

"Access to Documents by the Independent Researcher(Opinion paper)." *Interlending and Document Supply*, 29(4). 2001. pp.175~176.

"Changing Perspectives on National Libraries: a Personal View." *Alexandria*, 13(1). 2001. pp.43~49.

"David Wood: a Personal Appreciation." *Interlending and Document Supply*, 29(2). 2001. pp.57~58.

"Does Low Pay Have to Be Associated with High Boredom?(Management musings, 1)." *Library Management*, 22(1/2). 2001. p.98.

"The Future Researcher and the Future Library: from the Viewpoint of an Independent User." *DF-Revy*, 24(4). 2001. pp.103~108.

"How Well are National Libraries Doing?(Editorial)." *Alexandria*, 13(2). 2001. pp.67~69.

"Library Resources for the Lifelong Learner." *U3A Sources*, (13). 2001. pp.14~ 15.

"Management Musings 4." *Library Management*, 22(8/9). 2001. p.416.

"Management Musings 3: Why Do - Or Did - You Want to Be Boss?." *Library Management*, 22(6). 2001. p.319.

"Management Musings 2: Leadership Doesn't Gave to Follow Any One Pattern." *Library Management*, 22(3/4). 2001. pp.232~233.

"The Use of Citation and Other Statistics in Stock Management." *IFLA Journal*, 27(4). 2001. pp.247~252.

"Interlibrary Services in the UK." *Interlending and Document Supply*, 30(4). 2002. pp.190~194.

"Management Musings 9: Extracting Pearls from Rotten Oysters." *Library Management*, 23(8/9). 2002. pp.435~436.

"Management Musings 8: to See Ourselves as Users See Us." *Library Management*, 23(6/7). 2002. pp.338~339.

"The Future of Interlibrary Loan and Document Supply: Views and Comments." Line, Maurice B., Guerrero, Elda-Monica, Jackson, Mary E. *Interlending & Document Supply*, 30(2). 2002. pp.60~65.

"Management Musings 7: No-one Will Tell Bosses What They Are Like." *Library Management*, 23(4/5). 2002. pp.252~253.

"Management Musings 6." *Library Management*, 23(3). 2002. pp.166~167.

"Management Musings 5." *Library Management*, 23(1/2). 2002. pp.101~102.

"How Do Managers Learn to Manage?" *Library Management*, 23(3). 2002. pp. 166~167.

"How Should Managers Spend Their Time? Part 2." *Library Management*, 23(1/2).

2002. pp.101~102.

"Democracy and Information: Transmitters and Receivers." *Library Management*, 24(8/9). 2003. pp.386~392.

"Management Musings 14: We All Need Approval-Even Bosses." *Library Management*, 24(8/9). 2003. pp.441~442.

"Management Musings 13: Making Do with What We Have." *Library Management*, 24 (6/7). 2003. pp.360~361.

"Management Musings 12: Top Dogs Need Not Be Fat Cats." *Library Management*, 24 (4/5). 2003. pp.252~253.

"Management Musings 11: Measurement vs. Performance." *Library Management*, 24(3). 2003. pp.164~165.

"Management Musings 10: Everyone Can Be Difficult at Times." *Library Management*, 24(1/2). 2003. pp.86~87.

"A Matter of Terminology: from ILL and DD to RDS." *Interlending and Document Supply*, 31(2). 2003. pp.147~148.

"Monograph ILL for the Higher Education Research Sector: A Report to CURL and the British Library Cooperation and Partnership Programme." *Interlending & Document Supply*, 31(4). 2003. p.280.

"The Potential Role of e-books in Remote Document Supply." *Interlending and Document Supply*, 31(3). 2003. pp.184~186.

"Publications on National Libraries by M. B. Line." *Alexandria*, 15(1). 2003. pp. 3~4.

"Management Musings 18: Organisations as Families, Happy or Otherwise." *Library Management* 25(6/7). 2004. pp.316~317.

"Management Musings 17: Changing Attitudes." *Library Management*, 25(4/5). 2004. pp.230~231.

"Management Musings 16: Must Good Theory Be Defeated by External Pressures?." *Library Management*, 25(3). 2004. pp.146~147.

"Management Musings 15: Looking Ahead-How Far?." *Library Management*, 25(1/2). 2004. pp.62~63.

이 외에도 1952년도부터 1994년도까지 발표한 기사가 300여 편 있음.

찾아보기

닫는 글

우리가 위대한 도서관 사상가들을 존경하고, 그들의 도서관 사상을 연구하고 교육하며, 도서관 사상의 역사적인 흐름인 도서관 사상사를 고찰하는 목적은 너무나도 자명합니다. 도서관 사상이 우리의 모든 도서관 활동의 기반이기도 하거니와 그 활동 터전을 단단히 다져주고, 활동 방향을 바르게 제시해주며, 활동 내용을 충실히 갖추게 해주는 근원이 되기 때문입니다.

도서관 사상 및 도서관 사상사가 이처럼 중요한 의의를 가지고 있음에도 불구하고 다른 학문 분야의 사상사, 이를테면 철학 사상사, 정치 사상사, 경제 사상사, 교육 사상사, 문학 사상사, 한국 사상사 들과는 달리 우리나라에서 이를 전공으로 연구하는 학자는 거의 없고, 독립과목으로 가르치는 대학은 극소수에 불과하며, 연구 성과 역시 미미한 실정입니다.

그 이유는 짐작건대 도서관 사상사를 제대로 다루기가 어려울뿐더러, 특히 역사의식을 가지고 통사적(通史的)인 방법으로 연구하고 교육하기가 매우 힘들기 때문인 듯합니다. 그리고 또 문헌정보학의 교과과정 편성이 기술 과목 편중에다 위인설관(爲人設官)식의 교수 중심으로 이루어지는 경우가 적지 않아서 도서관 사상사가 문헌정보학 교육에서 소외되거나 경시

되기 때문인 듯합니다.

　도서관 사상의 소외와 이로 인한 도서관 사상의 결핍은 참으로 참담한 결과를 가져오고 있습니다. 이를테면, 우리나라는 아직도 도서관헌장, 도서관 권리선언, 도서관의 지적 자유에 관한 선언 같은 도서관 정신과 도서관 철학이 담긴 기본적인 도서관 정책 문서를 그 어느 것 하나 마련하지 못하고 있습니다. 게다가 뒤늦게 겨우 마련한 윤리강령마저 윤리강령의 기본 정신을 올바로 이해하지 못했던 듯 윤리강령이라고 말하기 힘든 내용들도 담고 있습니다. 그뿐만이 아닙니다. 신세대 사서가 흔히 제기하곤 하는 사서직의 정체성 문제 역시 곰곰이 따지고 보면 도서관 철학의 빈곤, 도서관 사상의 결여에서 비롯된다고 할 수 있습니다.

　다행히 2000년대에 들어와서 몇몇 중견 학자들이 도서관 사상을 천착한 역저(力著)를 내거나, 전문직단체가 도서관문화강좌를 개설하여 도서관 사상가를 조명하기도 하고, 일부 대학에서 도서관 사상사 과목을 개설하는 등 도서관 사상의 중요성을 새롭게 부각시키는 움직임들이 일어나고 있습니다.

　이를테면, 전문 저서로는 계명대학교 오동근 교수가 엮은 『도서관인 박봉석의 생애와 사상』(2000)과 중앙대학교 남태우 교수와 김상미 박사가 공편한 『문헌정보학의 철학과 사상: 세라(J. H. Shera)의 사상을 중심으로』(2001), 일반 사서를 위한 강좌로는 한국도서관협회가 개최한 제1회 도서관문화강좌 '도서관 사상가를 찾아서'(2001), 교과목 개설로는 연세대학교 박사과정의 '도서관 사상사' 개설(2001)과 부산대학교 대학원과정의 도서관 사상 관련 과목(2005학년도는 '도서관 사상 연구,' 그 이전은 '도서관 사상가 연구')의 개설이 바로 그러한 사례들이라고 할 수 있습니다.

　도서관 사상에 관한 교육은 현재 대학의 학부과정과 일부 대학원 과정에서 극히 제한적으로 이루어지고 있습니다. 학부과정에서는 대체로 문헌정보학개론, 도서관사, 도서관문화사 등의 과목에서 도서관 혹은 문헌정보학의 선구자, 선각자, 개척자, 학자란 이름 아래 주로 유명한 도서관 사상가나 학자의 업적을 간단히 소개하는 방법을 택하고 있습니다. 반면, 대학원과정에서는 '도서관 사상사,' '도서관 사상가'란 과목 명칭 아래 독립과목으로 교과목을 개설하여 주로 주요 도서관 사상가의 생애와 업적, 그리고 사상을 심층적으로 고찰하고 있습니다.

장차 '도서관 사상사 없이는 문헌정보학도 없다'라고 말할 수 있을 만큼 도서관 사상에 대한 중요성을 학계(學界)와 관계(館界)가 널리 인식하게 되면 도서관 사상에 관한 교육 역시 좀 더 체계화되고 활성화되리라고 봅니다. 그렇게 된다면 다른 학문 분야의 사상사 교육이 이미 학부과정에서부터 체계적으로 이루어지고 있듯이 문헌정보학 분야에서도 그와 같이 이루어지리라고 믿습니다. 이 경우, 학부과정에서는 '도서관 사상사'라는 과목 명칭 아래 통사적이거나 종합적인 내용을 다루는 것이 좋을 것입니다. 반면, 대학원과정에서는 '랑가나단의 도서관 사상'처럼 개별 사상가나, '개화기의 도서관 사상'처럼 특정 시기 혹은 시대나, '한국도서관 사상사', '동양 도서관 사상사'처럼 특정 국가 혹은 지역의 도서관 사상을 다루는 것이 바람직할 것입니다.

한편, 도서관 사상에 관한 연구는 방금 교육에서 살펴본 것처럼 크게 세 가지 분야, 즉 사상가와 시대와 국가별로 이루어지고 있으나 그 실적은 극히 저조한 편입니다. 여기서 사상가별 연구란 '세라의 도서관 사상'처럼 도서관과 문헌정보학 발전에 커다란 업적을 남기고 지대한 공헌을 한 도서관 사상가의 생애와 업적 및 사상을 연구하는 것을 말합니다. 그리고 시대별 연구는 '일제 강점기의 도서관 사상'처럼 역사상의 특정 시대나 시기의 도서관 사상을 때로는 그 시대를 특정짓는 사유체계나 사조를 통해서, 때로는 그 시대의 도서관 사상가를 통해서 연구하는 것을 말합니다. 마지막으로 국가별 연구는 '미국 도서관 사상사'처럼 국가 단위로 그 국가의 도서관 사상을 주로 통사적으로 연구하는 것을 의미합니다.

필자가 기획·감수한 이 책,『위대한 도서관 사상가들』은 세계 각국의 도서관 사상가 중에서 우리나라를 비롯한 중국, 일본, 미국, 영국, 인도의 근대 및 현대 도서관 사상가 12인을 선정하여 그들의 도서관 사상을 고찰하고 있습니다.

　도서관 사상가의 선정은 어디까지나 주관적이기는 하지만 필자 나름으로는 어느 정도 객관성을 갖기 위한 노력을 경주했습니다. 필자가 선정 기준을 설정하여 그 기준에 따라 선정하기도 하고, 전문가의 추천을 받아서 그 가운데서 선정하기도 했습니다. 필자는 국가 기준, 사상가 기준, 시대 기준을 선정 기준으로 삼았고, 전문가의 추천은 일부 국가의 경우에 해당 국가의 전문가에게 추천을 요청했습니다.

　선정 기준 중 국가 기준에 의해서는 우리나라를 필두로 우리나라와 역사적·문화적으로 밀접한 관계에 있는 중국과 일본을 일차적으로 선정했고, 사상가 기준에 의해서는 세계 각국의 도서관 및 문헌정보학에 커다란 영향을 미친 도서관 사상가를 선정했습니다. 시대 기준에 의해서는 원칙적으로 작고한 사상가를 대상으로 한 근대를 중심으로 했으나, 미국과 영국의 경우에 한해서는 이 두 나라가 세계 도서관계와 문헌정보학계에 미치는 영향을 고려하여 현대 도서관 사상가도 포함했습니다.

　이러한 선정 기준에 따라 우리나라의 도서관 사상가로는 박봉석(朴奉石)을 유일하게 선정했습니다. 어떤 사람은 이범승(李範昇)이나 엄대섭(嚴大燮)을 거명할지 모르지만 엄밀히 말해서 그들은 도서관운동가이지 사상가라고 보기는 어렵습니다. 또 어떤 사람은 현대 도서관 사상가로 생존 인사를 거명할지 모르지만 설혹 사상가로 평가받을 만한 인물이 있다고 하더라도 아직은 당대 인사가 사상가로 평가받기는 어려운 게 우리의 현실인 듯합니다.

　한편, 도서관 사상가라고 부르기는 어려우나 우리나라의 도서관 발전이나 문헌정보학교육에 영향을 미친 외국인으로는 연세대학교에 초빙교수로 내한했던 미국인 로버트 스톤 버제스(Robert Stone Burgess)와 선교사로 내한해서 연세대학교 교수겸 도서관 부관장을 역임한 미국인 제이 맥리 엘로드(J. McRee Elrod)가 있습니다. 이들은 메리 엘리자베스 우드(Mary Elizabeth Wood, 韋棣華)가 중국에, 로버트 기틀러(Robert L. Gitler)가 일본에 미친 영향만큼 우리나라에 영향을 미치지는 못했다고도 할 수 있습니다. 그러나 이들이 현대 한국 문헌정보학교육의 기초를 다지고, 도서관 발전의 토대를 닦는 데 일정한 역할을 한 사실은 높이 평가해야 할 것입니다.

중국의 도서관 사상가로는 류궈쥔(劉國鈞)과 두딩요(杜定友)를 선정했습니다. 도서관 사상가 선정에는 중국과학원문헌정보중심(中國科學院文獻情報中心)의 얀리종(閻立中) 교수, 쉬인츠(徐引篪) 교수, 신시멍(辛希孟) 교수, 멍광쥔(孟廣均) 교수의 자문과 추천을 받았습니다. 피추천자 중에는 이 두 사람 외에도 선쭈룽(沈祖榮), 왕종민(王重民) 등이 있었고, 외국인으로는 문화도전(文華圖專, Boone Library School)을 세워 근대 중국 문헌정보학 교육의 초석을 놓은 미국인 메리 엘리자베스 우드가 있었습니다.

일본의 도서관 사상가로는 와다 만키치(和田萬吉)를 선정했습니다. 이 책의 전신인 『도서관 사상사 논고집』에는 다나카 케이(田中敬)도 포함했으나, 그에 관한 논고의 내용이 다른 사상가에 비해 너무 빈약하여 이 책에서는 제외했습니다. 도서관 사상가 선정에는 일본 수루가다이대학(駿河台大學)의 김용원(金容媛) 교수와 게이오대학(慶應義塾大學)의 다카야마 마사야(高山正也) 교수의 추천을 받았습니다. 피추천자 중에는 앞에 든 두 사람 외에도 모리 기요시(森清), 오카다 나라우(岡田溫), 다나카 도조(田中稻城) 등이 있었고, 외국인으로는 게이오대학에 도서관학과(영문 명칭은 Japan Library School)를 설립하여 현대 일본 문헌정보학 교육의 초석을 쌓은 미국인 로버트 기틀러가 있었습니다.

미국의 도서관 사상가는 근대와 현대로 나누어 선정했습니다. 근대는 멜빌 듀이(Melvil Dewey), 피어스 버틀러(Pierce Butler), 제시 호크 세라(Jesse

Hauk Shera)를 선정했고, 현대는 프레드릭 윌프리드 랭커스터(Frederick Wilfrid Lancaster)와 마이클 고먼(Michael Gorman)을 선정했습니다. 이러한 선정은 앞에서도 밝힌 것처럼 어디까지나 필자의 주관적인 판단에 의해 이루어졌지만 도서관 사상가로서 그들이 쌓은 업적과 미친 영향을 기준으로 삼았습니다.

미국에는 이들 외에도 커터(Charles Ammi Cuter), 데이나(John Cotton Dana), 다운즈(Robert B. Downs), 저나로(Richard De Gennaro), 윌리암슨(Charles C. Williamson), 윌슨(Louis Round Wilson)과 화이트(Herbert S. White) 등 근대와 현대 인물이 많이 있습니다.

영국의 도서관 사상가 역시 근대와 현대로 나누어서 근대는 라이오넬 로이 맥콜빈(Lionel Roy McColvin), 현대는 모리스 버너드 라인(Maurice Bernard Line)을 선정했습니다. 영국에는 이 외에도 세이어즈(William Charles Berwick Sayers)와 포스켓(Douglas John Foskett), 비커리(Brian Campbell Vickery) 등 근대와 현대 인물이 많이 있습니다.

인도의 도서관 사상가로는 시얄리 라맘리타 랑가나단(Shiyali Ramamrita Ranganathan)을 선정했습니다. 사실 랑가나단은 인도의 도서관 사상가라는 표현보다는 세계의 도서관 사상가라는 표현이 더 적합할 정도로 서구인도 존경해 마지않는 위대한 도서관 사상가입니다.

이 밖에도 독일에는 라이프니츠(Gottfried Wilhelm von Leibnitz)와 슈레팅거(Martin Shrettinger), 프랑스에는 노데(Gabriel Naudé) 같은 위대한 도서관 사상가들이 있습니다. 아쉽게도 이들은 도서관 사상사 과목의 수업 분량 때문에 수업에 포함시키지 못했고, 따라서 이 책에서도 누락되었습니다.

아무쪼록, 앞으로 이 책에서 다루지 못한 위대한 도서관 사상가들에 대한 연구가 하나하나 이루어지고, 또 도서관 사상에 대한 통사적인 연구도 속속 이루어져서, 그 결과 이를 통해 튼튼하게 다져진 도서관 철학과 도서관 사상이 우리의 도서관을 한층 더 발전시키는 데 기여하기를 기대해 마지않습니다.

2005년 6월 15일
이병목

■ 지은이

고인철
국회도서관 참고봉사국장, 연세대학교 박사과정.

김미향
서울대학교 중앙도서관 사서, 연세대학교 박사과정.

김태경
서울여자대학교 문헌정보학과 강의초빙교수, 연세대학교 박사과정.

문정순
영남대학교 중앙도서관 참고사서, 연세대학교 박사과정.

박명규
Seoul Foreign School 사서교사, 연세대학교 문학박사.

박용부
(주)딤스 사장, 연세대학교 박사과정.

이성숙
충남대학교 문헌정보학과 강사, 연세대학교 문학박사.

이지원
한국교육학술정보원 선임연구원, 연세대학교 문학박사.

이치주
국립중앙도서관 자료기획과장, 연세대학교 박사과정.

장선화
서울경제신문사 문화부 취재기자, 연세대학교 문학박사.

정희정
국회도서관 부이사관, 연세대학교 박사과정.

■ 기획 · 감수

이병목(李炳穆)

연세대학교 대학원 도서관학전공 문학박사, 연세대학교 교수 역임.
미국 뉴욕주립대학교 방문학자, 중국 북경대학 고위 방문학자,
일본 게이오대학 방문교수 역임, 한국문헌정보학회장 역임.
현재, 연세대학교 명예교수, 중국 북경대학 객좌교수.
주요 역서:『중국의 도서관과 도서관 사업』(공역, 2001),『새 도서관 설계』(1994),
『공공도서관 개발론』제2판(1990).
주요 저서:『도서관법규총람』(2005),『대학도서관 기준의 이론과 실제』(1985) 외
다수

한울아카데미 758

위대한 도서관 사상가들

ⓒ 고인철 외, 2005

기획 · 감수 │ 이병목
지은이 │ 고인철, 김미향, 김태경, 문정순, 박명규, 박용부, 이성숙, 이지원,
　　　　　이치주, 장선화, 정희정
펴낸이 │ 김종수
펴낸곳 │ 한울엠플러스(주)

초판 1쇄 발행 │ 2005년 7월 10일
초판 5쇄 발행 │ 2020년 10월 5일

주소 │ 10881 경기도 파주시 광인사길 153 한울시소빌딩 3층
전화 │ 031-955-0655
팩스 │ 031-955-0656
홈페이지 │ www.hanulmplus.kr
등록번호 │ 제406-2015-000143호

Printed in Korea.
ISBN 978-89-460-6946-6 93020

* 책값은 겉표지에 표시되어 있습니다.

한국출판산업사

**한국의 출판 역사를 산업의 관점에서 서술한
국내 최초의 책**

한국은 세계에서 가장 오래된 목판인쇄물 『무구정광대다
라니경』과 가장 오래된 금속활자본 『직지심체요절』을 생
산한 출판대국으로서 유구한 출판문화를 자랑한다. 그러나
산업으로서 기록될 만한 시기는 길지 않다. 출판의 기업적
활동은 근대식 출판이 본격적으로 시작된 개화기부터 엿볼
수 있다. 따라서 이 책은 개화기를 시작으로 한국 출판산업
의 역사를 살펴보고 있다. 개화기의 외세 침탈, 일제 식민
지, 해방 이후 전쟁과 민족 분단 및 출판 통제, 1990년대의
외환위기 등 숱한 악조건 속에서 한국 출판산업이 어떻게
성장했는지 볼 수 있을 것이다. 무엇보다 이 책은 출판문화
또는 출판산업에 대한 역사적 연구 자체가 그리 활발하게
이루어지지 않는 실정에서, (재)한국출판문화진흥재단의
지원을 받아 (사)한국출판학회에서 엮은 최초의 한국 출판
산업 통사이다. 이 책을 시작으로 한국 출판사에 대한 연구
가 활발해지기를 기대한다

엮은이
(사)한국출판학회

지은이
**박몽구, 백원근, 부길만,
신종락, 윤세민, 이문학,
이용준, 이정춘**

2012년 12월 31일 발행
신국판
384면

독서가 마음의 병을 치유한다
체험형 독서치료 이야기

내 손 안의 심리치료사, 치유의 힘을 가진 책들을 만나다!
치유서를 제대로 활용하는 독서방법, 유용한 도서목록, 그
리고 생생한 체험담!

이 책은 지식 습득을 목적으로 하는 '지식형' 독서와는 달
리 우리 마음에 직접적인 치유의 효과를 가져다주는 '체험
형' 독서의 개념과 방법에 대해 조명한다. 또한 치유서를
효과적으로 읽는 방법과 유용한 치유서들의 목록, 실제로
독서치료 프로그램에 참가하여 치유의 효과를 맛본 사람들
의 체험담을 제시한다. 강의에서, 소그룹에서, 혹은 혼자서
독서치료 프로그램을 실행할 수 있도록 도와주는 효과적인
안내서이다.

지은이
김정근, 김경숙, 김은엽,
책읽기를 통한 정신치료
연구실

2010년 10월 18일 발행
신국판
432면

도서관목록의 이상과 우리의 현실

**지식정보사회, 이용자에게 외면받는 도서관목록의 문제는?
도서관목록의 본질적 가치와 우리 도서관의 현실을 실증적
으로 탐구한다**

도서관목록은 도서관 서비스의 가치를 전문화하고 사서의
위상을 제고하는 가장 기초적인 도구이다. 도서관목록은
도서관이용자가 문헌정보의 세계에 대해 가지고 있는 막연
함과 불확실성을 줄여주고, 궁극적으로 도서관이용자의 문
제해결에 도움이 될 수 있는 작은 실마리를 찾아가는 경로
이기 때문이다. 그러나 우리의 도서관목록은 지금 양적 혹
은 실적 위주의 도서관정책으로 인해 질적으로 매우 부실
해져 있다. 목록생산자들은 목록을 생산하는 목적보다는
과정에 그리고 내용보다는 양과 형식에 집착하고 있고, 목
록이용자들은 도서관목록을 그들이 필요로 하는 지식정보
자원에 대한 일차적인 탐색도구로 보지 않고 있다.

이러한 이상과 현실의 괴리 속에서, 지금 시급히 필요한 것
은 우리 도서관목록이 안고 있는 각종 '부실'과 그러한 부
실을 초래한 구조적인 원인을 밝혀내고, 목록의 '유용성'을
최대화하기 위해 무엇을 어떻게 해야 하는지에 대한 진지
한 성찰이라 할 수 있다. 이에 이 책에서는 우리 도서관에
서 생산하고 있는 목록의 유용성과 그러한 목록을 생산하
는 방식에 대해 근본적인 의문을 제기하고, 우리의 도서관
실정에 적합하고 실행 가능한 전략과 방안을 모색해보고자
하였다

지은이
노지현

2009년 3월 5일 발행
신국판
358면

서지학개론

서지학은 문헌과 가시적, 가청적, 가독적인 기록된 자료를
대상으로 연구하는 학문이다. 본서는 이들 자료를 다각적
으로 다루어 서지학 연구의 입문서가 되도록 편찬한 것이
다. 사서가 문헌이나 자료에 대한 체계적인 지식 없이 봉사
한다면 바람직한 봉사를 할 수 없다. 사서는 학문의 안내자
로서의 역할을 함과 동시에 나아가 특정 제에 있어 전문가
수준의 권위자로서 그 분야를 해석하고 설명할 능력이 있
어야 한다. 전문직으로서의 자질을 구비함에 있어 필수적
인 내용을 일목요연하게 다루었다. 또한 주제 분야 연구에
있어 해당분야 서지에 대한 이해는 필수적이므로 각 주제
분야 연구에도 길잡이가 될 수 있게 편찬하였다

지은이
강순애, 강혜영, 김동환,
김상호, 김성수, 김순희,
김윤식, 김종천, 김중권,
김치우, 남권희, 류부현,
박문열, 박재혁, 방효순,
배현숙, 서진원, 송일기,
송정숙, 신승운, 양계봉,
오용섭, 윤상기, 윤인현,
이노국, 이상용, 정선영,
현영아

2004년 2월 27일 발행
신국판
296면